Adolfo de Castro

Geschichte der spanischen Protestanten und ihrer Verfolgung durch Philipp II.

Adolfo de Castro

Geschichte der spanischen Protestanten und ihrer Verfolgung durch Philipp II.

ISBN/EAN: 9783743625754

Hergestellt in Europa, USA, Kanada, Australien, Japan

Cover: Foto ©ninafisch / pixelio.de

Weitere Bücher finden Sie auf **www.hansebooks.com**

Geſchichte

der

ſpaniſchen Proteſtanten

und

ihrer Verfolgung durch Philipp II.

Von

Adolfo de Caſtro.

———

Nach dem Spaniſchen bearbeitet

von

Dr. Heinrich Heſſ.

„Wenn er lächelte, war ſein
Dolch ſchon gezückt."
Cabrera.

Frankfurt a. M.
J. D. Sauerländer's Verlag.
1866.

Druck von J. D. Sauerländer in Frankfurt am Main.

Vorwort.

Ist es auch schon einige Jahre her, daß Adolfo de Castro seine „Historia de los Protestantes españoles" erscheinen ließ, so glauben wir doch willkommen zu sein, wenn wir dem Theologen und Historiker, sowie dem gebildeten Leser überhaupt, die deutsche Bearbeitung eines Buches liefern, das viel Bemerkenswerthes und Neues über die Entwickelungsgeschichte der Reformation im Süden Europas, wie über die Regierungsgeschichte Philipps II., bringt. Freilich erschien bereits im Jahre 1829 zu Edinburg ein Buch unter dem Titel „History of the Reformation in Spain" von Mac Crie. Diese Geschichte führte indessen nur Bekanntes vor, insofern sie sich nur auf die Angaben von Pellicer in seiner „Bibliotheca de Traductores" und auf Florente in seiner „Historia critica de la inquisition" stützt. Die Geschichte Adolfo de Castro's hat aber das Verdienst, daß sie ganz neues Material zur Beurtheilung der Spanier im sechszehnten Jahrhundert liefert, das zu ganz andern Schlüssen führt, als die Arbeit Mac Crie's. Die Reichhaltigkeit des Buches wird seine beste Empfehlung sein und so zweifeln wir nicht, daß es als Beitrag zur Culturgeschichte des sechszehnten Jahrhunderts freundliche Aufnahme und Würdigung finden wird.

Inhalt.

Einleitung.

Erstes Buch.

Zweites Buch.

Drittes Buch.

Viertes Buch.

Fünftes Buch.

Sechstes Buch.

Anhang.

Einleitung.

Schilderung des religiösen Charakters im XVI. Jahrhundert.

Wie sehr gefallen sich die Menschen in den Täuschungen, welche Selbstsucht und Parteihaß in den schillerndsten Farben ihnen vorgaukeln! Daher kömmt es, daß sich die falschesten Meinungen über die Vergangenheit festsetzen und der wahre Charakter eines Jahrhunderts mitunter ganz verkannt wird, wie es auch dem XVI. Jahrhundert widerfuhr, das von Böswilligkeit und Unwissenheit in ein ganz falsches Licht gestellt wurde. Darum halte ich es für angemessen, bevor ich die Geschichte derer beginne, welche den Lehren Luther's in Spanien huldigten, zunächst zu schildern, wie die guten Katholiken über die religiösen Fragen dachten, die dazumal Europa in feindliche Lager trennten und alle Geister in Bewegung setzten. Man darf kühn behaupten, daß man über die Ansichten der treugesinnten Katholiken Spanien's mehr im Unklaren ist, als über die Meinungen der spanischen Protestanten selbst. Schon in den ältesten Zeiten wurden in Spanien Klagen darüber laut, daß der Clerus sich den zügellosesten Ausschweifungen ergab. Man darf sagen, daß die Geistlichkeit Lastern jeder Art fröhnte und vor dem Schlimmsten nicht zurückbebte. Bedenkt man dazu den Einfluß, den der Clerus durch den Glanz seiner Stellung, wie durch seine Bildung auf Volk und Adel übte, so konnte sein Benehmen nicht ohne Folgen bleiben. Schon im XIV. Jahrhundert erhob der Petronius Castilien's seine Stimme gegen die Laster, in welchen der Clerus schwelgte. Es war Pero Juan Ruiz, Erzpriester von Fita, welcher mit schlagendem Witze in Spottgedichten die Habsucht und Geldgier derer geißelte, welche ihre kirchliche Würde nur zu eigenem Vortheil auszubeuten suchten. Auch gegen Rom schwang er seine Geißel. Hören wir, was er unter

Anderm sagt:[1] „Haft Du nur Geld, so geht Dir's gut; dann lacht
Dir Alles; beim Papste bekömmst Du Recht! Das Paradies erkauf'st
Du Dir und alle Sünden sind Dir vergeben, denn wo viel Geld, da
fehlt es nicht an Segen! Am römischen Hof, da sah ich, wie Alle
vor dem Gelde tief sich bückten und wie Alle dem Golde huldigten,
als wäre es die Majestät! Das Geld gibt Würde und Amt, die
Wahrheit macht es zur Lüge und die Lüge zur Wahrheit! . . . . .
Mit Geld besteht Jedweder sein Examen und wer es nicht hat, den
weist man ab, als unwissend." . . . . .

Nicht minder heftig äußerte sich Pero Lopez de Ayala (mit dem
Beinamen der Alte) über ähnliche Laster der meisten spanischen Geistlichen. In seinem Gedichte, das den Titel führt „Rimado de
Palacio"[2] läßt er seine Klagen über die Sittenlosigkeit des Clerus
also laut werden: „Das Schiff des heiligen Petrus schwebt in großer
Gefahr, durch unsere Sünden und unser Verschulden . . . . . Das
kümmert unsere Prälaten nicht, denn zu unserem Heil haben sie
vollauf zu thun! Ohne Maaß noch Ziel erpressen sie von ihren Untergebenen; ihr Gewissen schweigt und vergessen haben sie die heilige
Schrift. . . . . Haben sie nur einmal ihre Würde inne, dann
kümmert sie wenig die Sorge um die Kirche. Wie sie reich werden,
ist ihre Sorge, ohne sich darob zu kümmern, welche Rechenschaft von
ihnen gefordert wird. . . . . . Wer nur Geld hat, der passirt sein
Examen ohne Beschwerde und dem gibt der Bischof bald seine
Weihe. . . . . Und seine Pfarrkinder, die wissen schon für ihn zu
sorgen und eine Nachbarin ist bald gefunden! . . . . . Ich sage
hier nur die Wahrheit und an Strafe ist nicht zu denken, denn bei'm
Herrn Bischof weht derselbe Wind!" . . . . .

So wagte man schon im XIV. Jahrhunderte sich über die
Sittenlosigkeit des größten Theiles des spanischen Clerus zu äußern.
Bei alledem nahm seine Macht und sein Einfluß auf Adel und Volk
immer mehr zu, eine natürliche Folge der Unwissenheit und sorglosen
Gleichgültigkeit der Masse, die es vorzog, mit den erklärten Feinden
Christi und den Nebenbuhlern ihrer Könige und Fürsten zu streiten,
als sich vor den Listen ihrer heimischen Tyrannen zu wahren. Und

---

[1] Im IV. Bande Pagina 76 der Colleccion de poesias castellanas ante-
riores al siglo XV., gesammelt von D. Thomas Antonio Sanchez, Madrid 1790.
[2] El Rimado de Palacio findet sich zum ersten Male abgedruckt in der
Revista de Madrid vom 8 Dezember 1832. Wir nehmen Anstand, diese
Charakteristik des Clerus weiter auszumalen, da sie zu drastisch ist.

so konnte es nicht anders kommen, als daß die Klagen derer, welche einsahen, wie groß die Mängel fast der gesammten Geistlichkeit waren, bald unter dem Getöse der Schlachten verhallten und bei jenen unberücksichtigt blieben, die ihre Herrschsucht allein befriedigen wollten. Erreichten auch diese heftigen Angriffe nicht ihren Zweck, so schreckte dies andere Männer des XV. und XVI. Jahrhunderts keineswegs ab, dem Vorbilde des Erzpriesters von Fita und Lopez de Ayala's nachzueifern. Beweis genug dafür, daß die Scandale des Clerus immer mehr anwuchsen zur Betrübniß der guten Katholiken, die nicht genug das Unheil beweinen konnten, das der Kirche von Männern drohte, die nur ihrem Ehrgeiz und Gelüsten fröhnten, nicht eingedenk ihrer geistlichen Würde und vergessend, daß sie als treue Hirten ihre Heerde auf gutem Wege zu leiten hätten.

Der Mönch Joan de Padilla, Karthäuser, welcher gegen Ende des XV. und im Anfang des XVI. Jahrhunderts lebte, verkündet in seinem Gedichte: „Los doce triunfos de los doce Apóstoles" [1] wie freventlich sich dazumal viele Geistliche geberdeten. Vor allem geißelte er die Simonie, die dazumal im Schwunge war und mit den leidenschaftlichsten Worten brandmarkte er dies Treiben, das Himmlische zu rein weltlichen Zwecken herabzuwürdigen, was bekanntlich nicht blos auf Spanien beschränkt war. Vor den Thoren Rom's vernahm man dieselben Beschwerden und auch dort gab es Männer, die Muth genug hatten ihre Stimme zu erheben. Bartolomé de Torres Naharro, der den besten satyrischen Dichtern Spanien's zuzuzählen ist, veröffentlichte im Jahre 1517 ein Werk unter dem Titel: La Propalladia, das er dem Don Fernando Davalos, Marchese von Pescara widmete und welches aus mehreren Comödien von Werth besteht, wozu auch Romanzen, Sonette, Satyren und Lieder sich gesellen. In den meisten dieser Arbeiten läßt der Verfasser seinem Unwillen über die Gehässigkeiten die Zügel schießen, welche sich ein großer Theil der römischen Geistlichkeit zum Hohne ihrer Würde zu Schulden kommen ließ. Bemerkenswerth ist, daß Naharro selbst Weltpriester war, und sich nicht scheute, wo es galt, sein Verdammungsurtheil über seine Amtsbrüder zu fällen, die dem Anstande und der Tugend Hohn sprachen. Ohne daß er dabei seiner katholischen Ueber-

---

[1] Los doce triunfos de los doce Apóstoles erschien zu Sevilla am 14. Februar 1518 und wurde später von Juan Barela wieder herausgegeben. Das Gedicht zeichnet sich durch eine leichte Versification aus und hat wahrhaft dichterischen Werth, obwohl es sich auf rein theologischem Boden bewegt.

zeugung irgend etwas vergeben, schleuderte er vernichtende Satyren wider diese pflichtvergessenen Priester. Ein Blick in die Satyre, in welcher er die unwürdigen Priester, deren es am römischen Hofe dazumal in Fülle gab, mitnimmt, wird dies Urtheil bestätigen. [1]) Dort heißt es unter Anderm: Wer schlecht und übermüthig, den verehren sie als einen großen Mann — wer hartnäckig, gilt bei ihnen als standhafter Mann und so fort. . . . . . Ihr Ruhm ist die Welt, ihr Gott das Geld . . . . .! Hinter dem Gelde drein werden sie grau! Zehn Jahre rennen sie einer Pfründe nach, und haben sie sie erlangt, verschwenden sie ebensoviele Jahre im Gefolge eines Cardinals, denn ein Jeder hält sich eines großen Bisthums werth. Und haben sie dies Ziel erreicht, so erfaßt sie eine neue Gier, auch sie wollen den Purpur tragen! Das Ziel ist ihr einziges Verlangen. Und schmückt sie der Purpur, dann ist die Tiare ihr einziges Trachten, wissen sie auch, daß nicht alle dazu berufen sein können und sehen sie auch, daß der Papst nicht allzu zufrieden ist; . . . . . sie sinnen und trachten ohne Ziel noch Ende! . . . . . Allein Niemand von ihnen denkt an den Himmel, um die Zukunft kümmert sich Keiner. . . . . . Schlecht gilt als gut, Schein für Wesen. . . . . . Gerechtigkeit ist vergessen, Recht verbannt; Wahrheit hat keine Stätte mehr! Der Glaube ist Trug und die Liebe selbst geschwunden. Das Recht verstummt, das

---

[1]) Pro Palladia de Bartolomé de Torres Naharro, dirigida al Illustrissimo Sennor: el S. Don Fernando Davalos de Aquino, Marques de Pescara. Conde de Zorito, gran Camarlengo del Reyno de Nápoles por Juan Pasqueto de Sallo: „acabósse Jueves XVI. de Marzo de M. D. XVIII." — Sevilla por Jacobo Cromberger Anno de MDXX — Id. MDXXXIII. — Madrid 1575 — (edicion expurgada por el Santo Oficio. Moratin berichtet, daß die Propalladia zu Rom bereits im Jahre 1517 erschienen wäre, wie in seinen Origines del teatro español zu lesen ist. Was wir aber für irrig halten müssen, denn aus einer Biographie des Dichters, welche seinem Werke vorgedruckt ist und aus der Feder eines Freundes geflossen zu sein scheint, geht zur Evidenz hervor, daß sein Werk zuerst in Neapel erschienen. Es heißt nämlich dort: „Is vere natione hispanus, Patria Pacensis ex opido de la Torre, gente Naharro, visu affabili, persona grandi, gracili et modesto corpore, in sensu graviori, verbis parcus et non nisi premeditata et quae statera ponderata habentur: verba emittit. Is demum ab omni genere vitiorum se abstinere virtutesque omnes summo opere amplecti non desinit cujus fortuna à principio satis dificilis, quoniam naufragio ab agarenis pro mancipio captus est. Habitaque illius postea pecuniaria cautione, Romam devenit ubi sub sanctissimo. D. N. Dno Leon X. pont. max. plura edidit, Romanis postremo portubus imperare de relictis. Neapolim expectatus appulit ubi hanc propallodiam Illustrissimo D. Marchionio Piscara merito editam in lucem emisit." Das Werk ist heute sehr selten geworden. Das mir vorliegende Exemplar gehört der Bibliothek meines geschätzten Freundes D. Jose M. de Alava Professor an der Universität Sevilla.

Unrecht triumphirt! Und die chriftliche Liebe? Ihrer gedenken fie
nicht, denn Herz und Kopf erfüllt nur eitler Schein! Trug ist ihr
Sinnen und Trachten, und wer zu lügen versteht, der weiß auch zu
siegen! . . . . . [1])

Mag man auch zugeben, daß Naharro sich einige Uebertreibung
zu Schulden kommen ließ und daß seine Schilderung mitunter zu
leidenschaftlich gefärbt ist, so gibt sie aber doch Zeugniß dafür, daß es
Priester gab, welche Seelengröße und Unbefangenheit genug besaßen,
um den pflichtvergessenen Geistlichen des XVI. Jahrhunderts ihre
Laster vorzuhalten. Naharro beschränkte sich nicht darauf, in einer
Satyre seinem Zorne Luft zu machen, sondern er schrieb noch weit
schärfere Satyren, aus welchen wir eine hier vorführen, welche den
Maßstab für seine Anschauungsweise abgeben mag. Sie lautet also. [2])

Habt mich oft um Rom befragt:
Roma's Bild will ich entrollen,
Alle sich entsetzen sollen,
Sprechen: Rom ist Gott geklagt!

Rom das große Sündernest
Eine Zwingburg ist's der Bosheit,
Drin' verschwinden muß die Großheit.
Freie Männer kettet's fest.

Ein'ge haben es genannt
Weltenhaupt, dem Alles diene,
Doch als eine Weltlatrine
Wär' es richtiger benannt.

Ein'ge nennen's Mutter Erd'
Nennen es die gnäd'ge, reine,
Aber ich nenn's die gemeine,
Nicht des Mutternamens werth.

Augenblicke sonder Zahl
Werden nutzlos dort vergeudet,
Jeder Gute drinnen leidet
Und dem Mann wird's zum Spital.

---

[1]) Diese Worte sind einer Satyre entnommen, die sich in der Rhetorik des
D. Gregorio Mayans und Ciskar abgedruckt findet und 1757 und 1786 zwei
Auflagen erlebte.

[2]) Diese Nachbildung verdanke ich meinem geschätzten Freunde Dr. Johann
Fastenrath, der beim literarischen Publikum durch seinen „spanischen Romanzen-
strauß" bestens empfohlen ist.

Liebe stiehlt den besten Tag
Selbst den männlichstarken Seelen,
Der Gerechte muß sich quälen,
Wo der Böse jauchzen mag.

Todtschlag ist Vergnügen dort.
Wer da trinkt und dann nicht schlachtet,
Wird geschmäht und ist verachtet,
Nur geadelt ist der Mord.

Das Gelüst herrscht dort allein.
Lügen heißt: Vergebung finden,
Wohlthun — stecken tief in Sünden,
Stehlen — heißt die Probe weihn.

Andern Gott verehren sie,
Gold und Steine sind die Götter,
Silber nennen dort die Spötter
Uns're heilige Marie.

Alles Schwarze strahlt dort helle,
Schlemmen ist des Himmels Blüthe
Fegefeuer is't der Güte
Und des milden Wohlthun's Hölle.

Rom ist auch an Blüthen reich,
Denn die duftigsten Jasmine
Sind Verleumdung für Quatrine,
Meineid für den Heller gleich.

Das Gewissen immer rein
Halten sie, wie arg sie's treiben,
Da sie Gnadenrechnung schreiben.
Wer sie zahlt, muß schuldlos sein.

Stets ist's dort das alte Lied:
Possenreißer gehn in Seide,
In Ornat nud mit Geschmeide,
Elend nnr der Edle zieht.

Weisheit halten sie für Heu,
Und für Stroh die hellen Köpfe,
Feist im Glücke sind die Tröpfe
Und die Dummheit spreizt sich frei.

Schlechtes, das nicht dort gescheh',
Gibt es nimmer anzudenken.
Willst Du Dich zu Tode kränken
Rath' ich Dir: Nach Roma geh!

Aber willst Du nicht den Wahn
Bändigen von solchen Thoren,
Lasse Rom nur Deinen Ohren,
Doch mit Augen sieh's nicht an.

Heilig nannten Roma sie
Unverdient und allzueilig,
Mache Gott uns selber heilig
Denn das and're war es nie!

So wagte Bartolomé de Torres Naharro sich im Jahre 1517 über Rom zu äußern, ein Urtheil, womit er allerdings nicht allein steht. Aber auch in seinen Comödien ließ er seinen Unmuth laut werden, wie wir aus seiner Comödie Jacinta ersehen. Hier heißt es unter Andern:

Von Rom was soll ich sagen? —
Als daß zu Wasser und zu Lande es
Tagtäglich neue Fehden hat,
Es neuen Frieden schließt und neues Bündniß.
. . . .
Der Reiche dort nur triumphiret,
In seinem Amt, bis daß er stirbt.
Der Arme nur verzweifeln kann,
Auf Pfründen er vergebens wartet.
In Rom, wer ohne Gönner,
Der streue Asche auf sein Haupt!
Wer ohne Gold und sonder Gunst,
Nichts Ernstliches erreichen kann.
Der Eine lebt in Saus und Braus,
Dem Andern fehlt ein Stückchen Brot.
Im Auge perlt die Thräne ihm,
Indeß den Becher Jener leert.
Auf Erden gibt's nur Zweierlei,
Das Wonne und doch Schmerzen bringt.
Nichts Schlimmeres und nichts Besseres gibt's,
Als „Rom" und auch das „Weib" uns beut! (1)
In Rom zur Zeit nichts hört man dort,
Nichts Neues dort man sagen kann,
Als was die Inquisition, die heil'ge bringt
Vor ihr da flohen Manche eben. . . . !

Wenn ein so hervorragender Dichter, wie Naharro und mit ihm andere von ächter Religiosität erfüllte Männer sich also äußerten, so

---

1) Die Comödie Jacinta findet sich im Teatro español, welches Don Juan Nicolas B. de Faber herausgab und welches die dramatischen Erzeugnisse vor Lope de Vega sammelte.

drängt sich zunächst die Frage uns auf, ob solche Klagen in Spanien ganz unberücksichtigt geblieben? Gab es in Spanien keine Männer, welche die nur zu gerechtfertigten Beschwerden der Satyriker aufgriffen und sich ernstlich angelegen sein ließen, die Klage an die rechte Schwelle zu bringen, und Habsucht und Uebermuth aus dem Tempel zu verweisen? Die spanische Monarchie bot im Anfange des XVI. Jahrhunderts in der That ein befremdliches Schauspiel; denn, drang auch im Herzen Spaniens, ein Klosterbruder, gleich Luther, auf Reformen, so war dies doch sehr verschieden von der Art, wie der deutsche Reformator auftrat. Die kühnen Forderungen beider unterschieden sich wesentlich dadurch, daß der Deutsche neben der Reform des Clerus auch die Reform des Dogma wollte, während der spanische Mönch nichts Anderes im Auge hatte, als die Reform der geistlichen Zustände und Sitten.

Als Spanien in Folge der Abreise Karls V. und der tyrannischen Regierung seiner fremden Minister im Jahre 1520 in Parteien zerfiel und die Bevölkerung Castiliens die Fahne des Aufruhr's erhob, indem der Adel sich zur Vertheidigung seiner Vorrechte und Freiheiten zusammenschaarte, um seine Unabhängigkeit vom fremden Joche zu behaupten, — als das Volk von Valencia unter dem Namen „Germania" eine Volksregierung einsetzte, die aus zwölf Handwerkern und einem Fischer bestand, anfangs scheinbar um die Sache des Königs gegen die Unbilden des Adels zu verfechten, dann aber nur in der Absicht die Macht des Adels zu vernichten und sich nach dem Vorbilde Griechenlands und Roms zu einer Republik umzugestalten, — da richtete ein gewisser Mönch aus Burgos, in der „Chronik des Kaisers" Don Fray Prudencio Sandoval genannt, ein Sendschreiben: „An die Bischöfe und Prälaten, an die Verwalter und Geistlichen, an die Ritter und Abligen und an die Hochedle Universität von Spanien!" Dieses Dokument, das sich vollständig in der erwähnten Geschichte vorfindet, verbreitet sich ausführlich über die Sittenlosigkeit, welche alle Stände Spaniens ergriffen und tadelt endlich die Ausschweifungen der Geistlichen seines Jahrhunderts, indem mit den gewichtigsten und schlagendsten Gründen auf Abhülfe so großer Uebel gedrungen wird, die für immer die Kraft der großen Monarchie zu zerstören drohten. Einige Worte aus seinem Sendschreiben lassen wir hier folgen, welche das Angedeutete beleuchten werden: „Und da ich nicht die Klöster übergehen darf, welche Vasallen und viele Einkünfte besitzen, so haben Alle, welche ein Gelübde ablegen mit Eifer Gott zu dienen und ihre

Seelen zu retten. Wenn sie nun eingetreten und also Prälaten geworden, so kennen sie sich nicht mehr, da sie sich als Herren fühlen. Vielmehr blähen sie sich auf und stolziren übermüthig, dieweil sie sich überschätzen. Während sie ihren Untergebenen ein Beispiel zu geben hätten, indem sie im gemeinsamen Schlafsaal die Nacht verbringen sollten, wie im Chor und Refektorium, vergessen sie das alles, nur um zu schmausen und Gelage zu halten und sie mißhandeln ihre Untergebenen und Vasallen, die zum Glücke besser sind als sie . . . . . Auch gereicht es zu großem Nachtheile, daß sie erben und erwerben können, denn wenn durch Schenkungen ihnen gute Einkünfte, für alles was ihnen nöthig, zufallen, so geschieht das zu großer Beeinträchtigung des Königs, denn für das, was in ihren Besitz kommt, zahlen sie nicht Zehnten, nicht Erstlinge, noch andere Abgaben. Und je mehr sie besitzen, desto dürftiger geben sie sich aus und desto weniger Almosen geben sie. Und die Prälaten der Klöster verstehen sich untereinander und hofiren sich gegenseitig, so daß Einer den Andern herausstreicht und sie berücksichtigen nicht, was Unehrbares geschieht, noch suchen sie es zu bessern. Im Gegentheil, vertuschen sie es und gehen lustig darüber weg. Bei alledem ist es gewiß, daß es viele, gute und heilige Priester giebt; doch wäre es gut und angemessen, in solchem Falle Abhülfe zu leisten, denn ließe man es so, dann wäre es bald um die Klöster geschehen! So flehe ich Euch aus Liebe zu Jesu Christo an, daß ihr eingedenk seid der Dienste der Cathedralen und Pfarrkirchen, denn schon um unserer Sünden willen sind schon alle schlechten Beispiele unter den Geistlichen zu finden und Niemand findet sich, der selbe bessere und ahnde. Zu alter Zeit verlieh man die Würden den heiligen und frommen Personen, die mit gutem Beispiele vorangingen und die Einkünfte ihrer Kirche in drei Theile zerlegten. Sie verwendeten sie nämlich für die Armen, für die Unterhaltung der Kirchen und für die Bedürfnisse und Kosten der Prälaten, wie es die heilige Kirche vorschreibt . . . Heutzutage aber werden diese Einkünfte durch unser Verschulden nicht verschenkt noch verwandt, es sei denn zu Gunsten dessen, der den Königen zu dienen weiß und den Hochgestellten, um dadurch ihre Gunst zu erkaufen. Wer ein Bisthum von zwei Millionen Einkünfte hat, der begnügt sich nicht damit; im Gegentheil verschwendet er dieselben an die Günstlinge der Könige, damit dieselben die Vermittler spielen um ein anderes Bisthum von vier Millionen zu erlangen, und selbst dann noch sind sie nicht zufrieden und wähnen dabei fromme Patres zu sein! Und noch andere sinnen auf nichts Anderes, als um für ihre Söhne, denen sie den Namen „Neffen" geben, Majorate zu stiften und so vergeuden sie das Einkommen der heiligen Mutterkirche, während sie den Armen und Kirchen nicht einmal etwas Gutes thun; vielmehr geht ihr Trachten nur dahin, sie zu berauben und ihnen selbst ihre Kelche zu nehmen! Solchergestalt benehmen sich die Prälaten ihren Kirchen gegenüber. Wie werden sie denn die schlechten Geistlichen bestrafen? Geschieht dies, so besteht die Strafe darin, daß sie dieselben auch berauben [1]).

Mit welch' lebhaften Farben der Mönch aus Burgos die Sittenlosigkeit fast a l l e r Geistlichen seines Jahrhunderts schilderte, dafür zeugen die obenerwähnten Worte und so steht es fest, daß er, wie Luther in Deutschland, auf die Reform ihrer Sitten drang, ohne daß er auch nur im Entferntesten auf die Reform des Dogma hindeutete. So viel wir schließen dürfen, fiel es ihm nicht ein, eine neue Auslegung der heiligen Schrift zu ersinnen. Er ehrte den Pabst als das Haupt der katholischen Kirche und glaubte, was die Tradition seinen Zeitgenossen überliefert hatte. Allerdings wurde er von seinem Feuereifer fortgerissen, um laute Klage zu führen über die Laster, denen der größere Theil des Clerus sich überließ und mit lauter Stimme Heilmittel zu fordern, die der Ernst des Falles so bringend erheischte, damit nicht durch so gewaltige Unordnungen der Friede der Christenheit selbst gefährdet werde. Allein sein Tugendeifer, seine gerechten Beschwerden und seine Unerschrockenheit, um den Schuldigen ihre großen, sich immer wiederholenden Aergernisse vorzuhalten, fanden keineswegs gefälliges Gehör bei denen, welchen es oblag für das Wachsthum des Glaubens und die guten Sitten zu sorgen, wozu doch alle verpflichtet, die sich dem Dienste Gottes weihen. Gerade dadurch aber, daß sein Eifer durchaus keine Früchte trug, daß die Gebrechen des Clerus in keiner Weise sich besserten und vielmehr die Sittenlosigkeit der Geistlichen mit jedem Tage wuchs, was die Anhänger Luther's ermuthigen mußte, auch auf Reform des Dogma zu bringen, wurden noch andere, gesinnungstüchtige und fromme spanische Priester angetrieben, ähnliche Klagen laut werden zu lassen; denn mit großer Betrübniß sahen sie ein, welche Verwüstung in dem Gewissen treugesinnter Katholiken Platz greifen mußte, die da sahen, wie wenig die Priester die Ehre ihrer

---

[1]) „Historia del Emperador Carlos V. por Don Fray Prudencio de Sandoval". Tomo I.

Würde wahrten und nur den Lebensgenüssen und eitlem Weltprunk
nachjagten. Nicht nur mußten frommgesinnte Geistliche in ihren Amts=
brüdern nur Gegner der evangelischen Tugend erblicken, sondern sie
mußten einsehen, welchen Vortheil die der katholischen Kirche bereits
Abtrünnigen aus den Lastern der schlechten Priester zogen, so daß sie
in der Reform des Dogma's das Heilmittel suchten, vermeinend, in
einer neuen Auslegung der heiligen Schrift das Ende so großer Uebel
zu finden. So fanden sich denn noch andere Klosterbrüder und Welt=
geistliche, welche der katholischen Lehre treu anhingen, bewogen, in ihren
Schriften Klagen über den Jammer laut werden zu lassen, der die
Kirche in Folge des schlimmen Gebahrens vieler Priester bedrohe, die
den trügerischen Verlockungen des Lasters nicht zu widerstehen ver=
mochten. Pater Fray Francisco de Osuna schilderte in dem fünften
Theile seines geistlichen ABC=Buch's, das im Jahre 1542 erschien,
mit schwarzen Farben die Sittenlosigkeit, in welcher manche spanische
Bischöfe seiner Zeit, zum großen Leidwesen der Katholiken lebten. [1]
Seine Worte sind so bemerkenswerth, daß wir eine bezeichnende Stelle
hier vorführen müssen.

„Ein schlechter Anwalt wäre der", sagt Fray Francisco, der seine
eigene Verdammung herbeiführte! Daß der aber, welcher nach Würden
trachtet, seine Verdammung erwirkt, scheint so klar, daß wir es nicht
zu sagen brauchen, denn wir sehen, daß alle Bischöfe und Prälaten
so leben, daß ihre Würde ihnen nur Nutzen bringt, sie aber n i c h t
ihrer Würde! Das Einkommen der Armen, das sie inne haben, ver=
geuden sie, als hätten sie es von ihrem Vater geerbt, oder als ver=
dienten sie es durch ihren Schweiß, während es doch in Wirklichkeit
das Erbe des Heilandes ist, um seine Armen zu speisen..... Merke
wohl auf, wie es zwei Arten von Bischöfen gibt: Die Einen sind
von Gott eingesetzt und das sind jene, die mit guten Werken und
heiligen Lehren erbauen, mit gutem Rathe und Beispiel die Kirche
Christi regieren, wodurch sie, so viel sie können, der Heerde des guten
Hirten der Hirten nützen..... Es gibt noch eine andere Art von
Bischöfen, die ihren Ring und Bischofstab und ihre große Autorität
nur inne haben, um mit dem Erbe des Gekreuzigten zu schmausen

---

[1] Quinta parte del Abece dario Espriritual. Von Neuem herausge=
geben von Pater Fr. Francisco de Osuna, das da ist, ein Trost für die Armen
und ein Rath an die Reichen. Nicht minder nützlich für die Klosterbrüder, wie
für die Weltpriester und selbst für die Kanzelredner, deren Absicht es sein muß,
die Menschen von der Neigung zu falschem Reichthum abzuziehen und sie arm an
Geiste zu machen. Das Buch wurde zu Burgos am 15. April 1542 herausgegeben.

und zu hofiren. Jene hießen besser Bischöfe, welche in Castilien
Schweine schlachten, wo sie viele zu einer Olla potrida einladen. Ein
solcher Bischof trägt keine Mitra, obwohl er großes Ansehen genießt
und Einfluß genug, um an seinem Tische von allen Seiten geehrte
Männer zu vereinigen, wo es denn geschieht, daß man den Armen
die Brocken gibt. Sieht man die Sache also an, so findet man, wie
es in der Kirche Christi mehr Bischöfe der zweiten als der ersten Art
gibt. Denn der schlechten gibt es immer mehr als der guten......
Solche Bischöfe, welche weltliche Rücksichten üben, sind von Niemanden zu beneiden, denn am Tage des Todes wird der Teufel unter
ihnen gewaltig aufräumen!..... Mögen die Cleriker und die Diener
der Kirche wohl sich davor scheuen, daß sie auf ihren Gütern so
schlimmes treiben, daß, sich nicht mit dem Lohne bescheidend, der ihnen
genügen sollte, sie selbst jenes zurückhalten, was zur Unterhaltung
der Armen bleibt und schamlos den Unterhalt der Armen zu Zwecken
des Uebermuth's und weltlicher Lüste verschwenden."

Wenn Fray Franzisko mit solcher Heftigkeit und rücksichtslos
gegen die Laster mancher Prälaten losfuhr, so blieb er nicht dabei
allein, denn ein anderer Klosterbruder ließ nicht minder stark seine
Stimme darüber vernehmen. Fra Pablo de Leon vom Predigerorden
schrieb nämlich ein Buch, das den Titel führt: „Guia del Cielo"
und im Jahre 1553 erschien. Seine Schilderung der Sittenlosigkeit des Clerus seiner Zeit ist mit Meisterstrichen gezeichnet, doch
seine Farben sind so dunkel aufgetragen, daß ein guter Katholik nur
darüber weinen kann. Sein Zorn über die Laster und Unthaten,
welche den Christen zum Aergerniß gereichen mußten, strömt in vollem
Maaße über und er ruft aus: „Jene Zehnten schuldet man den Geistlichen und Prälaten für ihr Bemühen um das Seelenheil derer, die
sie zu leiten haben, denn es ist nur billig, daß der Hirte, der eine
Heerde hat, auch von der Milch und Butter lebe und sich von
der Wolle bekleide. Allein wie hat der Hirte, der seine Schaafe nie
hütet und nie sieht, wie hat der das Recht, die Milch zu trinken und
die Wolle zu scheeren? Das begreife ich nicht! Wir sehen so viele
Excommunicationen, solche Erpressungen über den Zehnten hinaus,
wir sehen, wie man das Einkommen hinaufzuschrauben sucht, neue
Bedingungen zu erzwingen, wie Wucherpächter ihre Pacht den Prälaten vorauszahlen, daß es ein Jammer anzusehen ist! Und die Prälaten und Pfarrer versehen nie ihre Heerden selbst, sondern als ihre
Stellvertreter setzen sie Diebe hin, als Visitatoren, Weihbischöfe, welche

die päpstlichen Erlasse verkaufen. . . . . . Zahllose Excommunicationsbriefe
stellen sie aus, ohne zu beachten, weshalb? — Nur um einen Quarto,
oder einen Realen zu erschwingen! Niemanden absolviren sie ohne
Geld, keinen Dispens ertheilen sie, ohne sich dafür bezahlen zu lassen.
Um Simonie zu treiben, halten sie Kirchenversammlungen ohne Ende
ab, und dies geschieht nie ohne darauf zu sinnen, wie neues Geld zu
erschwingen, sei es durch neue Steuern, sei es mit neuen Brevieren
und Meßbüchern. Andere scheunen das Getreide wucherisch auf; was
am theuersten verkauft wird, ist das Ihre. Und wo sie es den
Armen zu schenken hätten, da stehlen sie es wiederum, sammt dem
Zehnten. Tausenderlei Vorwände suchen sie, um die Geistlichen zur
Strafe zu ziehen und alle diese Strafen werden in Geld verwandelt.
Alles das treiben sie auf's Maßloseste und dazu kömmt noch, daß sie
die Geistlichen und Vasallen für Feinde halten, wenn dieselben ihnen
keine Geschenke bringen. Und diese erbärmlichen Prälaten, da sie
auch an den Höfen, noch hie und da weltliche Aemter inne haben,
verzehren in ihren Häusern und auf ihren Gütern mit ihren Genossen
die Einkünfte ihrer Würden! Den Namen „Pater" verschmähen sie
und stolziren auf den „Sennoria=" und „Hochwürdentitel," der ihnen
von Müßiggängern und Dienerpack beim Credenzen und Bankettiren
zu Theil wird; nimmer besuchen sie ihre Heerden! Welch' großer
Schmerz, welches Leid zum Sterben! Denn heutzutage hat die Kirche
keine ärgeren Wölfe, keine schlimmeren Feinde, Tyrannen und Räuber
als jene, welche als Seelenhirten größere Einkünfte besitzen. . . . . .
Thut irgend einer seinen Dienst, so geschieht dies nur, weil er ein
kleines Einkommen hat, denn wer ein großes hat, läuft gleich davon
und setzt einen Söldner hin, so billig, als nur möglich, der dann
gleich ihm stiehlt. Welch' großes Leid müssen die Frommen darob
empfinden und wie flehen sie zu Gott, daß er dafür Abhülfe finde! . . . . .
Viele ziehen nach Rom, oder leben bei Bischöfen, aber die erhalten
keine Pfründe, es sei denn, daß sie Dienste geleistet, ohne daß dabei
Rücksicht genommen würde, ob sie Gelehrsamkeit besitzen und gute
Sitte. Und so ist es ein Wunder, wenn Einer einmal von Rom
mit Einkünften zurückkommt, der die Grammatik dazu versteht, ohne
daß er Diener eines Bischofs gewesen, und so ist denn die gesammte
Kirche durch unser Verschulden voller solcher, die zu Rom Dienste ge-
leistet, oder Diener von Bischöfen gewesen, voller Söhne, Verwandten,
Neffen, oder solcher, die auf Fürbitten als Söhne von Granden oder für
Geld in die Kirche eintreten! Es ist ein Wunder zu nennen, tritt einmal

Einer durch seine Wissenschaft oder durch seinen guten Lebenswandel berufen ein, wie Jesus Christus es geboten und Recht und Vernunft es will! Und so wie das Geld sie nur in die Kirche gebracht, suchen sie selbst nichts wieder als Geld, noch sinnen sie auf etwas Anderes als ihr Einkommen zu vermehren, denn nur darauf ist ihre Sorge gerichtet, nicht aber auf die Seelen, deren Sorge unser Heiland ihnen auferlegt. . . . . . Und wie andere blos dadurch, daß sie Dienste zu leisten wußten, in ihr Amt getreten, so sinnen sie auf nichts anderes als auch Dienste zu empfangen und geehrt zu werden. Denn einmal in ihrer Würde festsitzend, suchen sie die Ehre und Ruhe zurückzuerlangen, die sie dienend verloren. Und so sehen wir sie oft recht wunderlich, wie sie mehr von Dienerschaft, Jagd, Falken und Aufputz verstehen und nichts Andres wüßten, als wie man ein Maulthier schirrt oder ein anderes gemeines Geschäft besorgt. Und solche sollen die Kirche regieren!? Wie sie in niedrigeren Aemtern aufgezogen worden und sie dabei ehrgeizig und ohne Wissenschaft, ohne gute Sitte und adelige Erziehung, so verstehen sie nicht tugendhaft zu sein, wenn sie ihre Würde inne haben, denn gemeiniglich sind sie Gegner der Guten. Tritt unter ihnen einmal ein Frommer, Edler und Gelehrter auf, so wird er von ihnen verfolgt! . . . . . Großer Gott! Welche Pfründen gibt es heute in der Kirche Gottes, die nicht mehr von Prälaten verwaltet werden, sondern von bezahlten Idioten, die nicht zu lesen wissen, noch verstehen, was ein Sakrament ist und die von Allem absolviren! . . . . . Die verwünschte Sünde! . . . Die Unkeuschheit hat so zugenommen, daß die ganze Kirche davon angesteckt ist und je höher sie stehen und je mehr sie zum Vorbild gereichen sollten, desto tiefer sind sie darin versunken. Kaum sieht man eine Kathedral- oder Collegiatkirche, wo die Meisten nicht in wilder Ehe leben, mit vielen Söhnen, die zu Majoratsherren der Güter der Kirche gemacht werden und sie werden dann nicht als Arme, sondern als Adelige verheirathet. Andere überlassen ihren Söhnen ihr Einkommen, so daß Väter und Söhne allesammt, Canonici oder Erzdiakone oder andere Würdenträger sind. Gemeiniglich sind sie dem Aufsichtsrecht der Bischöfe entzogen und ist dies nicht der Fall, so machen sie sich selbst davon frei und eine Ahndung gibt es nicht für sie! Und da sie schlecht sind, so sind die Geistlichen des Bisthums fast alle ebenso. Und da die Bischöfe mehr auf das Einkommen, als auf das Seelenheil achten, so gibt es niemals hier Strafe. . . . . . All' dieses verwünschte Uebel kömmt von dort, woher die Vollkommenheit kommen sollte, nämlich

von Rom. Von dorther kömmt alles Uebel, denn sowie die Cathedralkirchen der Spiegel der Geistlichen des Bisthums sein sollten und
man in ihnen das Beispiel der Vollkommenheit finden sollte, so
müßte Rom der Spiegel für die ganze Welt sein und die Geistlichen
müßten hinziehen, nicht um Pfründen, sondern um Tugend dort
zu erlangen, wie man von Privatschulen und Studien sich zur
Vervollkommnung auf die Universität begibt! Allein um unserer
Sünden willen ist in Rom der Abgrund solcher Uebel und ähnlicher!
Da die meisten Geistlichen der Cathedralkirchen nach Rom ziehen, so
bringen sie fast Alle dies Verderben bei ihrer Rückkunft mit und bis
zu ihrem letzten Athemzuge verläßt es sie nicht. Gleichwie die Geringeren den Höhergestellten nacheifern, so geht alles in der Kirche
Gottes zu Grunde...... Was sollen wir aber weiter sagen von
Jenen, die von Rom kommen, so Bischöfe, wie Canonici, Archidiakone
und andere Würdenträger, da sie nichts sind als Unwissende, die
Söldner und Hausmeister von Cardinälen gewesen, Ritter vom Sporn,
die bei Pferden und in Ställen zu Hause, wohlgeschult im Schlimmen,
aber unwissend in Tugend und Wissenschaft. Ganz Spanien und
seine Cathedralkirchen sind voll Solcher! Und gibt es etwa andere, so
waren sie entweder Diener eines Bischofs, oder Verwandte, Söhne
oder Neffen eines Bischofs oder Canonicus. So erblickt man denn
in der Kirche Gottes die Bevorzugten alle in Seide prunkend, in
Ehren mit Dienerschaft und Gold. Und bei ihnen ist nicht mehr
Verdienst und Wissenschaft zu finden...... Solche regieren die
Kirche Gottes, solche gebieten ihr! Und gleichwie sie selbst nichts
wissen, ist die gesammte Kirche voller Unwissenheit. Sie ist voller
Dunst, Thorheit, Böswilligkeit und Hoffarth. Und die Geistlichen
verstehen nichts anderes, als ihre Verwandten zu bereichern und zu
erhöhen, als Majorate zu stiften und Güter zu erwerben; gleichviel
wie — gut oder schlecht! So giebt es auch Canonici oder Archidiakone,
die zehn bis zwanzig Pfründen besitzen und Niemanden nützen. Welche
Rechenschaft haben solche Gott zu leisten für die ihnen vertrauten
Seelen und für die so übelverdienten Einkünfte!" [1])

So frei schrieb man im XVI. Jahrhundert gegen die Laster der
Geistlichkeit. Mit Meisterstrichen zeichnete Fray Pablo de Leon ihr

---

[1]) Libro Llamado, Guia del Cielo, compuesto por el muy reverendo
padre Fr. Pablo de Leon de la órden de predicadores, maestro en Sancta
Theologia: el qual tracta de los vicios y virtudes..... Agora nuevamente
impresso en Alcalá de Henares por Juan Brocar, año de 1553." Dies
Werk ist ein sehr seltenes und ist nur in wenigen Exemplaren noch zu finden.

Bild und wohl darf man sagen, daß seine Satyre mitunter an Juvenal erinnert, denn sein Zorn schleudert brennende Pfeile! Wer kann in seinen Worten verkennen, mit welchem Feuereifer er die Unkeuschheit und Habgier aus der Kirche verbannen wollte, Laster, die sich wider den Frieden der Christenheit verschworen? Beschönigen lassen sich solche Gebrechen nicht. Mag man auch einräumen, daß wir uns leicht verlocken lassen, ohne zu ahnen, welchem Verderben wir anheimfallen. Müssen wir das Laster selbst bei Allen verdammen, die mehr aus Schwäche der Einsicht, als aus innerer Neigung sich dazu verleiten lassen, wie sollen wir denn über jene urtheilen, welche durch ihre Stellung die Verpflichtung hätten, mit gutem Beispiele den Kurzsichtigen und Verblendeten vorzuleuchten?

Es ist nicht zu bezweifeln, daß den bittern Klagen des Dominikaners Fray Pablo viel Wahres zu Grunde liegt, denn wie hätte die Inquisition 1553 so heftige Ausfälle gestattet, wäre nicht die Wahrheit jener Anklagen das Schild gewesen, hinter welchem unser Autor seine Pfeile geschleudert. Uebrigens spricht sich Fray Pablo in seinem Buche „Guia del Cielo" in gut katholischem Sinne aus. Ueber das Abendmahl und die übrigen Sakramente äußert er sich, wie die Kirche es vorschreibt, und er legt selbst Nachdruck darauf, daß man in seinem Gehorsam gegen den Apostolischen Stuhl nicht wankend werde. Wohl zu beachten ist, daß sein Buch, seiner heftigen Ausfälle ungeachtet, von der Inquisition nie verboten wurde, denn in den Verzeichnissen der vom Glaubenstribunal verbotenen Bücher ist der Name Fray Pablo's so wenig, wie der Titel seines Buches zu finden. So groß ist die Macht der Wahrheit, daß selbst Jene sie oft achten müssen, deren Pflicht es wäre, sie unter dem Scheffel zu halten. Solche Beschwerden waren übrigens schon einige Jahre früher in Spanien laut geworden, denn andere Schriftsteller, denen die Ruhe der Christenheit am Herzen lag, und die da wollten, daß die Priester mit gutem Beispiele vorangehen sollten, hatten sich ähnlich geäußert. Der Licentiat Cristoval de Villalon in seinem Provechoso tratado de cambios vom Jahre 1546 äußert sich also: „Also behandeln sie ihre Pächter ganz verkehrt, — als Tyrannen und niemals berücksichtigen sie das Elend des Christenvolkes noch ihre Untergebenen und Pfarrkinder. Wie offenbar sie auch einsehen, daß dies dieselben zu Grunde richten und sie in Nöthen bringen heißt, nehmen sie ihnen ihr Einkommen mit solchen Plackereien, Censuren und Kosten ab, daß im Jahre darauf kein Schaf übrig bleibt, das solchen Hirten duldet, vielmehr flieht man ihn wie einen Tyrannen![1]

In einer anderen Schrift verbreitet sich Licentiat Villalon über die Beichtväter seiner Zeit: „Es ist sehr passend," sagt er, „daß der Beichtiger Klugheit und Umsicht besitze und es ihm nicht an Wissen fehle. Heutzutage gibt es ein großes Uebel, das für die Kirche starker Heilmittel bedarf, denn bei jedem Schritt werdet ihr einer Masse un- wissender, unkluger und sehr eitler Beichtväter begegnen, die aus Hab- sucht, um erbärmlichen Vortheils willen, sich mit dem Geschäfte be- fassen mit solcher Freigebigkeit Beichte abzunehmen, als handelte es sich darum, Schuhe zu machen, oder Anderes, was noch weniger wäre. Für solche ziemt es sich, daß sie mit Eifer aus dem Gemeinwesen verbannt würden, statt daß man zuwarte, welchen Nachtheil sie an- gerichtet.[2]

Ungeachtet der großen Masse schlechter und unwissender Geist- lichen, die zum Unheile der Christenheit dazumal in den Territorien Spaniens ihr Unwesen trieben, fanden sich dennoch viele einsichtsvolle und tugendhafte Männer vor, von denen Manche Seelengröße genug besaßen, um die Laster zu tadeln und die guten Thaten mit einer Energie und einem Freimuth zu preisen, der solchem Gegensatze gegen- über sich ziemte. Es fanden sich Weltgeistliche und Mönche, die noch wahrhaft Gott verehrten und die auf dem engen Pfade der Tugend nicht strauchelten, sich nicht blos darauf beschränkend, die schlechten Priester zu geißeln, sondern auch ascetische Werke schrieben, in der Absicht, die Seelen auf den rechten Weg zu leiten und sie in der Religion des Heilandes zu belehren. Vom Jahre 1520 bis zum Jahre 1560 erschienen viele Schriften, die voller bewunderungs-

---

[1] „Proveehoso tratado de cambios y contrataciones de mercaderes y reprovacion de usura. Hecho por el licenciado Cristóval de Villalon, graduado en Sancta Teologia Provechoso para conoscer los tratantes en que peccan y nescessario para las confesores saberlos juzgar. Van anna- didos los dannos que ay en los arrendamientos de los obispados y beneficios eclesiáticos, con un tratadico de los provechos que se sacan de la confession, visto y examinado por los sennores del muy alto Consejo y Sancta Inqui- sicion. Anno de 1546." Die erste Ausgabe des Buches erschien zu Sevilla im Jahre 1543 in der Druckerei von Domingo Robertis.

[2] „Exortacion à la confession, en la cual se trata la bondad della por los provechos que della se siguen, y como se ha de aver en ella el prudente confesor y el discreto penitente. Hecho por el licenciado Cristóval de Villalon". Impresso en la muy noble villa de Valladolid. En la officina de Francisco Fernandez de Cordova, impressor. Acabosse en quinze dias del mes de Agosto. Anno de 1546. 4. gótico.

würdiger Aussprüche sind. Man braucht nur einen Blick in das Abecedario espiritual von Fray Francisco de Osuna zu werfen auf die „Agonia del tránsito de la muerte" von Alejo de Venegas; auf „Vergel de oracion y monte de contemplacion" von Fray Alonso de Orozco; auf die „Doctrina Christiana" von Gutierre Gonzalez; auf die von Fray Domingo de Valtanas auf den „Camino del Cielo" von Fray Luis de Alarcon und auf manche andere, nicht minder verdienstliche und frommsinnige Schriften tugendhafter und glaubenseifriger Weltgeistlichen und Mönche. War auch, wie schon gesagt, die Verderbtheit und Unwissenheit groß, in welcher der größere Theil der Bischöfe jener Zeit lebte, so gab es doch manche, die frei von diesem bedauernswerthen Uebel und welche durch ihre hervorragende Wissenschaft auf dem Concilium von Trient bald das Staunen Europa's erregten. Allein solche vereinzelte Fälle reichten nicht hin, um beim Volke und Adel die Unbilden und die Mißwirthschaft vergessen zu machen, welche die Masse der spanischen Geistlichen vor aller Augen trieb, ohne daß es ihnen nur in den Sinn gekommen wäre, aus Scham vor dem Aergerniß ihr Benehmen zu verhüllen .... Von Mund zu Mund liefen dazumal Sprüchwörter, durch welche die Lebensweise und das Benehmen der schlechten Geistlichen verhöhnt wurde. Führen wir einige davon an: „Es gibt nichts Selteneres, als einen schönen April und einen guten Bischof;" „Der Bischof von Calahorra gibt den Eseln die Tonsur;" „Man erfleht sich von Gott einen Bischof und ein Weiberknecht fällt uns zu;" „Eine Predigt, die flugs zu Ende, will ich nicht;" „Kleriker und Mönch halte so wenig für Freunde, wie Juden;" „Der heilige Peter zu Rom fährt gut, wenn sie ihm nicht seine Krone stehlen;" „Wer nach Rom will, darf kein hinkendes Maulthier noch einen ungespickten Beutel haben;" „Rom weiß die Narren zu bändigen, verzeiht dabei aber nicht den Klugen;" „Die Mönchregel heißt: nimm von Allen und gib Niemanden was!" Solche und ähnliche Sprüchwörter waren dazumal im Schwunge und sie wurden im Jahre 1555 von dem gelehrten Comthur Hernan Nuñez, dem ausgezeichneten Kanzelredner und Lehrer der Rhetorik und des Griechischen an der Universität Salamanca gesammelt und herausgegeben. Die Sammlung der Sprüchwörter erschien selbst mit Bewilligung des Rathes von Castilien und der Inquisition, in verschiedenen Ausgaben im Laufe der Zeit. Jene Sprüchwörter legen Zeugniß dafür ab, daß das Volk die verwerflichen Sitten der damaligen Geistlichkeit mit Freimuth tadeln konnte, mochte auch Vortheil und Interesse sich angelegen sein lassen, ein Treiben zu verheimlichen, das so unwürdig der Männer, welche das Priesteramt inne hatten.

Fragt man sich nun, welche Folge dieses Unwesen für die Kirche hatte, so lautet die Antwort dahin, daß, wurde auch der Glaube selbst nicht in Spanien erschüttert, doch die Vorschriften der katholischen Kirche gleichgültiger beachtet wurden. Ein Franziskanermönch, der nicht genannt ist, schrieb eine Abhandlung über die Bedeutung und Wirksamkeit der Abläße, worin er dem Volke eindringlich zu machen suchte, wie es für sein Seelenheil deren bedürfe. [1]) Der Verfasser läßt sich darüber aus, wie geringen Werth Viele auf den Ablaß legten und er tadelt die Gleichgültigkeit, mit der man die so wohlfeilen Kaufs zu erlangende Erleichterung und Hülfe verschmähe. Die Sittenlosigkeit der Geistlichen konnte indessen nicht verfehlen ihre Wirkung zu äußern und die Glaubensinnigkeit des Volkes mußte darunter leiden. Wohl erkannte dies Doktor Juan Bernal Diaz de Lugo, welcher bald Bischof von Calahorra wurde, indem er seinen „Aviso de Curas" schrieb, welches Werk unter dem Schutze des Cardinals Don Juan Tavera, Erzbischof von Toledo und Generalinquisitor, herausgegeben wurde. Was sagte Don Juan? „Manche Geistliche," schreibt er, „pflegen zu sagen, daß ihre Untergebenen das Gute, was sie ihnen anrathen, zu thun hätten, nicht aber darauf zu achten, wie sie selbst leben. Einen solchen Grund einzusehen, ist aber nicht Jedermann im Stande, vornämlich nicht das Volk an den Orten, wo kein anderer Prälat sich vorfindet, wo kein Pfarrer das Vorbild des christlichen Lebens bietet! Wenn der Prediger dem entgegen lebt, was er lehrt, so müssen Unwissende und in Glaubenssachen nicht wohl Unterrichtete anfangen am Glauben selbst zu zweifeln und dem Glauben selbst nicht die verdiente Achtung zu schenken; denn der Teufel weiß aus den schlechten Werken des Predigers Argumente gegen den Glauben und die gelehrte Doktrin zu ziehen, dieweil er sucht den Menschen vorzuspiegeln, daß die Strafe, welche den Schlechten droht, doch nicht so gewiß noch wahrhaft eintreten werde, so wenig wie der Lohn, der den Guten verheißen, da ja, der das Gesetz kennt und lehrt, das vom Gesetz Verbotene selbst thut; denn hielte er es für wahr, der doch am Meisten davon wissen muß, so würde er das Verbotene meiden und das Andere erstreben. [2])

---

[1]) „Tractao del valor y efecto de las indulgencias y perdones." Fué impresso en Sevilla: en la emprenta de Jacome Cromberger. Año del Señor de mil y quinientos y cuarenta y ocho — 8° ghot.

[2]) „Aviso de curas muy provechoso para todos los que exercitan el officio de curar ánimas. Agora nuevamente añadido por el Doctor Juan

So war wirklich die Meinung der Masse über die Sittenlosigkeit vieler spanischen Geistlichen und so mußte der Glaube in den Herzen mancher Männer, des Volkes wie des Adels, erkalten. Allein Alle drangen auf die Reform solcher Mißbräuche und es lag nur an jenen Klosterbrüdern und Weltgeistlichen, die in den Wegen der Unkeuschheit und Habgier verharrten, daß die der Kirche Abtrünnigen die Lehren Luthers um so sicherer ausbreiten konnten. Und gerade zur Zeit, wo unsere Ahnen mit geziemendem Freimuth jene Geistliche tadelten, welche von der Tugend abgefallen, sprachen andere fromme Geistliche, die mit Innigkeit ihrem Glauben anhingen, auch mit den entschiedensten Worten sich gegen jene aus, die aus der Einfalt oder Rohheit der Masse Vortheil ziehend, sie zu täuschen und sie mit dem lächerlichsten Aberglauben zu erfüllen suchten. Ein Franziskanermönch, Guardian seines Klosters, zu Alcala de Henares, von dem Wunsche getrieben, Jerusalem und die anderen Orte Palestina's zu besuchen, wo Jesus Christus gepredigt, unternahm im Jahre 1530 die Reise nach dem gelobten Lande. Fray Antonio de Aranda, so hieß er, sah sich die heiligen Orte auf das Genaueste an und schrieb bei seiner Rückkehr unter dem Titel „Una Verdadera descripcion" eine Reisebeschreibung über Jerusalem, die Provinzen Judäa, Samaria und Galiläa. Seine Schrift widmete er den adeligen und ehrwürdigen Schwestern, Doña Francisca und Doña Juana Pacheco, Töchtern des Grafen von Santistevan, welche als Nonnen ihr Gelübde abgelegt. Seine Reisebeschreibung, die im Jahre 1531 erschien, ist sehr selten geworden. Fr. Antonio war ein gescheuter Kopf und machte sich weidlich lustig über den Aberglauben der christlichen Bevölkerung Jerusalem's. Treffend weist er darauf hin, wie nachtheilig dieser Glaube auf die Türken wirken müsse und wie lächerliche Ceremonien und die einfältigste Leichtgläubigkeit nicht dazu angethan wären, den Namen des Heilandes bei den Ungläubigen zu verherrlichen. Beispielsweise führt er an, wie dazumal die Christen zu Jerusalem am Abende des Sonnabend vor Ostern eine Prozession hielten, in der Erwartnng, daß vom Himmel ein Feuer auf das Grab des Gottmenschen herabsteigen würde, während dieses Feuer in der That nur durch ein Taschenspielerkunststück dort sichtbar wurde. Fr. Antonio kannte den Trug und sprach sich darüber unverholen in seinem Reise-

---

Bernal Diaz de Luco del consejo de S. M." — Al fin — Fué impressa en la muy noble villa y florentissima universidad de Alcala de henares en casa de Joan Brocar à veynte y cinco dias del mes de Octubre: del año de Nuestro Salvador Jesu Christo de mil y quinientos y cuarenta y tres años."

berichte aus, wie wir gleich sehen werden. Sein Freimuth mag darthun, welche falsche Meinung man von dem Bildungszustande Spanien's in jenem Jahrhundert bisher gehegt. In seinem Reiseberichte
heißt es nämlich: „Höre man denn, wie es dermalen mit dem Feuer-
wunder geht, wie ich als Augenzeuge berichten will, wobei ich es dem
Urtheile eines Jeden frei lasse, ob er es billigen oder verdammen will.
Da jenes Land bekanntlich in den Händen der Ungläubigen ist und
um den wahren Grund zu sagen, die christliche Liebe bei den Gläubigen erkaltet, so hörte das genannte Gnadenwunder auf. Da aber
das Wunder in den Herzen der Gläubigen noch nicht vergessen, so
fahren die hier sich aufhaltenden Christen fort, alljährlich das erwähnte
Wunder wieder vorzuführen, obschon ihnen „das wahre Kreuz"
abhanden gekommen, das verschwunden. Die Mauren, die dazumal
die Herren waren und heute die Türken, verstanden dies auch; sie
spotteten der Leichtgläubigkeit der Masse und die Habgier der Ungläubigen trug ihr Theil dazu bei um den unwissenden und dazu übermüthigen Gläubigen vorzugaukeln, als käme das Feuer wirklich vom
Himmel! Das treiben sie also: Am Mittwoch oder Donnerstag der
heiligen Woche kömmt der Türke, der die Stadt zu verwalten, in Begleitung seiner Truppen und läßt alle auf dem heiligen Grabe brennenden
Lampen auslöschen; sodann schließt er die Thüre und versiegelt sie,
damit Niemand hinein könne. Wenn der Sonnabend gekommen,
kömmt Nachmittags, wenn alle Christen von allen Nationen in Jerusalem sich versammelt, der Subassi im Geleite seiner Truppen und
Mauren, um das Feuer des Himmels kommen zu lassen und die
Thüre wird geöffnet. In der Mitte sah ich einen Fremden, der eine
Lampe ohne Docht hinstellte und als ich fragte, denn ich war auf
alles, was vorging sehr aufmerksam, wozu denn die Lampe diene? —
ward mir die Antwort, damit das Feuer auf jenes Oel herabsteige.
Jener fremde Christ kam wieder heraus und die Ungläubigen schlossen
darauf die Thüre einfach zu, jedoch ohne Schloß noch Riegel und der
Subassi nahm sodann auf einem Sessel neben der Thüre Platz, während die Andern sich auf den Steinbänken vor der Thüre niederließen.
Ohne daß ich wissen könnte, was drinnen vorging, zogen dann die
Griechen aus der größern Kapelle in Prozession heraus mit Zierrathen
von Seide und silbernen Gefäßen in den Händen. Nachdem sie dann
herumgezogen, meines Bedünkens mehr mit Ausgelassenheit als Frommsinn, wobei alle Anwesenden Bündel kleiner, unangezündeter Kerzen
in den Händen trugen, kam der Patriarch, der selbst zwei Bündel

Kerzen trug, an das Thor des heiligen Grabes, wo man ihn eintreten ließ. Eilends kam er dann mit großen Sprüngen und voll
Freude wieder heraus, wo dann seine zwei Kerzenbündel brannten
und so lief er hüpfend bis zum Chore hin, viele hinter ihm drein,
um ihre Kerzen anzuzünden. All das Volk gerieth da plötzlich in
solche Aufregung, daß ich nie etwas Aehnliches wohl sehen noch
erleben werde. Die Einen stürzten in das Grabgewölbe hinein, um
die Kerzen anzuzünden andere nahmen das Feuer von ihnen, wieder
andere sprangen und hüpften die brennenden Kerzen hoch empor-
haltend, und Jedweder in seiner Sprache schreiend, was so toll
und verworren herging, daß es uns, die wir an der Posse keinen An-
theil nahmen, vorkam, als stehe die ganze Kirche in Flammen und als
rennten die Menschen mitten durch. In der Kirche mochten über
zweitausend Christen zusammen sein. Alsdann zogen unter gleichem
Jauchzen alle anderen Nationen in Prozession feierlich und jubelnd
herein. Alles dieses sahen wir von dem obern Kreuzgang des heiligen
Grabes an, als wären wir bei einer Komödie anwesend. In Wahrheit sage ich, daß wir nicht umhin konnten zu lachen über das, was
wir dort sahen und doch war es uns sehr übel dabei zu Muthe und
wir schämten uns drob, denn wir dachten daran, daß die Ungläubigen
staunen müßten, daß unser ganzer Glaube und das Christenthum so
geringen Grund hätte, wie das, was sie dort faßten und sahen . . . . .
Der Vortheil, den die Türken aus dieser Geschichte ziehen, besteht
darin, daß Alle, wenn sie das Feuer angezündet, das heilige Grab
besuchen und Niemand darf herein, der nicht mindestens zwei Catha's
zahlt. [1)]

So lautet das Urtheil eines katholischen Schriftstellers über den
albernen Aberglauben, mit welchem manche schlechte Priester in dem
unglücklichen XVI. Jahrhundert noch die Masse zu täuschen suchten.
Nicht zu übersehen ist, daß die Inquisition in dem Werke von Fray
Antonio de Aranda nichts fand, was sie ihrer Censur und Ahndung

---

[1)] „La verdadera descripcion de la tierra Sancta como estava el año
de MDXXX. Comienza un tratado el qual contiene muy particular verdadera informacion de la ciudad Sancta de Hierusalem y de todos los lugares
sanctos que dentro y fuero desta ciudad Sancta están, señaladas de principal
intento aquellos donde Christo nuestro dios y redemptor celebró los misterios
de nuestra redempcion. Compuesto por el muy reverendo Padre Fray Antonio de Aranda, Guardian de Sant. Francisco de alcala de Heñares. El
qual lo vió y passeó! A gloria y honra de nuestro Señor Jesu Christo y con-
solacion y provecho de los leyentes. Alcala de Heñares por Miguel Eguia
Año de 4531.

hätte unterziehen konnen und die Reisebeschreibung nach dem gelobten
Lande ging ungehindert von Hand zu Hand. Hieraus möge man
schließen, in welchem Irrthum jene befangen, die so leichtfertig über
unsere Altvordern urtheilen. Wenn auch bei der zu allen Zeiten unwissenden Masse so schlauer Trug freundliche Aufnahme fand, da sie
von übelberathenen Geistlichen geleitet wurde, die aus Eigennutz oder
Verstandesschwäche, durch solche Mittel die katholische Religion zu
verherrlichen wähnten, so fehlte es wahrlich doch nicht an einsichtsvollen
und tugendhaften Mönchen, die sich dem Strome des Eigennutzes und
thörichter Leichtgläubigkeit entgegenstemmten. War es da ein Wunder,
daß die Protestanten unter solchen Vorgängen mit ihren Doctrinen
auch in Spanien Eingang fanden? Ohne die Wachsamkeit der Inquisition, die neben ihren physischen Strafen gegen die Abtrünnigen,
kein zweckmäßigeres Mittel fand, als das Lesen der Bibel in der
Landessprache zu untersagen, hätten die Doktrinen des Protestantismus
weit raschere Fortschritte gemacht. Bei den niedern Ständen Spaniens
geschah es nicht, wie in andern Ländern, daß das Volk Neigung dazu
empfand, die heilige Schrift zu erforschen. Allerdings erschienen im
XVI. Jahrhundert sehr viele ascetische Schriften in Spanien, worin
man sich über die Zügellosigkeit des Klerus, wie über die mögliche
Abhülfe dafür, ausführlich ausließ. Die Verfasser dieser Schriften
gehörten fast sämmtlich dem geistlichen Stande selbst an, ein Beweis,
daß die Spanier jener Zeit religiöse Fragen ziemlich gleichgültig auffaßten. Staunen müssen wir dagegen über die große Zahl weltlicher
Schriftsteller, welche sich der Philosophie, der Medizin, Geschichte,
Politik und andere Wissenschaften widmeten, wogegen die wenigen
kaum in's Gewicht fallen, die sich irgend in die religiösen Fragen
mischten, welche die Geister im Auslande so sehr bewegten und den
Frieden störten. So meinte denn die Inquisition, wenn sie nur die
Uebersetzungen der Bibel in das Spanische, den Händen der Masse
entziehe, so würden jene, welche auf den Rath der Ketzer hörten, nicht
den Sinn mancher Stellen der heiligen Schrift in ihrem Sinne vertreten. Mit der spanischen Bibel in der Hand, hätte ja ein Jeder
nach seiner Manier die heilige Schrift deuten können und Spanien
hätte auch religiöse Parteiungen erleben müssen! Nur um dem zuvorzukommen, beeilte sich die Inquisition, dem Volke die Pforte zu schließen,
durch welche die Neigung für solche Fragen Eingang hätte finden können.[1]

---

[1] Don Fr. **Bartolomé de Carranza**, Erzbischof von Toledo, sprach sich in
seinem Prolog zu seinem Catechismus der christlichen Doktrin, (Amberes 1558)

Es gab aber doch Männer, die nur mit Schmerz gewahrten, daß das Lesen der heiligen Schrift den Gläubigen untersagt wurde, als Etwas, was ihrem Seelenheile zuwider wäre und freimüthig äußerten sie in Druck und Schrift ihre Ansichten, die sehr verschieden von der Meinung jener Mönche und Doktoren, welche der Inquisition solche Vorsichtsmaßregeln angerathen. Gegen diese erkühnte sich ein ebenso gut katholischer wie gesinnungstüchtiger Canonicus von Plasencia seine Stimme zu erheben; ich meine nämlich den Doktor Antonio Porras, welcher in seinem „Tratado dela oracion" im Jahre 1552 folgende Gründe wider das Verbot geltend machte: „Wie," rief er aus „lehrte etwa unser Heiland so dunkele und verwickelte Dinge, daß die Theologen allein sie nur verstehen können? Und wenn es sich also verhält, daß die Doktrin, die Christus lehrte, so klar und bestimmt und nothwendig für die ganze Welt ist, weßhalb will man denn für Wenige das bewahren, was ein Gemeinsames ist? Wenn es an dem ist, daß Christus will, daß seine Mysterien allgemein bekannt und von Allen verstanden und gewußt werden, warum will man denn darum bloß die Theologen erbauen? Wollte Gott, daß die Frauen nichts Anderes lesen, als die Evangelien und Briefe des heiligen Paulus! Gebe Gott, daß die Arbeiter und Handwerker zur Erholung bei der Arbeit nichts Anders lesen, als das heilige Evangelium! Möchte man nur die Wanderer auf ihrem Wege sich derlei erzählen und mittheilen hören und möchten die Gespräche aller Christen sich nur über die evangelische Lehre verbreiten! . . . . . . Wie kann man nur glauben, daß nur das Wissen und Verstehen der evangelischen Doktrinen durch Gottes Willen für wenige bestimmt wäre? Da die Lehre eine ganz allgemeine für Alle gemeinsame ist, wie läßt sich da sagen, daß Gott die Theologen allein dazu ausersehen, die geheimen Mysterien der christlichen Lehre zu verstehen, so daß alle übrigen davon fern gehalten würden? [1]

---

also aus: „In Spanien, das noch rein von jenem Unkraut war und ist, sorgten sie dafür, überhaupt alle Uebersetzungen der heiligen Schrift zu verbieten, um den Ausländern die Gelegenheit zu entziehen, mit einfältigen und ungebildeten Personen über ihre religiösen Differenzen zu verhandeln. Auch verboten sie dieß, weil sie einzelne Fälle und Irrthümer erfahren, die in Spanien auftauchten, deren Wurzel sie darin fanden, daß man einzelne Theile der heiligen Schrift gelesen, ohne sie zu verstehen. Das ist die wahre Geschichte dessen, was sich begeben und aus diesem Grund ist die Bibel in der Landessprache verboten worden."

[1] Tractado de la oracion Alcalá de Heñares, par Juan Brocar. Año de 1552.

Gerade zu der Zeit, wo Doktor Antonio Porras sich über das Verbot des Bibellesens in der Landessprache beschwerte, wurden von der Inquisition alle spanischen Uebersetzungen der gesammten heiligen Schrift, wie einzelner Theile derselben verboten. Zunächst beeilte sie sich, die Uebersetzung des „Hiob" zu verbieten, welche Alonso Alvarez de Toledo unternommen und welche im Verein mit der Uebersetzung der Moralien des h. Gregorius von demselben Verfasser zu Sevilla im Jahre 1527 erschien und in allen Verbotsregistern verpönt ist. Wie groß aber auch die Strenge der Inquisition, wie sehr sie sich auch bemühete, zu verhindern, daß spanische Uebersetzungen der heiligen Schrift von Hand zu Hand gingen, fanden doch jene, welche dem Volke ein freies Urtheil in göttlichen Dingen sichern wollten, Mittel genug, um die Beschlüsse der Inquisition zu verspotten, so daß im rechten Augenblick ihre Wünsche in Erfüllung gingen. So zogen die Uebersetzungen einiger Bücher der Bibel in spanische Verse weder den Verdacht noch den Argwohn der strengen Glaubensrichter und Wächter des katholischen Glaubens auf sich und so unterzogen sich viele aufrichtige und fromme Männer solcher willkommenen Arbeit. Der Name des ersten dieser metrischen Uebersetzer ist verloren gegangen. Er übertrug nämlich im Jahre 1558 die Sprüchwörter des Königs Salomo in spanische Verse. Seine Uebertragung zeichnete sich nicht sowohl durch die Einfachheit, Eleganz der Sprache und Treue aus, als vielmehr durch die sachkundigen Glossen, mit welchen er die Sentenzen des weisen Monarchen beleuchtete. [1]

Nachdem der gelehrte spanische Theologe Benito Arias Montano die Polyglotten = Ausgabe der Bibel geleitet, die zu Antwerpen auf Kosten des Königs Philipp's II. erschien, übertrug er nicht bloß „die Psalmen David's" aus dem Hebräischen in meisterhafte, lateinische Verse, sondern auch in's Spanische so treffend und elegant, wie man es an diesem ausgezeichneten Theologen gewohnt war. Seine Uebersetzung davidischer Psalmen in lateinische Verse, erschien ohne irgend welche Behinderung unter allgemeinem Beifall der Gelehrten und selbst mit Bewilligung des Glaubensgerichtes; die spanische Uebersetzung ist bis heute aber noch nicht herausgegeben, zum Bedauern Aller, welche ihre Vorzüge kennen zu lernen Gelegenheit hatten. In einem Codex, welcher von einem Humanisten geschrieben sein soll, findet sich die Uebersetzung des

---

[1] Das Exemplar dieser spanischen Uebersetzung, das mir vorliegt, ist aus der Bibliothek des Don Jose Maria de Alava. Es wurde zu Cuenca im Jahre 1558 gedruckt.

Pſalm's Miſerere. [1]) Dem Beiſpiele Montano's folgten bald viele
andere Dichter, faſt ſämmtlich Mönche, welche gleichfalls einige davi-
diſche Pſalmen in ſpaniſche Verſe überſetzten. Aehnliches geſchah mit
andern Büchern der heiligen Schrift ohne irgend welche Geſährde,
denn die Inquiſitoren hinderten dies keineswegs, ſobald es ſich nur
um eine Ueberſetzung in Verſe handelte. Sie hielten nämlich ſolche
poetiſche Verſuche für einen Beweis des Glaubenseifers der Dichter,
während es im Grunde nur ein Proteſt gegen die Maßregel war,
welche das Leſen der heiligen Schrift in der Landesſprache verpönte.
Allein beim Uebertragen der heiligen Schrift war der Gebrauch der
Proſa nur bei den Commentaren oder Erklärungen geſtattet und
erkühnte ſich einmal irgend Einer gegen die ſtrengen Verbote der
Inquiſition zu fehlen, ſo hatte er mit Kerker, Martern und gar mit
dem Flammentode dafür zu büßen, daß er das Volk hatte belehren
wollen. Hierin ging die Hartnäckigkeit der Inquiſitoren ſoweit, daß ſie
die Ueberſetzung in Proſa des Buches „Hiob" förmlich auf ihren
Index ſetzten, während ſie doch ihre Zuſtimmung zu der poetiſchen
Ueberſetzung des Buches ertheilten. Sie wollten einmal nicht geſtatten,
daß die treue Uebertragung in's Spaniſche von Hand zu Hand gehe,
damit die Maſſe keine Gelegenheit finde, die heilige Schrift nach Gutdünken auszulegen, wohingegen ſie vor einer poetiſchen Ueberſetzung
keine ſolche Scheu hatten, inſofern eine Uebertragung in Verſe, wie
ſehr man ſich auch an das Original zu halten ſucht, doch eine Freiheit des Gedankens geſtattete, die keiner Mißdeutung anheimfallen konnte.

All' dieſer Strenge ungeachtet, mußte die Inquiſition doch in
manchen Fällen dieſelbe zu mäßigen, indem ſie geſtattete, daß Schriften,
die in den römiſchen Indices verboten waren, frei von Hand zu Hand
gingen, wenn ſie rein wiſſenſchaftlicher Art waren. Wir finden dieß
durch eine Aeußerung beſtätigt, welche ein Gelehrter Namens Lorenzo
Palmereno fallen ließ, indem er in einer Abhandlung über die leichte
Nachahmung der rhetoriſchen Eleganz des Cicero ſich 1560 alſo vernehmen ließ: „Unter den katholiſchen Commentatoren Cicero's", ſagt
er, „hielt man Xyſto Betulejo in allen ſeinen Schriften verboten, wie

---

[1]) In der Bibliothek des gelehrten Antiquars Don Joaquin Rubio zu Cadix
findet ſich ein Exemplar der gedruckten lateiniſchen Ueberſetzung mit dem Titel:
„Davidis Regis ac Prophetae aliorumque ſacrorum vatum pſalmi; ex hebraica
veritate in latinum carmen à Benedicto Aria Montano obſervantiſſime con-
verſi. Antuerpiae: ex officina Chriſtophori Plantini MDLXXIII." Am Ende
dieſes Exemplars finden ſich noch einige Blätter mit einigen Pſalmen in ſpaniſchen
Verſen, welche demſelben Verfaſſer zugeſchrieben werden.

aus dem Verbotkatalog des Papstes Paul IV. zu entnehmen war.
Bei Vergleichung mit dem Kataloge der Inquisition von Castilien
fand ich aber nur den Commentar „De officiis" von Cicero verboten.
Gott gebe dem Großinquisitor langes Leben, der in diesem wie bei
andern Büchern gegen die Studirenden liberaler gewesen als der Pabst;
denn wenn wir die Sprüchwörter von Erasmus nicht mehr lesen
dürften, wie der Pabst dieß in seinem Kataloge will, dann hätten wir
schwer zu leiden. So darf man auch den Tysto Vetulejo in dem
lesen, was ich hier anführe" [1]). Aus dieser, für jene Zeit so wunderlichen Auslassung mag man schließen, in welcher Bedrückung die den
Studien Beflissenen dazumal lebten. Man gestattete ihnen ja nur das
zu lesen, was ihnen erlaubt war, und Alles mußten sie als etwas
Ueberflüssiges geringschätzen, was unter schweren Strafen verboten war.
Nur Trauer kann man darüber empfinden, wenn Lorenzo Palmereno
die Freisinnigkeit der Inquisitoren preisen muß, weil sie den Freunden
der griechischen und römischen Literatur irgend ein Buch gestatteten,
das auf dem Index des Papstes Paul IV. stand! Der Fall, daß
die Glaubensrichter die Studien der Gelehrten zu fördern suchten,
steht indessen so vereinzelt da, daß er kaum in's Gewicht fällt. Wir
glauben, durch die angeführten Documente zur Genüge bewiesen zu
haben, daß Spanien im XVI. Jahrhunderte Bildung genug hatte,
um auf die Reform der Kirche zu dringen. Hätte Luther in Deutschland nicht seine Blitze gegen den römischen Hof geschleudert, so hätten
einige, der freilich nicht zahlreichen spanischen Geistlichen, die voll echter
Tugend das Unrecht verabscheuend, das unter dem heiligen Namen
Christi schamlos und aller göttlichen und menschlichen Gebote vergessend,
verübt wurde, — auf eigene Schultern die Pflicht genommen, die
Religion des Heilandes zur alten Reinheit und Kraft zurückzuführen!
Wir sagen noch mehr: „Vergleicht man die Schriften Luther's und
seiner Anhänger mit jenen mancher guten spanischen Katholiken des
XVI. Jahrhunderts, so wird man große Aehnlichkeit in der Art und
Weise finden, wie über Gegenstände des Glaubens und über den Zustand der Kirche darin verhandelt wird!" Ein Kaplan und Chronist
des Kaisers Carl V., der ausgezeichnete Doktor Juan de Sepulveda,
schrieb einen Dialog unter dem Titel „Democrates", welcher im Jahre
1541 erschien und worin er drei Personen vorführt, die er Leopoldo,

---

[1]) Laurentii Palmyreni, de vera et facili imitatione Ciceronis, cui aliquot
opuscula studiosis adolescentibus utilissima adiuncta sunt, ut ex sequenti
pagella cognosces — Zaragoza en casa de Pedro Bermiz, 1560.

Alonſo de Guevara und Democrates nannte, nämlich einen Deutſchen, einen Spanier und einen Griechen. In dieſem Geſpräche läßt er ſich über den Verfall der Kirche mit ſolchen Worten aus, daß ſie mehr durch das Leſen der Schriften Luther's, als durch eigene Ueberzeugung eingegeben ſcheinen, obwohl ſie in der That nur Zeugniß ſeiner Glaubensinnigkeit und des Abſcheus geben, den er gegen die gottvergeſſenen Prieſter hegte. Hören wir, wie er darüber denkt [1]).

Leopoldo ſpricht: „Mögeſt du Democrates doch von den weltlichen Staaten abſehen und, was beſſer für unſern Zweck paßt, gehe doch auf die Prinzipien und die Fortſchritte der Kirche ein und berückſichtige den Verfall, in der ſie ſich jetzt befindet! Deucht dir etwa, daß, nachdem die geiſtlichen Reichthümer maßlos angewachſen und die Biſchöfe, nicht bloß der Biſchof von Rom, ſondern viele Andere ſelbſt, den König ſpielen — daß die Heiligkeit und der Frommſinn der Geiſtlichen gleich wäre dem Glauben jener Zeit, wo der heilige Peter und andere Apoſtel von den Almoſen der Frommen lebten und wo der heilige Paulus, da er das Evangelium predigte, Tag und Nacht arbeitend, von ſeiner Hände Arbeit leben mußte! Gleicht der Glaube heute der Zeit, wo Clemens, Ignatius, Marcellus, Policarpus, Athanaſius und andere Heilige, Päbſte und Biſchöfe, die ſich mit Wenigem begnügten, die Prieſterwürde annahmen, nicht um des Reichthums willen, ſondern um alle Tugenden zu üben?“ Darauf erwiedert Democrates: „Was du geſagt, Leopold, trifft allerdings das Wahre. Sicher ſteht es feſt, daß bei Beginn der Kirche und während der ganzen Zeit, wo der Name der Chriſten verabſcheut wurde, oder den Fürſten Argwohn einflößte, daß dazumal die Chriſten, insbeſondere die Prieſter, welche als Führer der Andern im Glaubenskampfe von dem lebten, was ihnen die Chriſten von Tag zu Tag gaben oder von ſehr geringem Einkommen ein heiligeres und frömmeres Leben führten, als, nachdem die Kirche ihre Freiheit errungen, ihr Anſehen gekräftigt und durch Reichthümer erhöht war! Allein urtheilen wir ohne Leidenſchaft, ſo liegt die Schuld dieſes Uebels vielmehr in den Sitten, als im Beſitz des Reichthums!“

---

[1]) „Diálogo Llamado Demócrates" compuesto por el doctor Juan de Sepúlveda: capellan y coronista de su S. C. C. M del emperador: agora nuevamente impresso con privelegio imperial M. D. xlj. -- Aqui haze fin el presente diálogo intitulado Demócrates. Fué impresso en la muy noble y muy leal ciudad de Sevilla: en casa de Juan Cromberger, difunto que dios aya. Acabóse á veynte y ocho dias del mes de mayo de mil y quinientos y quarenta y un años.

So lautete das Urtheil des berühmten Chronisten Carl's V.,
Juan de Sepulveda, Worte, die sehr übereinstimmten mit der Auffassung Luther's und seiner Anhänger, die durch Predigten und sonstige Schriften die Geister gegen den römischen Hof aufregten. Wenn
aber Sepulveda sich über den Verfall beschwerte, in den die Kirche
gerathen, so machte ein gelehrter Canonicus von Salamanca, der vielleicht noch höheres Verdienst besaß, sich über die Ceremonieen lustig,
mit welchen die Christen ihre Gebete begleiteten. Magister Pedro
Ciruelo, Domherr und Theologe an der Cathedrale von Salamanca,
schrieb eine Abhandlung über die Verdammung des Aberglaubens und
der Zauberei, eine der bemerkenswerthesten Schriften Spaniens im
XVI. Jahrhundert [1]). Dieser gesinnungstüchtige Gelehrte, der Spanien ewig zur Zierde gereicht, tadelt zunächst in seiner Schrift das
Tragen der Heiligenzettel und anderer ähnlichen Dinge. Dann sagt
er unter Anderm: „Eine dritte Art, wie man beim Gebete fehlen
kann, besteht darin, daß man sich in manchen eitlen Ceremonieen gefällt und wähnt, daß das Gebet ohne dieselben nichts nützt und man
ohne dieselben nicht die Barmherzigkeit von Gott erflehen kann. „Leere
Ceremonie" nenne ich das, was die guten Christen der katholischen Kirche weder gebilligt, noch zu thun pflegen. Ich sage dieses,
weil es manche Ceremonieen gibt, die bei den Christen im Schwunge
sind, gleichsam als etwas, was die Menschen anregt, bei ihren Ge-
beten inbrünstiger zu sein. Darunter verstehe ich das Niederknieen,
die Augen gen Himmel richten, die Hände falten, sich an die Brust
schlagen, den Kopf entblößen und Aehnliches. Freilich werden diese
Ceremonieen von den Katholiken nicht in der Meinung geübt, als
wären sie so nothwendig und als würde ihr Gebet ohne dieselben
wirkungslos bleiben, denn die Leidenden und die krank im Bette Da-
niederliegenden, die Reisenden zu Pferde, die gefesselten Gefangenen
und Andere beten mit Inbrunst ohne solche Ceremonieen! . . . .
Dies Vergehen beim Gebete ist eigentlich genommen ein Aberglaube,
Götzendienerei und Zauberei, denn der Mensch setzt hier seine Hoffnung auf eitle Ceremonie, die an und für sich nicht die Kraft besitzt,

---

[1]) „Reprovacion de las supersticiones y hechizerias. Libro muy útil y
necessario á todos los buenos christianos: El cual compuso y escribió el
revereno Maestro Ciruelo, canónigo Theólogo en la Santa Iglesia Cathedral
de Salamanca, y agora de nuevo lo a revisto y corregido, y aun le a añadido algunas mejorias. Año de mil y quinientos y treinta y nueve años."
Impresso en Salamanca por Pedro de Castro à quatro dias del mes de marzo
MDXXXIX. Im folgenden Jahre sowie 1556 erschienen zwei neue Ausgaben
seiner Abhandlung, welche später noch mehrere andere Auflagen erlebte.

eine solche Wirkung herbeizuführen. Es ist eine List, die der Teufel erfunden, um die schlechten Christen zu den abscheulichen Ceremonieen zu verführen." Mit solchem Freimuth äußerte sich der ausgezeichnete Theologe und Mathematiker Pedro Ciruelo über manche Ceremonieen des äußern Cultus, mit denen man das Gebet eindringlicher zu machen vermeinte. Es läßt sich nicht verkennen, daß sich in den ascetischen Schriften der spanischen Theologen im XVI. Jahrhundert große Aehnlichkeit mit den Aeußerungen Luther's und seiner Anhänger vorfindet und daß in Spanien die Reform der Kirche, von Männern von mehr Wissen und Tugend, begehrt wurde. Sie hätten vielleicht nicht die Dinge auf's Aeußerste getrieben, wie die deutschen Ketzer. Allein, wenn auch auf verschiedenen Wegen, richteten sie ihre Wirksamkeit auf dasselbe Ziel. Die Inquisition wurde nicht müde, alle Schriften zu vernichten, welche Doktrinen enthielten, die ihren Richtern nicht genehm waren. Selbst solche, in denen bloß Spuren und Andeutungen hervortraten, daß man die Unterdrückung beklagenswerth fände, in welcher die Spanier schmachteten, wurden den Flammen überliefert und ihr Titel auf den Index gesetzt, damit die Lektüre der seltenen Exemplare abscheuwerth gefunden werde, die etwa wunderbarer Weise der Vernichtungswuth der Glaubensrichter entgangen. Dessenungeachtet entzogen sich manche Schriftsteller dem Glaubensgerichte, obwohl sie ihren Abscheu gegen das grausame Gericht laut offenbarten und den Wunsch äußerten, daß man den Ketzern gegenüber mit Milde verfahre. Wunder muß es nehmen, daß manche, aus solchen Gründen bemerkenswerthe Schriften, nicht der Vernichtung anheimgefallen. In manchen Schriften des XVI. Jahrhunderts, die von guten Katholiken geschrieben wurden, lesen wir, wie sie über religiöse Toleranz dachten, und hierin finden wir eine Probe der wahren Meinung unserer Vorfahren über eine so zarte Frage, die dazumal freilich durch die Selbstsucht der Fanatiker und die Furcht vor dem Flammentode sich verbergen mußte, — eine Meinung, die heute noch entstellt wird durch die Unwissenheit derer, welche über die Ansichten unserer Ahnen nach gewöhnlicher Tradition urtheilen, die durch Böswilligkeit im Laufe der Zeit verfälscht worden. So werden durch Urtheilsschwäche oder dadurch, daß man nicht aus reiner Quelle schöpft, die Ereignisse trügerisch herausgeputzt und selbst die Meinungen einer Zeit durch lügenhafte Maske verhüllt und verunstaltet.

Wir haben nunmehr Fr. Alfonso de Virues, einen Benedictinermönch, der zu den gelehrtesten Theologen Spaniens im XVI. Jahrhundert zählte, hier zu nennen. Nachdem er bei der Inquisition als lutherischer Ketzer angeklagt, aber sofort auch freigesprochen wurde, hatte er der Gunst des Kaisers Carl V. zu verdanken, daß er zum Bischof der canarischen Inseln ernannt und vom Pabste bestätigt wurde. Als er schon diese Würde inne hatte, zu welcher ihn seine Wissenschaft und sein Verdienst, wie seine Ergebenheit gegen den heiligen Stuhl insbesondere befähigte, veröffentlichte er im Jahre 1551 zu Antwerpen einige Philippiken gegen die lutherischen Lehren, für die Melanchthon aufgetreten. Sprach er sich auch hinsichtlich des Dogma mit dem Eifer eines guten Katholiken aus, so äußerte er sich doch in der heftigsten Weise über die Behandlung, welche die Inquisition ketzerischen Ansichten zu Theil werden ließ, worüber er seinen Unwillen nicht unterdrückte. Seine Worte sind um so bemerkenswerther, als sie wieder ein vollgültiges Zeugniß darüber geben, wie unsere Ahnen über religiöse Toleranz dachten.

Führen wir seine Worte nach dem lateinischen Texte zum Beweise vor: [1]) Manche wollen, daß man gegen die Ketzer milde auftrete und daß man alles versuchen müsse, bevor man zum Aeußersten schreite. Wie soll man denn gegen sie verfahren? Man sollte sie belehren und sie zu überzeugen suchen durch Worte mit kräftigen Gründen, durch Aussprüche der Concilien, durch die Zeugnisse der heiligen Schrift und weihevoller Interpreten. Wie der heilige Paulus, Tim. 3 erklärte, ist die ganze von Gott inspirirte heilige Schrift ersprießlich zum Lesen und dienlich, um Argumente aus ihr zu ziehen und Besserung und Weisheit aus ihr zu schöpfen. Wie wird aber die heilige Schrift uns von Nutzen sein können, wenn wir sie nicht bei den vom Apostel bezeichneten Anlässen gebrauchen? Ich sehe nämlich, daß viele mit Wort und Schrift jene angreifen, die sie nicht geißeln, noch zum Tode verdammen können. Haben sie einmal irgend einen Unglücklichen gefaßt, gegen den sie ungehemmt vorschreiten können, so unterwerfen sie ihn einem schmählichen Urtheilsspruche und spräche man ihn auch am Ende von aller Schuld frei, so wird er doch immer den Flecken

---

[1]) „Frat-Alfonsi Viruesii Theologi Canariensis episcopi philippicae disputationes viginti adversus Lutherana dogmata, per Philippum Melanchthonem defensa. Habes hic lector omnium disputationum summam dudum Augustae et nunc Ratisponae habitum. Vox usurpata Luthero: Verbum Domini manet in aeternum Isaiae 40. Vox ecclesiae propria: Et respondebo exprobrantibus mihi verbum; quia speravi in sermonibus tuis. Psalm. 118. — Antuerpiae excudebat Joannes Crinitus. Año MDXLI. Cum gratia et privilegio Caesareo.“

der Anschuldigung an sich tragen. Wenn der Angeschuldigte aber durch
das Beispiel Anderer verleitet worden, oder durch List getäuscht, möglich auch durch eigenes Verschulden in Irrlehren verfallen, so sucht
man ihn nicht mit gründlicher Belehrung zurückzuführen, nicht mit
milden Worten und väterlichem Mahnen — wenngleich sie sich gern
Väter nennen, sondern Kerker, Geißelung, das Schwert und der
Holzstoß werden in Anwendung gezogen, ohne daß die Gesinnung
dadurch irgend verändert werden könnte. Das vermag allein das
lebendige, wirksame Wort Gottes, das eindringlicher, als ein zwei-
schneidiges Schwert." Diese Worte des Fra Alfonso verdienen sicherlich in Marmor und Erz verewigt zu werden! Wenn solche Aeußerungen
zu jeder Zeit Anerkennung verdienen müssen, wie muß man denn den
muthigen Feuereifer dieses würdigen Prälaten preisen, der da wagte,
mit solchen Gründen anzukämpfen gegen die Behandlung der Ketzer
Seitens der Inquisition, vor deren Namen selbst die Großen der Erde
zitterten, die ihren Wink als Gebot ansahen! [1] Menschenfreunde die
sich nicht scheuen, ihre Ueberzeugung zu vertreten und der Selbstsucht,
wie dem Uebermuthe des Unsinn's entgegenzutreten, werden zu allen
Zeiten in Ehren bleiben und ihr Name gepriesen. Trotz alledem nahm
die Inquisition keine Notiz von dem Eifer und den kühnen Aeußerungen
Fray Alfonsos. Seine Schrift wurde nicht einmal in dem Index
verboten und ebensowenig wurden die erwähnten Worte mit Tinte
ausgelöscht, was die Censoren des Glaubensgerichtes mitunter zu thun
pflegten, um den spätern Geschlechtern das Urtheil über frühere Zeiten
unmöglich zu machen. Der Inquisition erging es wie einem Feinde,
dessen Rosse nicht alle Felder niedertreten, so daß noch Früchte genug
für die Zukunft übrig bleiben. Die Inquisition vermochte nicht alle
Zeugnisse der Gesinnung jener Zeit zu vernichten und wagten es auch
nur Wenige ihre Meinung frank und frei zu äußern, so liegen doch
Beweise genug vor, daß es Männer gab, welche anders dachten, als
die Inquisition, als die Könige und Minister, die der Inquisition
Vorschub leisteten. Dafür spricht auch nicht minder der Muth, mit
welchem ein ausgezeichneter und gelehrter Edelmann aus Valencia,
der bei Kaiser Carl V. in hoher Gunst stand, sich zu äußern wagte;
ich meine nämlich Fabrique Furio Ceriol. Dieser große Politiker schrieb
nämlich ein Buch unter dem Titel: „Consejo y consejeros del

---

[1] Fr. Alfonso de Virues — Philippicae disputationes viginti adversus
Lutherana dogmata, per Philippum Melanchthonem defensa — Philippica
Decima Nona. —

Principe", das im Jahre 1559 zu Antwerpen gedruckt und dem großen Katholiken Spaniens, Don Philipp II, gewidmet ist. Furio Ceriol war ein Mann, der auf politische Dinge sich sehr verstand und der von seiner Jugend an die gründlichsten Studien in der Geschichte und Regierungskunst der Alten getrieben. Nicht minder durchschaute er die Regierungsform seiner Zeit und bezeichnete treffend die Anlässe zu Zwist und Krieg, wobei ihm seine Kenntniß der alten Zeit sehr zu statten kam. Sein Werk verbreitet sich auch über das Wesen des Königthums, wobei er die Ansichten der größten spanischen, wie fremden Politiker seiner Zeit nicht unberücksichtigt ließ. So fand sich Furio Ceriol auch bewogen, seine Meinung zu Gunsten der religiösen Toleranz frei zu äußern, denn in seinem unsterblichen Buche läßt er sich also vernehmen: „Es ist sicherlich der Beweis für einen verkehrten Sinn, wenn man schlecht spricht und leidenschaftlich über jene, die einem entgegen sind, oder über die Gegner seines Fürsten oder über jene, die verschiedenen Glaubens, oder wenn man über fremde Völker also spricht, gleichviel ob Mauren, Heiden oder Christen. Das Genie weiß, daß es überall schlechte Wege gibt, Gutes wie Schlechtes; das Gute lobt und erfaßt es, das Böse ist zu tadeln und zu meiden, ohne Schimpf für die Nation, wo es sich findet." [1] Aber an einem andern Orte sprach sich dieser Politiker noch unumwundener über religiöse Duldsamkeit aus. Er sagt nämlich: „In der ganzen Welt gibt es eigentlich nur zwei Länder, das Land der Guten und das Land der Schlechten. Alle Guten, gleichviel ob Juden, Mauren, Heiden, Christen oder weß andern Bekenntnisses gehören demselben Lande an, sind von demselben Stamme und Blute. Und mit den Schlechten verhält es sich ganz auf gleiche Weise. Allerdings steht uns ein Verwandter, ein Nachbar, ein Compatriot so gegenüber, daß wir kraft göttlicher und menschlicher Gesetze zunächst für jene zu sorgen haben, die uns verbunden sind; wenn aber ein Fremder in stärkeren Nöthen ist, so ist er der Nächste und heischt unsern Beistand mehr, als alle uns Nahestehenden." In seinem Buche finden sich auch in anderer Beziehung liberale Grundsätze. Unter andern sagt er einmal:

---

[1] „El Concejo y Consejeros del Principe, obra de F. Furio Ceriol, que es el libro primero del quinto Tratado de la institucion del Principe. En Anvers. En casa de la Biuda de Martin Nucio. Año de MDLIX." Dies Buch erlangte zu jener Zeit große Berühmtheit. Alfonso de Ulloa übersetzte es in's Italienische und gab 1560 es zu Venedig heraus. Simon Schardio übersetzte es in's Lateinische und es erschien zu Köln 1563. Auch ein Canonicus von Krackau Cristóval Varsvicio übertrug es in's Lateinische und ließ es zu Danzig 1646 erscheinen.

„Es ist eine Regel, die sicher und keiner Ausnahme unterworfen ist, daß jedweder Heuchler und Geizhals ein Feind des Gemeinwesens ist, ... sagen solche auch, daß alles dem Könige gehört, daß der König nach Willkühr handeln kann und so viele Steuern anlegen, wie er nur will und behaupten sie gar, der König könne nicht irren!!" Allerdings müssen solche Worte auffallend genug erscheinen, erwägt man, daß sie in einer Schrift erschienen, unter der Herrschaft des großen Katholiken Spaniens, Don Philipp's II., jenes Regenten, dessen Feuereifer soweit ging, daß er zur Aufrechthaltnng des katholischen Glaubens jene zum Flammentode verdammen ließ, welche den ketzerischen Doktrinen sich ergeben, eines Monarchen, der die anderswo verfolgten Katholiken unter seinen Schutz nehmend, selbst verarmte und der das Blut seiner Vasallen in Strömen vergießen ließ, die Kraft der spanischen Nation in Religionskriegen vergeudend. Es ist sehr zweifelhaft, ob die Inquisitoren wirklich die Gründe gelesen, durch welche Furio Ceriol seinen Rath an die Fürsten bezüglich religiöser Toleranz zu stützen suchte, denn sonst wären wohl sie schwerlich dem Geschicke entgangen, das die Wächter des katholischen Glaubens so vielen Andern bereitet. . . . Durch die Schriften von Fray Alfonso und des großen valencianischen Politikers Furio Ceriol, beide Zierden ihres Jahrhunderts, wird gegen die Meinung der fanatischen Schmeichler der Inqnisition zur Genüge der Beweis geführt, daß es unter der Herrschaft Karl's V. und Philipp's II. Männer gab, die Einsicht und Muth genug besaßen für religiöse Duldsamkeit ihre Stimme zu erheben, geschah dies auch nicht ohne Gefahr für Person und Eigenthum zu einer Zeit, wo man ketzerische Ansichten rücksichtslos verfolgte und ahndete. Ein Beweis mehr, wie vergebens das Bemühen derer, welche für immer die Wahrheit zu ersticken wähnen. Muß es schon Wunder nehmen, daß es in der spanischen Monarchie Männer gab, welche für religiöse Toleranz eintraten und das Treiben der Inquisition indirect verdammten, so wird es noch mehr überraschen, daß es Männer gegeben, welche sich erdreisteten, in ihren Schriften sich gegen den Krieg wider die Protestanten zu erklären und damit offen dem Willen der Könige und der Inquisitoren entgegenzutreten. In dem bereits von uns erwähnten Gespräche von Juan de Sepulveda, wird die Frage verhandelt, ob es einem christlichen Edelmann und Soldaten gestattet sei, wider die Feinde des Glaubens zu Felde zu ziehen. Es wird für und wider manches vorgebracht und dann heißt es im Dialoge: „Democrates spricht: Ich freue mich Leopold, daß du dich

behutsamer zeigst, als du sonst zu sein pflegst, denn während deine
Ansicht der lutherischen Doktrin nicht fern steht, gedenkst du dessen,
daß du in Rom und im Pallaste des Papstes hier sprichst und nicht
in Sachsen und so hast du deine Worte mit einer Vorsicht gemildert,
die wir Alle verstehen und die manche der Deinigen zu üben pflegen."
Hierauf antwortet Leopoldo: „Erwähne doch nicht mehr Luther's!
Wenn er irgend ein Verschulden hätte, so wirf uns das nicht vor, die
wir in jedweder Frage, nicht der Autorität irgend eines Menschen
sondern der Kraft der Vernunft oder dem Zeugnisse der heiligen
Schrift folgen! [1])

Es wäre wahrlich an der Zeit, daß die spanischen Geschichtschreiber
treuer die Jahrhunderte zeichnen, deren Ereignisse sie uns vorführen.
Bisher pflegten unsere Geschichtschreiber nur zu wiederholen, was
unwürdig der Männer von Urtheil und Wissenschaft, denn sie suchten
zu verhüllen, mit welcher Freiheit unsere Väter über religiöse Dinge
dachten. Wenn auch die Inquisitoren blos um ihres Interesses und
ihrer Macht willen, — wenn die Jesuiten in ihrem Streben, die
Herzen der Menschen zu beherrschen und sich unterthänig zu machen, —
wenn die Könige, verleitet durch perfiden Rath Scheinheiliger zu
erbärmlichen Werkzeugen von Menschen geworden, die nur ihres Vortheils eingedenk, auf das unglückliche Spanien Unheil jeder Art her-
abriefen, wenn sie also die Kerker füllten und auf dem Blutgerüste
und dem Scheiterhaufen ausgezeichnete Edelleute und Geistliche von
bewährtem Verdienste, den Tod erleiden ließen und sie die Fluren
Europa's in Blut tränkten und die Städte in Flammen aufgehen
ließen, so hatten die Einsichtsvolleren unseres Vaterlandes doch Unerschrockenheit genug, um wider so grausame Strafen, und wider Maaß-
regeln ihre Stimmen zu erheben, die so unpolitisch! Es gab aber
unter den schlechtgesinnten Geistlichen, welche durch Laster und Verbrechen den guten Katholiken Aergerniß gaben, Männer von Wissen
und Gelehrsamkeit und von diesen suchten manche in ihren gedruckten
Predigten und politischen Schriften durch trügerische Scheingründe ihre
schlechten Absichten zu verhüllen. Ihr Bemühen ging nur dahin, sich
die Könige geneigt zu machen, ihren Sinn zu bethören und sie zu
Maschinen zu erniedrigen, die sich leiten ließen durch die Listen derer,
welche durch den Untergang Spaniens nur emporkamen. So ist es denn
dahin gekommen, daß das sechszehnte Jahrhundert Spaniens weder von

---

[1]) Diálogo Llamado „Democrates" compuesto por el Dr. Juan de
Sepulveda etc.

den Spaniern selbst, noch vom Auslande gekannt ist, denn wie gesagt,
ließ man sich von den falschen Berichten täuschen, die niedriger
Schmeichelei oder schmählicher Furcht ihre Entstehung zu verdanken
hatten. Wir haben sattsam gehört, wie laut gute Katholiken ihre
Stimmen gegen die Sittenlosigkeit der meisten Geistlichen ihrer Zeit
erhoben, die gottvergessen, blos ihrer Habgier und den Lüsten fröhnten,
und nur der Wachsamkeit und Strenge der Inquisition ist es zuzuschreiben, daß nur wenige Spuren des damaligen Urtheils über die
Geistlichkeit übrig geblieben. Hieraus aber den Schluß ziehen wollen,
als hätten die Spanier jener Zeit selbst die Laster der Geistlichkeit
gutgeheißen und verehrt, heißt Zeit und Menschen durchaus verkennen,
denn wir wissen, wie Schweigen nur durch Unterbrückung aufgezwungen
wurde, und wie für die Klagen kaum noch Raum übrig war. Wo
aber die Freiheit des Urtheils nicht die Folterbank zu befürchten hatte
und wo nicht das Schaffot und der Flammentod zu besorgen war,
da erhoben gesinnungstüchtige, einsichtsvolle Männer in heiligem Eifer
ihre Stimme und geißelten verdientermaaßen die schlechten Sitten der
Geistlichen ihres Jahrhunderts und wenn ihre Sprache mitunter dabei
an Leidenschaftlichkeit streifte, so entsprach dieselbe doch nur der Ent-
trüstung, die man über die maßlose Entsittlichung des Clerus
empfinden mußte.

Wenn der heilige Stuhl das Lesen der heiligen Schrift in der
Landessprache nur solchen Personen gestattet haben wollte, die als feste
Anhänger der katholischen Religion galten, so ging die Inquisition
darüber weit hinaus, denn sie verpönte schon alle Uebersetzungen der
heiligen Schrift. Wie und wo sie nur konnten, ließen die Spanier
merken, wie wenig sie damit einverstanden waren und wie wenig geneigt, solchen Geboten zu gehorchen, mußte auch durch die Gewalt der
Unterbrückung bald jede Stimme verstummen, die zu Gunsten des
Lesens der heiligen Schrift laut wurde. Und doch erreichte die Inquisition nicht ganz ihr Ziel, denn das Buch „Hiob,“ die „Psalmen
Davids,“ die „Sprüchwörter Salomons“ und vielerlei von dem, was
die Evangelisten über das Leben Christi gesagt, konnte ohne irgendwelche Behinderung erscheinen, denn, wie wir oben gesehen, bediente man sich der List, blos in Versen zu schreiben, worin die
Glaubensrichter keine Gefahr für die Ruhe der Christenheit erblickten.
Ferner haben wir gesehen, wie aller Gefährdung ungeachtet man selbst
in einigen Schriften für die religiöse Toleranz aufzutreten wagte und
man mit einer für jene Zeit der Unterbrückung ungewöhnlichen Energie

sich gegen die grausamen Strafen aussprach, welche die Inquisition gegen ketzerische Meinungen verhängt hatte. So darf man wahrlich behaupten, daß die guten Katholiken jenes Jahrhunderts sich frei wußten von dem barbarischen Aberglauben, für den nur elende Schmeichler oder Feiglinge in die Schranken traten. Allerdings vermochte die Inquisition die Flamme des Zornes, der in den Herzen der Katholiken wider das schlimme Gebahren vieler Geistlichen loderte, durch die Scheiterhaufen zu ersticken, auf welchen Jene zu büßen hatten, die sich wider die Gebote der Inquisition auflehnten, und die Könige mit den Glaubensrichtern im Bunde trieben die religiöse Intoleranz auf's Aeußerste, weil sie in derselben ein Mittel zur dauernden Erhaltung des Friedens zu finden wähnten. Hielten sie es nun auch für angemessen, aus Staatsraison das Vergehen der Ketzer mit Folter und Schaffot zu ahnden, so haben wir gesehen, wie Männer von Wissenschaft und Tugend ein solches Verfahren verdammten, und wenn die Inquisitoren ihre unbarmherzige Grausamkeit dadurch zu beschönigen suchten, daß sie die Protestanten als Ungeheuer an Schlechtigkeit schilderten, so waren die spanischen Politiker, die keine solche Grausamkeit empfanden, anderer Ansicht; sie hielten die Protestanten für tugendhafte Leute, die freilich zum Schaden ihrer Seele vom katholischen Glauben abgefallen, die aber keineswegs Haß und Schmähung verdienten. Das ist das wahrhafte Bild der Denkungsart unserer Vorvordern über die erwähnten Punkte, denn nur die Gewalt vermochte im XVI. Jahrhundert jene Unduldsamkeit und das Wüthen der Inquisition wider Alle aufrecht zu erhalten, die von der katholischen Lehre abweichen. Wir haben den Beweis geführt, daß das Verfahren der Könige und Inquisitoren nicht gutgeheißen wurde von den Einsichtsvollsten, die, wenn auch dem Katholicismus treu geblieben, sich doch entschieden gegen Kerker und Scheiterhaufen erklärten, während sie die Sittenlosigkeit des Klerus verdammen mußten und sich nicht zu unvernünftigem Hasse wider die Anhänger haeretischer Lehren verleiten ließen, wobei ja nicht zu übersehen ist, daß alle von uns obengenannten Männer selbst dem geistlichen Stande angehörten, deren Urtheil für uns maaßgebend sein muß!

Erstes Buch.

Ich will hier keine Kriegsgeschichte schreiben, noch die Waffenthaten der spanischen Heere verherrlichen. Nicht handelt es sich hier um die Geschichte der Erhebung eines Volkes, noch der Friedensschlüsse, die fruchtlos geblieben oder Vortheil gebracht. Ebensowenig beabsichtige ich, die Geschichte von Königen zu erzählen, die das Beste ihrer Unterthanen gewollt, allein durch den Wunsch angetrieben, ihr Volk glücklich zu machen; noch will ich Großthaten hier schildern, die ewig denkwürdig geblieben, sondern hier gilt es vielmehr, gräuliche Thaten zu zeichnen. Wir haben hier Martern aller Art bis zum Feuertode zu schildern, wir werden sehen, wie Familien mit Schimpf und Schande gebrandmarkt, wie Edelleute, Geistliche und Männer aus dem Volke, Männer von großem Wissen und hoher Tugend, schmachbeladen und verfolgt, sich gezwungen sehen, um ihr Leben zu retten, nach Ländern zu fliehen, wo die Freiheit Allen, die ein feindliches Geschick und Unduldsamkeit verfolgt, Zuflucht bot. Im Verlaufe unserer Geschichte wird man einen Rodrigo Valero kennen lernen, welcher die lutherischen Ansichten im bevölkerten Sevilla durch seine Beredsamkeit zur Geltung brachte, einen Juan Gil, Kanonikus der dortigen Cathedralkirche, einen der tüchtigsten Kanzelredner, die Spanien damals aufzuweisen hatte, einen Constantino Ponce de la Fuente, welcher ihm in seiner Würde folgte, aber auch sein Verdienst und seine Doktrinen theilte, einen Doktor Arias und Andere, durch ihr Leben wie durch Wissenschaft ausgezeichnete Männer, welche in die Fußstapfen von Valero traten. Wir werden sehen, wie die Mönche von S. Isidro del Campo An-hänger derer geworden, welche die Reform der Kirche wollten, wie ein Maulthiertreiber, Julian Hernandez in seinem Feuereifer die Wach-samkeit der Inquisitoren zu täuschen wußte und in's Geheim in's Spanische übersetzte Bibeln und Catechismen nach Andalusien zu bringen wußte, in welchen die Glaubensfragen in ganz neuer Weise behandelt wurden. Wir werden weiter sehen, wie Doktor Augustin Cazalla und ein Klosterbruder Domingo de Rojas als Verfechter der Doktrinen Luther's zu Valladolid auftraten, und wie hochgestellte Edelleute, Frauen von hohem Verdienste, wie Mönche und Nonnen öffentlich ihre Strafe erlitten, wie die Einen den Flammentod zu erdulden hatten, während die Andern ihr Leben im Kerker verschmachteten, ihren Kindern und sonstiger Familie Schmach als Erbe hinterlassend. Schließlich werden wir sehen, wie ein ausgezeichneter und edelgesinnter Prinz als Ver-theidiger jener Unglücklichen und als Gegner so grauenhafter Thaten zunächst mit der Freiheit und dann mit dem Leben gar seine Anhäng-lichkeit an die Meinung derer büßte, welche dem Pabstthum ihren Gehorsam gekündigt. Und endlich werden wir einen Herrscher kennen lernen, der seine Lande mißverwaltete, da er den Rathschlägen zu folgen geneigt war, die wohl zur Förderung der Heuchelei, nicht aber zur Wohlfahrt Spaniens ihm von Beichtvätern und Räthen einge-geben wurden, die unter dem Scheine einer falschen Staatsraison ge-schickt jene Thaten darzustellen wußten, welche der Vergrößerung und selbst der Erhaltung seiner Erblande nur entgegenwirken konnten. Es ziemt sich, unsere Geschichte mit der Freiheit zu erzählen, die der Gegenstand heischt, ohne Scheu vor Jenen, welche in irrigen oder durch die Unwissenheit geheiligten Meinungen befangen, über unsere alten Zeiten und die Geschichte unserer Könige zu urtheilen pflegen. Für die Wissenschaften war das XVI. Jahrhundert ein sehr glückliches, denn bekanntlich gewannen dieselben wieder die Herrschaft über die Geister, nachdem sie lange Zeit unter den Christen ihre Geltung ver-loren. Wir wissen, wie der Ruin der Wissenschaft zu Rom begann, als die nordischen Völker Europa überflutheten. Wir wissen, wie zu

Rom einst die Beherrscher der Welt in Lastern schwelgten, wie die
Kunst in Verfall gerathen, wie Genußsucht an die Stelle des Ruhms
getreten, wie Habsucht alle edlern Triebe verdrängt und die Tugend
keine Stätte mehr in den Herzen der Römer fand. Allein der Verfall der Literatur ist auch noch andern Ursachen beizumessen. Wurden
die Christen auch bitter verfolgt und bedrohte sie auch Marter und
Tod für ihre Standhaftigkeit, so suchten sie doch unermüdlich die Lehre
des Heilandes in der Welt zu verkünden. Verabscheuten sie auch die
Heiden, so waren sie doch den Künsten, den Wissenschaften und den
Sitten der Zeit noch mehr gram. Sie bemühten sich eifrigst, ihre
Gegner in der öffentlichen Meinung herabzuwürdigen, damit die Grund-
sätze derer, welche eine andere Religion verfochten, keinen Eingang
fänden in das Gemüth der Unkundigen, die in den Wahrheiten des
Glaubens noch nicht befestigt waren. Der Schluß ist nicht gewagt,
daß die Christen der vier ersten Jahrhunderte nicht zuließen, daß ihre
Schüler aus den Schriften eines Epicur oder Plinius die falsche
Meinung hegten, als gehe die Seele mit dem Körper unter. Noch
weniger mochten sie dulden, wie gewisse lateinische und griechische
Schriftsteller dem jüdischen Volke einen fabelhaften Ursprung zuschrieben.
Wie hätten sie es zugeben können, daß die der neuen Lehre Gewon-
nenen, bei welchen noch nicht Festigkeit genug, um alle Zweifel zu
verscheuchen, in den Schriften eines Apion, eines Trogus Pompejus
und seines Bearbeiters Justinus, wie in den Schriften eines Tacitus
und anderer Schriftsteller erführen, wie die Thaten der Israeliten
natürlichen Ursachen beigemessen wurden, wo doch in dem alten Testamente, als der Grundlage des christlichen Glaubens, gelehrt wird,
daß es Wunder Gottes gewesen! Die Irrthümer der lateinischen und
griechischen Schriftsteller und die Lehren der der Lehre Christi feindlichen Philosophen bewirkten, daß in den ersten Zeiten der christlichen
Kirche sich die Anhänger der neuen Doktrinen beeiferten, die Uner-
fahrenen auf alle mögliche Weise vom Studium der heidnischen Schriften
abzulenken. Die Verfolgungen der Christen konnten nur dazu beitragen, den Haß gegen die Heiden zu schüren. Der heilige Hieronimus,
welcher in seinen Episteln die griechischen Philosophen und Dichter,
die Geschichtschreiber und Redner von Rom und Athen feierte, mußte
sich oft genug vor dem ungerechten Tadel der Seinigen vertheidigen,
welche es mißbilligten, wie er das Verdienst jener trefflichen, profanen
Schriftsteller pries und selbst Beispiele aus heidnischen Schriften an-
führte, was, wie sie vermeinten, den Glanz der Kirche nur trüben

könne. So groß war der Abscheu vor jenen Schriftstellern, welche die Wahrheit des Evangeliums nicht in ihren Schriften vertraten. Die Pergamentblätter, auf welchen die Schriften der griechischen und lateinischen Philosophen, Geschichtschreiber und Dichter geschrieben waren, dienten dazu, um Meßbücher, Breviarien, Chorgesänge und andere geistliche Schriften drüberzuschreiben, wodurch gewissermaßen die Bücher der Heiden zu religiösen umgewandelt wurden und also manche bewunderungswürdige Zeugnisse der Weisheit jener Völker der Vergessenheit anheimfielen. Der Einfall der Barbaren verscheuchte vollends die Wissenschaft in Europa, was bereits durch die Unduldsamkeit der Christen eingeleitet worden. Und so geschah es denn, daß Europa bald in die Finsterniß der Unwissenheit versank, in welche mitunter nur die Gelehrsamkeit eines Klosterbruders, der den Wissenschaften oblag, einen Lichtstrahl warf, ohne daß solche Arbeiten der rohen Zeit von Nutzen gewesen; sie glichen Früchten schwächlicher Pflanzen, die in unfruchtbarem Boden stehen. Allerdings preist man die Mönche des Mittelalters wegen der literarischen Arbeiten, die sie in der Einsamkeit ihrer Zelle für die späteren Generationen geschrieben. Das Verdienst dieser Männer wollen wir nicht anzweifeln, doch haben die heutigen Zeiten ihrem Eifer wenig zu verdanken. Blicken wir auf jene Zeiten zurück, so frage ich, welche Arbeiten jene Schriftsteller uns denn hinterlassen, die den Völkern von Nutzen gewesen wären? Fast wüßte ich kaum ein Werk von dauerndem Verdienste zu nennen, denn ihre Kenntnisse befähigten sie bloß, dürftige Kommentare zu den Schriften der Griechen und Römer zu schreiben, die sie mit theologischen Fragen zu verweben mußten, ohne daß die Naturwissenschaft irgend durch sie gefördert worden wäre. Aber kaum war inmitten des XV. Jahrhunderts Constantinopel von den Türken erobert worden, da flüchteten sehr viele griechische Gelehrte nach Italien, allwo sie in den Geistern den lebhaftesten Wunsch entzündeten, sich in den Schriften der alten Hellenen zu belehren. Hiezu kam noch, daß die unvergleichliche Erfindung der Buchdruckerkunst ein neues Feld der Belehrung erschloß, so daß das Studium der großen Autoren des Alterthums aufhören mußte, ausschließliches Erbe der Geistlichen zu sein, da es Allen offen stand und die Folge war, daß die Wissenschaft aller Orten wieder emporblühte. Das Studium der Griechen und Römer führte zu wichtigen Entdeckungen in den Naturwissenschaften; nicht minder hatten Philosophie und Mathematik ihren Gewinn davon. Allein auch auf politischem Gebiete hatte die Entwickelung der Wissenschaften be-

deutſame Folgen. Der Unabhängigkeitsſinn und der Haß gegen Ty-
rannengelüſte machte ſich überall Luft, denn die Plebejer fanden ſich
von einer Maſſe kleiner Herrſcher unterbrückt. Politiſche Freiheit
kannte man kaum in Europa, ſeitdem der römiſche Adel, nicht aber
die Exceſſe des Pöbels, wie die blinden Verfechter der Ariſtokratie
behaupten, die Vorrechte und Freiheiten vernichtet, die das Volk mit
ſeinem Blute erkauft hatte. Konnten auch Tribunen, die am beredſamſten gegen die Liſten der Senatoren das unglückliche Volk zu vertheidigen ſuchten, nicht mit Geld oder Drohungen gewonnen werden,
ſo wußte man ihnen ſtets fälſchlicher Weiſe etwas anzuhängen; ſie
wurden ihrer Güter beraubt, an die ungeſunden Küſten des ſchwarzen
Meeres verbannt, oder erlitten ſelbſt einen ſchmählichen Tod. Und
ſo geſchah es, daß das Volk ſeine Freiheiten verlor und ſelbſt den
Muth, ſie zu vertheidigen. Seine Tyrannen dagegen, im Vertrauen
darauf, daß die chriſtliche Religion Demuth und Geduld im Miß-
geſchick predige, ſcheuten ſich nicht, ihre Unterthanen auf das Grau-
ſamſte zu regieren, ohne die Rache der Mißhandelten nur zu fürchten,
denn die Plebejer erhoben ſich nur noch dann, wenn es galt, das
Gebiet ihrer Herrſcher zu vertheidigen, wenn dieſe ſie zwangen, Pflug
und Spaten gegen Lanze und Schild zu vertauſchen, oder wenn ſie,
als Gegner einer andern Sekte, mit den Waffen in der Hand, die
Religion Chriſti ſelbſt zu zerſtören ſich unterfingen! Dies darf nicht
Wunder nehmen! Es verhält ſich aber nicht ſo, wie manche neuere
Schriftſteller fälſchlich behaupten, als wäre dieſe Sklaverei auch mit
der Verbreitung der heiligen Lehre geſchwunden, die zum Heile der
Menſchen verkündet wurde. Allerdings hatte der apoſtoliſche Stuhl
unter ſchweren Strafen verpönt, daß unter Chriſten ein Chriſt als
Sklave behandelt werde, und doch dauerte die Sklaverei noch Jahr-
hunderte fort und beſteht heute noch, wenn auch unter verſchiedenem
Namen. Im Mittelalter war das Volk ja eigentlich nur Sklave.
Unter der Feudalherrſchaft wurden ja die Ländereien ſammt ihren
Bewohnern verkauft und dieſe waren wahre Sklaven, die das Gebiet
ihrer Herren nicht verlaſſen, noch ohne deren Erlaubniß irgend welche
Arbeiten unternehmen durften. Noch zu unſerer Zeit dauern ähnliche
Zuſtände fort, wenn auch nur in einzelnen Ländern. Bedurften
Griechenland und Rom ihrer Sklaven zum Feldbau, den der freie
Mann verſchmähte, weil er die Waffen führte, ſo ſuchte im Mittel-
alter der Adel, der die Herrſchaft eines Königs ungeduldig trug, ſich
gerade mit Hülfe ſeiner Leibeigenen ſeiner Nebenbuhler zu erwehren

und diese Leibeigenen verkaufte er als Bestandtheil seines Grund und
Bodens. Möglich, daß diese Art von Sklaverei noch schlimmer war,
als welche bei Griechen und Römern vorherrschte, denn bekanntlich
konnten bei jenen alten Völkern Alle, die in Kunst und Wissenschaft
sich auszeichneten, oder der Republik Dienste geleistet, freigelassen
werden, während im Mittelalter nur jene die Freiheit sich erkauften,
die sich bei der Vertheidigung des Gebietes ihrer Herren durch Muth
und Tapferkeit hervorthaten. Wohl darf man sagen, daß die Monarchen und Plebejer gegen die Tyrannei des Adels anzukämpfen
suchten und zwar durch Gesetze und Waffengewalt. Nicht immer war
das Glück aber den Königen und dem Volke in diesem Kampfe treu, denn
der weise König Alonzo verlor also die Krone Castiliens; Don Pedro
kostete sein Bündniß mit dem Volke Thron und Leben, und der
Connetabel Don Alvaro de Luna mußte auf dem Schaffotte zu Valladolid sein Leben enden, zum Entsetzen Aller, die ihn auf dem Gipfel
seiner Höhe gekannt, da er am Hofe des Königs Don Juan II. hoch
über Alle gestanden. Freilich blieb den Königen und dem Volke am Ende
der Sieg und die Sklaverei der Feudalherrschaft zerstob, wie der
Morgennebel vor den Sonnenstrahlen. Gerade in dieser Zeit, wo der
Verstand das Joch der Unwissenheit abschüttelte und die Liebe zur
Freiheit wieder im Herzen der Menschen zu erwachen begann, trat
Luther plötzlich in Deutschland auf und drang gegen den römischen
Hof auf die Reform der Kirche Gottes!

Es liegt nicht in meinem Plane, das Leben dieses Mannes,
noch die Geschichte seiner Anhänger, die hinlänglich bekannt, zu erzählen; ich beschränke mich bloß darauf, seine Anhänger in Spanien
vorzuführen und die Fortschritte seiner Doktrinen in unserm Vaterlande hier zu schildern, die nicht gering gewesen, wenn wir dem katholischen Schriftsteller Gonzalo de Illescas Glauben schenken dürfen, der
in seiner Geschichte des Pabstthums sich also ausspricht: „In den
früheren Jahren wurden hie und da lutherische Ketzer eingekerkert und
verbrannt, doch waren dieselben sämmtlich Ausländer: Deutsche, Flamänder oder Engländer...... Leute von niedrigem Stande und
von geringer Herkunft pflegten dazumal den Flammentod zu erleiden
und im Bußgewande in der Kirche zu erscheinen; allein in unsern
jüngsten Zeiten sahen wir, wie hochgestellte Leute und, was noch mehr
zu beklagen, wie hervorragende Personen, die in der Meinung der
Welt, in Wissenschaft und Tugend Andere weit überstrahlen, wie solche
die Kerker erfüllten und in den Flammen ihr Ende fanden!......

Ihre Namen möchte ich hier verschweigen, um nicht den guten Ruf
ihrer Ahnen zu verdunkeln und einen Flecken auf manche berühmte
Häuser zu werfen, die dadurch berührt worden. Es waren deren so
viele und so hochgestellte, daß man dafür hielt, wenn man nur zwei
oder drei Monde noch damit zögere, diesem Schaden abzuhelfen, so
würde ganz Spanien in Flammen stehen und wir wären dann in das
schwerste Unglück gerathen, das man in Spanien erlebt" [1]). Wenn
ein katholischer Schriftsteller über die spanischen Protestanten sich also
äußerte, so sprach sich einer der vom Glaubenstribunale Verfolgten
zu Amsterdam unumwunden wie folgt aus: „In Spanien mußten
aus dieser Ursache viele Adelige, Männer von Stand und Auszeichnung, den Flammentod erleiden! Es gibt keine Stadt, sozusagen kein
Dorf, noch Ort, es gibt kein adeliges Haus in Spanien, das nicht
Einen oder Einige aufzuweisen hätte oder noch in sich schlösse, welche
Gott in seiner unendlichen Barmherzigkeit durch das Licht seines
Evangeliums erleuchtet hätte. Es gibt heutzutage ein Sprüchwort in
Spanien, wenn man von einem gelehrten Manne sprechen will, daß
man sagt: „Er ist so gelehrt, das er in Gefahr ist, Lutheraner zu
werden." Unsere Gegner haben ihr Möglichstes gethan, um das Licht
des Evangeliums auszulöschen, und so haben sie gar Viele in Spanien
durch den Verlust ihrer Güter und an Leben und Ehre bestraft. Bemerkenswerth ist aber, daß, je größere Schmach sie auf uns häufen,
je mehr sie uns geißeln, je öfter sie uns im Büßerhemde vorführen,
uns auf die Galeeren oder in lebenslänglichen Kerker werfen und den
Flammen überliefern, desto mehr wächst unser Anhang." [2]) In solche
Nöthen gerieth der Protestantismus in Spanien. Kaum hatte Luther
seine Wirksamkeit in Deutschland begonnen, da beeilte sich Pabst Leon X.

---

[1]) Gonzalo de Illescas, Historia Pontifical tomo 2.

[2]) Die obigen Worte finden sich in dem Vorwort der Bibelübersetzung von
Cypriano de Valera, welche zu Amsterdam 1602 in einer zweiten Ausgabe bereits
erschien. Uebrigens stehen die obenerwähnten Urtheile nicht vereinzelt da, denn der
Chronist Antonio de Herrera sagt in seiner allgemeinen Weltgeschichte, von 16 Jahren
der Herrschaft Philipp's II (Madrid, 1601): Bei dem großen Eifer der heiligen
Inquisition beschwichtigte sich wunderbarer Weise das Uebel, welches, wäre man
sorgloser gewesen, weit um sich gegriffen haben würde! (Aehnlicher Weise sprach
sich Francisco Nuñez de Belasco in seinen Dialogos de contencion entre la
milicia y la ciencia. Valladolid 1614.) aus: „In Spanien fing das Gift der
Ketzerei auch an, sich festzusetzen, da Einige, die mit jenen verdammten Ländern
in Verbindung gestanden, die Pest mit sich brachten. Wäre nicht die Sorgfalt der
Inquisition eine so wachsame gewesen, die den Krebs mit Feuer und Blut zum
Stillstande brachten, so hätte das Uebel den Körper des spanischen Staates erfaßt,
da es schon einige Hauptglieder ergriffen."

zwei Breves an den Connetabel und den Admiral von Castilien zu richten, welche in der Abwesenheit von Carlos I. diese Lande zu regieren hatten. In diesem Dokumente forderte er die erwähnten Herren auf, daß sie den Eingang der Bücher des deutschen Mönchs, wie die Schriften, welche ähnliche Doktrinen zum Nachtheil des heiligen Stuhles vertheidigten, in die spanische Monarchie untersagten. Zur Ausführung der Absichten des Pontifex ließ der General-Inquisitor, Kardinal Adrian, am 7. April 1521 die Schriften Luther's aufsuchen, die bereits in Händen mancher Personen sich befanden, welche Schriften dieser Art zu lesen pflegten. Allerdings müssen eine Masse solcher Schriften in Spanien Eingang gefunden haben, denn wir hören, daß derselbe General-Inquisitor 1523 sich genöthigt sah, seine Befehle zu wiederholen, da sie bis dahin wenig gefruchtet. Ein Umstand kam hinzu, der die Gemüther der Spanier gegen den heiligen Stuhl aufreizen mußte. Pabst Clemens VII. hegte einen tödtlichen Haß gegen Kaiser Carl V. und bemühte sich im Bunde mit König Franz von Frankreich, die Streitkräfte des Kaisers von der Herrschaft Italiens abzulenken. Irregeleitet durch seine Räthe, sah der Pabst in seiner Verblendung nicht ein, wie mächtig und groß Carl in der Meinung Europa's dastand, und er übersah, wie zu allen Zeiten der Ruf und der Ruhm großer Heerführer mehr bewirkt und geleistet, als Zahl und Tapferkeit der Völker, die ihren Befehlen unterwürfig sich schlugen. Nichts lag dem Kaiser so am Herzen, als sein Ansehen in der Welt aufrecht zu halten, denn nur dadurch hielt er sich, den zu seinem Verderben vereinten Heeren Europa's zum Trotze, auf der Höhe seiner Macht. Alle Welt wußte, daß sein Erbe bereits verzehrt, wie daß in Folge der blutigen Kämpfe, der endlosen Kriege, seine Vasallen erschöpft waren und doch hielt sein Ruf Carl wider so viele Gegner noch aufrecht. Wie es bei unternehmenden Köpfen mit ausgezeichnetem politischem Talente zu geschehen pflegt, mußte die Masse anfangs nicht den Werth des Kaisers zu würdigen, denn sie pflegte seine Erfolge vielmehr der Gunst des Schicksals, als seinem Urtheile und seinen Entschließungen zuzuschreiben. Man brachte die geringe Zahl seiner Feinde mehr in Rechnung, als man dem Verdienste des ausgezeichneten Helden Gerechtigkeit widerfahren ließ. Als aber der König von Frankreich, zu Pavia geschlagen, von den Spaniern gefangen genommen wurde, nachdem er für sein Unternehmen so große Heere aufgeboten und erst nach reiflicher Prüfung sein Unternehmen begonnen, da fing man erst an einzusehen, wie wenig Gold und Kriegsmittel in die Wagschaale fallen, wo der Ruf dem Gegner vorangeht, denn nur durch seinen Ruf überwand Carl den mächtigsten König seines Jahrhunderts. Durch diese Kriegsthat sicherte sich Carl seine Freunde, während sein Sieg seinen Nebenbuhlern Furcht und Schrecken einjagte. Bevor unser Kaiser den König Franz besiegt, nahmen die andern Fürsten der Christenheit wenig Rücksicht auf ihn, so lange der Kampf sich noch nicht entschieden hatte. Kaum war aber Frankreichs König in die Hände seines Gegners gefallen, da erwog man, wie wenig man im Vergleich zu König Franz wider Carl V. vermöchte und man hütete sich wohl, ihn zu kränken. Bei alledem scheute Clemens VII. in seiner Verblendung sich nicht, die Macht des Kaisers gering zu schätzen und er schloß wieder einen Bund mit Franz I., auf daß die Macht des Kaisers nicht zu tiefe Wurzeln in dem wirren Italien schlage. Bekanntlich zog Franz I gegen Italien zu Felde, wo sein Mißgeschick wollte, daß er, bei Pavia gefangen genommen, an unsern Hof kommen mußte, von wo er kraft eines Friedensvertrages mit Carl V. wieder frei in seine Staaten zurückkehrte. Nicht minder weiß man, daß Franz I. bald sein Wort brach und daß der Krieg wieder entbrannte, wobei Clemens VII. für die Franzosen Partei ergriff. In Betreff dieser Ereignisse steht mir eine Sammlung von Originalbriefen zu Gebote, die mir der ausgezeichnete Orientalist Don Pascual de Gayangos, mit seltener Dienstwilligkeit zu Gebote gestellt hat. Der Comthur Herrera schrieb am 16. April 1526 in Ziffern von Rom aus an den Kaiser, wo er sagte: „Alle, welche nicht treue Diener E. M. sind, flößen dem Papste den Glauben ein, als wäre die Größe E. M. eine Beeinträchtigung seiner Macht und Sr. Heiligkeit glaubt dies ebenfalls."

Der Herzog von Sesa, unser Gesandter zu Rom, gab in seinen Briefen, die er am 28. und 29. Mai 1526 nach Spanien sandte, nachstehende bemerkenswerthe Punkte an: „Ich sagte dem Papste, heißt es hier, daß ich allerdings mich sehr verwundert, ihn zu hören, denn außerdem, daß es mich schmerzlich berühren müsse, hier den Wunsch auszusprechen, daß er immer in Eintracht und Frieden mit E. M. sein möge, so fühlte ich als Christ die offenbaren Gefahren des Apostolischen Stuhles, wovon aber die Schuld nicht auf E. M. fallen könne, da Sr. Heiligkeit den Bruch begonnen..... Der Papst gab mir eine Antwort, wobei er sein hohes Erstaunen äußerte und schwor, daß es nicht wahr wäre, daß er sich bis dahin auf derlei eingelassen hätte.... Ich bemerkte ihm, daß für die Gegenwart und Zukunft ich Sr. Hei-

ligfeit zu bedenken gäbe, wie es nicht von solcher Bedeutung wäre,
daß das Schloß von Mailand verloren ginge, als daß der Papst als
Anreizer des Krieges gälte, was vor Gott und der Welt als seiner
Würde sehr fern erscheinen müsse, denn da sein Beruf wäre, den
Frieden zu erhalten, schiene es dann, als säe und fördere er die
Zwietracht!" . . . . .

Schon bevor der Papst Clemens VII. den Bund mit König Franz
geschlossen, war sein Uebelwollen in Spanien bekannt! Ein Schriftsteller, der Graf Don Frances de Zuniga schrieb eine burleske Geschichte Carls V., worin er erzählt, wie Kardinal Salviati, ein Neffe
des Papstes Clemens, der gesandt worden, die Streitigkeiten zwischen
dem Kaiser und Franz zu schlichten, nach Toledo 1525 gekommen.
Dieser Schriftsteller erzählt: „In seinem Gehorsam gegen die Kirche
zog Carlos aus, um ihn außerhalb der Mauern, im Geleite vieler
Edelleute, Granden und Prälaten zu empfangen. Als der Abgesandte
S. M. sich nahte, bat er um seine Hand; der Kaiser umarmte ihn
und verwilligte den Frieden. Der Herzog von Bejar, der sich dabei
befand, war darüber empört und rief dem Kaiser zu: „Sennor, ich
schwöre bei Gott und dem Allerheiligsten, ich und wir alle hier, wir
sind unzufrieden darüber, daß der Legat Sie küssen durfte." Da antwortete der Kaiser: „Judas war schlechter und küßte doch den Heiland."
Dieß mag den Haß beweisen, der gegen Clemens VII bazumal in
Spanien herrschte. [1]

Gerade zu jener Zeit war der ausgezeichnete General Don Hugo
de Moncaba nach Italien gekommen. Er erfuhr nur zu bald, wie
die sogenannte Liga nur gegen das Interesse seines Kaisers geschlossen
worden und so beeilte er sich zu Mailand mit den kaiserlichen Feldherrn sich zu berathen, wie den Plänen des Pabstes gegen den Kaiser
am Zweckmäßigsten in jenen Landen entgegenzuwirken wäre. Rasch
zog er ein Heer zusammen und schickte sich an mit Feuer und Schwert

---

[1] Das Manuscript, woraus diese Notiz geschöpft, führt den Titel: Historia
de D. Frances de Zuñiga, criado muy privado y bien quisto, predicador y
historiador del Emperador Carlos V. Abschriften finden sich auch in der Nationalbibliothek von Madrid, und in der frühern königlichen Bibliothek zu Paris.
Diese burleske Chronik wurde 1529 geschrieben und es finden sich darin verschiedene
Satyren gegen Clemens VII, eine derselben führt die Ueberschrift: „Brief von
uns, Don Frances, von Gottes Gnaden, Magister in der Philosophie, Baccalaureus
der Medizin, Feind des Ketzers Luther, Generalinquisitor dessen, was Gewinn
bringt, Freund der Leichtsinnigen, überzählig im Kreise der Leute von Verstand,
Reformator der Häuser und Spitäler für die Narren, entbietet Euch Allerheiligster Clemens VII. Gruß und Heil." Der Inhalt dieser Satyren, überfliegt Alles,
was die neuere Zeit in diesem Genre uns bietet.

in die Kirchenstaaten einzufallen, wobei die Familie der Colonna, Tod-
feinde des damaligen Pabstes, auf seiner Seite stand. Stark war
seine Macht nicht, denn er umzingelte Rom bloß mit fünfzehnhundert
Mann Infanterie, wozu noch einige neapolitanische Kavallerie und die
Anhänger der Colonna kamen. Er ging mit solcher Eile zu Werke,
daß sein Heer eines Morgens bei Tagesanbruch unverhofft in die
Stadt drang, ohne irgend auf Widerstand zu stoßen. Denn Staunen
und Schrecken hatte die Befehlshaber und die Soldaten von Clemens
ergriffen; dies geschah am 20. Oktober 1526. In seiner Angst floh
der Pabst mit wenigen Getreuen in die Engelsburg, so daß die feindlichen Truppen die Schätze des Palastes plünderten, wobei selbst die
päpstliche Krone und der Bischofsstab verloren ging. Als der Papst
einsah, daß er ohne Proviant, noch sonstige Vertheidigungsmittel, sich
nicht in der Burg behaupten könne, bat er um einen viermonatlichen
Waffenstillstand, welchen Don Hugo auch gewährte und mit seinen
Truppen wieder abzog. Allein nur zu bald zeigte Clemens, daß jener
Waffenstillstand ihm nicht ernstlich gemeint, und obwohl der Kaiser
mehr aus Neigung zum Frieden, als um des Vortheils willen die
Capitulation guthieß, die Don Hugo mit Clemens VII abgeschlossen,
wollte dieser den Vertrag brechen, weil er wähnte, daß das kaiserliche
Heer durch die Franzosen aus der Lombardei und selbst aus Neapel
getrieben werden würde, nach welchem Königreiche alle Päpste in jener
Zeit gelüstet. Carl V hatte dazumal kein zahlreiches Heer in Italien.
Der Oberbefehlshaber, Herzog von Bourbon beschleunigte seinen Marsch
nach Rom, denn er wollte hier den Sold für seine Soldaten erlangen,
die im größten Elende schmachteten; zugleich wollte er baldmöglichst
den Wortbruch des Pabstes ahnden. Da es ihm aber an Artillerie
fehlte, ließ er Sturmleitern fertigen, auf welchen sechs Kriegsleute
zugleich die Wälle ersteigen konnten. Es war am 5. Mai 1527, daß
er vor den Mauern der Weltstadt anlangte und alsbald entsandte er
einen Boten an den Pabst, auf daß derselbe eine von ihm und dem
Cardinalcollegium, mit Vollmachten versehene Person zu ihm sende,
um die Art und Weise zu berathen, wie das kaiserliche Heer seinen
Einzug in Rom halten könne. Allein Clemens weigerte sich, auf
irgendwelche Verhandlungen dieser Art einzugehen, denn er verließ sich
auf sein neues Bündniß mit Franz und den andern Fürsten und
hoffte, daß man ihm rasch zu Hülfe eilen würde. Bourbon entging
nicht die Bedeutung der Antwort des Pabstes und so entschloß er sich,
Rom zu erstürmen, um ein für allemal den dem Kaiser feindlichen

Bestrebungen ein Ende zu machen. In aller Frühe erstürmte das
kaiserliche Heer am 6. Mai die Mauern Roms und hier traf den
Herzog von Bourbon ein Büchsenschuß, gerade als er den Angriff
seiner Truppen leitete. Sein Gefolge zog den Verwundeten eiligst
aus dem Gedränge, der aber alsbald sein Leben aushauchte. Der
Tod ihres Führers ließ den Muth der Spanier und der andern Hülfs-
völker nicht erkalten, im Gegentheil stürzten sie sich racheglühend auf
die Vertheidiger Roms, dessen Straßen von dem alten Schlachtruf der
Spanier wiederhallten. Während seine Getreuen kämpften, flehte der
Pabst in seinem Oratorium zu Gott, auf daß er ihm den Sieg ver-
leihe. Auf die Kunde aber, daß die Seinigen geschlagen worden,
suchte er der ihm drohenden Gefahr zu entgehen und floh mit fünfhundert Mann, sammt siebzehn Kardinälen und den Gesandten von
Frankreich, England, Venedig und Florenz in die Engelsburg. Ganz
Rom wurde der Plünderung Preis gegeben. Maestro Valles schildert,
was in jenen Tagen sich begeben, in ergreifender Weise: „Die Spanier,
Deutschen und andern Kriegsvölker ergingen sich in dem überwundenen
Rom in Raub und Todschlag, in der Schändung der Frauen, ohne
irgend welche Rücksicht auf Stand und Alter, noch auf das Geschlecht
zu nehmen! An diesem Tage wurde die heilige Stadt verwüstet,
die Reliquien geraubt, die Jungfrauen geschändet. Die Grausamkeit
beschränkte sich nicht bloß auf die Menschen, denn man wüthete selbst
gegen die alten Denkmäler und Büsten der Römer. Nach der Plünderung ließen sich die Soldaten in den Häusern nieder und drangen
darauf, daß die Kardinäle, Bischöfe und Gesandten, daß die Stadt-
bewohner und Handelsleute des ganzen römischen Volkes, die sie schon
einmal gebrandschatzt, ohne ihnen einen Heller zu lassen, das Heer
zu erhalten hätten. Und zum Hohne zogen dieselben Soldaten, als
Bischöfe und Priester verkleidet, durch Rom, lustig und jubelnd, als
befänden sie sich in ihren Trinkhäusern." [1]

In solchen Excessen schwelgte das kaiserliche Heer, das aus
Spaniern, Deutschen und andern Nationen bestand. Ein anderer
Zeitgenosse sagt unter Anderm: „Ein Deutscher ritt durch Rom in
der Kleidung eines Kardinals in pontificalibus, mit einem Wein-
schlauch am Sattel befestigt, und ein Spanier ritt in gleicher Manier

---

[1] Historia del fortissimo y prudentissimo capitan Don Hernando de
Avalos marques de Pescara, recopilada por el Maestro Valles. En Anvers
por Juan Latio — 1558 — Id. Encasa de Felipe Nutio — 1570.

mit einer Courtisane hintendrein" [1]). Was aber Alles übersteigt, — ein Greuel ohne Gleichen wurde verübt, denn die Spanier holten den Leichnam des Pabstes Julius II. aus seiner Gruft, da sie Kunde davon hatten, daß derselbe an einem Finger einen sehr kostbaren Ring trage. [2]) Erst nach den Leiden, die Rom betroffen, fand sich der Papst bewogen, sich mit dem Prinzen von Oranien in Einvernehmen zu setzen, welcher in Folge des Todes des Herzogs den Oberbefehl führte. Schon am Tage nach der Erstürmung Roms richtete der Erzbischof von Capua aus der Engelsburg ein Schreiben an den Prinzen, auf daß die Art und Weise festgestellt würde, wie der Pabst und die Kardinäle nach Spanien kommen könnten, um sich in die Arme des Kaisers Carl V. zu werfen. Die ausbedungenen Friedens= bedingungen lauteten dahin, daß der Pabst dem Heere vierhundert= tausend Dukaten zahle; hunderttausend Dukaten von dem Gold und Silber, das in der Engelsburg liege; fünfzigtausend sollten innerhalb zwanzig Tagen nach Gutheißung des Vertrages gezahlt werden und zweihundertfünfzigtausend binnen zwei Monden. Dem Kaiser solle die Engelsburg überliefert werden, damit er sie so lange besetzt halte, als er für nothwendig erachtete, um sich dessen zu vergewissern, daß der Pabst sich von der Liga zurückgezogen. Zugleich solle das kaiser= liche Heer die Schlösser von Civita Vecchia, Hostia und Civita Castel= lana, wie die Städte Piacenza, Parma und Modena in Besitz nehmen, und endlich solle der Pabst und die Kardinäle in seiner Begleitung nicht eher die Engelsburg verlassen, als bis das Heer Carl's die hundertundfünfzigtausend Dukaten erhalten, so daß sie dann erst nach Gaeta oder Neapel sich zurückzuziehen hätten, wo sie die Entschließun= gen des Kaisers abwarten könnten." Obwohl der Pabst diese Friedens= bedingungen eingegangen, weigerte er sich doch, die Uebereinkunft zu bestätigen, denn er begehrte noch eine Frist von sechs Tagen, weil er die Ueberzeugung hegte, daß das Heer der Liga zu seinem Beistande herbeieile. Er gab dazu die Versicherung, wenn nach Ablauf der Frist nicht Streitkräfte zu seinem Entsatze herbeikämen, so würde er den Vertrag unterzeichnen, denn alsdann wären seine Hoffnungen

---

[1]) Dialogo: en que particularmente se tratan: las cosas acaecidas en Roma el año de MDXXVII. Agloria de Dios y bien universal de la Repu= blica Christiana (Das Gespräch wurde von der Inquisition verboten und der be= rühmte Protestant Juan de Valdes soll der Verfasser sein.)

[2]) Gonzalo de Illescas, in seiner päbstlichen Geschichte. Don Diego Jose Dormer, in seinen Annalen von Arragonien und andere spanische Schriftsteller berichten dies.

vernichtet! Auf das Gutachten der Mitglieder des kaiserlichen Rathes hin kamen der Prinz von Oranien und Juan de Urbina dahin überein, den Friedensverhandlungen kein Gehör mehr zu schenken und den Frieden bloß mit Waffengewalt zu erkämpfen. In einem Schreiben, welches der Abt von Najera zu Rom am 27. Mai an Carl V. richtete, wurden die Maßregeln aufgeführt, welche die Feldherren des kaiserlichen Heeres getroffen, um die Uebergabe der Engelsburg zu erzwingen. In diesem hochwichtigen Dokumente heißt es unter Anderm: „In dieser Absicht schrieb man sofort an den Rath von Neapel und an Don Hugo, daß die Leute seines Heeres und Don Hugo selbst hierher kommen sollten und daß sie uns Proviant und sechs Kanonen zur Eroberung der Burg senden möchten. Juan de Urbina übernahm die Sorge, die Burg mit der spanischen Infanterie zu umzingeln, denn andere Festungsarbeiter gab es nicht, noch einen Realen, mit dem man sie hätte bezahlen können. So gelang es denn binnen drei Tagen und drei Nächten, welche die erwähnte Infanterie mit einigen Festungsarbeitern thätig war, welche die Kölner uns geliefert, solche Werke und Verschanzungen zu Stande zu bringen, daß der Pabst und seine Beschützer die Hoffnung verlieren mögen, wie sie erwartet, es durchzuführen, und es würde Noth thun, wenn die Feinde sich entschließen, der Burg sich zu nähern, um den Pabst zu retten, daß dessen ganzes Hülfsheer herbeieilen müßte, wo es vor den Laufgräben auf unser Heer stoßen würde. Und kömmt es zum Kampfe, bei dem jene Soldaten E. M. sich befinden, so sind dieselben so gesonnen und entschlossen, wie ich sie je noch gesehen, und sie erwarten den Sieg so gewiß, wie sie zu Pavia darauf bauten." Ein spanischer Soldat, dem es allerdings nicht an Humor fehlte, dichtete dazumal eine burleske Glosse: „Ueber unsern Vater"; welche die Wachen Clemens' VII. zu singen pflegten, um sie unter den Fenstern der Engelsburg mit Musik zu begleiten. Die Strophen fingen mit einem Verse an, der ein Wortspiel auf den Namen Clemens in sich schließt. Es heißt nämlich darin, daß der Name „Clemens" sich nicht für den allerheiligsten Vater zieme, denn man müsse einen Vater verleugnen, der dem Sohne den Mantel raube!" So schamlos trat man gegen den Pontifex auf, während man sich doch noch als Katholik geberdete. Es bedarf wohl keiner nähern Ausführung, was man unter dem „Mantel" zu verstehen hat, den Clemens dem Kaiser nehmen wolle; Mailand und Neapel sind damit gemeint! In einer andern Satyre, deren Verfasser zweifelhaft geblieben, heißt es unter Anderm: „Dem

4*

großen Uebermuth Roms legt Spanien heute Zügel an; durch das
Verschulden des Oberhirten geht die Heerde verloren! Das Steuer
hat keinen Führer, der Compaß geräth in Unordnung und die Wogen
bewältigen die Pumpen! Durch die Schuld des Piloten lenkt die
Noth das Schiff und Steuer." Solchergestalt erging sich der Spott
der Spanier über den übelberathenen Clemens!

Zuletzt blieb dem Pabst aber keine andere Wahl, als die Ver-
tragsbedingungen gutzuheißen und die Burg sammt seiner Person
dem Heere Carl's V. zu überliefern. Die Deutschen waren aber
keineswegs mit dem glücklichen Ende des Krieges zufrieden, sie fingen
an, sich zu empören und den Sold zu fordern, unter der Drohung,
den Pontifex und die Karbinäle mit sich wegzuführen, wenn sie nicht
den Vertrag treu erfüllten. Dem Beispiele der Deutschen folgten die
Spanier, insofern sie sich ebenfalls auflehnten und auf das drangen,
was Clemens ihnen schulde; sie waren aber bawider, daß der Pabst
in Person von den Ketzern als Geißel nach Deutschland entführt werde.
Bezüglich dieser Punkte wurde ein Comité von sechs Mitgliedern von
beiden Seiten erwählt, das über den wahren Zustand der Dinge sich
in's Klare setzen und zugleich die Meinung des Heeres hinsichtlich
dessen erforschen sollte, was die deutschen Soldaten mit der lebhaftesten
Ungeduld unter beständigen Drohungen verlangten. So groß war die
Erbitterung gegen den unglücklichen Pabst! [1]

Als die Deutschen sahen, daß die Sache nicht so gehe, wie sie
es wollten, da erklärten sie, wenn der General sie nicht bezahle, so
würden sie Rom mit Feuer und Schwert verheeren, oder sich einen
andern Herrn suchen, bei dem sie mehr Vortheil hätten. In solchen
Drohungen ergingen sie sich drei bis vier Tage lang, und am Ende
blieb den Führern des kaiserlichen Heeres keine andere Wahl übrig,
als die Bischöfe, die als Geißeln dienen sollten, gerade den Deutschen
zur Bewachung zu übergeben. So gelang es denn, den Aufruhr zu
beschwichtigen.

Kaiser Carl feierte gerade zu Valladolid das Geburtsfest seines
Erstgeborenen, als der Kurier dort eintraf, den der Prinz von Ora-
nien eilends entsandte, um die Kunde der Erstürmung der heiligen
Stadt und der Gefangennahme des Pabstes nach Spanien zu bringen.
Carl V. wußte nicht, was er thun solle, denn er hatte Furcht vor

---

[1] In einem Schreiben von L. Perez aus Rom vom 1. Juli an Carl V.,
dessen Original Herr von Gayangos dem Verfasser zu Gebote gestellt, findet sich
das Obige bestätigt.

dem Heere der Liga und der ganzen Christenheit, insofern er nicht wissen konnte, wie die katholischen Fürsten die Kunde des Erfolges seiner Truppen aufnehmen würden. In diesem Zweifel ließ er die öffentlichen Freudenfeste einstellen, um damit seinen Schmerz über die Plünderung Roms und die Gefangennahme des Pontifex kundzugeben. Im geeigneten Augenblicke aber ließ er Exequien für das Seelenheil des Herzogs von Bourbon abhalten, denen er beiwohnte, um der Welt anzudeuten, welch' tiefes Mitgefühl er über den Verlust des tapfern Feldherrn empfinde, und wie verpflichtet er ihm für seine guten und loyalen Dienste geblieben. Es gibt deren, die da meinen, daß Carl eigentlich wollte, daß der Pabst in die Gefangenschaft nach Spanien wandere, wie König Franz in frühern Jahren, daß er aber Scheu davor trug, daß alle Streitkräfte der Christenheit, die über die Unbill empört, die dem heiligen Stuhle durch die Kaiserlichen ange= than worden, endlich über Spanien herfallen würden, um den Pabst zu rächen oder seine Befreiung zu erzwingen. So hätte er es denn für angemessener gehalten, ihm Gesandte zu senden, die Friedensunter= handlungen mit ihm eröffnen und ihn fast unter denselben Bedingungen in Freiheit setzen sollten, wie der Prinz von Oranien bereits früher stipulirt hatte. Kaiser Carl fand sich bewogen, Schreiben an die andern Souveraine der Christenheit zu richten, und die Schuld der Verwüstung Roms von sich abzuwälzen, indem er dieselbe seinem Heere aufbürdete, da es ohne Befehl abzuwarten, fortgerissen von seinem Eifer, die Uebelthaten Clemens VII. zu rächen, kein Bedenken getragen, die Mauern Roms zu erstürmen. Wie gräulich auch die Schmach, welche die spanischen und deutschen Heerhaufen der ewigen Stadt angethan, suchte Carl doch den europäischen Souverainen die Kränkung geringer darzustellen, als der Ruf beim Schrecken der ersten Kunde sie dargestellt. In einem Briefe an den König von Portugal vom 2. August 1527 aus Valladolid sagte Carl: „Ueber den Schimpf, der dem apostolischen Stuhl angethan worden, haben wir solche Kümmerniß und Schmerz empfunden, daß wir uns wahrlich gefreut hätten, die Besiegten zu sein, als Sieger mit einem solchen Siege." Allein in dem Augenblicke, wo er den Fürsten gegenüber seine Em= pörung über die Ausschweifungen seiner Truppen ausdrückte, schrieb er an seine Heerführer, daß sie den Pabst durchaus nicht in Freiheit setzen sollten, so lange sie sich nicht dessen vergewissert, daß er für die Zukunft von der Liga sich getrennt.

Don Hugo de Moncada schrieb von Neapel aus an den Kaiser

im Dezember 1527: „Da der Pabst in der Macht des Heeres ist,
und Alarcon ihn durch das Heer in der Engelsburg gefangen hält,
so vermag man nicht, Se. Heiligkeit so rasch in Freiheit zu setzen,
wie E. M. dies geboten, denn bevor dieß geschähe, wäre es nöthig,
da die Truppen es also begehrten, daß besonders die Haupturfache
befriedigt werde, die sie angetrieben, nach Rom zu kommen, nämlich:
um Alles dort zu bekommen, was man ihnen schulde. Und dazu
gäbe es kein Mittel, wenn der Pabst das Geld nicht herausgäbe."
Erst am 6. Dezember verließ Clemens VII. sein Gefängniß und durfte
die Engelsburg verlassen. In dem ebenerwähnten Schreiben schildert
Don Hugo die Art und Weise, wie der Pabst sich entfernte, denn er
fürchtete persönlich von den Soldaten noch beschimpft zu werden.
„Und da das Heer", heißt es in jenem Briefe, „einen Theil des
Geldes binnen vierzehn Tagen zu empfangen hat und sich nicht eher
aus Rom entfernen will, als bis es das Geld empfangen, so schien
es Se. Heiligkeit, als wäre sie in dieser Zeit doch nicht sicher; und
weil sie fürchtete, noch einmal gefangen genommen zu werden und in
neue Verlegenheiten zu gerathen, so entschloß sie sich, alsbald nach
Urbieto zu eilen. Am erwähnten Tage, am Freitag, in Freiheit gesetzt, reiste der Pabst noch in der Nacht drei Stunden vor Tagesanbruch ab, nicht im päbstlichen Ornate, sondern als ein Weltlicher
auf einem guten Rosse. Man sagt sogar, daß er insgeheim bewaffnet
war und daß er auf der Straße von Civita Castellana von hundert-
undfünfzig Mann Kavallerie und Luis Gonzaga begleitet wurde.
Möge es Gott gefallen, daß sein Benehmen E. M. gegenüber seinen
guten Worten entspreche, denn er erklärte: „guter Vater" für Alle sein
zu wollen und sein Möglichstes zur Pacification und zum Vortheil
der Christenheit zu thun!" Möge E. M. glauben, daß bei diesen
Unterhandlungen Alles geschehen, was der Moment gestattet, und uns
dünkt, daß mehr als das Mögliche geschehen, und darum waren wir
Alle derselben Ansicht und nahmen mit Nothwendigkeit das geringere
Uebel für ein größeres hin."

Die Einnahme Roms Seitens der Spanier und Deutschen
und die grauenhafte Verwüstung der Weltstadt hatten Staunen und
Entsetzen in Europa verbreitet. Welchen Eindruck mußte es machen,
als man erfuhr, wie viele Kirchen Roms in Schutt und Asche lagen,
wie heilge Reliquien verspottet, wie Geistliche verhöhnt und in den
Kerker geworfen worden, wie das Ornat der Prälaten öffentlich verkauft und das Priestergewand entweiht worden und, um Allem die

Krone aufzuſetzen, wie die Peterskirche in einen Pferdeſtall verwandelt und durch das Blut von dreißig und einigen Römern befleckt worden, die unter den Dolchen der Sieger fielen. In Spanien ſelbſt wurde es dazumal Sitte, übel vom Pabſte zu ſprechen, was ſo weit ging, daß, als der Kaiſer zur Sicherung des Friedens der Chriſtenheit mit Clemens VII. Frieden ſchloß und ihm die Freiheit wieder gab, es nicht an Politikern fehlte, welche Carl tabelten: „Weil er dem Pabſte nicht alle weltliche Macht genommen, den Schlüſſel, um die Pforte des Krieges zu öffnen und zu ſchließen.“ Zu denen, welche dieſer Meinung waren, gehörte D. Diego Hurtado de Mendoza, wobei er freilich mit vielen Räthen Carl's V. nicht im Einklang war. Die Geringſchätzung, mit welcher bei der Einnahme Roms Pabſt, Cardinäle und andere Kirchenfürſten behandelt wurden, gab einigen Perſonen, die bereits von dem Gifte des Ketzerthums angeſteckt waren, den Muth, ihre Doktrinen nach Spanien zu verpflanzen.

Juan de Valdes, von vornehmer Abkunft, wie es heißt, gebürtig aus Cuenca und Sohn des D. Fernando de Valdes, welcher Stadtrichter und Befehlshaber dieſer alten Stadt geweſen, iſt einer der ausgezeichnetſten Proteſtanten Spaniens. Als ein in ſeinem Jahrhundert hervorragender Rechtsgelehrter ſtand er in hoher Achtung bei Kaiſer Carl V., welcher ſeine Gelehrſamkeit in philoſophiſchen Wiſſenſchaften, in der Theologie, in den alten Sprachen und ſelbſt in den ſchönen Wiſſenſchaften hochſchätzte. Auf ſeinen Reiſen durch Deutſchland und Italien verkehrte er mit den größten Denkern der Zeit und ſeine Verdienſte erwarben ihm das Amt eines Sekretärs des ſpaniſchen Vicekönigs zu Neapel, wo er ſich lange aufhielt. Juan de Valdes folgte den Lehren Luther's und gewann viele Bewohner des volkreichen Neapels für die neue Doktrin. Er führte den Vorſitz in den Verſammlungen, welche die italieniſchen Proteſtanten, ſämmtlich zur Blüthe des Adels und der Wiſſenſchaft gehörend, in der glänzenden Stadt hielten. Marco Antonio Flaminio, ein ausgezeichneter lateiniſcher Dichter, Pedro Martir Vermigli und Bernardino Ochino, hervorragende Führer der neuen Lehre in Italien, Jacobo Bonfadio, Geſchichtſchreiber von Genf und Pedro Carneſechi, welche bald ein furchtbares Ende fanden, als Opfer ihrer Lehre und tyranniſchen Unduldſamkeit, Galeazo Caracciolo, Marquis Del Vito und Iſabel Manrique, welche ihr geliebtes Vaterland verließen, um auf freiem Boden, ohne Unterdrückung fürchten zu müſſen, fortan zu leben und ſchließlich die ausgezeichnete Herzogin von Palliano, Julia Gonzaga, eine Frau vom

klarsten Verstande und ungewöhnlicher Schönheit, die leidenschaftlich
den Lehren Luther's zugethan war — das waren die treuesten Schüler
von Valdes, die seine Doktrinen rasch in Italien verbreiteten. Allein
schon früher hatte Juan de Valdes sich bemüht, seine Lehren in
Spanien durch ein Buch zu verbreiten, das durch großen Geist und
Anmuth sich auszeichnet. Sein gefälliger Styl und Neuheit der Gedanken mußten es empfehlen. Ich meine nämlich zwei Gespräche:
Das eine ist ein Dialog zwischen Charon und Mercur, die vorgeführt
werden, als unterhielten sie sich am Styx über die Kriege, die dazumal Europa mit Waffengetöse erfüllten und Trauer überall verbreiteten. Das zweite Gespräch führt einen Edelmann Lactancio und
einen Archidiaconus vor, welche über die jammervolle Einnahme Roms
sich unterhalten. In beiden Schriften suchte Valdes mit großem Geschick die lutherischen Lehren dem Leser einzuflößen, und es unterliegt
keinem Zweifel, daß beide Gespräche die e r s t e n Grundlagen des
Protestantismus in Spanien bildeten. Der Verfasser spottet darin
witzig über die Bräuche der katholischen Kirche, wie über die Lebensweise ihrer Priester.

Die Veröffentlichung dieser Gespräche, die Valdes in der Absicht
geschrieben, um die Spanier nach der Auffassung der Lutheraner über
Glaubenssachen zu belehren, bleibt für die Geschichte der spanischen
Protestanten sehr bemerkenswerth. Allein noch ein anderer Umstand
ist hervorzuheben, der seinen Schriften noch mehr Ruf und noch mehr
Bedeutung verschaffen muß. Die darin verfochtenen Grundsätze politischer Freiheit verdienen Erwähnung, denn sie führen den Beweis,
daß, schrieb auch Machiavelli einige Zeit später sein Buch über den
Fürsten in der Absicht, Tyrannen eine Schlinge zu legen, auf daß
sie, seinen Vorschriften vollen Glauben schenkend, dem Hasse des Volkes
anheimfallen, das sie unterdrücken wollen, und zog er auch aus der
Geschichte Roms mannigfache Begebenheiten, Erfahrungen und politische Beispiele, welche Montesquieu dazu dienten, um seinen Geist
der Gesetze zu schreiben, so fehlte es doch nicht an Spaniern, die
Staatsfragen sich widmeten und die gerade in dieser Art von Schriften
zu wetteifern wagten, so daß es ihnen selbst gelungen, die tiefe Kenntniß
des menschlichen Herzens zu bekunden, die bei dem Staatssekretär der
florentinischen Republik so sehr hervorglänzte. In dem Gespräche,
das Valdes 1527 schrieb und in welchem er Charon und Mercur
am Styx uns vorführt, läßt er die Seele eines Königs auf ihrem
Wege zur Unterwelt über ihr irdisches Leben und die Rathschläge sich

aussprechen, die der König seinem Sohne hinterließ, bevor er den letzten Seufzer aushauchte. Seine politischen Grundsätze sind vortrefflich und sind auch manche Plato, Aristoteles und Seneca entnommen, so sind doch die meisten Valdes selbsteigen, mag auch sein fortwährendes Studium der Alten ihn darauf geführt haben. Alle Schriften von Valdes tragen den Stempel einer Freiheitsliebe, die der höchsten Anerkennung werth ist. Unter den Lehren, die er jenen König seinem Thronerben geben läßt, um denselben in der schwierigen Kunst zu regieren, zu unterrichten, finden sich so freiheitathmende Aussprüche, daß sie vielmehr durch den Contrat social von Rousseau eingegeben zu sein scheinen, als daß sie aus der Erfahrung und dem Genie eines Spaniers hervorgegangen, der am Hofe katholischer Könige erzogen worden. Als Beleg führen wir hier einige derselben vor: „Bedenke," heißt es dort, „daß zwischen dem Volke und dem Fürsten ein Vertrag besteht und daß, thust Du nicht das Deinen Unterthanen, was Du ihnen schuldig bist, so sind dieselben ebensowenig verpflichtet, Dir, was sie sollen, zu leisten. Mit welcher Miene kannst Du von ihnen Dein Einkommen verlangen, wenn Du nicht ihnen zahlst, was ihnen gebührt? Bedenke, daß sie Menschen und nicht Thiere sind, daß Du Hirt über Menschen und nicht Herr einer Heerde bist. Da doch alle Menschen eine Kunst lernen, von der sie leben, — weßhalb sollst Du nicht die Kunst lernen, Fürst zu sein, eine Kunst, die höher steht, als alle andern? Begnügst Du Dich mit dem Namen eines Königs oder Fürsten, so laß' ihn nur fahren, denn sie nennen Dich einen Tyrannen! Denn der ist nicht König, noch Fürst, dessen Ahnen es sind, sondern der durch seine Thaten es zu sein sucht. König und frei ist der, der sich selbst zu gebieten und zu regieren weiß — Sklave und Knecht, der sich nicht zu zügeln weiß. Wähnst Du frei zu sein, wie magst Du denn Deinen Gelüsten fröhnen, was die schmählichste und verächtlichste Knechtschaft ist! Ich habe gesehen, wie viele freie Männer dienen mußten und wie Sklaven die Herren spielten. Der Sklave dient aus Nothwendigkeit und kann nicht dafür getadelt werden, denn es liegt nicht mehr in seiner Hand. Allein der Lasterhafte, der aus freien Stücken Sklave, ist nicht mehr den Menschen beizuzählen. Liebe die Freiheit und lerne wahrhaft ein König sein."

Die Schrift von Juan de Valdes wurde zu Venedig ohne Erlaubniß des hohen Rathes heimlich gedruckt. Die Grundsätze der Freiheit, in politischen wie religiösen Dingen, welche das erwähnte Gespräch enthält, reichten hin, daß die Inquisitoren, die ihr Augen-

merk wie auf ihren Vortheil, so auf das Interesse der Könige rich=
teten, in allen Verdammungsverzeichnissen der Inquisition, die Lectüre
und selbst den Besitz dieser Schrift unter schweren Strafen verpönten,
die aus der Feder des größten Gelehrten Spaniens geflossen. Trau=
riges Geschick des menschlichen Verstandes! Kaum hatte man im
sechszehnten Jahrhundert angefangen, das eherne Joch zu brechen,
womit Unwissenheit und roher Aberglaube die menschliche Vernunft
so lange unterdrückt, gerade als die Vernunft im Begriff stand, ihrer
selbst Herr zu werden und die Wahrheit sich der Listen ihrer Gegner
zu erwehren, da gelang es dem sogenannten Glaubenstribunal, mit
Knebeln, Martern und Auto-da-fé's den Mund der großen Denker
zu schließen, ihnen das Geständniß von Vergehen zu entreißen, die
sie nicht begangen, sie den Flammen zu überliefern, weil sie wähnten,
mit dem Leibe auch die Freiheit des Gedankens zu vernichten. So
bemühten sich die Bösen, gleich den Furien der Hölle, in Spanien
die jungen Pflanzen zu zerstören, die bereits kräftig emporzublühen
begannen und dauernde Früchte versprachen. Sie wurden vernichtet,
jungen Bäumen gleich, die durch einen wüthenden Orkan niederge=
schmettert werden. Und bei alledem vermochten die Feinde der freien
Lehre nicht allen Samen dem Schooße der Erde zu entreißen, wie
sehr sie sich auch bemüht, Alles auszujäten, was so üppig hervorge=
sprossen. Denn besitzt auch die Tyrannei die Macht, die Herrschaft
über die Leiber geltend zu machen und sie den Flammen zu überliefern.
so vermag sie nur selten die Gedanken zu vernichten.

Juan de Valdes werden viele Schriften zugeschrieben. [1]) Dieser

---

[1]) D. Pedro Jose Pidal hat in einem gelehrten Artikel einen Katalog seiner
Schriften verfaßt, welchen wir hier folgen lassen. 1ᵃ Tratado utilissimo del
Beneficio de Jesu christo), sehr seltenes Buch, das von manchen auch einem
Mönche San Severin, einem Schüler von Valdes zugeschrieben wird. 2ᵇ. Comentario o declaracion breve y compendiosa sobre la epistola de San Paulo
Apostol à los romanos muy saludable para todo christiano — Compuesto por
Juan Valdesio, pio y sincero teologo — En Venecia, en casa de Juan Philadelpho MDLVI. 3ᵃ Comentario ò declaracion familiar y compendiosa
sobre la primera epistola de San Paulo Apostol a los corinthios, muy util
para todos los amadores de la piedad cristiana — Compuesto por Juan VV
pio y sincero teologo — En Venecia, en casa de Juan Philadelpho MDLVII.
4ᵃ Los Psalmos de David traducidos del Hebreo en romance castellano.
5ᵃ. Ciento y diez consideraciones divinas. Esta obra se tradujo eu lengua
francesa con el siguiente titulo: Cent et dix Considerations divines de Jean
de Valdesso. Traduites premièrement d'espagnol en langue italienne et de
nouveau mises en françois par C. K. P. (Claude de Kequiñen parisien) Lyon
par Charles Pesnot — Paris, par Mathurin Prevost, 1565. (Im Jahre 1550
wurde zu Basel eine italienische Uebersetzung des Werkes herausgegeben und 1646
wurde es von Jorge Herbert in's Englische übersetzt.)

ausgezeichnete spanische Protestant ging im Jahre 1540 zu Neapel mit Tode ab. Er war ein Mann von sehr zartem Körperbau, im schwachen Leibe eine starke Seele! Seine Schüler hingen ihm auf das innigste an und trauerten lange um ihn, denn sie gedachten lange der glücklichen Tage, an welchen sie an seinem Munde hingen und seinen weisen und beredten Worten lauschten. Fast alle seine Schriften wurden von der Inquisition verboten.

Alfonso de Valdes war ein Bruder oder Verwandter von dem eben erwähnten Juan de Valdes, welcher die Lehre Luther's in Neapel eingeführt. Mit Pedro Martir de Angleria, mit welchem er einen innigen Briefwechsel führte, stand er in den freundschaftlichsten Beziehungen und hatte ihm viel zu verdanken. Von Brüssel aus richtete er 1520 ein langes Schreiben an diesen ausgezeichneten Schriftsteller, worin er demselben über die Anfänge des Abfalls von der Kirche in Deutschland Bericht erstattete. Alfonso de Valdes versah einige Jahre das Amt eines Sekretärs des Großkanzlers von Carl V. Man hält ihn für den Verfasser einer Geschichte der Schlacht von Pavia, wo bekanntlich Franz gefangen gehalten wurde. Mit Gewißheit läßt sich dies aber nicht versichern, denn aus dem Exemplare der Schrift, das im Drucke vorliegt, ist bloß zu entnehmen, daß er auf Befehl der Herren des Rathes des Kaisers die Geschichte herausgegeben. Der Titel lautet: „Geschichte der Ereignisse in Italien, den Briefen entnommen, welche die Feldherren und die Bevollmächtigten auf Befehl unseres Königs und Herrn, S. M., geschrieben, wie die Geschichte des Sieges gegen den König von Frankreich und der anderen dortigen Begebenheiten; durchgesehen und verbessert von dem Herrn Großkanzler und Rathe S. M." Die wichtigste Schrift, die man der Feder dieses spanischen Protestanten zu verdanken hat, führt den Titel: Anweisung über die Kommentatoren der heiligen Schrift," wenn man den Kritikern Glauben schenken darf, welche dies Werk ihm zuschreiben, im Widerspruch mit andern, die Juan für den Verfasser halten. [1]

6a. Dialogo de Mercurio y Caron en que allende de muchas cosas graciosas y de buena doctrina, se cuenta lo que ha acaecido en la guerra des del añomill y quinientos y veynte y uno hasta los desafios de los reyes de Francia et Inglaterra hechos al Emperador en el año de MDXXIII Dialogo en que particularmente tratan las cosas acaecidas en Roma el ano de MDXXVII., a gloria de Dios y bien universal de la Republica cristiana. Volumen en 8° sin año ni lugar de impresion. (Diese Gespräche wurden auch ins Italienische übersetzt). 7a. Folgende italienische Schrift wird auch Juan Valdes zugeschrieben: „Modo di tener nell insegnare e nell predicare al principio della religione christiana.

[1] Ueber die Lebensgeschichte dieser Protestanten waltet eine solche Unklarheit

Rodrigo de Balero war der erste, welcher im Innern unseres Vaterlandes die neue Lehre zu predigen begann. Wir lesen im Tratado de los Papas, dessen Verfasser der protestantische Schriftsteller Cipriano de Valera ist, „daß gegen das Jahr 1540 zu Sevilla Rodrigo de Valer lebte, der zu Lebriza geboren, der Heimath des gelehrten Antonio, der die lateinische Sprache in Spanien wieder eingeführt. Valer verbrachte seine Jugendjahre mit eitlen, weltlichen Dingen, wie reiche Jünglinge zu thun pflegen. „Man weiß nicht wie," sagt Cipriano, „noch durch welche Mittel Gott ihn umgewandelt, daß er die weltlichen Dinge ebenso sehr verabscheute, wie er ihnen zuvor ergeben gewesen und sich nur frommen Uebungen hingab, die heilige Schrift lesend und über sie nachsinnend, soweit seine geringen Kenntnisse der lateinischen Sprache reichten. Tagtäglich führte er zu Sevilla, wo er wohnte, Disputationen mit Geistlichen und Mönchen; er sagte ihnen in's Gesicht, daß sie die Ursache einer so großen Verderbtheit wären, wie sie nicht nur im geistlichen Stande, sondern im ganzen christlichen Staate vorherrschte. Diese Verderbtheit wäre eine so große, daß durchaus keine Hoffnung auf Besserung da wäre, und also sprach er nicht insgeheim, sondern auf öffentlichen Plätzen und Straßen, auf den Trottoirs von Sevilla." Nach dem Berichte dieses Schriftstellers hielt man Rodrigo für neuerungssüchtig und selbst für närrisch. „Endlich," sagt Valera, „wurde Valer, der unablässig sich so frei äußerte, vor die Inquisitoren gerufen. Vor ihnen disputirte Valer über die wahrhafte Kirche Christi, über ihre Kennzeichen und Merkmale, über die Rechtfertigung des Menschen und andere Hauptpunkte der christlichen Religion, zu deren Kenntniß Valer, ohne irgend welche menschliche Hülfe noch Beistand gelangt war, wenn er nicht aus bewunderungswürdiger göttlicher Offenbarung dazu gekommen. Seine Narrheit, wie die Inquisitoren es zu nennen beliebten, rettete ihn noch, sie entließen ihn, nahmen ihm aber all' sein Eigenthum. Ungeachtet seines Vermögensverlustes ließ er nicht ab, fortzufahren wie er begonnen. Nach Verlauf einiger Jahre riefen sie ihn wieder vor ihr Gericht und verurtheilten ihn nicht zum Scheiterhaufen, weil sie ihn noch immer für verrückt hielten. Im Jahre 1555 aber mußte er freilich nicht öffentlich bei einem Auto-da-fé, sondern allein in der Cathedrale, zwischen den beiden Chören, seine Lehren widerrufen und

---

vor, daß eine Verwechselung leicht vorkommt. Was insbesondere dazu beiträgt, ist bei den Obengenannten die Aehnlichkeit des Namens, wozu noch die Dürftigkeit der Nachrichten kömmt, welche über jene Männer uns überkommen.

wiewohl sie ihn für irrsinnig hielten, wurde er dazu verurtheilt, zeitlebens das Büßergewand zu tragen und im Kerker zu schmachten.
Jedweden Sonntag wurde er mit den übrigen Büßern in die San
Salvadorkirche geführt, um die Messe und Predigt anzuhören. Trotzdem er Gefangener, erhob er sich hier oft vor allem Volke und wider-
sprach dem Prediger, wenn derselbe eine falsche Doktrin predigte; allein
die Inquisitoren, die zu jener Zeit noch nicht so schlimm, sahen darüber weg, weil sie ihn für verrückt hielten, und dazu kam noch, daß
er einem altchristlichen Geschlechte angehörte und nicht jüdischer oder
maurischer Herkunft war. Am Ende wurde er aus dem lebenslänglichen Kerker zu Sevilla befreit, aber nach San lucar in das Kloster
von Nuestra Sennora de Barameda gesandt, wo er in dem Alter
von fünfzig und einigen Jahren starb."

So lautet die Leidensgeschichte von Robrigo de Valero, dem
Hauptführer der Protestanten, in dem volkreichen Sevilla. Die An-
hänger hielten ihn für einen von Gott Inspirirten, auf daß er in
Spanien die Wahrheit des Evangeliums predige und die Inquisitoren
verdammten ihn als Pseudoapostel! Sein Bußgewand wurde in der
Cathedralkirche zu Sevilla aufgehängt, wo es angestaunt wurde vom
Volke der Stadt, wie von denen, die aus fernen Landen kamen, denn
am Fuße des Denkmals fand sich die Inschrift vor, wonach der
Lutheraner Robrigo de Valero als Pseudoapostel verurtheilt worden,
ein Beiname, den die Inquisition bis dahin keinem Büßer beigelegt
hatte. Der Edelsinn, die Wissenschaft, die Sitteneinfalt, die ihn auszeichnete, wie das Neue der Lehren, die Valero verfocht, erwarben ihm
viele Anhänger unter denen, die zu Sevilla in Wissenschaft und
Stellung hervorragten.

Doktor Juan Gil (Egidio genannt) wurde zu Olvera in
Arragonien geboren. Auf der Universität Alcala de Henares, die dazumal in höchster Blüthe stand, studirte er die Theologie, bis er mit
solcher Auszeichnung zum Doktor promovirte, daß er von Vielen in
seinem Wissen einem Thomas von Aquin, einem Johannes Scotus,
mit einem Worte, den ersten Männern an Gelehrsamkeit gleichgestellt
wurde. Sein Ruf bewirkte, daß das geistliche Kapitel von Sevilla
ihn einstimmig 1537 zum Domherrn ernannte, ohne daß es eine
öffentliche Bewerbung, wie bisher Brauch, dafür ausschrieb. Diese
Auszeichnung, wobei man auf die bisherige Sitte bei Besetzung der
Stellen an der Cathedrale so wenig Rücksicht nahm, zog dem Doktor
Gil nicht bloß den Haß derer zu, die nach seiner Stellung trachteten,

sondern selbst das Mißwollen der Masse, die immer ein blindes Werkzeug derer, welche sie in ihrem Interesse zu leiten wissen. Juan Gil zog sich den Unwillen Vieler zu, noch mehr aber, als er zum ersten Male in der Cathedrale zu Sevilla predigte. Alle erwarteten von seinem Geiste eine Predigt, die sich durch Tausenderlei auszeichne, sie fanden sich aber insofern getäuscht, als der neue Domherr an Beredsamkeit weit hinter dem zurückblieb, was der Ruf aller Orten mit Pauken und Trompeten verbreitet hatte, und so kam zum Haß und Neide noch Geringschätzung hinzu. Bei einem gewissen Anlasse gab Rodrigo de Valero dem Doktor den Rath, daß er die Lectüre theologischer Bücher aufgeben möge, da er doch nichts Nützliches daraus lerne; wolle er wahrhaft weise werden, so müsse er Tag und Nacht in der Bibel lesen und Sentenzen, Doktrinen und Rathschläge lernen, die bildend für den Geist und Trost im Mißgeschick böten. Auf diesen Rath hin gewann Doktor Juan Gil den Ruf eines ausgezeichneten Predigers. Der Zorn seiner Nebenbuhler erwachte von Neuem und Viele verschworen sich zu seinem Verderben. Kaiser Carl V., der Wissenschaft und Verdienst hochstellte, ernannte 1550 den Doktor Egidio für das Bisthum Tortosa. Diese Auszeichnung entflammte den Haß seiner Feinde und Neider, deren zu viele waren, so daß sie am Ende ihn bei der Inquisition als Förderer der Ketzerei anklagten, die dazumal durch die Schüler von Valero und andere Anhänger, die mit etwas mehr Vorsicht dessen Meinung predigten, in der Stadt sich zu verbreiten begonnen. Die Angeber erinnerten die Richter des Glaubenstribunals daran, daß der Canonikus Juan Gil den Valero, so lange dessen Prozeß schwebte, vertheidigt habe. In den Kerkern der Inquisition schrieb der unglückliche Doktor eine Rechtfertigung der Doktrinen, die er von der Kanzel der Cathedrale herab verfochten hatte. Allein es fanden sich in dieser Schrift einige so sehr lutherische An- sichten, daß gerade sie die Grundlage neuer und furchtbarerer Anklagen gegen ihn wurden, statt zu seiner Vertheidigung zu dienen. Die Theo- logen erblickten in seiner Rechtfertigungsschrift eine Bestätigung der Irrlehren, welche Gil vor dem Volke laut verfochten hatte. Wiewohl die Sache schon so bedrohlich geworden, schritt Carl V. zu seinen Gunsten bei den Inquisitoren ein, indem der Canonikus am Hofe viele und gewichtige Gönner zählte, die den Kaiser dazu bestimmten. Das geistliche Kapitel von Sevilla folgte dem Beispiele des Kaisers und selbst Licentiat Correa, ein Richter der Inquisition, war dem Doktor Egidio gewogen, ganz entgegen dem Gutachten von Pedro Diaz, einem Mitgliede des Glaubenstribunals und abtrünnigen Schüler von Valero. Juan Gil stellte das Begehren, daß ihm gestattet werde, mit einem der ausgezeichnetsten Theologen zu verhandeln, und um seinen Wünschen zu willfahren, führten ihn die Inquisitoren mit Bruder Garcia de Arias zusammen, einem Mönche des Ordens des heiligen Hieronimus, der aus Furcht vor der Inquisition nur insgeheim dem Protestantismus huldigte. Das Gutachten des Arias, das günstig für seinen Freund, den Canonikus, lautete, erachtete man nicht als genügend, um den Doktor von aller Schuld freizusprechen. Ein Dominikanermönch, der zugleich Professor zu Salamanca war, Domingo de Soto mit Namen, zog im Auftrage der Inquisition nach Sevilla, um die Punkte zu prüfen, die als Grundlage des Prozesses dienten. Soto war ein großer Heuchler und Bösewicht. Von dem Wunsche erfüllt, Juan Gil auf immer zu verderben, machte er den Vorschlag, daß sie Beide eine Art Glaubensbekenntniß oder Darlegung ihrer Meinung bezüglich der strittigen Punkte niederschreiben sollten, damit also aller Verdacht schwinde, den man gegen Gil's Doktrinen hege. Doktor Egidio schrieb sein Bekenntniß nieder und theilte es dem Bruder Domingo mit, der seinerseits dem Doktor seinen Entwurf übergab. Am Ende einigten sie sich so, daß nicht die mindeste Verschiedenheit in ihren Bekenntnissen mehr obwaltete. Als die Inquisitoren von dieser Uebereinstimmung erfahren, geboten sie, daß diese Glaubensbekenntnisse öffentlich mit größter Feierlichkeit in der Cathedrale von Sevilla verlesen werden sollten. Bruder Domingo de Soto hielt eine Anrede, worin er den Zweck dieser Ceremonie erklärte, der scheinbar nichts anderes sein sollte, als daß ein Jeder sein Urtheil über die Behauptungen des Doktor Egidio fällen könnte, die mancher für ketzerisch gehalten. Nach seiner Anrede verlas Soto aber nicht den Entwurf, den er mit dem protestantischen Kanonikus gemeinsam festgestellt, sondern einen ganz andern Sinn, worin er seine Meinung durchaus im Widerspruch mit den Doktrinen von Juan Gil zu erkennen gab. Der Zufall wollte, daß die Kanzel, auf der Soto stand, von jener, welche der angeschuldigte Doktor inne hatte, so entfernt war, daß dieser mit aller Mühe nicht hören konnte, was der falsche Freund äußerte. Seinen trügerischen Versprechungen trauend, zeigte er in Mienen und Geberden, als heiße er alles gut, was der Dominikanermönch listiger Weise vorlas. Kaum hatte Soto seine Darlegung vollendet, da verlas Doktor Egidio sein Bekenntniß mit klarer, lauter Stimme. Das Auditorium wunderte sich nicht wenig über die Ungleichheit, die zwischen ihnen bestand, und die Mitglieder der Inquisition konnten nicht weniger thun, als Juan Gil der lutherischen Ketzerei verdächtig zu erklären. In seiner kritischen Geschichte der spanischen Inquisition versichert Llorente auf das Zeugniß eines Protestanten aus Sevilla hin, daß die Richter des Glaubenstribunals ein Urtheil wider Juan Gil fällten und daß dieser im Gefängnisse verblieb, sich darob wundernd, wie ungerecht man ihn behandle, nachdem doch vor dem Volke und den Vornehmsten des Adels und Clerus von Sevilla beide Glaubensbekenntnisse verlesen worden, welche im katholischen Sinne seine getadelten Doktrinen ganz übereinstimmend erklärten. Allein hierin findet sich meines Erachtens ein wesentlicher Irrthum. Doktor Gil verließ den geheimen Kerker der Inquisition, um in der Cathedrale von Sevilla am Sonntag, den 21. August 1552, viele Punkte seiner Predigten öffentlich abzuschwören. Der Akt dieser Feierlichkeit, den ich vor mir habe, beginnt mit folgender Formel: [1])

„Insofern ich, der Doktor Juan Gil, Canonikus der heiligen Cathedralkirche von Sevilla, bei der heiligen Inquisition wegen gewisser Sätze denuncirt und angeklagt worden bin, welche vielen Personen Aegerniß gegeben, insofern sie eine irrige ketzerische Meinung gegen unsern heiligen katholischen Glauben bieten können, und wiewohl ich niemals starrsinnig dabei verharrte, noch zu den Strafen, die Rechtens gegen solche Ketzer, verurtheilt worden bin, so ist mir doch auferlegt worden, daß ich die erwähnten Sätze zurücknehme, daß ich einige abschwöre und andere dafür erkläre, daher schwöre ich sie ab und nehme ich sie zurück und erkläre in folgender Form, als gehorsamer Sohn der heiligen Mutter Kirche, mich ihrer Strafe unterwerfend und ihre Barmherzigkeit benutzend“ ...... Alle Sätze, welche Juan Gil zurücknehmen mußte, waren lutherisch. In seinem Urtheile hieß es also: „Wir verurtheilen ihn zu einem Jahre Kerker im Kastell von Triana; in diesem Jahre erlauben wir ihm, daß er fünfzehn Mal hintereinander, oder wie er es vorzieht, abwechselnd, die Cathedrale besuche, jedoch geraden Wegs hingehe und wieder zurückkomme. Weiter soll er jeden Freitag dieses Jahres fasten, jeden Monat einmal beichten und nach dem Gutdünken seines Beichtvaters das Abendmahl nehmen; zeitlebens darf er nicht das Königreich

---

[1]) Dies Dokument befindet sich in der Bibliothek des D. Fernando Colon in der Cathedrale von Sevilla. Llorente weiß in seiner kritischen Geschichte der Inquisition nichts von der Ceremonie zu melden, in welcher Juan Gil seine Glaubenssätze abschwören mußte.

Spanien verlaffen. Ferner entziehen wir ihm auf zehn Jahre das Recht, Beichte zu hören und zu predigen, wie vom Lehrstuhl herab zu lefen. Er foll nie schreiben, nicht Disputationen halten, noch opponiren und sich an keinem öffentlichen Akte, noch Urtheile betheiligen. Ueberdies darf er in dem ganzen ersten Jahr keine Messe lefen." So lautete das Urtheil der Inquisitoren in dem Prozesse des protestantischen Doktor Juan Gil. Während seiner Strafzeit fand der Unglückliche Trost im Studium der Philosophie und der heiligen Schrift. Im Castell Triana schrieb er einige Kommentare über die Genesis, über das hohe Lied, über einige Psalmen des Königs David und über die Epistel des heiligen Paul an die Colosser. Meines Dafürhaltens verfaßte er auch ein mathematisch-astrologisches Werk, das als Manuskript sich in der Bibliothek der Cathedrale von Sevilla befindet und den Titel führt: „Tafeln der Gleichungen der Planeten." [1]

Endlich erhielt Juan Gil seine Freiheit wieder, nachdem er lange in den Kerkern der Inquisition geschmachtet. Er unternahm darauf eine Reise nach Valladolid, wo er viel mit Ketzern verkehrte, die dort insgeheim ihre Versammlungen hielten, und kaum war er nach Sevilla zurückgekehrt, so wurde er von einer hitzigen Krankheit befallen, die ihn in kurzer Zeit im Jahre 1556 wegraffte. Selbst nach seinem Tode verschonte ihn nicht die Verfolgung; die Inquisitoren hatten seinen Umgang mit den Protestanten von Valladolid erfahren, wie daß er in seine ketzerische Meinung wieder zurückgefallen. Ein neuer Prozeß wurde eröffnet und man ließ seinen Leichnam ausgraben, denselben mit seinem Standbilde in einem öffentlichen Auto-da-fé verbrennen, seine Güter einziehen und sein Andenken der Schmach überantworten; das Urtheil wurde am 22. Dezember 1560 vollstreckt.

Francisco de Enzinas wurde zu Burgos geboren und widmete sich zu Löwen den Studien, wo er als großer Theologe und Humanist geschätzt wurde. Die Doktrinen der Protestanten hatte auch er erfaßt, denn er stand in den innigsten Freundschaftsbeziehungen zu seinem Lehrer Philipp Melanchthon. Auch Enzinas sehnte sich danach, zur Verbreitung der neuen Lehre beizutragen und übersetzte das neue Testament in's Spanische, welches im Jahre 1543 zu Antwerpen erschien. Er widmete es selbst Kaiser Carl V., dem er zu

---

[1] Ob Juan Gil der Verfasser dieser Tafeln, ist ungewiß. D. Nicolas Antonio bemerkt in seiner Bibliotheca nova, daß in der Colambina ein solches Manuscript sich vorfand, in der Bibliothek der Cathedrale befindet sich nur noch der dritte Theil des Manuscriptes vor, das Uebrige ist verloren gegangen.

Brüssel ein Exemplar seiner Arbeit überreichte, die natürlich unter den
flamändischen Theologen zu großem Streite Anlaß gab. Enzinas war
nämlich bei seiner spanischen Uebersetzung der lateinischen Uebertragung
gefolgt, welche Erasmus geschrieben hatte, mitunter ging er aber von
dem Buchstaben des Textes ab und ließ, ohne den Leser davon zu
unterrichten, Worte einfließen, die ihm zum besseren Verständniß der
spanischen Uebersetzung am passendsten schienen. Ueber alle seine
Streitigkeiten mit den Theologen der Niederlande schrieb er einen
langen Bericht in lateinischer Sprache, den er seinem Freunde und
berühmten Lehrer Melanchthon übersandte. Obschon Enzinas sich
gegen die schweren Anschuldigungen zu vertheidigen wußte, welche die
katholischen Theologen gegen sein Werk schleuderten, wurde er als
Förderer der Ketzerei zu Brüssel eingekerkert. Allein bald gelang es
ihm, die Riegel seines Kerkers zu öffnen, worauf er 1545 nach
Deutschland floh. Hier empfing ihn Melanchthon mit offenen Armen,
nahm ihn in sein Haus auf und gab ihm die größten Beweise von
Freundschaft und Achtung. Im Jahre 1548 wollte Enzinas nach
England ziehen; da empfahl ihn Melanchthon dem Erzbischof von
Canterbury, Thomas Crammer, und sprach sich in seinem Schreiben
über das Genie und die Gelehrsamkeit seines Schülers, wie über
seinen Charakter und Sitteneinfalt, in einer Weise aus, daß allerdings
sehr wenige sich solcher Beweise von Hochachtung und Zuneigung
seitens Melanchthon's zu rühmen hatten. In dem erwähnten Schreiben
an Crammer gibt Melanchthon seinem Empfohlenen den Beinamen
„Francisco Dryander", ein griechisches Wort, das seinem spanischen
Namen fast gleichkömmt und den seine Freunde ihm beigelegt, um
ihn der Verfolgung der Inquisition besser zu entziehen. Bei Andern
heißt er gar „Francisco du Chesne", ein Wort, das im Französischen
den spanischen Namen Enzinas wiedergibt. Er starb in Deutschland,
ohne daß wir sein Todesjahr anzugeben vermöchten, er hat mehrere
Schriften hinterlassen, die wir hier folgen lassen: [1])

---

[1]) „El nuevo testamento de Nuestro Redemptor y Salvador Jesu Christo.
traduzido de griego en lengua castellana por Francisco de Enzinas, dedicado
à la Cesárea Magestad. En Anvers, en casa de Esteban Meerman. 1543."
„Breve descripcion del Pais Baxo y razon de la religion en Espana." „Las
vidas de dos illustres varones, Cimon griego, y Lucio Lucullo, romano pue-
stas al parangon la una de la otra, escritas primero en lengua griega por
el grave Philosopho y verdadero historiador Plutarcho de Cheronea, y al
presente traduzidas en estilo castellano. MDXLVII." — (Ein Band in 4°
ohne Druckort, noch Drucker.) „El primero volumen de las vidas de illustres
y excellentes varones griegos y romanos pareadas, escritas primero en len-

Francisco de San Roman war ein Sohn des ersten Alcaden von Bribiesca und auch zu Burgos geboren. Genie und Neigung für die theologischen und philosophischen Wissenschaften ließen ihn schon als Jüngling nach Flandern wandern, um auf der berühmten Universität zu Löwen den Studien obzuliegen. Als Früchte seiner Studien erschien zu Antwerpen ein Katechismus und einige ascetische Schriften, die aber wegen mancher verdächtigen Lehren von der Inquisition verpönt wurden. Auf einer Reise, die San Roman im Jahre 1545 nach Bremen unternahm, erklärte er sich offen als Lutheraner. Nach den Niederlanden zurückgekehrt, bemühten sich seine Verwandten und Freunde vergebens, ihn in den Schooß der katholischen Kirche wieder zurückzuführen. Enzinas war es, der ihn darin bestärkte, festzuhalten an der neuen Lehre, und die Folge war, daß er bald darauf, auf Befehl Carl's V., in Regensburg eingekerkert wurde. Er wurde nach Spanien gebracht, wo er in den Kerkern der Inquisition zu Valladolid schmachten mußte, bis er als unbußfertiger lutherischer Ketzer dort den Feuertod erlitt. Der berühmte Mönch Bartolome de Carranza, welcher zur Würde eines Erzbischofs von Toledo erhoben wurde und gegen den selbst so viele Verfolgungen gerichtet worden, weil seine Nebenbuhler den Glauben verbreiteten, als wäre auch er von den Doktrinen Luther's und sonstigen Reformideen erfüllt, hielt bei diesem feierlichen Auto-da-fé, das in das Jahr 1545 oder 1546 fällt, eine Predigt. Francisco de San Roman erlitt den Flammentod mit einer Seelenruhe und einem Muthe, der die Grausamkeit seiner Gegner nicht erweichen konnte. Also begannen die Inquisitoren ihr Werk, den Aufschwung des Protestantismus in Spanien zu hemmen.

Doktor Juan de Enzinas war ein Bruder des ebenerwähnten. Auch er verließ sein Vaterland, um auf den berühmtesten Universitäten Europa's den Studien obzuliegen. Er hielt sich längere Zeit in Flandern und Deutschland auf, wo er am Ende, dem Beispiele

---

gua griega por el grave Philosopho y verdadero historiador Plutarco de Cheronea e al presente traducidas en estilo castellano. Por Francisco de Enzinas. En Argentina, en casa de Augustin Frisio año del Señor de MDLI." (Dies Buch widmete er dem Kaiser Carl und es enthält das Leben von Theseus und Romulus, Lycurg und Numa Pompilius, Solon und Publicola, Themistokles und Camillus. Sein Styl zeichnet sich durch Kraft und Eleganz aus.) Es ist ungewiß geblieben, ob Enzinas Verfasser einer sehr seltenen Uebersetzung der Decaden von Livius ist, welche im Jahre 1553 zu Antwerpen erschienen und zu Cöln gedruckt worden.

seines Bruders folgend, den Lehren Luther's huldigte. Wie Juan de Valdes die Doktrinen Luther's insgeheim in Neapel zu predigen wagte, so ersah sich Doktor Juan Rom selbst als Wirkungskreis aus, um dort die neue Lehre zu predigen. Nicht lange konnte dies geschehen, ohne daß die Inquisition seine Bestrebungen gewahr wurde. Bald wanderte er in den Kerker der Inquisition und auch er erlitt den Flammentod im Jahre 1546.

Doktor Juan Diaz zählt zu den unglücklichsten Opfern der unbarmherzigen Unduldsamkeit jener Zeit. Auf der Universität Paris widmete er sich dreizehn Jahre lang der Theologie und im Jahre 1543 zog er mit seinem Bruder Alonso, der ein Sachwalter der Santa Rota war, nach Rom. In der Weltstadt pflog er innigen Verkehr mit Doktor Juan de Enzinas, aus dessen Mittheilungen er auch die lutherischen Doktrinen kennen lernte. Bald floh er aus Rom, um auf freiem Boden zu leben. In Genf fand er ein Asyl, und sein Umgang mit Calvin mußte seine Anhänglichkeit an die Reform noch bestärken. Von dort wanderte er nach Deutschland, wo er sich zu Neuburg niederließ. Martin Bucero predigte dazumal in dieser Stadt seine Lehren, die durchaus mit den Ueberzeugungen des Spaniers Juan Diaz im Einklang waren, und so wurde Doktor Juan bald der begünstigste Schüler Bucero's. Der Ruf von Juan Diaz war so gestiegen, daß der Magistrat von Neuburg ihn auf das Verlangen von Martin Bucero dazu ernannte, um im Verein mit demselben die Stadt bei dem Colloquium zu vertreten, das Carl V. zu Regensburg anberaumt hatte. So hohen Ruf hatte der spanische Protestant sich im Auslande erworben! Die spanischen katholischen Theologen, die Carl zu Regensburg versammelt hatte, waren nicht wenig entrüstet darüber, daß Juan Diaz im Verein mit einem der leidenschaftlichsten Führer der neuen Lehre eine protestantische Stadt vertrat. Der berühmte Doktor Pero de Maluenda fand sich bewogen, ihn als seinen Heimathsgenossen wegen seines Abfalls auf das Lebhafteste zu tadeln. Allein die Antwort des Doktor's genügte bald, um seine Aufwallung zu mäßigen und seinen Unwillen zu unterdrücken. Die Freunde seines Bruders, des Doktors Alonso, ermangelten nicht, demselben nach Rom darüber Bericht zu erstatten und ihm mitzutheilen, welch' Aergerniß den spanischen Theologen daraus erwachsen, daß ein Sohn und Verwandter guter Katholiken nicht allein Anhänger, sondern vielmehr Führer der Abtrünnigen einer deutschen Stadt geworden. Der Sachwalter der Santa Rota gerieth darob in Wuth und eilte schleunigst nach Regensburg, in der Absicht, seinen Bruder wieder der römischen Kirche zuzuführen, wo nicht, so war er entschlossen, ihn zu vernichten. Nicht gering war die Ueberraschung von Juan Diaz beim Eintreffen des Doktor Alonso, der einer der größten Fanatiker jener Zeit war. Mit den leidenschaftlichsten Worten suchte der Advokat der Rota seinen Bruder von seinen Meinungen abzubringen, und statt ihn in milder Weise von seinen Irrthümern abzubringen, machte er ihm die bittersten Vorwürfe über die Schmach, die er auf sich und seine Familie geladen. Juan Diaz ließ sich dadurch nicht irre machen, er beharrte bei seinen Doktrinen und erklärte, so lange er athme, sie zu verfechten. Darob gerieth der stolze Alonso in eine solche Wuth, daß er seinen Degen seinem unglücklichen Bruder in's Herz stieß. Die Kunde des unglücklichen Brudermordes erfüllte Katholiken wie Protestanten mit Entsetzen. Allerdings gab es deren, die sich nicht entblödeten, die scheußliche That zu preisen, und den Doktor Alonso mit den großen Männern des alten Griechenland und Rom zu vergleichen, welche, um ihre Ehre rein zu halten, ihr eigenes Blut verleugneten. Allein alle Anderen ließen ihre Klagen gen Himmel über diese Grauenthat emporsteigen, die einem Fanatismus entsprossen, der an Wahnsinn streift. Allerdings ließ Carl V. den Doktor Alonso gefangen nehmen, doch war seine Haft keine langwierige, denn auf die Vorstellungen der katholischen Theologen, welche das Verbrechen beschönigten, wenn es Protestanten wegen Glaubensfragen galt, ließ der Kaiser ihn wieder in Freiheit setzen und neue Ehren und Würden wurden dem Brudermörder zu Theil! So blieb die abscheuliche That ungesühnt. So groß war der Wahn, daß man das Verbrechen selbst als Verdienst bezeichnete, und die Theologen jener Zeit hatten kein Mitgefühl für den unglücklichen Juan Diaz, der die ihnen feindliche Lehre vertreten. Tantum religio potuit sua dere malorum!

Während Carl V. die Schätze und das Blut seiner Vasallen verschwendete, um die Deutschen wieder zum Gehorsam gegen den heiligen Stuhl zurückzuführen, hatte er Seitens des Papstes viele Kränkungen zu erleiden. Juan Pedro Carrafa, aus edlem neapolitanischem Geschlechte und als Solcher Vasall Carl's V., der die Spanier tödtlich haßte, war auf den päpstlichen Stuhl erhoben worden. Er schloß einen Bund mit dem Könige von Frankreich und

erklärte, daß der Kaiser sammt seinem Sohne Philipp vom päbst=
lichen Stuhle abgefallen, daß sie dem Schisma huldigten und das
Ketzerthum förderten. Dieses Gebahren Pauls IV. floß aus seinem
Begehren, die Länder, welche den neapolitanischen Staat bildeten,
wieder unter die Botmäßigkeit der Kirche zurückzuführen. Der Papst
ging sogar so weit, Garcilago de la Vega, Herr der Städte Arcos,
Batres und Cuevas gefangen zu nehmen, welcher die Gesandtschaft
Philipp's II., der schon begonnen nach Verzicht seines Vaters zu
regieren, nach Rom begleitete. Der Anlaß dieser leichtfertigen That
Paul's IV., wird von den Geschichtschreibern sehr verschieden erzählt,
doch die meisten stimmen darin überein, daß dem Papste zufällig ein
Schreiben in die Hände gefallen war, das Garcilago in Ziffern an
den Vicekönig von Neapel geschrieben und das in den Schuhsohlen
eines Couriers verborgen gefunden worden. Philipp II. gerieth
darüber in den größten Zorn und gab dem Herzog von Alba den
Befehl, ohne einen Augenblick zu verlieren, mit Feuer und Schwert
in die Kirchenstaaten einzufallen. Bevor Philipp solche Befehle gab,
hatte er das Gutachten vieler Gelehrten und Theologen eingeholt,
unter andern des berühmten Melchor Cano, welche übereinstimmend
sich dahin aussprachen: „Wenn der Papst die geistliche Jurisdiction
nicht inne halte und auf das weltliche Gebiet übergehe, so müsse man
ihn zunächst mit Gründen wieder in seine Jurisdiction zurückführen,
und erst, wenn dieß nicht ausreiche, so dürfe man zum Schwerte
greifen." Kaum empfing Herzog Alba, ein Feldherr, der sich mehr
durch seine Tapferkeit und Energie, als durch seine Umsicht auszeichnete,
die Befehle Philipp's II., so rüstete er sein Heer, um gegen Rom zu
ziehen. Zuvor richtete er aber ein Schreiben an Paul IV., das
also lautet:

Allerheiligster Vater!

„Ich habe das Breve empfangen, das mir Herr del Nero über=
brachte und ich entnahm dem, was er mir von Seiten Ihro Heilig=
keit mündlich sagte, daß Sie wirklich die S. M. angethanen
Kränkungen beseitigen und rechtfertigen wollten, Unbilden, die ich
Ihro Heiligkeit durch den Grafen von St. Valentin vorstellen ließ.
Da die Antwort nicht also lautet, daß sie hinreiche, um für das
Geschehene genug zu thun und es zu entschuldigen, so däuchte mir,
daß ich keine Entgegnung nöthig hätte, um so weniger, als Ihro
Heiligkeit später noch zu weit nachtheiligern und gewichtigern Unbilden vor=
geschritten, die offen darthun, daß der Wille und die Absicht Ew. Heilig=

keit also ist. Da Ew. Heiligkeit mich überreden will, die Waffen nieder=
zulegen, ohne Ihrerseits irgend welche Sicherheit für die Interessen, für die
Herrschaft und Staaten S. M. zu bieten, was ich einzig und allein
begehre, so dünkt es mich angemessen, zu meiner letzten Entschuldigung
und Rechtfertigung mit diesem Schreiben den neapolitanischen Edel=
mann Pirro de Loffredo zu Ihnen zu entsenden, um Ihro Heiligkeit
zu wissen zu thun, was wiederholentlich meinerseits geschehen, nämlich:
„In Betracht, daß S. K. M. und König Philipp, mein Gebieter, mein Gebieter,
als gehorsamste und wahrhafte Vertheidiger des heiligen Apostolischen
Stuhles, bis zur Stunde viele Kränkungen verschwiegen und erduldet
haben, von denen eine jedoch ihnen gerechten Anlaß bot, gebührender Weise
darob unwillig zu werden: „In Erwägung, daß Ihro Heiligkeit von
Beginn Ihres Pontifikates angefangen, die Diener und Anhänger
JJ. MM. zu unterdrücken, zu verfolgen, einzukerkern und ihrer Güter
zu berauben, während Sie später Fürsten, Potentaten und Regierungen
der Christenheit ersucht und in sie gedrungen, um eine Liga mit Ihnen
einzugehen zum Nachtheile der Staaten, des Gebietes und der Reiche
JJ. MM., wobei Sie den Befehl erließen, die Couriere ihrer Minister
aufzufangen, ihnen die Depeschen abzunehmen und zu eröffnen, was
nur Feinde zu thun pflegen, — Haben Ew. Heiligkeit ebenfalls
denen, welche gegen die erwähnten Majestäten sich vergangen und
aufgelehnt, Beistand geleistet, sie begünstigt und ihnen selbst Aemter,
Beneficien und Verwaltungen verliehen, indem Sie sich derselben in
Aemtern und an Orten bedient, woher Ihren Staaten und Reichen nur
Unruhen erwachsen. Ueberdies hat Ew. Heiligkeit fremdes Kriegsvolk in
die Kirchenstaaten kommen lassen, ohne daß Sie etwas anderes be=
zwecken konnten, als die schuldvolle Absicht, dieses Königreich besetzen
zu wollen, was auch dadurch Bestätigung findet, daß Ihro Heiligkeit
insgeheim Fußvolk und Kavallerie aufgeboten, wovon ein guter Theil
an die Grenzen gesandt wurde. Und nicht ablassend von Ihrem
Vorhaben haben Sie den Postmeister Juan Antonio de Taxis in's
Gefängniß werfen, ihn grausam martern und ihm jenes Amt nehmen
lassen, das JJ. MM. und Vorgänger immer in Rom zu halten
pflegten. Nicht genug damit, haben Sie Garcilasso de la Vega,
Diener S. M., der an Ew. Heiligkeit zu wohl bekannten Zwecken
abgesandt war, einkerkern und mißhandeln lassen, und Sie haben oft
genug zum Nachtheil JJ. MM. folgenschwere Worte fallen lassen,
daß dieselben dem Anstande und dem väterlichen Gefühle des Pontifex
nicht geziemend schienen. Alles dieses und viele andere Dinge sind er=

wähnter Maßen mehr aus Rücksicht für den heiligen Apostolischen
Stuhl und das öffentliche Wohl, als aus anderen Gründen ertragen
worden, denn man erwartete immer, daß Ew. Heiligkeit ein Einsehen haben und einen anderen Weg einschlagen würden, und man
konnte sich nicht einreden, daß Ihro Heiligkeit blos zur Bereicherung
und Erhöhung Ihrer Verwandten die Ruhe der Christenheit und des
heiligen Stuhles stören wolle, insbesondere nicht in Zeiten, die so voller
ketzerischer und verdammlicher Meinungen sind, was zu beachten weit angemessener und besser wäre, damit sie ausgerottet und vernichtet würden,
weit entfernt, daß man ohne irgend welchen Grund JJ. MM. kränken
sollte. Da man nun einsieht, daß die Dinge also vorangehen und daß Ew.
Heiligkeit gestattet haben, wie in Ihrer Gegenwart der Prokurator
und Fiskaladvokat des heiligen Stuhls, in einem öffentlichen Consi-
storium den ungerechten, muthwilligen und verwegenen Antrag gestellt, daß dem Könige, meinem Herrn, das Königreich Neapel genommen werde, indem Ew. Heiligkeit diesem Antrage ihre Zustimmung
mit dem Bemerken gegeben haben, daß Sie ihrer Zeit dafür Sorge
tragen werden, und in Erwägung, daß Ew. Heiligkeit in der Ver-
warnung gegen Ascanio be la Corna, S. M. als Feind des heiligen
Stuhls erklärt, daß Sie vor dem Grafen San Valentin öffentlich
wider die Personen JJ. MM. sehr häßliche Worte gebraucht: —
In Betracht ferner, daß Sie klar die Unzufriedenheit über die Waffenruhe äußern wollen, die der ganzen Christenheit so nöthig und vortheil-
haft, und daß Sie sich nicht damit begnügen, Ihre Verwandten durch
Ihrer Majestät Gewogenheit zu bereichern und zu erhöhen, obwohl
J. M. so oftmals Ihnen angeboten, es aus eigenem Vermögen und
Erbe zu thun, wodurch offen zu verstehen gegeben wird, daß Ihre
Absicht keine andere, als JJ. MM. zu kränken, wie Sie schon bewiesen, ehe Sie zum Papste gewählt worden, zur Zeit der Unruhen
von Neapel, wo Sie nicht unterließen, Paul III. die Invasion
Neapels anzurathen, sowie ihn dazu mit der Bemerkung zu drängen,
daß er einen solchen Moment nicht verlieren möchte: „In Betracht
weiter, daß die Sachlage einmal so ist und bei der klaren Erkenntniß,
daß daraus nichts anderes, als der Verlust des Rufes, der Staaten
und Königreiche J. M. zu erwarten ist, und in Erwägung, daß Ew.
Heiligkeit schließlich S. M. in die äußerste Verlegenheit versetzt, so
daß, würde selbst der gehorsamste Sohn von seinem Vater so unterdrückt und behandelt, so müßte er nothwendiger Weise sich vertheidigen
und die Waffen ihm abnehmen, mit denen man ihn verletzen will: —

In Betracht alles dessen kann ich nicht gegen meine Verpflichtung als Minister verstoßen, dessen Pflicht die Sorge für die Staaten S. M. in Italien obliegt, und ich werde gezwungen sein, auf deren Vertheidigung zu sinnen. Indem ich unter Schutz und Hülfe Gottes die Mittel Ew. Heiligkeit zu entziehen suche, so gut es geht, um jenen Staaten zu schaden, und obwohl ich mich solcher Rechtfertigung enthalten könnte, die ich so oft schon Ew. Heiligkeit gegenüber ausgesprochen habe, so wollte ich nichtsdestoweniger in meinem Eifer für die Ruhe der Christenheit und in dem Wunsche, daß das gequälte Italien einige Ruhe finde und bewogen durch die Ehrerbietung JJ. MM. gegen den heiligen Stuhl, noch zuletzt an Ew. Heiligkeit flehentliche und bringende Bitte richten, indem ich mich zu Ihren Füßen werfe, daß Sie geruhen mögen, die unendlichen Leiden in Betracht zu ziehen, durch welche unser Heiland die Christenheit prüfen wollte, wie das zahllose Elend, das Unglück und den Jammer, in welchem, ihr Verderben fürchtend, die Christenheit sich befindet. Möge Ew. Heiligkeit in Betracht ziehen den unberechenbaren Schaden, den unerträglichen Ruin, das grausame Morden, wobei die offenbare Gefahr, daß die Seele verloren geht, — in Betracht ziehen ferner die Verwüstungen und Brand, die Entvölkerung der Städte und Lande, die Schändung und den Ehebruch und alle übrigen zahllosen Uebel, die aus den Kriegen entspringen, ohne Beschönigung zu finden. Und als guter Hirte möge Ew. Heiligkeit sich damit begnügen, bei Seite zu lassen den Haß und jeden Gedanken JJ. MM. und ihre Königreiche und Staaten zu beleidigen. Mögen Sie geruhen mit Zuneigung und väterlicher Liebe, S. M., den König, meinen Herrn, zu umfassen und aufzunehmen, denn dieser, tretend in die Fußstapfen seines Vaters, hat immer angeboten und bietet wieder seine eigene Person und seine gesammten Streitkräfte dem heiligen Stuhle zu Diensten dar. Und da der allmächtige und erhabene Gott, nach so großen Leiden, durch seine Güte und Barmherzigkeit unsere endlosen Sünden übertroffen und geruht, uns Ruhe und nöthige Heilmittel und Rast das Krieges zu gewähren, so möge Ew. Heiligkeit nicht von dem Gedanken und Wunsche angetrieben werden, Ihre Verwandten zu erheben, denn, wie gesagt, vermögen Sie das mit dem guten Willen S. M. innerhalb des Königreiches bei fortdauernder Ruhe, wie S. M. Ihnen anbietet, ohne das Glück zu stören, das sie der Christenheit gewährt. Zuvor aber mögen Sie, als wahrhafter Hirte, der da gesandt ist, die Heerde friedlich zu weiden, die ihm anheimgegeben, nicht aber sie zerreißen zu lassen. — Mögen Sie gestatten, daß das christliche Volk nach so vielen und so anhaltenden Leiden eines solchen Segens sich erfreuen möge unter Waffenruhe und dauerndem Frieden. Und wenn Ew. Heiligkeit, wie es recht ist und ich erwarte, also geruhen möge, so flehe ich Sie gebührender Weise an, daß Sie S. M. die Versicherung geben lassen, sie nicht zu kränken, nicht in dem Königreiche, noch in ihren anderen Staaten und Gebieten beleidigen zu lassen, indem Sie insbesondere für alles Obenerwähnte Genugthuung schulden und für die Nachtheile zu sorgen haben, die eintreten könnten. Denn ich biete im Namen S. M. mich dar, um rasch dasselbe zu thun, wobei ich erkläre und betheuere, daß S. M. durchaus keinen Vortheil, noch etwas anderes von Ew. Heiligkeit in Anspruch nimmt, noch die Absicht hegt, die Herrschaft und die Staaten der heiligen Apostolischen Kirche um ein Haar zu mindern, daß weder er, noch seine Diener und Anhänger etwas anderes wünschen, als dessen sicher zu sein, daß Ew. Heiligkeit weder S. M., noch ihre Staaten und Königreiche beunruhigen noch behelligen werden. Und so betheuere ich vor Gott und Ew. Heiligkeit und vor der ganzen Welt, daß, wollen Ew. Heiligkeit nicht geruhen, das Obenerwähnte zu thun noch auszuführen, so werde ich darauf sinnen, das Königreich auf das Beste zu vertheidigen und die Uebel, die daraus fließen, mögen auf die Seele und das Gewissen Ew. Heiligkeit fallen! Mit großem Danke werde ich es aufnehmen, wenn Ew. Heiligkeit alles Erwähnte dem heiligen Collegium mittheilen lasse, auf daß dasselbe seine Meinung darüber zu erkennen geben möge, denn ich bin dessen gewiß, daß dieselben nicht nur Ew. Heiligkeit vom Wege des Friedens und der Ruhe, den S. M. und seine Diener auf das Höchste wünschen, nicht ablenken werden, sondern daß sie als Pfeiler und Stützen der heiligen Kirche dazu beitragen werden, den Frieden zu erwirken. Darum flehe ich auf das Inbrünstigste unseren Heiland an, auf daß er Ew. Heiligkeit eingeben möge, daß Sie dem folgen, und erwirken, daß Sie mit Ruhe und Liebe uns Allen gebieten und wir, wie billig, Ihrer erhabenen Person Gehorsam leisten können. Zu dem Ende möge Gott Sie so viele Jahre in seine Hut nehmen, wie die Christenheit es bedarf.

Neapel, den 21. August 1556." [1])

Dieses hochwichtige Dokument findet sich in dem Buche, das den Titel führt: „De la guerra de Campaña de Roma y del Reyno de Napoles en el Pontificado de Paulo IV. por Alejandro Andrea (Madrid — 1589.) y en

Der Papst bat erst in der demüthigsten Weise um Frieden, als er sah, mit welcher großen Streitmacht der Herzog von Alba in seine Staaten eingefallen, wie grausam er das Land verheere, wie er ohne Widerstand sich der meisten großen Städte bemeistert und bereits in der Nähe von Rom stand, mit der Drohung, seine Wälle zu erstürmen

---

Resultas de la vida de don Fernando Alvarez de Toledo tercero duque de Alva, escrita por Juan Antonio de Vera y Figueroa, conde de la Roca (Mailand, ohne Angabe des Druckjahrs). In der Nationalbibliothek findet sich eine abschriftliche Copie des Schreibens, das ganz mit dem Obigen übereinstimmt, indessen weicht dieses sehr von dem lateinischen Originale ab, welches Ruscelli zu Venedig, 1572 herausgab. Wenn wir dem lateinischen Texte Glauben schenken, so macht Herzog Alba dem Pabste den Vorwurf, daß derselbe den Befehl gegeben: „Die Couriere Philipps II. und seiner ersten Minister abzufangen, ihnen ihre Depeschen abzunehmen und dieselben sammt allen ihren Papieren zu eröffnen, was sicherlich nur Feinde zu thun pflegen, was aber in der That etwas ganz Neues ist und aller Welt Abscheu einflößt, weil man noch nie erlebt, daß ein Pontifex sich also benommen, einem so katholischen und gerechten Könige gegenüber, wie mein Herr ist, so daß am Ende Ew. Heiligkeit aus der Geschichte nicht den häßlichen Schandfleck zu tilgen vermag, der dadurch Ihrem Namen bei der Nach-welt anhängen wird und auf den nicht einmal jene antipäpstlichen Schismatiker verfallen würden."... In dem lateinischen Texte heißt es weiter über die Grau-samkeiten, welche Paul IV. gegen einige Vasallen Philipps II. verübt: „Es wird Niemand wundern, daß der König jene Rache dafür nehme, die für solche Schmach sich ziemt. Denn der Sohn darf selbst dem Vater das Leben nehmen, sobald dieser ihm das Seine nehmen will und sein anderes Mittel sonst übrig ist, um sich zu retten." Und weiter heißt es im Texte: „Da es sich einmal erwähnter Weise so verhält und da wir klar einsehen, daß aus diesen Dingen nichts Anderes zu erwarten ist, als der Verlust des Rufes, der Ehre und selbst der Vasallen des Königs meines Herrn, — nachdem wir Ew. Heiligkeit gegenüber alle Rücksichten und Grenzen eingehalten, die öffentlich bekannt sind, nachdem Ew. Heiligkeit schließ-lich den König meinen Herrn in solche Nothwendigkeiten versetzt, daß, würde selbst der allergehorsamste Sohn solchergestalt von seinem Vater behandelt und unterdrückt, so müßte er sich vertheidigen und ihm die Waffen nehmen, mit denen derselbe ihn angreifen wollte, und da ich gegen die Verpflichtung nicht verstoßen kann, die ich gegen meinen König, gegen mein Blut und Vaterland hege, noch wider das hohe Amt, das mir obliegt, nämlich die Staaten des Königs, meines Herrn in Italien gut zu regieren und zu vertheidigen und nicht länger zu dulden, daß Ew. Heiligkeit dem Könige, meinem Gebieter, so viel Schlimmes anthuen, so viel Schimpf und Verdrießlich-keiten ihm erwecken und mir bereits die Geduld gerüttelt, die Zweideutigkeiten Ew. Heiligkeit zu ertragen, so bin ich gezwungen nicht nur nicht die Waffen niederzulegen, wie Ew. Heiligkeit von mir begehrt, sondern neue Anwerbungen zu veranstalten zur Vertheidigung der Staaten meines Herrn und dazu Rom in solche Nöthen zu versetzen, daß es bei seiner Verheerung erkenne, ob man aus Ehrerbietung bisher geschwiegen und daß man auch seine Mauern niederzureißen versteht, wenn der Verstand uns sagt, daß die Geduld zu Ende geht." Und weiter hieß es: „Wenn Sie mir nicht binnen acht Tagen kategorische Antwort geben, so wird dies für mich gewisse Weisung sein, daß Sie kein Vater, sondern ein Stiefvater sein wollen, daß Sie ein Wolf und kein Hirte sind und ich werde Sie behandeln als Wolf und nicht als Hirte." So wagte der Herzog von Alba sich dem Stellvertreter Gottes und Nachfolger Petri gegenüber zu äußern! (Wir brauchen kaum daran zu erinnern, daß die Inquisition die treue Uebersetzung des lateinischen Schreibens in Spanien verhinderte.)

und es wieder zu verwüsten, wie das mächtige Heer des Herzogs von
Bourbon unter Clemens VII. gethan.

Herzog Alba wollte den Frieden nicht bestätigen, wenn nicht
Paul IV. zunächst in dem Friedensvertrage alle Uebelthaten einge-
stände, die er zur Kränkung des Kaisers Carl, des Königs Philipp
und ihrer Freunde und Vasallen verübt, und was noch mehr, daß er
bezüglich dessen seine Reue zu erkennen gebe und vom spanischen
Monarchen seine Verzeihung erflehe, mit dem Versprechen, künftighin
keine solche Unbilden weiter zu üben. Paul IV. entsetzte sich ob solcher
Vorschläge, und da er wohl einsah, daß, wenn er die Sache mit dem
Herzog von Alba weiter verhandle, er nichts Günstiges noch Ehren-
volles für seine Würde durchsetzen könne, gab er Philipp II. die Ver-
tragsbedingungen anheim. Alsbald richtete der König ein Schreiben
an den Herzog, worin er demselben auftrug, in seinem Namen unter
solchen Bedingungen den Frieden abzuschließen, daß dieselben für den
heiligen Stuhl nicht unehrenhaft wären. Dem Herzog Alba miß-
fielen sehr die Befehle seines Königlichen Herrn, doch zögerte er nicht,
dieselben, so schimpflich sie auch waren, in Ausführung zu bringen,
daß Europa darob in Staunen gerieth. Eine der Friedensbedingungen
lautete also: „Se. Heiligkeit wird vom katholischen Könige durch den
Mund des Herzogs Alba alle Ehrenbezeugungen empfangen, die da
nöthig sind, um Verzeihung für die Kränkungen zu erlangen, die der
König demselben angethan.“ Kraft des Vertrages zog der spanische
General in Rom ein, nicht als Sieger, sondern als Besiegter und
bat den Papst auf den Knieen um Verzeihung für das, was er ihm
geschrieben und gethan für König Philipp II. wie für Kaiser Carl V.,
die dann auch absolvirt wurden für die Sünden, die sie begangen,
weil sie mit dem römischen Hofe Krieg geführt. Der Uebermuth und
die Eitelkeit des Pabstes Paul IV. wurden durch das für den König
von Spanien so schimpfliche Ende befriedigt, das solche Drohungen
in Wort und Schrift und die Unterwerfung so vieler Städte und
Orte des Kirchenstaates gefunden. Und so erzählt man sich, daß der
Papst in dem Cardinalscollegium sagte, an dem Tage da er dem Herzog
von Alba die Absolution gab: „Ich habe eben dem Apostolischen Stuhl
den bedeutsamsten Dienst geleistet, den er je empfangen kann. Das
Beispiel des Königs von Spanien wird hinfort dazu dienen, um den
Stolz der Fürsten zu demüthigen, die nicht wissen, bis wie weit
die Grenzen des rechtmäßigen Gehorsams reichen, den sie dem sicht-
baren Oberhaupt der Kirche schulden.“ Herzog Alba unterhielt sich

mit den Führern seines Heeres über den Papst in der verwegensten Weise, denn er sagte unter Anderm: „Der König, mein Herr, hat einen großen Fehler begangen, wäre das Geschick ein anderes und ich König von Spanien gewesen, so wäre Cardinal Carrafa nach Brüssel gezogen, um kniefällig vor König Philipp II. das zu thun, was ich vor Paul IV. heute thun mußte!“

Zweites Buch.

Die Zeitgenossen Philipp's II., welche dem katholischen Glauben treu geblieben, priesen ihn als einen großen Politiker, eine Meinung, welcher die Protestanten seines Jahrhunderts nichts weniger als beistimmen konnten, denn diese konnten nicht Schlimmes genug über ihn sagen. Sie hielten ihn dazu für einen höchst unfähigen Regenten, ein Urtheil, dem die Schriftsteller gegen Ende des vorigen und Anfangs unseres Jahrhunderts durchgängig beipflichteten. Leider hat die Mode und die Laune des Tages selbst dort Einfluß, wo sie ganz und gar fern bleiben sollte, und so haben wir erlebt, daß in den jüngsten Decennien Schriftsteller aufgetaucht, die, sei es aus Unkenntniß der Thatsachen, sei es aus Verkehrtheit des Urtheils, sich abmühten, den Ruf Philipp's II. wiederherzustellen, ein Beginnen, das vergebens bleiben muß, blicken wir auf die so gewiegten wie wahrheitliebenden Männer, welche ein treues Bild des Lebens und der Thaten dieses Regenten uns überliefert. Freilich lautet das Urtheil der spanischen Geschichtschreiber sehr verschieden von dem fremder Schriftsteller! Wohl ist aber zu bedenken, daß die spanischen Geschichtschreiber über die Regierungsgeschichte Philipp's II. Chronisten waren, die von der Krone eigens bestimmt und bezahlt wurden, um die Thaten des Monarchen zu preisen, so daß deren Urtheil vor einer gesunden Kritik nicht bestehen kann. Wie konnte denn die Wahrheit Männern als Compaß dienen, welche bei jedem Federzuge dessen eingedenk sein mußten, nur das zu sagen, was den Königen gefallen mochte? Ganz entgegengesetzt mußte aber das Urtheil der zeitgenössischen Schriftsteller auffallen, die im Auslande schrieben, da sich darin der Haß spiegelt, den sie gegen den Regenten empfanden, welcher, fast ganz Europa gegenüber, allein der unerschütterliche Vorkämpfer des apostolischen Stuhles gewesen. Und nur diesem Umstande ist es zuzuschreiben, daß manche moderne Schriftsteller sich bemüht, das Andenken Philipp's minder gehässig zu machen und ihn als einen großen Politiker, wenn nicht gar als den besten König darzustellen, der in den früheren Jahrhunderten den Thron Castilien's eingenommen. Ein solches Urtheil fällen, heißt der Wahrheit Hohn sprechen und das Laster krönen! Wie? Ein König, der nicht so wohl zu Listen, als vielmehr zu Meuchelmord seine Zuflucht nimmt, um Aufrührer zu züchtigen und Empörung gegen seine Gewalt darnieder zu halten, wäre ein guter König gewesen? Ein Zug unter vielen! Der unglückliche Edelmann Don Juan de la Nuza, Oberrichter von Aragonien, mußte auf dem Blutgerüste enden; sein Tod ist ein Meuchelmord! Er konnte nur vom Könige und den Cortes des Königreichs vereint gerichtet und verurtheilt werden und blos auf einen Befehl Philipp's hin wurde er zu Saragossa enthauptet, eine Unthat, wie sie in der Geschichte nicht schmählicher vorkommt! Die alten wie neueren Geschichtschreiber von Lupercio Leonardo de Argentola an bis zu Mignet schildern sämmtlich die Nebenumstände dieses Falles in einer so furchtbaren Weise, daß sie nicht schrecklicher sein können.

Das ganze Verbrechen dieses Edelmannes bestand darin, daß er Truppen zusammen gezogen, um dem castilischen Heere entgegen zu ziehen, das im Begriff stand, in das Königreich Aragonien einzudringen, um jene zu züchtigen, die sich zur Vertheidigung ihrer Freiheiten und Vorrechte erhoben hatten. In Aragonien bestand nämlich ein altes Statut, das für den Fall bestimmte, daß fremde Truppen in dieses Königreich einziehen wollten, um Verbrecher zu bestrafen: „Die Einwohner sich erheben durften, um die Heerhaufen zurück zu treiben, die solchergestalt ihren Boden betreten wollten", und sogar stand ihnen zu, „jene mit dem Tode zu bestrafen, die so etwas wagen würden"!... Kaum hatte der Oberrichter erfahren, daß ein castilisches Heer in das Königreich Aragonien einzuziehen im Begriff stehe, berief er seine Stellvertreter zu einer Berathung, in welcher sie einhellig der Ansicht waren, daß Don Juan de la Nuza Kraft seines Amtes verpflichtet wäre, Adel und Volk zusammen zu berufen und dem castilischen Heere Widerstand zu leisten. Wohl zu bemerken ist, daß der Oberrichter als Präsident seines Rathes kein entscheidendes, nicht einmal ein konsultatives Votum bei den obschwebenden Fragen hatte, denn er war bloß Vollstrecker dessen, was seine Beisitzer beschlossen, und wohl gemerkt hatte der König diese Beisitzer zu ernennen, wobei ihm ausdrücklich geboten war, daß er in Allem deren Rath zu befolgen habe, ohne irgend davon abzuweichen. Mit einem Worte: es lag dem Oberrichter nicht ob, die Sachen zu untersuchen und eben so wenig hatte er die Entscheidungen zu prüfen, sondern seines Amtes war ausschließlich, die Beschlüsse seines Rathes zur Ausführung zu bringen. Und da es leicht geschehen konnte, daß die Entscheidung der Beisitzer eine irrige gewesen und mithin auch deren Vollzug ein Fehlgriff, so lautete eine andere Bestimmung des Statuts also: "Der Oberrichter von Aragonien verfällt in durchaus keine Strafe wegen des Fehlers seiner Beisitzer, weder um dessentwillen, was er angeordnet noch vollzogen auf den Rath hin, den dieselben ertheilt!" Dieses Gesetz war ein nur zu gerechtes, denn es wäre unsinnig gewesen, wenn der Oberrichter einerseits das Gutachten seiner Räthe streng befolgen mußte, während er andererseits zur Verantwortung und Strafe hätte dafür gezogen werden können! Ganz davon abgesehen, daß Philipp II. nicht das Recht zustand, einen Mann zu richten, der nur vor dem König und den einberufenen Cortes des Königreichs angeklagt werden konnte, war die Hinrichtung des unglücklichen Oberrichters eine Grausamkeit sonder Gleichen! Hätte selbst der Krone das Recht zugestanden, allein über den Oberrichter Recht zu sprechen, so mußte auf das obenerwähnte Statut hin Don Juan de la Nuza dafür aller Schuld und Strafe frei und ledig sein, daß er der Entscheidung seiner Beisitzer gefolgt. [1]

---

[1] Nur ein einziger spanischer Schriftsteller, Pater Fr. Diego Murillo vertheidigte in seiner Fundacion milagrosa de la Capilla Angelica y Apostolica de la Madre de Dios del Pilar y excelencias de la imperial ciudad de Zaragoza — — Barcelona 1616: zur Zeit (des Einfältigen) Philipps III. die Unschuld de la Nuzas. Er sagte nämlich: "Jenes Statut hatte der König verwilligt und geschworen es zu halten, und für den Fall, daß er dasselbe nicht einhalten wollte, räumt er in demselben Statute ein, daß der Richter von Aragonien unter Beistand der Abgeordneten ausziehen dürfe, um es zu vertheidigen und den Königlichen Officieren Widerstand zu leisten, die mit bewaffneter Hand in das

Allein die hohe Politik Philipp's II. bestand darin, von seinem Kabinette aus unter dem Einflusse von Mönchen und Geistlichen, die seine nächste Umgebung bildeten, Todesurtheile ausgehen zu lassen. Den Abgeordneten von Flandern, Monf. de Montigny, wollte Philipp dafür strafen, daß er den Kronprinzen Don Carlos zu verführen versucht, einen Prinzen, der aus mehr als einem Grunde unglücklich zu nennen! Denn sein Mißgeschick wollte, daß er einen solchen Vater hatte und in einem solchen Jahrhundert lebte! Die Schmeich= ler des Königs verleumdeten seine Gesinnung und seinen Charakter, während Männer von wenig Urtheil sein Andenken zu schmähen ge= sucht und aus böswilliger Absicht oder Unkenntniß die Wahrheit ver= dunkelten. Der Abgeordnete von Flandern wurde im Schloß von Segovia gefangen gehalten und hier mußte er eines frühen Todes sterben. Auf geheimen Befehl des Königs nämlich mußten nächtlicher Weile der Scharfrichter in Begleitung eines Schreibers und Beicht= vaters Madrid verlassen, um das Ungeheuerliche zu vollziehen. Sie erschienen im Kerker des Herrn von Montigny und verkündeten ihm im Namen Philipp's, daß er sterben müsse, ohne Urtheil noch Grund. Montigny wurde enthauptet; sein Leichnam sodann in eine Franzis= kanerkutte gehüllt und der getrennte Kopf innerhalb der Kaputze so täuschend wieder aufgesetzt, daß, wer den Todten sah — nimmer ahnen konnte, daß er das Opfer eines Mordes geworden. Wir könnten noch viele andere Züge ähnlicher Art vorführen, die Philipp in eine Kate= gorie mit Tiberius und Nero stellen, und die von ältern und neuern Geschichtschreibern bereits gewürdigt worden. [1])

Königreich eindringen würden. Der Oberrichter tritt hier auf, mit dem Rathe seiner Beisitzer; dabei wahrt er die Form, die das Statut ihm vorschreibt. Klar ist, daß dieses nicht sich auflehnen heißt, denn der König, der das Statut ver= willigte und beschwören, gewährte ihm auch diese Vertheidigungsweise, und so handelt er in dem, was er thut, mit der Bewilligung des Königs.

[1]) Pater Murillo hat das Verdienst, daß er in seinen Excelencias de Za- ragoza (1616) Muth genug an den Tag legte, um Philipp II. mit dem rechten Namen zu bezeichnen. Mußte er auch mit einiger Vorsicht auftreten, da er unter Philipp III. seine Schrift erscheinen ließ, so gab er doch klar genug zu verstehen, daß Philipp II. ein Tyrann gewesen! Hören wir, wie er über einen Lobredner Philipp's II. urtheilt: „Dr. Fr. Sobrino — sagt er — behauptet, daß Philipp in Aragonien die Ruhe herstellte, die Aragonesen zum Gehorsam gegen seine Krone gezwungen und sich so zu ihrem natürlichen Könige gemacht; denn früher war er nicht ihr König, noch die Bewohner des Königreiches seine Vasallen! Was aber das Aergste, meint jener Doktor, wäre gewesen: „daß auf Grund ihrer Vorrechte und ihres Statuts hin in Aragonien kein Recht walten konnte!!" So spricht jener Doktor, was er, wie ich glaube, wohl nicht gesagt haben würde, hätte er seine Worte wohl erwogen gehabt; — denn, — wie ein anderer Schrift= steller treffend bemerkt, statt den König mit solchen Worten zu loben, macht er

Allerdings haben manche Schriftsteller unserer Zeit versucht, jene Unthaten durch Rücksichten der Staatsraison zu beschönigen, indem sie geltend machen, daß ein Schreckensregiment Noth gethan, um Spanien vor jammervollem Bürgerkriege zu bewahren und die Gegner des Wachsthums der spanischen Herrschaft zu vernichten. Lachen kann man nur über solche Scheingründe, welche die blinden Apologeten Philipp's noch heute vorzubringen wagen, eines Königs, den allein das Verschulden trifft, daß die Macht der Krone Castilien unter seinen Nachfolgern zusammenbrach.

Nicht zu verkennen ist, daß die Hauptursache des Verfalles Spaniens in den Kriegen zu suchen, welche Philipp mit blinder Unduldsamkeit in Flandern führte.. In seiner Verblendung, die von seinen geistesbeschränkten Räthen unterhalten wurde, merkte er nicht, wie die ihm feindlichen Fürsten das Feuer der Ketzerei und den Haß gegen seine Regierung nur schürten, um seine Streitkräfte abzuziehen und um so leichter anderswo den Sieg davonzutragen. Streng genommen, waren es nicht die Flamänder, die für ihre Gewissensfreiheit kämpften, sondern vielmehr die Franzosen, Engländer und Schotten, die deutschen Protestanten und die italienischen Aufrührer, allesammt Feinde der Herrschaft des Hauses Oesterreich, weit mehr aber noch Feinde Philipp's II., als beharrlicher Vorfechter des apostolischen Stuhles. So leisteten denn die fremden Monarchen und Fürsten den Flamändern Beistand, anscheinend, um ihre Freiheiten zurückzuerkämpfen, im Grunde aber nur, um die Heere des Königs von Spanien anderswo beschäftigt zu halten; — denn sie spielten lieber den Krieg in fremde Länder hinüber, um den Ehrgeiz Philipp's von ihren Erbländern fernzuhalten.

Herzog Alba, Philipp's Statthalter in Flandern, trug sein Theil dazu bei, den Haß gegen die spanische Herrschaft in helle Flammen ausschlagen zu lassen. Denn er wagte sich an die Häupter des flämischen Adels, und ließ die Grafen Egmont und Horn auf dem Marktplatz von Brüssel von Henkershand sterben!.. Abgesehen von der Unbill, zu der er sich vermessen, — zeugt diese Unthat für geringe, politische Voraussicht, denn statt dadurch den Massen einen heilsamen

---

ihn zum Tyrannen!"... Wenn ein König unter dem Vorwande, die Vergehen jener zu bestrafen, die nicht seine Unterthanen sind, ohne irgend ein andres Recht sie mit Waffengewalt unterwirft und sich zu ihrem Könige macht, so ist er ein Tyrann und sie könnten ihm zurufen, was der Egypter Moses sagte: „Quis constituit te judicem super nos!!" — Stärker wagt der würdige Pater sich nicht zu äußern!

Schrecken einzujagen, bewirkte sie das Gegentheil... In lichte Lohe
schlug die Flamme des Hasses der Fläminger aus und Aller Wunsch
und Bestreben ging nur dahin, den Uebermuth der Spanier zu demüthigen! Wäre Philipp wirklich der gewesen, als welchen seine Apologeten ihn hinstellen, die ihn einen umsichtsvollen, klugen Regenten
nennen, — so wäre es vielleicht anders gekommen. — Allein gerade
der Umstand, daß Philipp politische Voraussicht abging, führte den
Verlust seiner flamändischen Provinzen herbei. Denn Philipp, der,
um mit den Worten des Pabstes Clemens VIII. zu reden, zur Vernichtung der Ketzer mehr Geld verschwendet hatte, als alle katholischen Könige zusammengenommen, dachte kaum mehr an Flandern,
als die Kriegsaussichten auf Seiten der Niederländer zweifelhaft waren.
Da gerade in Frankreich die Lage derer, welche der katholischen Kirche
treu anhingen, sich immermehr verschlimmerte, so lag ihm nichts näher,
als den Katholiken Frankreichs zu Hülfe zu eilen, und so zog er seine
Truppen zumeist aus Flandern zurück. Die Folge blieb aber nicht
aus, denn die Aufrührer konnten nunmehr die Republik Holland
gründen und sich aller Territorien jenseit des Rheins bemächtigen.
Im Hinblick auf diese mehr als selbstvergessene Politik stellte ein
spanischer Schriftsteller des XVII. Jahrhunderts einmal die Frage:
„Wie konnte man diesen König klug nennen?" Die Antwort darauf
gab am treffendsten der ausgezeichnete Geschichtschreiber Flanderns,
Don Carlos Coloma, indem er sagte: „Die ganze Klugheit dieses
Königs bestand darin, den katholischen Glauben zu retten, — in allem
Uebrigen war sie nicht sonderlich!"... [1]

Der ganz unbefangene Beurtheiler wird sich dahin entscheiden
müssen, daß Philipp II. äußerlich ein sehr guter römisch-apostolischer
Katholik war, — daß er aber als König ein schlechter Administrator
seiner Untergebenen gewesen. Bedürfte man noch anderer Beweise
dafür, so verweisen wir auf ein Schreiben Philipp's an den Rath
von Castilien, Don Francisco de Garnica. (Dieses Dokument be-

---

[1] In den Commentaren, welche der Prior und Provisor von Calatayud
seiner Uebersetzung der Memorias de Felipe de Comines u. s. w. (Antwerpen
1643) beifügte, sagte er: „Um fremdem Wunsche und Gefahr beizustehen, vergaß
er ganz und gar seine eigene;" und bei dieser Veranlassung beschwert sich Don
Carlos Coloma (in seinen Commentaren über Flandern) über den König Don
Felipe, „den Klugen," welcher, um den fremden, französischen Angelegenheiten mit
vielem Gelde und Leuten Beistand zu leisten, die Flandrischen Zustände vergaß
und sie ganz schutzlos ließ, so daß sie immermehr sich verschlimmerten, er Alles
jenseit des Rheines einbüßte, also die Holländer muthig und unüberwindlich
machend!...

6*

findet sich in dem „Teatro de las Grandezas de Madrid obra del maestro, Gil Gonzalez Davila," impresa el año de 1623.) Niedergebrückt durch das Mißgeschick, das seine Finanzen zerrüttet hatte, und sich keinen Rath wissend, wie er aus all' den Verlegenheiten sich ziehen könne, wandte er sich an Don Francisco, einen in politischen Dingen erfahrenen Staatsmann. Der Brief des Königs ist in einer Weise abgefaßt, daß er eher aus der Feder des kleinmüthigen und beschränkten Carlos II. geflossen sein möchte, als von einem Könige geschrieben, wie Philipp, den seine Lobpreiser als einen klugen Regenten, als einen Mann von ·großem Geiste und Muthe und vieler Erfahrung in Staatsangelegenheiten schildern. Niemand kann aber besser sagen, wessen Geisteskind er war, denn er selbst! Lassen wir·ihn daher selbst sprechen, indem wir aus jenem Briefe (pag. 255 des obenerwähnten Buches) folgende Stelle anführen: „Was ich begehre, ist, daß die Finanzen so geordnet werden, daß wir uns nicht mehr in der Lage sehen, wie bisher!.. Und dazu ist die Abhülfe für das, worum es sich jetzt handelt, wohl die letztmögliche! Wenn diese vereitelt werden sollte, werde ich mit Grund es empfinden müssen, — denn ich stehe schon im achtundvierzigsten Lebensjahre und mein Prinz erst im dritten, dem ich dann die Finanzen in solcher Zerrüttung hinterließe, wie sie bisher gewesen... Bedenken Sie überdieß, daß ich schon alt werde, denn es kommt mir vor, als würde ich schon altersschwach, wenn ich so vorwärts schreite: „Ohne einen Tag zu haben, an dem ich wüßte, wovon ich den andern zu leben hätte!" Ich will aus den Schulden und Wechseln heraus, die Alles verzehren, und selbst meinem Leben würden sie bald ein Ende machen, wenn wir dafür keine Mittel fänden, denn ich sage Euch: „mein Leben ist schon verzehrt!" Zum Schlusse des Briefes des großen Königs, „dieses Ideals eines klugen Fürsten", — findet sich dazu noch eine bemerkenswerthe Stelle: „Seht ja zu, was da Noth thut und zu thun ist, denn die Sorge, wie Ihr denken könnt, drückt mich und ich weiß nicht, wie ich lebe, bei dem Leid, das mir die bezeichneten Ursachen bereiten!"

Wenn Philipp II., dessen Klugheit und Seelengröße seine bezahlten Panegyriker nicht hoch genug preisen können, in einem Schreiben an einen Vertrauten sein Innerstes so enthüllte und seine Schwäche so unumwunden eingestand, wenn er sich nicht scheute, zu sagen: „Daß seine Schuldenlast sein Leben verkürze und daß der schlechte Stand seiner Finanzen ihn so sorgenvoll mache, daß er nicht mehr wisse, wie er bei solchem Leid noch leben könne!" — so war er wahrlich nicht der König, als welchen die alten, spanischen Chronisten ihn schildern, und auch manche neuern Schriftsteller, welche das gerechte Urtheil über Philipp für Verleumdung erklären!? Wäre ein ähnliches Schreiben von einem Privatmann ausgegangen, so möchte man es milder beurtheilen, und doch müßte man sagen, daß der Schreiber ein Mensch ohne Selbstvertrauen, ein Schwachkopf gewesen sein müsse! Was soll man aber von einem Könige halten, der sich also äußert? Wo ist da irgend eine Spur der Geistesgröße zu finden, der Seelenstärke, die sein Vater, Kaiser Karl V., bei so manchen Anlässen offenbarte!? — Möge man sich aber nicht drob zu sehr wundern: Philipp ließ sich bei politischen Fragen von seinen Beichtvätern leiten! Fr. Alonso Fernandez erwähnt in seiner Geschichte und den Annalen der Stadt und des Bisthums Plasencia, die 1627 erschienen, häufig des Beichtigers des Königs Philipp, Fr. Diego de Chaves, und weiß nicht genug die Verdienste und Tugenden des Paters zu rühmen; dieser kannte seinen König, wußte, mit wem er es zu thun habe und trieb mit ihm sein Spiel! Fr. Alonso druckte in seinen Annalen ein Document ab, das dieses Urtheil bestätigen mag, war diese Veröffentlichung auch nur dazu bestimmt, den Muth des Beichtvaters zu bekunden. Philipp II. hegte einmal den Wunsch, daß ein Ablaß für sein Reich verkündet werde, und wandte sich deßhalb an seinen Beichtvater, welcher ihm darauf eine schriftliche Antwort gab, in der es wörtlich heißt: „Ew. Majestät haben die Verpflichtung, sofort für Personen Sorge zu tragen, welche die Angelegenheiten Ew. Majestät führen sollen, die Ew. Majestät, wenn Sie gesund sind, nicht zu versehen vermögen, geschweige, wenn Sie krank sind. Ich, als Beichtvater, kann und weiß nicht mehr zu sagen, auch verpflichtet mich Gott nicht, mehr zu sagen. — Allein dazu verpflichtet mich Gott, Ihnen durchaus kein Sakrament zu gewähren, wenn Sie das Erwähnte nicht thun, — denn Ew. Majestät können die Sakramente nicht empfangen. Und so habe ich unfehlbar zu handeln, bis Ew. Majestät jenes thun, denn so lautet Gottes Gebot!" Und nach so gewaltigen Gründen schrieb er dem Könige vor, welche Angelegenheiten von seinen Räthen zu reguliren wären, welche Personen er zu ernennen hätte und noch Andres, wie er sich zu benehmen habe! Philipp gehorchte in Allem, was jene ihm vorschrieben, die unter dem Vorwande, die Seele „des klugen Königs" auf den rechten Weg zu leiten, Spanien von ihrer Zelle aus in der That regierten! [1])

---

[1]) Historia y Anales de la ciudad y obispado de Plasencia. Refieren vidas de sus obispos y de varones señalados en santidad, dignidad, letras y

Aus der Feder eines Geschichtschreibers jenes Jahrhunderts ist uns eine treue Schilderung des Verfalles überkommen, in welcher sich Spanien bei Philipp's II. Tode befand. In dem Leben und den Thaten des Königs Philipp III. spricht sich Magister Gil Gonzalez Davila über die bedauernswerthe Lage aus, in welcher die Bevölkerung von Castilien beim Tode Philipp's schmachtete. Er sagt nämlich: „— Spanien, das Haupt einer so großen Monarchie, war allein das Land, das gerade, weil es zur Rettung so Vieler Hülfe bringen wollte, verarmte, insbesondere die loyalen Königreiche von Castilien, eine Armuth, welche die Folge der neuen Steuern war, die Philipp unter Zustimmung dieser Königreiche ihnen auferlegt hatte. Dies war der Grund der Entvölkerung und Leiden, die im Laufe der Zeit Castilien zu erdulden hatte, da das so reiche Königreich durch den großen Druck, der über seine Kräfte ging, in Verfall gerathen mußte. Mit nicht geringer Verwunderung sahen die Vasallen auf die vielen Millionen, die zur Zeit der Regierung Philipp's II. aus Indien gekommen, und als Merkwürdigkeit hoben sie hervor, wie im Jahre 1595 in einer Frist von acht Monden, allein über die Barre von Sanlucar über 35 Millionen Gold und Silber, genug um die Fürsten Europas zu bereichern, eingegangen... Und schon im Jahre 1596 war kein einziger Real in Castilien zu finden, und man fragte: „was denn geschehen und woher es denn komme, daß solche Ströme und Meere von Gold schon versiegt wären?!" Auf dem Meere hatte man nur wenige Fahrzeuge, und man mußte sich rüsten, um den afrikanischen Corsaren und Seeräubern des Nordens ein Ziel zu setzen. [1]) In so bedauerliche Lage war Spanien durch die schlechte Politik Philipp's II. gerathen! [2])

---

armas. Fundaciones de sus Conventos y de otras obras pias. Y servicios importantes hechos á los Reyes. Por Fray Alonso Fernandez. Año de 1627. En Madrid por Juan Gonzalez.

[1]) Historia de la vida y hechos de Felipe III. Por el maestro Gil Gonzalez Davila. Madrid 1771, por don Ioaquin de Ibarra.

[2]) Kein Schriftsteller hat das Unglück Spaniens unter Philipp II. treuer geschildert als Don Baltasar Alamos de Barrientos in seiner Schrift „El Conocimiento de las nationes" (die von manchen Kritikern Antonio Perez zugeschrieben wird und noch Manuskript ist). Kaum hatte nämlich Philipp II. seine Augen geschlossen, so richtete Don Baltasar eine Denkschrift an Philipp III., in welcher er mit glühenden Farben und ergreifenden Zügen das Elend Spaniens im Jahre 1598 schildert. Da heißt es unter Andern: „Das gesammte Volk, — ich meine nämlich Ackerbauer, Handelsleute, Beamte und selbst Adelige und alle Stände klagen, daß sie durch Steuern erdrückt werden, die von ihren Vorfahren nimmer gutgeheißen wurden, und daß die Städte entvölkert worden, weil man nicht die Abgaben und die ordentlichen und außerordentlichen Verpflichtungen leisten kann.

Allerdings läßt sich nicht verkennen, daß Philipp II. in einem Punkte ein richtiges Urtheil hatte! Er wußte nämlich seine Irrthümer einzusehen, allein immer nur zu spät, um rasch das passende Mittel dawider anwenden und sie wieder gut machen zu können... Wie uns Don Juan Vitrian, Provisor von Calatayud, berichtet, theilte ihm ein Bischof, der letzte Beichtvater Philipp's, mit, wie der König, der aus übermäßiger Anhänglichkeit an Flandern so viele Fehlgriffe in der Regierung der Niederlande begangen, endlich seine Fehler einge= sehen, denn er mußte einräumen: „daß in den Rathsversammlungen allein die Räthe ihre Stimme abzugeben hätten, da er in Staats= angelegenheiten keine habe!" [1] Bedürfen jene, welche dem Dämon des Südens politische Klugheit absprachen, noch stärkerer Be= weise? Die blinden Lobredner Philipp's gaben vor, als wäre Spanien nie so groß und mächtig gewesen, als unter seiner Herrschaft, ohne irgend dessen zu gedenken, daß seine ganze Macht eine ererbte war! Um die Regierung eines Königs zu beurtheilen, muß der Geschicht= schreiber sich freilich in das Jahrhundert zu versetzen und die Ursachen

Und glauben Ew. Majestät ja nicht, daß diese Nöthen von mir erdichtet oder übertrieben wären, da sie so begründet sind, daß es den großen Städten und Orten dieser Königreiche an Bewohnern fehlt und die kleineren Flecken ganz ent= völkert sind und die Felder kaum Arbeiter finden, sie zu bestellen. Und um einen Real Steuer einzutreiben, gehen hundert an die Steuerempfänger verloren, deren Gebühren an Geld weniger werden, weil es an Geld gebricht und die Unterthanen arm... Und das ist so allgemein in allen Provinzen Castiliens, die noch vor Kurzem wegen ihres Reichthums beneidet waren, daß es keinen Ort giebt, der von diesem Elende frei wäre... Was aber diese Steuerlast für den Zahler noch drückender macht, ist, daß dieselben sehen und einsehen, daß der Ertrag durch die ausländischen Kriege und Nothwendigkeiten Ew. Majestät außer Landes geht! Was — wie uns jene lehren, die in solchen Dingen kundig und erfahren, — die Steuern unerträglich machen muß, ist, wenn unser Reichthum ins Ausland fließt, ohne daß ein Weg vorhanden wäre, auf dem er uns zurückkäme, daß wir denn wieder zahlen könnten... Nur mittelst des Geldes kann der Staatskörper auf die Dauer leben, wenn es das Blute gleich durch alle Glieder sich ergießt, — wenn aber ihm das Geld entzogen wird und zu Andern fließt, so muß der, dem das Geld fehlt, dahin sterben und sein Ende finden. Und die Folge ist, daß mit den Kriegen Verkehr und Handel aufgehört und der Gewinn verschwunden!!"

[1] Don Juan de Vitrian sagt in seinen Anmerkungen zur Uebersetzung der Memoiren von Philipp de Comines: „Die Könige pflegen einsichtsvoller als ihre Räthe und sonstige Diener in Staatsangelegenheiten und Regierungskunst zu sein, wenn sie von Natur ein gesundes Urtheil haben!" Ein solches hält bei den Königen: „übermäßige Liebe oder übertriebene Abneigung ferne!" Davon giebt uns ein neueres Beispiel noch König Don Philipp II., der aus übermäßiger An= hänglichkeit an sein Flandrisches Erbe so viele Fehlgriffe bei der Regierung jener Länder that, wie mir mein Bischof, sein letzter Beichtvater, erzählte, daß er selber zuletzt einfach und in den Rathsversammlungen eingestehen mußte: „daß die Räthe das Votum abzugeben hätten, da er in Staatsangelegenheiten keine Stimme habe!!"

des Flors und des Verfalles der Völker jener Zeiten zu erforschen
wissen, wobei deren Denkungsart in politischen wie religiösen Dingen
wohl zu berücksichtigen bleibt. Wer die Thaten Philipp's II. als
Eingebungen einer umsichtigen Politik und der Bedürfnisse seiner
Völker preisen kann, der kennt durchaus nicht die Art und Weise, wie
die katholischen Spanier seiner Zeit dachten und gesonnen waren.
Denn sie huldigten keineswegs der grausamen Unduldsamkeit des
Glaubensgerichtes und verabscheuten die scheußlichen Hinrichtungen,
die dasselbe unter dem Schutze und der Zustimmung des Regenten
anordnen durfte. Mit Recht darf man daher behaupten, daß, wer
Philipp II. günstig beurtheilt, das Jahrhundert nicht kennt, in welchem
dieser König herrschte! Sein Andenken wird allerdings von Manchen
gepriesen, die einige Siege zu hoch anschlagen, welche die spanischen
Heere unter seiner Herrschaft davontrugen, — Siege, deren Resultate
durch die Mißpolitik Philipp's aber wieder verloren gingen. Freilich
mag es dem spanischen Nationalstolze heute noch schmeicheln, daß die
spanischen Banner auf den Wällen von St. Quentin und vieler festen
Plätze der Picardie wehten und also der Uebermuth der Franzosen
gedemüthigt wurde. Mag man auch der Tapferkeit der Spanier in
jenen Schlachten alle Gerechtigkeit widerfahren lassen, so muß desto
stärkerer Tadel auf Philipp fallen, der auf den Rath des päbstlichen
Hofes hin, der Frieden mit Frankreich wollte, Frankreich alle festen
Plätze abtrat, deren Besitz die spanischen Heere mit ihrem Blute
erkauft hatten. Das Heer hat zu kämpfen, und Sache des Königs
ist es dann, aus dessen Siegen für sein Volk den größtmöglichen
Nutzen zu ziehen. So wird man denn sagen müssen, daß eine Nation,
die aus ihren Siegen keinen andern Gewinn als Waffenruhm
zieht, allerdings als eine tapfere geehrt werden mag, aber auch, daß
der Souverain sammt seinen Ministern sehr unerfahren in der Regierungskunst angesehen werden dürfte. Freilich traten die Franzosen in
dem Friedensvertrage einige Plätze an Spanien ab. Im Vergleich
mit den Plätzen aber, die Philipp zurückgab, waren sie durch Position
wie Stärke nur von untergeordneter Bedeutung. Die berühmte See-
schlacht von Lepanto gehört zu den glorreichsten Waffenthaten, welche
die Herrschaft Philipp's verherrlichten, und dessenungeachtet gingen
durch die geringe Voraussicht Philipp's die Vortheile dieses großen
Sieges wieder für die Christenheit verloren, insofern der Uebermuth
des Sultans keineswegs dadurch gebrochen wurde, da Philipp nur der
Spielball venetianischer Verschlagenheit war! Bekanntlich hatten die

Venetianer viel von den Ungläubigen zu leiden gehabt, die der Republik San Marco nicht blos die Insel Cypern, sondern selbst einige Städte auf dem Festlande genommen, und in ihren Nöthen hatten sie die christlichen Fürsten zur Bildung einer Liga gegen die Türken vermocht. Pius V. schloß sich derselben an, und auf sein Andrängen war Philipp II. nicht minder dazu bereit. Fast nur aus venetianischen Schiffen bestand die Flotte der Liga, waren auch viele mit Spaniern bemannt. Wir haben hier nicht die Niederlage weiter auszumalen, welche die Türken im Meerbusen von Lepanto erlitten und deren nächste Folge war, daß La Goleta, Tunis und andere Küstenplätze den Türken entrissen wurden. Nachdem die Venetianer aber durch Rückeroberung der Insel Cypern an den Türken Rache genommen, hatten sie nichts Eiligeres zu thun, als einen für die Republik vortheilhaften Frieden mit Selim abzuschließen, so daß sie sich sofort von der Liga wieder trennten und ihre vielen Galeeren zurückzogen. Philipp, der sich bisher von den Venetianern als Werkzeug hatte brauchen lassen, fand sich mit einem Male allein den Türken gegenüber und zwar mit einer nur zu schwachen Flotte. Da wandte er sich in seiner Verlegenheit an den König von Frankreich und den Kaiser von Deutschland mit dem Gesuche, daß sie sich der Liga anschließen möchten, das beide Souveraine aber mit Scheingründen abzulehnen wußten. Und das Ende von dem Allen war, daß Philipp schimpflich La Goleta, das Fort von Tunis und die übrigen Küstenplätze wieder verlor, die der Sieg von Lepanto ihm eingebracht hatte! Seine kurzsichtige Politik trägt allein das Verschulden, daß die Früchte der Tapferkeit seiner Soldaten wieder verloren gingen und daß sie ihr Blut unnütz in Schlachten vergossen, die der castilischen Krone nur leeren Flitterruhm einbrachten! Und bei alledem bleibt Philipp bei blinden Lobrednern noch immer „ein Muster staatsmännischer Klugheit!" Sie meinten nämlich: „das Glück wäre ihm nicht hold gewesen!" — während doch bloß in Folge seiner politischen Fehler jenes Unheil Spanien heimsuchte. [1]) Man möge ja nicht glauben,

---

[1]) Chronica y Recopilacion de varios succesos de guerra, que ha acontescido en Italia y partes de Levante y Berberia, desde que el Turco Selim rompió con venecianos y fué sobre la isla de Chypre año de MDLXX hasta que se perdió la Goleta y fuerte de Tunez en el de MDLXXIIII compuesta por Hieronymo de Torres y Aguilera. En Caragoça, impresa en casa de Juan Soler, año del Señor de MDLXXIX. „Die Venetianer, heißt es hier — vermögen in keiner Weise zu erfüllen, wozu sie sich in ihren Vertragsbestimmungen verpflichtet; . . . sie können ihre persönlichen Ausgaben nicht bestreiten, noch weniger aber mit einem so mächtigen Feinde Krieg führen,.. darum finden sie

daß wir hier Philipp nach der Meinung der heutigen Zeit beurtheilen,
während wir nur dem Urtheile der ernsten Denker folgen, die Spanien
selbst in den schlimmsten Tagen seiner Herrschaft nicht abgingen. So
sagt treffend Fadrique Forió Ceriol: „Belustigend ist es, das Urtheil
zu hören, was Unwissende in solchen Fällen vernehmen lassen! Die
Einen klagen das Glück an, sehen aber nicht, daß das Glück dort sehr
wenig Raum hat, wo Voraussicht vorhanden!... Andere schieben
das Urtheil auf unsere Sünden, und darin liegt weit mehr Wahrheit:
„denn die Fehlgriffe und Fehler des Fürsten und seiner schlechten
Räthe sind Sünden, die unseren wie ihren Untergang herbeiführen. [1]

Man kann nicht behaupten, daß es unklug gewesen wäre, „die
unüberwindliche Armada" gegen England auslaufen zu lassen. Worin
aber Philipp II. wiederum seine geringe Einsicht bekundete, war, daß
er den Oberbefehl über seine Flotte einem Landgeneral anvertraute,
der weder gegen die Wuth der Elemente anzukämpfen wußte, noch
gegen die feindlichen Schiffe sich zu wehren, die ihm den Weg ver=
sperren sollten. Mit denselben Stürmen, die sich gegen die Armada
verschworen, hatten ja auch die Engländer zu kämpfen, die ihr ent=
gegenzogen, und nur der Unwissenheit und dem Ungeschick der spani=
schen Commandirenden, wie der geringen Erfahrung ihrer Seeleute,
ist es zuzuschreiben, daß die gewaltige Seemacht des Gebieters beider
Welten zusammenbrach!...

Während also Spanien in Folge solcher unheilvollen und kost=
spieligen Kriege verarmen mußte, hatte der König nichts Angelegent=
licheres zu thun, als ungeheure Summen zum Bau des prachtvollen
Klosters Escurial zu verschwenden. Dies Wunderwerk verschlang den
Rest des Schatzes, und die bereits so sehr übersteuerten Königreiche
mußten wieder mit neuen Steuern belastet werden! So gewaltig war
der Nachtheil, den die Regierung des sogenannten „Klugen Königs"
für Spanien zu Wege brachte, daß in ganz kurzer Zeit die Kraft und

---

sich bewogen, einen so schmählichen Frieden abzuschließen, und da der kluge Türke
einsah, wie er dabei so viel gewinne, gewährte er den Frieden ohne Widerrede,
da er froh war, so aus der Gefahr herauszukommen.. Und so wird der Türke
alle seine Streitkräfte gegen Se. Majestät kehren, als gegen die Macht, welche
seinen Staat und seine Siege in Schach hält!.. Was die Venetianer gethan, daß
sie Frieden und Allianz mit dem Türken geschlossen, wird Niemand Recht finden,
denn sie handeln wider das, was sie als Christen thun sollten, wider das Vater=
land wie dagegen, daß Se. Majestät den größeren Theil der Kosten und fast des
ganzen Kriegs übernommen hatte!"...

[1] El concejo y consejeros del Principe, obra de F. Furió Ceriol (welches
in der Einleitung berührt worden).

Widerstandsfähigkeit der spanischen Monarchie dahinschwand, des Reiches, das dazumal durch die Ausdehnung seiner Territorien, wie durch die Tapferkeit seiner Heere alle anderen Mächte überragte! Philipp II. erbaute das prunkvolle Escurial, auf daß es unseren Königen und Fürsten als Pantheon diene, und es war nur angemessen, daß für seine Nachfolger ein Mausoleum errichtet werde, da sich die Gruft schon aufgethan, in der die Größe und Macht des reichen Spaniens begraben liegen sollte.

Nicht genug, Philipp II. als einen großen Politiker hingestellt zu haben, gaben seine Panegyriker vor, als verdanke das spanische Volk seiner Politik das Glück der Religionseinheit, deren Spanien sich bis heute erfreuet: — eine Behauptung, die eben so wenig begründet, wie so manche andere Gemeinplätze, die man für wahr hält, weil man sie so oft zu hören bekömmt. Alle Welt weiß, daß Europa im XVI. Jahrhundert durch Religionskriege in Aufregung gehalten wurde, und so ward die Unduldsamkeit als eine politische Nothwehr zur Erhaltung des Staates angesehen. So hielten denn die meisten spanischen Politiker zur Aufrechthaltung des inneren Friedens des Reiches es für rathsam, mit Scheiterhaufen und Schmach, wie durch Gütereinziehung Alle zu bestrafen, die zu Gunsten der Doktrinen Luther's, die bei vielen Denkern andrer Länder bereits Anklang gefunden, ihre Stimme erheben würden! Indem man das Saatkorn der religiösen Reform auszuroden und zu vernichten suchte, wollte man wohl dem Jammer vorbeugen, den der Bürgerkrieg anderswo im Gefolge geführt. Allein in Spanien wäre im Grunde dabei nichts zu besorgen gewesen, denn für uns steht es unerschütterlich fest, daß die Religionskriege, welche Europa mit Blut überflutheten und Elend und Verheerung zur Folge hatten, vielmehr aus den politischen Rücksichten der Fürsten und Großen geflossen, die ihre Macht erweitern wollten, als aus der Anhänglichkeit an die protestantischen Lehren. Um seiner Vorrechte und Freiheiten willen erhoben sich dazumal nicht leicht die Völker gegen ihre Souveraine, und wagten sie es, so unterlagen sie nur zu bald!.. Als aber ihr Muth durch religiöse Motive angefeuert wurde, da erhoben sie kühner die Fahne des Aufruhrs gegen ihre Beherrscher und folgten dem Rufe derer, welche die Wogen aufgeregt, um den Sturm für sich auszubeuten. So geschah es denn, daß Moritz von Sachsen und der Landgraf von Hessen den von der Kirche Abgefallenen offenen Beistand leisteten und gegen Karl V. zu Felde zogen, vielmehr um der Herrschaft des Kaisers Schranken zu setzen, als daß sie der luthe-

rischen Lehre so entschieden zugethan gewesen wären... Der Prinz
von Oranien kämpfte mit den Seinigen in den Niederlanden mehr,
um sich zum Herrn jener Länder zu machen, als um die von den
Flamändern so sehr ersehnte Gewissensfreiheit. So geschah es auch
in Schottland, wo die Anhänger des Grafen von Murray vielmehr
die Protestanten unterstützten, um ihren Freund auf den Thron zu
heben, als weil sie der lutherischen Lehre so ergeben gewesen wären,
und ebenso kann man von den Hugenotten in Frankreich sagen, daß
sie weniger für ihre religiöse Ueberzeugung als für Coligny und seinen
Anhang gegen den Herzog von Guise ihr Schwerdt gezogen!

Mit Fug darf man daher sagen, daß jene Bürgerkriege in Wirklichkeit nicht um der Vertheidigung des Protestantismus willen allein
geführt wurden. Die Ehrsüchtigen wußten die leichtgläubigen Massen
zu ihren Zwecken zu benutzen, indem sie ihnen den Glauben beizu-
bringen suchten, daß sie nur durch den Kampf ihre neue Lehre sich
retten könnten und daß deren Sieg nur auf dem Schwerte beruhe.
Und so trugen die Unduldsamkeit der Könige einerseits und anderseits
der Verschlagenheit der Politiker, welche das Gebahren der Herrscher
in den schwärzesten Farben darzustellen suchten, — dazu bei, die
Flamme des Aufruhrs anzufachen und zu schüren, der den unzufriedenen Führern zu ihrem Ziele verhelfen sollte. Und die Massen, die
den Trug nicht merkten, ließen sich verlocken und opferten Gut und
Blut für den Ehrgeiz derer, die gewandt genug gewesen, sie in ihre
Netze zu ziehen. Sie vermeinten für ihren neuen Glauben zu kämpfen
und im Grunde dienten sie nur der Politik derer, die ihre eigene Macht
erweitern wollten.

Daß Spanien von Bürgerkriegen freigeblieben, lag nicht blos
daran, daß die Protestanten Spaniens keine politischen Vorwände gefunden hatten, sondern es gab in Spanien noch weit gewichtigere
Gründe, die verhindern mußten, daß die Flammen der Zwietracht bei
uns auflodern und Nahrung finden konnten. Alles rauflustige Volk,
das auf Abenteuer ausflog, um sich zu bereichern, hatte Spanien verlassen. Amerika, Flandern und Italien waren die Länder, wohin
diese Menschen zogen, die aus Golddurst und Zügellosigkeit Haus und
Familie Valet sagten. Und so fehlten in Spanien jene Leute, die
bei einem Aufruhr zunächst bereit sind, zu Flinte oder Degen zu
greifen, denn sammt und sonders waren sie in die Fremde gezogen,
um Schätze zu erbeuten. Also fehlte es in Spanien an einem der
wesentlichsten Momente, die anderswo die innern Unruhen hervorge-

rufen! Allein ein anderer Umstand fällt hier noch in's Gewicht: das gemeine Volk hat sich in Spanien niemals für neue Lehren empfänglich gezeigt. Es pflegte niemals in religiösen Dingen zu forschen oder Zweifel zu erheben und ließ sich nie von Meinungen verleiten, die dem entgegen wären, was es in der Jugend aus dem Munde seiner Priester und Eltern gehört ... Wir sehen mithin, daß es in Spanien an politischen Ursachen gebrach, welche den Protestanten die Waffen in die Hand gegeben hätten, und hierzu kam noch der günstige Umstand, daß die schlagfertigen Abenteuerer, welche bei allen Unruhen die Hand im Spiele haben, ihre Heimath verlassen hatten, um in Amerika, Flandern und in Italien Beute zu machen, während die untersten Stände nie Neuerungen in religiösen Dingen ergeben gewesen: — lauter Ursachen, welche zusammenwirkten, dem Bürgerkriege in Spanien vorzubeugen, was Philipp II. mit seinem Glaubensgerichte allein nicht vermocht hätte!

— — — Es heißt wirklich jene Zeit sehr verkennen, wollte man sich einreden, als hätten siebenzig oder achtzig Opfer der Auto-da-fé's den innern Frieden unseres Vaterlandes sichern können. Hätten sich, — wie bereits erwähnt — in Spanien politische Vorwände dafür gefunden, wären Kampfluftige genug in der Heimath geblieben und wären die Massen für religiöse Neuerungen empfänglich gewesen, so wären, Philipp II. und der Inquisition zum Trotze, sicherlich die Flammen des Bürgerkrieges aufgelodert, gerade so, wie die Flamänder trotz Schaffot und Scheiterhaufen das Schwerdt gegen politische und religiöse Unterdrückung zogen und mit den Waffen in der Hand für ihre religiösen Ueberzeugungen eintraten!

— — — Nur jene Schriftsteller, die den religiösen Charakter und die politischen Zustände des XVI. Jahrhunderts ganz und gar verkennen, konnten Philipp II. das Verdienst beimessen, als hätte er Spanien vor den Schrecken des Bürgerkrieges bewahrt! Wir haben oben gesehen, wie Spanien, trotzdem es vom Bürgerkriege verschont geblieben, — bei seiner religiösen Einheit gegen Ende des XVII. Jahrhunderts in Armuth und Elend versunken war, wozu sich noch die größte Unwissenheit gesellte, da es in Wissenschaften und Kunst hinter allen andern Nationen zurückgeblieben war, während die Staaten, welche der Schauplatz so blutiger Kämpfe und Verwüstungen gewesen, bald wieder emporblühten, sobald der Friede wieder eingekehrt war und in Wissenschaften und Künsten sich nicht minder hervorthaten, als in Handel und Ackerbau.

— — Die scheußlichen Verfolgungen der Protestanten begannen
erst, als Philipp den castilischen Thron bestiegen, wobei aber nicht
zu übersehen ist, daß früher die Lehren der Protestanten keinen Eingang in Spanien gefunden, obwohl einige Abtrünnige ihr Vaterland
verließen, um auf dem Boden der Gewissensfreiheit ihre Ueberzeugungen
durch Wort und Schrift kundzugeben. Unter diesen nennen wir zunächst Juan Perez, der zu Sevilla geboren oder wohnhaft war.
Als Doktor der Theologie wurde er, um seiner lutherischen Ueberzeugungen willen, bald von der Inquisition verfolgt. Es gelang ihm,
ihren Nachstellungen zu entgehen und nach Italien zu flüchten, wo
er zu Venedig mehrere Schriften erscheinen ließ. Sein Hauptwerk
war seine Uebersetzung des Neuen Testaments, das unter dem Titel
erschien: „El Testamento nuevo de Nuestro Señor y Salvador
Jesuchristo. Nueva y fielmente traduzido del original griego
en romance castellano. En Venecia, en casa de Juan Philadelpho MDLVI." In derselben Stadt gab er 1556: „El Comentario sobre la epistola de San Pablo Apóstol á los Romanos"
von Juan de Valdes heraus und 1557 einen zweiten: „Commentar
über den ersten Brief von Paulus an die Corinther", ebenfalls von
Juan de Valdes, welcher seinem Freunde Manuskripte anvertraut
hatte. Beide Schriften sind mit Prologen und Widmungen versehen,
die aus der Feder von Juan Perez geflossen.

Wenn Cipriano de Valera versichert, daß Dr. Juan Perez nach
Genf sich geflüchtet hätte, so irrt er sich wohl, denn es unterliegt
keinem Zweifel, daß seine Schriften sowohl wie jene von Valdes in
verschiedenen Jahren zu Venedig erschienen sind, was jedenfalls für
seinen Aufenthalt zu Venedig spricht. Hier ließ er auch eine Uebersetzung der Davidischen Psalmen erscheinen, unter folgendem Titel:
„Los Psalmos de David con sus sumarios en que se declara
con brevedad lo contenido en cada Psalmo, agora uneva y fielmente traduzidos en romance castellano por el doctor Juan
Perez, conforme a la verdad de la lengua Sancta. En Venecia,
en casa de Pedro Daniel MDLVII!"

Auch einen Katechismus in spanischer Sprache schrieb Juan Perez,
welcher viel zur Ausbreitung der Reformideen innerhalb des Königreiches beitrug. Bei Veröffentlichung seines Katechismus erlaubte sich
Perez eine List, die seinen Katechismus als sehr unverfänglich erscheinen
ließ. Mit größter Dreistigkeit ließ er nämlich drucken, daß seine Schrift
von dem Rathe der h. Inquisition durchgesehen und geprüft worden,

was natürlich nicht wenig dazu beitrug, seinen Lehren Eingang zu verschaffen. Diese Täuschung konnte aber nicht lange den Inquisitoren geheim bleiben, die darauf sich beeilten, das Lesen des Katechismus von Perez unter den schwersten Strafen zu verpönen und die Erklärung zu erlassen, daß Perez fälschlicherweise vorgegeben, als wäre seine Schrift von der Inquisition gut geheißen worden. Es unterliegt durchaus keinem Zweifel, daß die Schriften von Juan Perez viel zur Verbreitung der Reformideen in Spanien beitrugen, vornehmlich aber in dem dazumal volkreichen Sevilla, wie sich später ergeben wird!

Vor Philipp's Thronbesteigung trat die Inquisition selten strenge auf und ihre Urtheile waren milde zu nennen, im Vergleiche zu dem grausamen Geschicke, das jenen vorbehalten blieb, die von der katholischen Kirche abgefallen. Sobald aber die Väter der Gesellschaft Jesu sich in Spanien ausbreiteten, regte ihr Glaubenseifer sofort die Verfolgungen wider die Protestanten an... Die Folgen blieben auch für sie nicht aus, denn der Haß gegen die Jesuiten wurde so allgemein und stieg dermaßen, daß sie zu Zaragoza, nur um ihr Leben vor der Wuth des empörten Volkes zu retten, sich gezwungen sahen, aus der Stadt zu fliehen und in einigen Landhäusern der ihnen befreundeten aragonesischen Edelleute Zuflucht zu suchen... Wohl sahen die Jesuiten ein, wie der Abscheu vor ihnen mit jedem Tage wuchs, und da sannen sie auf Mittel, wie sie ihr Ansehen heben und Einfluß erlangen könnten, um im geeigneten Augenblicke Rache an jenen zu nehmen, die mit Wort und Feder den Orden böswillig verunglimpft hätten, und da der größte Theil derer, welche gegen die Gesellschaft Jesu aufgetreten, den Protestanten anhing, so fingen die Jesuiten an, sie beim Glaubensgerichte zu denunciren.

Carl V., welcher, zurückgezogen von der Welt, im Kloster Yuste lebte, hatte kaum die Kunde von der Gefangennahme der Anhänger und Prediger der Ketzerei in Spanien erfahren, so schrieb er alsbald an seine Tochter, die Prinzessin Juana, die während der Abwesenheit Philipp's II. zur Zeit Regentin des Königreiches war, indem er sie anfeuerte, der Inquisition Schutz und Schirm zu leihen, auf daß sie Alle zur Strafe ziehe, welche dem Pabste den Gehorsam kündigten. Zugleich richtete er ein Schreiben an Luis Quijada, worin er demselben auftrug, in seinem Namen mit der Prinzessin sich zu berathen, wie das Feuer der Ketzerei zu löschen wäre! Seiner glücklichen Jugendzeit gedenkend, bedauert der Kaiser, daß sie entschwunden: „da er nicht mehr zu Pferde steigen könne, um an der Spitze seiner Heere wider die Protestanten zu Felde ziehen zu können!"

Und sogar bestimmte Carl V. in einer Klausel eines gewissen Codizills vom 9. September 1558, wie er zum Besten des heiligen Stuhles seinem Sohne den Befehl ertheilt habe: „daß er die Ketzer mit aller Energie und Strenge strafen solle nach ihrem Verschulden..., ohne irgend welche Ausnahme, — ohne irgend welche Fürsprache zu gestatten, noch irgend Jemanden zu berücksichtigen." Es steht unbestritten fest, daß die Väter der Gesellschaft Jesu es gewesen, die den größten Eifer an den Tag legten, um die Anhänger des Protestantismus aufzuspüren. [1] Sie ließen es sich angelegen sein, die einflußreichsten Personen sich gewogen zu machen, damit dieselben ihnen dienten, wo es galt, ihre Gegner von sich abzuwehren... Bei solchem Bemühen gelang es ihnen, die wahre Gesinnung mancher Edelleute heimlich zu erforschen, die schon als nicht zu ergeben dem heiligen Stuhle galten, und auf die eine oder die andere Weise gewannen sie den Beweis, daß jene Lutheraner wären, hielten auch Viele ihre religiöse Ueberzeugung verborgen, um sie bei günstigerer Gelegenheit offen zu bekennen! So klagten sie denn viele Personen bei dem Glaubenstribunale an, so daß die Kerker der Inquisition sehr bald überfüllt waren. Seltsam — aber wahr! Die Masse hatte einen so tiefgewurzelten Haß gegen die Jesuiten, daß sie dieselben für den Abfall von der Kirche selbst verantwortlich machte und das Gerücht Glauben fand, daß die gefangenen Ketzer fast sämmtlich dem Jesuitenorden angehörten!

Bei der Stimmung der Masse fand diese Fabel, die Monate lang von Mund zu Munde ging, solchen Glauben, daß der General-Inquisitor Don Fernando Valdes sich veranlaßt sah, mehrere Schreiben deßfalls an seine Gerichte zu erlassen, um sie über die Falschheit des Gerüchtes aufzuklären! [2]

---

[1] San Francisco de Borja schreibt nämlich an Pedro de Rebadeneyra, der dazumal sich im Gefolge Philipp's II. in Flandern befand: „Die Gesellschaft Jesu hat ihr Augenmerk darauf, so daß die Inquisitoren wohl wissen, wie dieselbe ihnen nicht geringen Beistand geleistet; das sprachen sie auch mit vieler Befriedigung aus!"

[2] In der Vida de San Francisco de Borja, vom Cardinal Don Alvaro Cienfuegos, findet sich ein Rundschreiben des Großinquisitors, das also lautet: „Ehrwürdigste Inquisitoren! Hier wurde erzählt, daß in unserer Stadt, wie in Huesca und andern Orten des Königreiches von manchen Personen ausgesprengt worden, daß in dem Kerker der heiligen Inquisition dieser Stadt Valladolid und ihres Bezirkes einige Mönche der Gesellschaft Jesu gefangen sitzen, was unwahr ist. Und da dieses — abgesehen davon, daß es die Autorität und die Frömmigkeit

Zu jener Zeit mußten viele, durch Geburt und Herkunft, wie durch Wissenschaft und Verdienst ausgezeichnete Personen in den geheimen Kerker des Glaubensgerichts wandern, und manche derselben hatten den grausigsten Feuertod zu erleiden! Stand ein Auto-da-fé bevor, so wurde dieß zuvor durch den obersten Gerichtsdiener und einen Sekretair der Inquisition bekannt gemacht, die unter dem Geleite vieler Genossen und sonstigen Diener, wie unter dem Ehrengeleite fast aller Edelleute der Stadt den Palast verließen, um durch die Stadt zu reiten.... An den Thoren des Rathhauses pflegten sie die erste Verkündigung zu erlassen, daß zum Ruhme Gottes und zur Ehre des heiligen katholischen Glaubens an dem und dem Tage des und des Monats und zu der und der Stunde ein allgemeines Glaubensfest abgehalten werden würde... Und so zogen sie denn unter dem Geleite von Musikern mit Pauken, Trompeten und Hoboen durch die Hauptstraßen der Stadt, an gewissen Punkten jene Verkündigung wiederholend.

Auf dem Marktplatze der Stadt wurde alsbald das Blutgerüst aufgeführt, in dessen Mittelpunkt ein Altar sich befand, auf den ein grünes Kreuz gestellt wurde und zu dessen beiden Seiten zwei Kanzeln angebracht waren, von welchen das Urtheil der Gefangenen verlesen werden sollte. Ueberdies waren zwei abgesonderte Emporbühnen mit einigen Stufen für die geistlichen und weltlichen Häupter bestimmt und im Rundgang rings herum nahmen die Hellebardiere als Wächter des Gerichtshofes ihren Platz ein... Für die Unglücklichen, die als schuldig befunden worden, war ein Gerüste aufgeführt, das eine Pomeranzenform hatte.

Am Tage vor dem Auto-da-fé zogen ein Schreiber, die Diener des Gerichts sammt den Ausrufern aus dem Palaste, um auf den öffentlichen Plätzen und Orten eine Bekanntmachung zu verlesen, die verbot: „daß keine Person, weß Standes und Stellung auch — von der Stunde an bis zur Zeit, wo die Urtheile des Auto vollstreckt

des Ordens berührt — für jene, welche dem Orden aus Gewissenspflicht dienen, eine so skandalöse wie nachtheilige Sache ist, so ist es für zweckmäßig, daß sie auf dem Wege, der Ihnen am angemessensten scheint und mit dem wenigsten Lärm, den Herren Prälaten, sonstigen Standespersonen und denen Sie es geeignet halten kund zu thun — zu wissen geben, wie es Täuschung ist, was man über die Haft von Mitgliedern der Gesellschaft Jesu berichtet. Davon — Gott sei Dank — ist das Gegentheil gerade wahr, — wie es Personen ziemt, die im Allgemeinen und Besondern im Dienste Gottes, unseres Herrn, ein Leben und Werk der Tugend üben. Und Gott wird ihnen die Gnade gewähren, auf daß sie fortwirken. Valladolid, den 12. Juni 1558.

Geschichte der span. Protestanten.   7

seien, Angriffs- oder Schutzwaffen bei sich führe, unter Strafe der großen Excomunication, — und ferner, daß von zwei Uhr Nachmittags des Tages an Niemand weder zu Wagen, noch zu Pferde, noch in einer Sänfte durch die Straßen kommen dürfe, durch welche die Prozession zu ziehen habe, noch den Platz betreten dürfe, wo das Blutgerüste aufgeführt sei!"

Am Abende vor dem Auto-da-fé zog die Prozession des grünen Kreuzes aus dem Inquisitionspalaste, welcher sich alle Klosterbrüder der Stadt und Umgegend anschlossen, sammt den Bevollmächtigten, Schreibern und Dienern des gesammten Bezirkes, während die Räthe und Censoren und alle übrigen Beamten des Gerichtshofes mit den Sekretären, dem ersten Gerichtsdiener und Fiskal den Zug schlossen, Alle große, weiße, brennende Wachskerzen tragend. Das grüne Kreuz, mit einem schwarzen Schleier verhüllt, wurde unter einem Thronhimmel auf einer Bahre umhergetragen; Musik fehlte dem gräulichen Feste nicht, — Hoboisten spielten und eine Hymne wurde gesungen, die mit „Vexilla regis prodeunt" — beginnt. In solcher Ordnung zog die Prozession nach dem Platze, wo das Blutgerüste aufgeführt war, auf dessen Altar das grüne Kreuz aufgestellt wurde, wo es die Nacht über bleiben sollte. Ringsum leuchteten zwölf weiße Fackeln auf großen Leuchtern, und die Dominikanermönche und zwei Abtheilungen Hellebardiere hatten die Wache.

Am Tage des Auto-da-fé wurden bei Tagesanbruch Alle, die als Büßende der Prozession zu folgen hatten, in die Inquisitionskapelle geführt, von wo aus der Zug sich bildete, der sie zum Hinrichtungsplatze geleiten sollte. Die Prozession bildete sich gewöhnlich in folgender Ordnung: Vorauf zog das Kreuz der Cathedral- oder Collegialkirche florumhüllt, geleitet von den Pfarrern und vielen Geistlichen. Ihnen folgten unmittelbar die Büßer, die Statuen derer, die bereits gestorben, oder derer man nicht habhaft geworden, sammt den Gebeinen derer, die ausgelitten. Zu Seiten jedes Büßers gingen zwei Diener; die Compagnie der Hellebardiere zog spalierbildend einher, um als Wache der Büßer zu dienen, die je nach der Schwere ihres Vergehens sich anreihten: zuerst jene, die nur leichteres Verschulden zu büßen hatten, während die schwersten Frevler den Schluß bildeten, — allesammt die Abzeichen ihrer Schuld und Buße an sich tragend. Die zum Feuertode Verdammten waren von den gelehrtesten Geistlichen umgeben, die sie zur Reue ermahnen sollten... Den Schluß der Prozession bildeten der oberste Gerichtsdiener der Inquisition zu Rosse, im Geleite vieler Edelleute, die ihr Wappenschild zu ehren vermeinten, indem sie sich zu Dienern dieses „barmherzigen" Gerichtes hergaben!

Etwas später zogen die Richter aus dem Inquisitionspalaste, in Begleitung der geistlichen und weltlichen Spitzen und ihrer Diener mit langen Stäben, allesammt zu Pferde, und auf dem Platze angekommen, nahmen sie ihre Plätze ein. Auf der Höhe des Gerüstes stand immer eine Emporbühne mit achtzehn Stufen, die mit einem großen Teppich ausgeschmückt, — oben waren drei carmoisinrothe Sammetsessel aufgestellt, über welche ein Thronhimmel vom selben Stoffe sich breitete, unter dem ein Schild mit dem Königlichen Wappen und den Insignien der Inquisition prangte. Die drei Sessel waren für die Inquisitoren bestimmt, und auf einem Sessel zur Rechten der Stufen nahm der Fiskal Platz, vor ihm die Fahne der Inquisition aufgepflanzt!

Sobald Alle ihren Platz eingenommen, bestieg ein Priester die rechts vom Altar aufgeführte Kanzel, um die sogenannte Predigt da-fé an die Anwesenden zu halten. Beim Schlusse der Predigt bestieg ein Sekretär dieselbe Kanzel und verlas kniefällig mit lauter Stimme das Glaubensbekenntniß, während Alle auf die Kniee gesunken seine Worte wiederholten. Sodann begannen die Sekretäre die Urtheile der Büßenden zu verlesen, was auch zuweilen von Klosterbrüdern oder Geistlichen und andern Personen geschah, denen der Gerichtshof dies übertragen hatte... Nachdem die Urtheile verlesen, wurden jene, die den Feuertod zu erleiden hatten, von den Inquisitoren dem Königlichen Richter und statt dessen dem Stadtrichter überliefert... Die reuigen Sünder mußten dann vor dem Schaffot ihre Irrthümer abschwören, während die Unbußfertigen auf Eseln zum Scheiterhaufen geführt wurden, wo dann noch mehrere Klosterbrüder die Verurtheilten zur Reue zu ermahnen fortfuhren... Jene, welche noch, bevor sie auf den brennenden Holzstoß gebracht waren, ihre Schuld bekannten, wurden zunächst mittelst der Garotte zu Tode gebracht und nach ihrer Erdrosselung wurde der Leichnam von den Flammen verzehrt.... Aller dieser Schrecken ungeachtet, fehlte es nicht an solchen, die es vorzogen, den Feuertod zu erleiden, als ihren Glauben preis zu geben!

Es war am Sonntag Trinitatis, den 21. Mai 1559, wo der Marktplatz von Valadolid das grauenhafte Schauspiel eines Auto-da-fé erlebte, bei welchem die spanischen Lutheraner ihre Ueberzeugungen zu bewähren hatten. Das blutige Schauspiel wurde durch die Anwesenheit der Prinzen und Großen des Hofes verherrlicht und Doña Juana, Regentin des Königreichs wegen Abwesenheit Philipp's II., Prinz Don Carlos, und Granden, Prälaten, castilische Große und viele Damen und Edelleute waren erschienen... Bei diesem Auto mußten vierzehn Personen in den Flammen sterben, während sechszehn andere, die vor dem Scheiterhaufen ihre Irrthümer wieder abschworen, mit der öffentlichen Buße davon kamen!

Wir führen die Hervorragendsten hier auf:

Doña Leonor de Vibero mußte nach ihrem Tode noch für ihre Ketzerei büßen! Sie lebte geraume Zeit, bevor die große Verfolgung gegen die spanischen Protestanten begann, und zeichnete sich durch seltene Geistesgaben aus. Erst nach ihrem Tode brachte die Inquisition in Erfahrung, auf das Geständniß der Gattin des Goldschmidts Juan Garcia hin, der sich auch zur lutherischen Lehre bekannte, daß die Ketzer in der Wohnung der Doña Leonor ihre Versammlungen gehalten, die in der Wohnung ihres Sohnes, des Doktor Agustin Cazalla, fortgesetzt wurden. Zum Lohne für diesen Dienst erhielt sein Weib eine lebenslängliche Rente aus dem Königlichen Schatze. Darauf hin trug der Fiskal der Inquisition denn an, daß die Leiche der Doña Leonor aus ihrem Grabe im Kloster St. Benito el Real zu Valladolid entfernt werde, da die Doña in lutherischem Glauben gestorben, obwohl sie es bis zu ihrem letzten Athemzuge vor Allen zu verbergen gewußt, die der Kirche treu geblieben... Ein Verdammungsurtheil erging wider Doña Leonor de Vibero, deren Andenken mit Schmach bedeckt wurde, die auf ihre Söhne und Neffen selbst übergehen sollte. Ihre Güter wurden eingezogen, ihr Leichnam ausgegraben und verbrannt, ihr Haus dem Boden gleich gemacht, mit dem Verbot, daß es je wieder aufgeführt werde und auf dem Platze eine Schandsäule mit einer Inschrift errichtet, welche das Ereigniß zur Warnung für die kommenden Geschlechter verewigen sollte! Bis zum Jahre 1809 sah man diese Schandsäule, wo ein napoleonischer General sie niederreißen und zerstören ließ, damit kein so scheußliches Zeichen menschlicher Grausamkeit und Aberwitzes bestehen bleibe!

Doktor Agustin Cazalla, Sohn dieser Doña Leonor und des königlichen Zahlmeisters Pedro Cazalla, wurde im Jahre 1510 geboren und befliß sich bis zum Jahre 1536 der Studien auf der dazumal blühenden Universität Alcalá de Henares, wo er sich der Theologie widmete. Carl V. hörte von seiner Gelehrsamkeit und ernannte ihn 1542 zu seinem Prediger, in welcher Eigenschaft Cazalla den

Kaiſer nach Deutſchland und Flandern begleitete, wo er zum Ent-
zücken der Katholiken bis 1552 gegen die Ketzer predigte!

Juan Chriſtobal Calvete de Eſtrella, ein Schriftſteller, welcher
die Reiſe Carl's V. und Philipp's II. nach Deutſchland beſchrieb,
äußert ſich über den Doktor Aguſtin Cazalla in folgender Weiſe:
„Die Quabrageſima hindurch hörte man die Predigten der großen
Kanzelredner, die es am Hof gab, insbeſondere den Doktor Conſtantino, den Commiſſar Fray Bernardo de Fresneda, den Doktor Aguſtin
de Cazalla, welcher Prediger des Kaiſers und ein ebenſo hervorragender
Theologe wie großer Gelehrte und Redner war" [1]; das waren die
Worte Eſtrella's! Dazumal hatte ſich Cazalla noch nicht von den
lutheriſchen Lehren fortreißen laſſen, und ſo nahm man keinen An-
ſtand, ſein Verdienſt zu preiſen. Indeſſen unterließ die Inquiſition
nicht, in ihren Verbotsverzeichniſſen zu gebieten, daß das Lob Eſtrella's
in ſeiner Reiſebeſchreibung getilgt werde. Dieſes heiligen Eifers ungeachtet, finden ſich in einigen Exemplaren noch dieſe anerkennenden
Worte vor. Uebrigens ſteht dieſes Urtheil nicht vereinzelt da, denn
ein anderer Zeitgenoſſe [2] berichtet, daß Cazalla zu den beredſamſten
Kanzelrednern Spaniens zu rechnen war.

Carl V. mochte wohl ſeinen Grund haben, grade den Doktor
Cazalla zu ſeiner Begleitung zu wählen, doch wenn er wähnte, daß
der Doktor der Mann dazu wäre, um Viele, die in ihrem Glauben
wankend geworden, wieder zur katholiſchen Kirche zurückzuführen, ſo
ſollte es ganz anders kommen. Denn Cazalla, welcher mit einigen
Lutheranern vertrauten Umgang pflog, bekannte ſich bald ſelbſt, wenn
auch nur insgeheim, zu ihrer Lehre, und er eilte bald darauf nach
Spanien zurück, um ſeine neue Ueberzeugung Freunden und Verwandten mitzutheilen, und ſie auch zu ſeinen Anſichten zu gewinnen.
Zu Salamanca, an deſſen Cathedrale er Canonikus war, zu Toro
und Valladolid begann er ſeine Reformideen zu verbreiten, deren Haupt
und Führer er in Spanien wurde. Alle katholiſchen Schriftſteller
ſtimmen darin überein, daß Cazalla zu Valladolid und Conſtantino

[1] „El felicissimo viaje del muy alto y muy poderoso Principe don
Felipe, hijo del Emperador don Carlós Quinto, Maximo, desde España á
sus tierras de la baxa Alemaña con la descripcion de todos los Estados de
Brabante y Flandes, escripto en quatro libros por Juan Christoval Calvete
de Estrella. En Anvers en casa de Martin Nucio, 1552." (Libro 4.°).
[2] Gonzalo de Illescas. — Historia Pontifical.

in Sevilla es gewesen, welche an der Spitze der lutherischen Agitation in Spanien gestanden.

So konnte es denn nicht fehlen, daß Cazalla bald von der Inquisition zur Verantwortung dafür gezogen wurde, daß er die protestantische Lehre zu verbreiten suche. Anfangs leugnete er Alles ab, doch in der Folterkammer verlor er seine Standhaftigkeit und gestand ein, daß er von der katholischen Kirche abgefallen und daß er bereit wäre, wieder in den Schooß der Kirche zurückzukehren, wenn man ihm gestatte, reuevoll bei einem Auto seine Irrlehren wieder abzuschwören. Die Inquisitoren wollten aber keine Milde gegen den üben, der, wie viele Zeugen aussagten, daran Schuld wäre, daß Andere die Irrlehre angenommen, da es fest stand, daß Cazalla die lutherischen Doktrinen gelehrt und gepredigt.

Doktor Cazalla war kein Mann von Seelenstärke, denn von dem Momente an, wo er ahnte, daß sein Ende bevorstehe, gab er unzweifelhafte Zeichen von Reue und Bußfertigkeit, vielleicht in dem Wahne, daß seine unerbittlichen Richter endlich Mitleid empfinden würden.

Kaum stand Cazalla auf dem Blutgerüste, seines geistlichen Gewandes entkleidet, das Bußgewand über seine Schultern, mit der Dornenkrone auf dem Haupte und an ein Halseisen gefesselt, da fing er an, bitterlich zu weinen. Sein Gebahren empörte seine Schicksalsgenossen, die ihm laut sein niederträchtiges Benehmen vorhielten, dessen nur eine gemeine Seele fähig, das sich aber nicht für einen Mann zieme, der durch seine Wissenschaft in Spanien den Posten einnehmen mochte, den Luther in Sachsen inne hatte. Allein die Worte seiner Freunde vermochten nicht, seinem Jammer ein Ziel zu setzen, noch mindestens vor Richter und Henker seinen geringen Muth zu verhüllen. Denn auf die Vorwürfe seiner Glaubensgenossen antwortete er nur durch die lebhaftesten Zeichen seiner Reue ob seiner Irrthümer, und er ging so weit, daß er seine abscheulichen Richter anflehte, seine Versöhnung mit der Kirche doch zu genehmigen. Seine Furcht und Bangen vor dem Scheiterhaufen war so gewaltig, daß er vom Schaffot aus eine Predigt an seine Genossen hielt, worin er sie eindringlich ermahnte, in dieser furchtbaren Stunde doch ihre Lehren aufzugeben und in der Religion der Glaubensrichter zu sterben. Agustin Cazalla, welcher den Tag vor der Hinrichtung bereits gebeichtet hatte, fing noch einmal in dem Momente Alles zu bekennen an, wo er an das Halseisen geschmiedet werden sollte, um das bereits die Flammen emporzüngelten. Auf solche Zeichen der Reue hin, meinten die Inquisitoren, daß man gegen Cazalla Milde üben könne, die er mit solcher Selbstbemüthigung so flehentlich erbeten. Die milde Barmherzigkeit seiner Richter bestand aber nur darin, daß sie den Befehl gaben, ihn mit der Garotte zu erdrosseln, so daß seine Leiche blos ein Opfer der Flammen wurde. [1])

Die Inquisitoren verfehlten nicht, die Hinrichtung des Doktor zu ihrem Zwecke zu benutzen. Einer der Geistlichen, die seine letzten Augenblicke mit angesehen, veröffentlichte auf Befehl der Inquisition ein Document, worin er bezeugte, daß, so viel er aus dem Munde des Verurtheilten gehört und so weit er aus seinen Zügen und Geberden hätte schließen können, er offenbar des Glaubens wäre, daß Gott ihm seine Irrthümer verziehen und ihn in seinen Schooß wieder aufgenommen. Unter dem Volke von Valladolid erzählte man sich dazumal, wie Cazalla in seiner Todesstunde vorausgesagt hätte, daß er als Beweis für seine ewige Rettung am folgenden Tage zur Beschämung der Ungläubigen auf einem weißen Rosse durch die Straßen der Stadt reiten würde. Diese Fabel, welche von den verschlagenen Inquisitoren geschickt ausgesprengt wurde, fand bei der unwissenden Masse leicht Glauben. Selbst Schriftsteller jener Zeit trugen dazu bei, das Mährchen zu verbreiten, denn Paramo erzählt in seiner Orijen de la Inquisicion (Tit. III. Cap. V.), wie am Tage nach der Hinrichtung Cazalla's ein weißes Roß, das von einem unsichtbaren Reiter geleitet wurde, durch die Straßen von Valladolid gegangen, was das Volk, das durch die Strenge der Inquisition eingeschüchtert war, mit Staunen und Schrecken erfüllte. So wußte man in jenem Jahrhundert die Masse zu täuschen.

Francisco de Vibero Cazalla, ein Bruder des Doktor Agustin, Pfarrer von Hormigos im Bisthum Palencia, war gleich-

---

[1]) Gonzalo de Illescas, berichtet als Augenzeuge des Auto-da-fé über die letzten Momente des Doktor: Nachdem er auf dem Blutgerüste angekommen und sich wirklich seiner geistlichen Würde entkleidet sah, flossen seine Thränen so reichlich und waren seine Worte so bußfertig und reuevoll, daß er öffentlich sagte, daß Ehrgeiz und Böswilligkeit ihn vom rechten Wege abgebracht, wie seine Absicht gewesen wäre, die Welt aufzuregen und die Ruhe dieser Königreiche durch solche Neuerungen aufzustören, weil er der Meinung gewesen, daß er in Spanien wie ein zweiter Luther erhoben und verehrt werden würde und daß er Schüler hinterlassen werde, die sich nach seinem Namen nennen würden! In seiner Politica Española (Logroño 1619) sagt ein anderer katholischer Schriftsteller (Fr. Juan de Salazar): „Cazalla wäre Lutheraner geworden, weil Karl V. ihn nicht, wie er in seinem Ehrgeize erwartet, belohnt hätte, (eine Behauptung, die wir dahingestellt sein lassen).

falls ein Anhänger der religiösen Reform. Als die Inquisition ihn verhaften ließ, zeigte er Reue, doch trauten ihm die Richter nicht, da sie glaubten, daß blos die Furcht vor dem Scheiterhaufen ihn anders sprechen lasse, und so verurtheilten sie ihn dennoch zum Tode. Als Francisco vom Schaffot aus hörte, wie sein Bruder Agustin die Abtrünnigen zur Rückkehr in den Schooß der Kirche ermahnte, konnte er seine Entrüstung nicht zurückhalten und spottete der Reue, welche der Führer der spanischen Protestanten an den Tag legte. Er erlitt den Flammentod mit einer Ergebung und Heiterkeit, welche an das Wunderbare grenzte.

Doña Beatriz Bibero Cazalla, die Schwester der letzterwähnten, Alfonso Perez, Geistlicher aus Palencia, Magister der Theologie, D. Christobal de Ocampo, aus der Nachbarschaft von Zamora, Ritter des Ordens St. Juan und Almofenier des Großpriors von Castilien und Leon vom Orden des St. Juan von Jerusalem, — Christobal de Padilla, ein Edelmann aus Zamora, Juan Garcia, Goldschmied von Valladolid, der Licenciat Perez de Herrera, Richter des Schmuggels in der Stadt Logroño, Doña Catalina de Ortega, Wittwe des Comenthurs Loaisa, Tochter von Hernando Diaz, Fiscal des königlichen Rathes von Castilien, Catalina Roman und Isabel de Estrada von Pedrosa und Juana Blazquez, welche in Diensten der Marquise von Alcannices stand, starben durch Erdrosselung, weil sie auf dem Scheiterhaufen ihre Schuld eingestanden: „Alle widerriefen öffentlich," wie uns Illescas erzählt, „obwohl man von Manchen wohl wußte, daß sie es nur gethan aus Furcht vor dem Feuertode und nicht aus anderer Ursache!" So urtheilte ein katholischer Schriftsteller über die erheuchelte Reue, welche die spanischen Protestanten in ihrer Sterbestunde an den Tag legten.

Der Bacalaureus Herrezuelo und Leonor de Cisneros. Der Bacalaureus, Antonio Herrezuelo galt als ein ausgezeichneter Rechtsgelehrter und er sowohl, wie seine Gemahlin Leonor de Cisneros, welche durch ihre Tugend und idealische Schönheit die Bewunderung Aller erregte, zählten zu den Unglücklichen, welche am 21. Mai 1559 für ihre lutherischen Gesinnungen zu büßen hatten. Herrezuelo war ein Mann von stolzem Sinne und einer Festigkeit der Ueberzeugung, welche der Folter zu trotzen vermochte. Nachdem er in den geheimen Kerkern der Inquisition von Valladolid gefangen gehalten wurde, weil man ihn in Glaubensfragen für verdächtig hielt, verhehlte er bei seinen Verhören durchaus nicht, daß er Protestant sei, und — nicht genug damit — daß er seine Ueberzeugung in der Stadt Toro zu verbreiten gesucht, wo er bis dazumal gewohnt hatte. Die Inquisitionsrichter forderten ihn auf, die Namen der Personen zu nennen, die er zum neuen Glauben verleitet hätte. Allein nichts konnte ihn dazu bringen, seine Freunde und Genossen zu verrathen; nicht vermochten ihn Versprechungen, nicht Bitten, noch Drohungen dazu zu vermögen, seine Genossen zu offenbaren! Und selbst die Folter vermochte nicht seine Standhaftigkeit zu erschüttern, an welcher, wie an einem Felsen im Meere, alle Worte ohnmächtig abprallten.

Seine Gemahlin, Doña Leonor de Cisneros, eine junge Dame von kaum vier und zwanzig Jahren, war auch ein Opfer der Inquisition geworden, in deren Kerkern sie allein, fern von ihrem Gatten, schmachten mußte. Darf man sich daher wundern, daß das schwache Weib sich durch die Schrecken der Inquisition einschüchtern ließ? Die Liebe zu ihrem Gatten, den sie zu retten wähnte, erfüllte sie mit trügerischen Hoffnungen, und sie gestand ohne Hehl, daß sie wirklich die Irrlehren der Ketzer für wahr gehalten, unter Thränen ihre Reue und Schmerz bekundend. Wer hätte den Zähren der schönen Doña widerstehen können? Selbst die Inquisitoren wurden ihr gegenüber zur Milde gestimmt, denn ihre Reue hielten sie für wahr und ächt! Der Tag des Auto-da-fé war gekommen, an welchem das edle Paar büßen sollte für seinen Glauben. Herrezuelo sollte den Flammentod erleiden, während seine Gemahlin, welche ihre Irrthümer gestanden, die lutherischen Lehren öffentlich abschwören sollte, um dann nach der Bestimmung der Inquisition in einem Gefängnisse oder Kloster ihr Leben zu vertrauern. Sie mußte öffentlich im Bußgewande ihre Irrthümer bekennen, und die Inquisition übernahm dann die zarte Sorge, sie fürderhin auf dem rechten Wege zu halten.

Als Herrezuelo vom Schaffot aus seine Gattin in der Kleidung derer sah, die sich mit der Kirche wieder versöhnt, gerieth er ganz außer sich ... Nicht lange konnte er seine Entrüstung an sich halten und bald ließ er seinem Zorne gegen seine unglückliche Gemahlin freien Lauf, denn er rief aus: „Hast du solche Achtung für das, was ich dich in sechs Jahren gelehrt?" und in demselben Momente versetzte er ihr als Zeichen seiner Verachtung, wenn nicht, um ihr ihre Schwäche vorzuwerfen, einen Fußtritt! Die unglückliche Doña Leonor schwieg und mußte erdulden, was ihr Gemahl ihr angethan, der Mann, den sie über Alles liebte, den sie zum letzten Mal sehen sollte und der in seiner Todesstunde ihr solche Geringschätzung bezeugte. Vom

Schmerz überwältigt, kehrte sie in ihren Kerker zurück, während ihr Gemahl sammt den andern Ketzern entschlossen dem Tode entgegenging. Seine Gattin war nicht mehr für ihn vorhanden, und er dachte nicht mehr ihrer, mit welcher er sechs Jahre lang solches Glück genossen! Für ihn gab es nun keine andere Gedanken mehr, als zu sterben für eine Sache, die er für heilig und gerecht hielt. Als die Prozession die Straßen durchzog, da sang er laut die Psalmen mit und wiederholte die Stellen aus der Bibel. Die Inquisitoren waren nicht wenig entrüstet über seine Standhaftigkeit und ließen seinen Mund durch einen Knebel schließen; aber auch das erschütterte nicht den Felsensinn Herrezuelo's. Der berühmte Prediger Carl's V., Agustin Cazalla, der Führer der Ketzer von Valladolid, welcher, sei es aus Furcht vor dem Flammentode, sei es aus wirklicher Reue, sich geneigt zeigte, in der katholischen Kirche zu sterben, redete beim Scheiterhaufen seinem Freunde zu, um ihn zu bekehren oder mindestens doch zu bewirken, daß er, wenn auch nur zum Scheine, seine Meinungen abschwöre, damit er nicht lebendig den Flammen überliefert werde. Allein alle Worte Cazalla's blieben vergebens; sie verhallten, ohne daß sie auf die Seele seines Freundes irgend welchen Eindruck gemacht, der mit staunenswerther Standhaftigkeit den Tod erlitt. Doktor Gonzalo de Illescas, welcher als Augenzeuge hier berichtet, schildert den Tod Herrezuelo's in ergreifender Weise: „Der Bacalaureus Herrezuelo," schreibt er, „war der hartnäckigste und ließ sich mit einer Seelenstärke verbrennen, wie man nie gesehen. Ich befand mich so nahe bei ihm, daß ich alle seine Geberden bemerken konnte. Er konnte nicht sprechen, denn wegen seiner gottlosen Aeußerungen hatte er einen Knebel im Munde; doch in Allem schien er ein starrsinniger und fester Mann, der nur, um sich nicht zu beugen, lieber den Flammentod erleiden wollte, als glauben, was andere seiner Genossen bekennen mochten. Besonders bemerkte ich an ihm, daß, jammerte er auch nicht und zeigte er auch nicht äußerlichen Schmerz, er trotz alledem in seinen Zügen einen so eigenthümlichen Schmerz zeigte, wie ich nie gesehen, so daß man bange wurde, wenn man ihn nur ansah."

In einem Bericht über das Auto-da-fé, welchen Llorente bei seiner Geschichte der Inquisition vor sich hatte, erzählte er, daß ein Hellebardier, der seinen Zorn über die Hartnäckigkeit nicht zurückhalten konnte, mit welcher der Unglückliche starb, ihm einen Stich in die Brust versetzt hätte, — eine That, die man kaum für möglich halten möchte! Genug — Antonio Herrezuelo fand ein solches Ende als

Opfer seiner Standhaftigkeit und Gesinnungstreue! Allein sein edles Weib konnte nicht verschmerzen, wie er ihr in seiner Todesstunde seine Verachtung gezeigt und sie wollte wieder seiner würdig werden! Was that sie? Sie erklärte unumwunden und ohne Zagen, daß sie die Lehren Luther's bekenne und die Lehre verehre, mit welcher ihr Gemahl auf dem Scheiterhaufen seinen letzten Seufzer ausgehaucht. Bemerkenswerth ist es, daß Llorente über den Tod der Doña Leonor kein Wort zu sagen weiß, und daß die Handschriften der Stadt Valladolid gleichfalls darüber schweigen. Was wir darüber wissen, beschränkt sich auf das, was Illescas in seiner Historia Pontifical y Catolica erzählt. Er sagt nämlich: „neun Jahre nach dem Tode ihres Gemahls, nämlich am 26. September 1568, ließ die Gemahlin des Bacalaureus Herrezuelo sich selbst Recht widerfahren, da sie sich lebendig verbrennen ließ, ohne daß irgend eine Anstrengung, sie zu überzeugen, gefruchtet hätte. — denn nichts vermochte den Starrsinn dieses hartnäckigen Weibes zu erschüttern! In dem jugendlichen Alter von 33 Jahren opferte sie ihr Leben hin! Diese Selbstopferung ist psychologisch wohl zu erklären: Die Verachtung, welche ihr ein Gemahl, der ihr Alles gewesen, in seinen letzten Momenten bezeigte, mußte um so nachhaltiger auf sie wirken, als sie erfahren, mit welchem Muthe ihr Gemahl für seine Ueberzeugung gestorben, und so läßt sich wohl begreifen, wie sie von keinem andern Gedanken mehr erfüllt wurde, als des Mannes wieder würdig zu werden, der ihr Alles war. Selbst auf dem Scheiterhaufen zeigte sie, wie würdig sie ihres Mannes gewesen, denn inmitten der Feuerqualen offenbarte sie eine solche Stärke, daß die Henker selbst Mitleid darob empfanden und Reiser in das Feuer schleuderten, damit sie nicht zu lange leide.

Wer wird diesem edlen Paare nicht eine Thräne nachweinen? Wer nicht den tiefsten Abscheu vor Richtern empfinden, welche statt zu Worten der Ueberredung, zu Folter und Scheiterhaufen ihre Zuflucht nahmen, um die Gläubigen im Schooße der Kirche zu erhalten? Bei Gott fanden Herrezuelo und Leonor die Milde und Barmherzigkeit, die sie auf Erden nicht gefunden, und das muß unser Trost sein.

Wir fahren fort in der Aufzählung derer, welche bei jenem Auto-da-fé öffentliche Schmach erlitten und zum Verlust ihrer Titel und ihrer Güter verurtheilt wurden: D. Pedro Sarmiento de Rojas bekannte sich auch zum Protestantismus und lebte in der Nähe von Palencia. Er war Ritter des Ordens von Santiago, Comenthur von Quintana und Sohn von Don Juan de Rojas dem

erften Marquis von Poza. Don Luis de Rojas, ein Enkel des-
felben Marquis, wurde aus demfelben Grunde zur Verbannung aus
Madrid, Valadolid und Palencia verdammt. Er durfte nicht Spanien
verlaffen, feine Güter wurden eingezogen und er wurde felbft des
Erbrechtes auf das Marquifat verluftig erklärt. Doña Mencia
de Figueroa, die Gemahlin des Don Pedro Sarmiento de Rojas,
mußte im Bußgewande beim Auto ihre Irrlehre abfchwören und die
Inquifition war milde genug, fie zu ewigem Kerker und mit Ein-
ziehung ihrer Güter zu verurtheilen. Doña Ana Henriquez de
Rojas, Tochter des Don Alfonfo Henriquez de Almanfa,
Marquis de Alcannices, war erft vierundzwanzig Jahre alt, als fie
ebenfalls im Bußgewande ihre lutherifchen Ueberzeugungen abfchwören
mußte. Donna Ana war eine Dame von feltnen Geiftesgaben und
hatte Kenntniffe, die einen Mann geziert hätten. Sie verftand gründlich die lateinifche Sprache, bewunderte die Schriften Calvins und
hatte mit Eifer die Schriften des fpanifchen Proteftanten Conftantino
Ponce dela Fuente gelefen. Nach ihrer öffentlichen Buße mußte fie
auf Befehl der Inquifition in ein Klofter wandern, wo fie ihr Leben
vertrauern mußte. Allein auch in die engen Kloftermauern hatten die
Lehren Luthers Eingang gefunden, denn Doña Maria de Rojas,
Nonne im Klofter Santa Catalina von Valladolid mußte in ihrem
vierzigften Lebensjahre ebenfalls bei einem Auto-da-fé Buße thun. Das
Urtheil der Inquifitoren lautete in feiner Milde dahin, daß fie zeit-
lebens in ihrem Klofter gefangen fitzen müffe und zur Strafe wurde
ihr im Chor und Refectorium der letzte Platz angewiefen und fie ihres
Stimmrechts verluftig erklärt. Doña Francisca Zuñiga de
Baeza, Betfchwefter aus Valladolid und Tochter des königlichen
Zahlmeifters, und mit ihr Doña Conftanza de Vibero de Ca-
zalla, Schwefter des Doktor Aguftin, Doña Juana Silva de
Ribera, illegitime Tochter des Marquis de Montemayor und ihr
Gemahl, Don Juan de Vibero Cazalla, Bruder des Doktor Aguftin,
mußten fämmtlich bei dem oben erwähnten Auto als Ketzer öffentliche
Buße thun und wurden von der Inquifition zu ewigem Kerker und
Gütereinziehung verdammt. Ifabel Minguez, welche bei Doña
Beatriz Vibero Cazalla in Dienften ftand, ihr Bruder Anton
Minguez und Daniel de la Quadra traf ein gleiches Loos.

D. Juan de Ultra Pereira, aus abligem Gefchlechte und
Comenthur von S. Juan de Jerufalen war in der Umgegend von
Toro geboren und Sprößling der Herren de la Mota. Auch er mußte

bei dem erwähnten Auto-da-fé im Bußgewande erscheinen, doch war er glücklich genug, um mit dem Leben davon zu kommen. Die Glaubensrichter verdammten ihn blos zu lebenslänglicher Kerkerhaft und zum Verlust seiner Güter. Zugleich wurde er aller Ehren und Würden entkleidet und für immer unfähig erklärt, und für den Fall, daß er der Haft entlassen würde, durfte er weder am Hofe noch zu Valladolid und Toro verweilen und mußte Spanien meiden. Don Juan hatte viele Freunde und auf deren Verwendung erließ ihm der Generalinquisitor 1564 die verhängten Strafen soweit von ihm abhing, weil er meinte, daß Don Juan wirklich seine Irrthümer bereue. Damit war Don Juan aber noch nicht wieder in den Besitz seiner Güter und Würden gelangt, und so wandte er sich 1565 an den Papst, indem er an die guten Dienste erinnerte, die er auf den Galeeren des Malteserordens wider die Ungläubigen geleistet, da er nicht nur dem türkischen Corsaren Caramain fünf Schiffe genommen, sondern sich auch in den Schlachten bei Argel, Bugia und anderswo hervorgethan. Seine Vorstellung fand willfähriges Gehör, denn sie erwirkte ein Breve des Papstes vom 8. Juni 1865, Kraft dessen der Ritter wieder in Besitz seiner Ehren und Würden gelangen sollte, wenn dies Seitens des spanischen Generalinquisitors und des Großmeisters des Malteserordens noch nicht erfolgt wäre. Nur seinen bewährten Diensten für die Sache der Christenheit hatte Don Juan es zu verdanken, daß der Pabst, die Inquisition und der Malteserorden über seinen Abfall von der Kirche hinwegsahen und ihm Verzeihung angedeihen ließen. Wohl auch mochte man berücksichtigen, wie man seine Dienste nicht entbehren könne, denn seine Tapferkeit und seine Kenntnisse in militärischen und politischen Dingen hatten ihm einen solchen Namen gemacht, daß Kaiser Karl V. ihn zum General ernannte und ein bedeutendes Heer in Deutschland und Ungarn unter seinen Befehl stellte.

Bei dem Auto-da-fé, das zu Valladolid stattfand, hielt der berühmte Melchor Cano die Glaubenspredigt gegen die spanischen Protestanten. Zuvor aber trat der Inquisitor Don Francisco Baca auf den Thron zu, auf welchem der Prinz, Don Carlos und seine Tante Doña Juana als Regentin des Königreichs saßen, und ließ sie feierlich schwören: „aller Zeiten und Orten die h. Inquisition zu schützen und ihr strenge Rechenschaft zu leisten für Alles das, was sie selbst wider den Glauben gethan oder gesagt, wie für das, was sie von irgend einer andern Person sagen gehört oder thun gesehn!" Daß der

Inquisitor es wagte, von den anwesenden Fürsten einen solchen Eid
zu fordern, geschah wohl nur in Folge einer Bestimmung der katholischen Könige Don Fernando und Doña Isabel, kraft deren der
einer solchen Feierlichkeit vorsitzende Richter das eibliche Gelöbniß ihnen
abnehmen durfte, daß sie die Maßregeln der heiligen Inquisition verehren und vertheidigen würden. Don Carlos und Doña Juana
leisteten den Eid, den der Inquisitor von ihnen heischte: die Regentin
vermeinte wohl damit, eine heilige Gewissenspflicht zu erfüllen, wo
hingegen Don Carlos noch nicht alt genug war, um die Zwecke der
Inquisitoren zu erfassen. Der Prinz stand damals erst in seinem
vierzehnten Lebensjahre und mochte noch nicht den Haß hegen, den
er später gegen die Höflinge und Mönche empfand, die seinen königlichen Vater beherrschten, und die, wie wir im Verfolg unserer Geschichte sehen werden, dem Prinzen zum Entsetzen Europas ein frühes
Ende bereiteten!

Wie viele auch bei dem erwähnten Auto-da-fé das Opfer ihrer
Ueberzeugung wurden, so hatten sich die Inquisitoren geflissentlich nicht
damit beeilt, alle Schuldigen den Flammen zu überliefern, denn die
angesehensten Gefangenen ließ man noch im Kerker schmachten, um die
Rückkehr Philipp's II. nach Spanien durch ein Auto-da-fé zu verherrlichen, ein Fest, würdig des Königs, dessen Herrschaft in England
mit der grausamen Maria Tudor ein Ende gefunden, nachdem viele
Protestanten den Flammentod erlitten. Es war am 8. October 1559,
wo dieses Auto-da-fé abgehalten wurde und zu größerer Verherrlichung des Festes hielt der barmherzige Monarch es für angemessen,
mit seinem ganzen Hofe dem schauervollen Schauspiele beizuwohnen
und sein Ergötzen zu finden an dem furchtbarem Tode vieler durch
Geburt wie Verdienst gleich ausgezeichneter Spanier. In seiner Umgebung befand sich sein Sohn, wie sein Neffe, der Prinz von Parma,
drei französische Gesandte, der Erzbischof von Sevilla, die Bischöfe
von Palencia und Zamora und andere noch nicht geweihte Bischöfe,
der Connetabel von Castilien, der Großadmiral, die vornehmsten
Granden des Reiches, Don Antonio de Toledo, Großprior von Castilien und Leon vom Orden von S. Juan de Jerusalem. Ferner die
Damen des höchsten Adels, die Räthe und Gerichtshöfe und viele
andere angesehene Personen. Der Cordovaner Don Diego de Simancas, der dazumal Sekretär der Inquisition war und später zum

Bischof von Zamora ernannt wurde, sagt nämlich:[1] „Das Auto
jener Ketzer fand auf das Feierlichste auf dem Marktplatze statt, wo
für die Schuldigen ein Gerüste von ganz neuer Erfindung aufgeführt
war, damit sie von allen Seiten gesehen werden konnten. Auf
andern Emporbühnen waren alle Räthe und die vornehmsten Personen versammelt und das Volk strömte dermaßen aus der ganzen
Umgegend zusammen, daß wohl zweihunderttausend Personen dort zusammen sein mochten.“ Mit einem Worte: alle Stände wetteiferten,
um sich an der gräulichen Feier zu weiden! Nachdem die Glaubenspredigt abgehalten war, wandte sich vor Verlesung der Urtheile der
Kardinal-Erzbischof von Sevilla, Don Hernando de Valdes in seiner
Eigenschaft als Generalinquisitor zunächst an den König mit den
Worten: „Domine, adjuvanos.“ Philipp erhob sich und zog seinen
Degen als Zeichen, daß er die Inquisition mit seinem Schwerte vertheidigen würde. Sodann verlas der Erzbischof eine Erklärung, welche
Simancas Tags vorher niedergeschrieben und die also lautete: „Da
es durch apostolische Decrete und die heiligen Canones verordnet ist,
daß die Könige einen Schwur zu leisten haben, wonach sie den heiligen katholischen Glauben und die christliche Religion schützen würden,
so schwöre Eure Majestät auf das heilige Kreuz mit Ihrer königs
lichen Rechten auf den Degen, daß Sie allen nöthigen Schutz dem
heiligen Amt der Inquisition und ihren Dienern leihen, wider die
Ketzer und Abtrünnigen, wie gegen jene, die sie vertheidigen und
beschützen, gleichwie gegen jedwelche Person, die direkter und indirekter
Weise den Beschlüssen und Angelegenheiten der heiligen Inquisition
entgegenwirken würden, — und daß Sie alle Unterthanen und Landes-
kinder zwingen würden, die apostolischen Constitutionen und Weisungen
zu befolgen und zu beachten, welche zur Vertheidigung des heiligen,
katholischen Glaubens wider die Ketzer und wider jene erlassen worden,
die selben Glauben schenken und sie aufnehmen oder begünstigen
würden.“ Darauf antwortete Philipp II: „das beschwöre ich!“

Das erste Opfer dieses Auto-da-fé war Don Carlos De
Sejo oder Sesse. Er gehörte einem der vornehmsten Adelsgeschlechter
Italiens an und war zu Verona geboren. Er war ein großer Ge-
lehrter, hatte unter Karl V. viele Jahre in dem kaiserlichen Heere

---

[1] La vida y cosas del Sr. obispo de Zamora, don Diego de Simancas, natural de Cordoba, escrita por él mismo. Dieses Buch befindet sich
noch als Manuskript in der Bibliothek de la Catedral de Sevilla.

gebient und später in der Stadt Toro das Amt als politischer Richter verwaltet. Er war vermählt mit Doña Isabel de Castilla, Tochter von Don Francisco de Castilla, einem Abkömmling des Königs Don Pedro I. und wohnte in der Nähe von Villamediana, bei Logroño. Wie andere seiner Schicksalsgenossen ausgesagt und eingestanden hatten, war Don Carlos es gewesen, welcher zu Valladolid, Palencia und Zamora, wie an andern Orten der Provinzen, die lutherische Lehre verbreitet. So mußte er dafür büßen und wurde als Urheber der Ketzerei zum Tode verdammt. Noch am Tage vor dem Auto-da-fé schrieb er sein durchaus lutherisches Glaubensbekenntniß nieder, worin er erklärte, daß dieses die wahrhafte Lehre des Evangeliums wäre, nicht aber, wie die römische Kirche sie verkehrt hätte: „in solchem Glauben habe er gelebt und darin hoffe er zu sterben, Gott seine Schmach darbietend, um des Andenkens und des Leidens Christi willen!" Llorente, welcher bekanntlich eine kritische Geschichte der Inquisition geschrieben, sagt unter andern über das lutherische Glaubensbekenntniß dieses Märtyrers: „schwer ist es die Energie und Kraft zu schildern, mit welcher ein Mann, der da weiß, daß er in wenigen Stunden sterben müsse, solche zwei Bogen niederschrieb!"

Als der unerschrockene Mann auf dem Wege zum Schaffot vor dem Throne vorüberging, wo Philipp II. saß, rief er dem Könige zu: „wie er es zugeben könne, daß man ihn als einen so hoch stehenden Edelmann in den Flammen sterben lasse?" Darauf erwiederte der milde König: „ich würde die Reiser selbst zum Scheiterhaufen tragen, um meinen eigenen Sohn zu verbrennen, wäre er so schlecht wie Ihr!"[1]) Selbst auf dem Scheiterhaufen wurde die Standhaftigkeit des heldenmüthigen Don Carlos nicht erschüttert, und da er Muth genug besaß, seine Ueberzeugung laut werden zu lassen, so befahl Philipp, daß man ihm mit einem Knebel den Mund verschließe, damit man seine Blasphemieen nicht höre! Auf dem Wege zum Scheiterhaufen bemühten sich die Geistlichen vergebens, ihn in den Schooß der Kirche zurückzuführen und noch als man ihn an den Pfahl des

---

[1]) In der Geschichte Philipp's II. von Luis Cabrera findet sich Näheres darüber. Baltasar Porreno sagt in den Dichos y hechos del rey don Felipe II. el prudente (Sevilla 1639), als er von dem Auto-da-fé spricht: „Philipp entfaltete dort sehr seinen Eifer. Als nämlich einige Granden aus Mitleid für die Edelleute Fürbitte einlegten, da erwiderte Seine Majestät mit Strenge: „Sehr gut ist es, daß edles Blut, wenn es unrein geworden, im Feuer geläutert werde und wenn mein eignes Blut bei meinem Sohne sich verschlechterte, so wäre ich der Erste, der ihn ins Feuer schleuderte!"

Scheiterhaufens befestigte und ihn von seinem Knebel wieder befreite, rief er die denkwürdigen Worte aus: „Bliebe mir noch Zeit, so würde ich euch darthun, wie ihr euch selbst verdammt, dieweil Ihr mir nicht nacheifert; zündet nur den Holzstoß an, damit ich baldmöglichst drin sterbe!" Seine Henker zögerten damit nicht; die Flammen prasselten empor und der Held seines Glaubens hauchte bald seinen letzten Seufzer aus und seine Asche zerstob in die Winde! Also wußten die spanischen Lutheraner der Wuth ihrer Verfolger Trotz zu bieten und standen dabei in Standhaftigkeit und Muth den ersten Märtyrern der Kirche nicht nach. —

Bei diesem zweiten Auto-da-fé mußte auch ein Dominikanermönch, Fray Domingo de Rojas, ein Sohn des Marquis de Poza in den Flammen für seine Ueberzeugung büßen.

In einem Berichte über dieses Auto-da-fé liest man unter Andern: „Fr. Domingo de Rojas, ein Dominikanermönch und von edlem Geschlechte, war das zweite Opfer; mit dem Kreuze in der Hand und einem Skapulier ging er in einem weißen Gewande einher, ohne einen Mantel drüber. Er war denselben Meinungen zugethan, wie Don Carlos, mochte er auch noch manches Andere glauben, was er, wenn auch in etwas verhüllter Weise, eingestand. Er bat den König um die Erlaubniß reden zu dürfen, und sprach sich also aus: „Ich halte es für nothwendig, gewiße Dinge zur Kenntniß Ew. Majestät und vieler Andern hier zu bringen. Wenn ich auch hier in der Meinung der Masse als Ketzer erscheine, so glaube ich doch an Gott den Vater, den Allmächtigen, an den Vater und Sohn und heiligen Geist und an die heilige Kirche, — ich sage nicht die römische Kirche, — und ich glaube an das Leiden Christi, was allein schon hinreicht die ganze Welt zu erlösen, ohne anderes mehr als die Rechtfertigung der Seele bei Gott, und damit denke ich auch selig zu werden." Noch bevor er die letzten Worte gesprochen, befahl der König, daß er sich zu entfernen habe! Fra Domingo aber ließ sich nicht erschüttern, umfaßte einen Pfosten, so daß zwei Klosterbrüder ihn nicht davon losreißen konnten, bis ein Häscher der Inquisition ihn endlich mit Gewalt entfernte, wo man auch ihm einen Knebel in den Mund legte, der ihn bis zu seinen letzten Augenblicken nicht verließ. Bei seinem Sterbegeleit waren mehr als hundert Mönche seines Ordens anwesend, die ihn zur Rückkehr in den Schooß der Kirche zu bewegen suchten. Allein auf dem ganzen Wege zur Richtstätte hörte man ihn „nein, nein" ausrufen, was des Knebels ungeachtet vernehmlich war. Nichtsdestoweniger behaupteten die Dominikaner, wie er zu verstehen gegeben, daß er an die heilige, römische Kirche glaube, und so verschonte man ihn in so ferne man nur seine Leiche verbrannte."

Auch Juan Sanchez, ein junger Mann von 33 Jahren, welcher aus der Nähe von Valladolid gebürtig war, und in Diensten von Pedro Cazalla, des Pfarrers von Pedrosa stand, mußte auch zu sterben mit seltener Unerschrockenheit für seinen Glauben. Freilich hatte er zeitig genug erfahren, daß die Inquisition ihm nachstelle und so floh er unter falschem Namen nach Flandern. Die Glaubensrichter erfuhren aber bald seinen Aufenthalt, da seine Briefe an Doña Catalina Ortega aufgefangen wurden, die ebenfalls als Ketzerin im Kerker saß und so sollte er denn auf Befehl des Königs zu Brüssel verhaftet werden. Wenn auch nicht dort, fiel er bald zu Türlingen in die ihm gelegte Schlinge und wurde bald darauf nach Valladolid gebracht, wo er in den geheimen Kerkern der Inquisition schmachten mußte, bis der Tag des Auto-da-fé erschien, wo er für seinen Glauben leiden sollte. In dem oben bereits erwähnten Berichte liest man über seinen Märtyrertod: „Juan Sanchez mußte ebenfalls mit einem Knebel im Munde zur Richtstätte ziehen. Er war denselben Ketzereien ergeben, wo nicht noch mehr, denn er war ins Ausland gewandert. Auf alle Vorhaltungen erwiederte er, wie Alles wahr wäre, und wie er in jenen Meinungen zu leben und zu sterben gewillt wäre, da er seiner Erlösung dabei gewiß wäre, und in allen Verhören zeigte er sich so starrsinnig, daß man ihm kein anderes Geständniß entreißen konnte. Er wurde lebendig verbrannt und man erzählte, wie er halb verbrannt schon vom Pfahl lossprang und von einem Balken zum andern hinübersetzte und ausrief: „Barmherzigkeit, Barmherzigkeit!" Darauf hin riefen ihm die Klosterbrüder zu, „wie es wohl an der Zeit wäre, daß Gott ihm barmherzig sein möge, wenn er seine Schuld beichte," worauf er erwiederte, er habe allein Gott zu beichten und so verbrannten sie ihn denn lebendig! Er war der hartnäckigste Ketzer von Allen!" In einem andern Berichte erzählt man, wie Juan Sanchez, der auf der Höhe des Blutgerüstes sich befand, zusah, wie Don Carlos de Sesse sich von der Flamme verzehren ließ, und, — statt wieder um Barmherzigkeit zu flehen, spottete er der Klosterbrüder, die ihn zum Geständniß seiner Schuld bewegen wollten, damit er durch Erdrosselung vom Leben zum Tode gebracht werde; da stürzte er sich kopfüber in die Flammen!

Andere, die auch zum Tode verdammt worden, waren minder

standhaft und bekannten ihre Irrlehren, weil sie dadurch dem Flammentode mindestens entgingen. Wir nennen hier Pedro de Cazalla,
welcher aus Valladolid gebürtig und das Pfarramt zu Pedrosa verwaltete, ferner Domingo Sanchez, Geistlicher aus Villamediana
bei Logronno, Doña Eufrosina Rios, Nonne des Ordens der
heiligen Clara zu Valladolid, Doña Maria de Guevara, Nonne
des Cisterzienserordens, vom Kloster zu Belen, mit ihr Doña Ca-
tharina de Reynoso und Doña Margarita de Santisteban,
gleichfalls Nonnen dieses Klosters und endlich noch Pedro Sotelo,
Francisco de Almansa und Doña Maria de Miranda, Nonnen
des eben erwähnten Klosters; diese waren die letzten Opfer.

Auch figurirte in der Prozession die Statue und der Leichnam
der unglücklichen Betschwester Juana Sanchez. Auch sie saß in den
Kerkern der Inquisition wegen ihres Abfalls von der Kirche, und
verzweifelte an ihrem Geschicke, so daß sie sich selbst entleibte. Mit
einer Scheere versetzte sie sich eine solche Wunde im Halse, daß sie
nach einigen Tagen starb, ohne in ihren Ueberzeugungen wankend geworden zu sein. Alle Ueberredung der Geistlichen scheiterte an ihrer
Festigkeit und sie bekannte sich bis zu ihrem letzten Augenblicke zur
lutherischen Lehre.

Andere Lutherischgesinnte kamen mit dem Leben davon; nachdem
sie im Bußgewande ihre Irrthümer abgeschworen, mußten sie Zeitlebens in den Kerker wandern, während ihre Güter eingezogen wurden.
Dieses Geschick erlitten Doña Isabel de Castilla, Gemahlin des
D. Carlos de Seso, ferner Doña Catalina de Castilla, deren Nichte
und Doña Francisca de Zuñiga und Reinoso, Doña Felipe de Heredia
und Doña Catalina de Alcaraz, sämmtlich Nonnen des erwähnten
Klosters zu Belen. Don Diego de Simancas erzählt in seiner handschriftlichen Biographie u. a.: „Man schickte den Bericht über das
Auto an Papst Paul IV. und er freute sich sehr darüber und ließ
denselben einigen Cardinälen vorlesen. Auch sagte er dazu, wie die
katholischen Könige durch Eingebung des heiligen Geistes den Befehl
gegeben, daß in Spanien Inquisitoren eingesetzt würden, damit die
Ketzer in Spanien nicht die Oberhand bekämen und er sprach der
heiligen Inquisition großen Dank dafür aus." Simancas sagt in
seiner Biographie: „Als der König von Frankreich zu jener Zeit
erfuhr, daß auch sein Land voller Ketzer wäre, ließ er unsern König,
seinen Schwager ersuchen, daß derselbe ihm einen Bericht und Aufschlüsse über die Art und Weise einsende, wie man in Spanien gegen

die Ketzer verfahre. Der König theilte dies dem Generalinquisitor
mit, und dieser trug es mir und Valtobano auf. Wir machten den
Bericht, welcher nach Frankreich gesandt wurde, worauf man mittelst
der Bischöfe als gewöhnlicher Inquisitoren wider jene Ketzer einzu-
schreiten begann, von denen einige gefangen genommen wurden; es
waren aber deren so viele, und sie standen unter solchem Schutze,
daß man nicht ausführte, was da geeignet war!"

Wie gesagt, war Philipp II. bei diesem Auto-da-fé anwesend
und da hielt er es für angemessen, daß seine Garden, sowohl die zu
Fuße wie zu Pferde, bei der Hinrichtung dieser Märtyrer der Gedankenfreiheit mitwirkten und sich zu Schergen der Henker des Glaubensgerichtes herabwürdigten.[1] Traurig aber wahr! Es giebt heute noch
einige Schriftsteller, die beschränkt genug, um Philipp II. als ein
Opfer fremder Verleumdung hinzustellen. Philipp II. wäre verläumdet
worden! Der Herrscher, dessen Thaten man blos mit der Farbe
der Wahrheit zu zeichnen braucht, um Alles das zu übertreffen, was
Verleumdung nur je zu ersinnen vermöchte? Schon seine Anwesenheit bei dem Jammertode der spanischen Protestanten macht ihn
würdig einem „Nero" an die Seite gestellt zu werden. Nero ließ
einstens bei dem furchtbaren Brande Roms einige Christen gefangen
nehmen, die man der Mordbrennerei wohl verdächtig hielt. Auch ließ
er jene verurtheilen, die ihre Schuld gestanden und auch alle in den
Kerker werfen, welche auf Angeberei Anderer beschuldigt wurden.[2]
Als die Ketzerei in Spanien Wurzeln schlug, da fand Philipp II. es
für angemessen viele Protestanten zur Strafe für ihren Abfall einzukerkern und noch strengere Haft über jene zu verhängen, welche
auf das Geständniß der Verurtheilten hin, sie verleitet, oder ihre Genossen gewesen.

Nero wußte die Qualen seiner Opfer noch durch öffentliche

---

[1] Luis Cabrera de Cordoba. Libro V. de la Historia de Felipe II., capitulo III. sagt u. a.: „Der Glaube ließ Philipp so sehr die heilige Inquisition
begünstigen und derselben eine solche Macht zuerkennen. Der Glaube ließ ihn bei
den Glaubensakten anwesend sein, wie wir in dieser Stadt gesehen, wo er jenen
berühmten Ausspruch that: „Wenn mein Sohn gegen die katholische Kirche wäre,
so würde ich die Reiser zusammentragen, auf daß sie ihn verbrennen!" Man sehe
auch Don Fray Augustin Davila, welcher 1598 zu Valladolid eine Predigt hielt,
ferner die Leichenreden zur Verherrlichung Philipp's II., die zu Sevilla 1600
erschienen.

[2] Igitur primo correpti, qui fatebantur, deinde indicio eorum multitudo
ingens, haud perinde in crimine incendii, quam odio humani generis con-
victi sunt. C. Cornelii Taciti Annalium, Liber XV.

Schmach zu verbittern, indem er die Verurtheilten in den blutigen Fellen wilder Bestien in der Arena erscheinen ließ. [1] Philipp dagegen gefiel sich darin, Geistliche und Edelleute ihres Priestergewandes und der Abzeichen ihrer Würde und Adels zu entkleiden, und sie bei dem öffentlichen Aufzuge in lächerlichen Gewändern erscheinen zu lassen, auf denen Larven aller Art, Bilder von Kröten und Eidechsen figurirten, was die unwissende und fanatische Masse mit Verwunderung und Schrecken erfüllte.

Nero ließ die Christen durch ausgehungerte Hunde zerreißen und sie ans Kreuz nageln, da es in der Nacht als Fackel dienen sollte. [2] Und Philipp II. ließ entweder die Ketzer mit der Garrote erdrosseln, oder sie an den Pfahl des Scheiterhaufens ketten, damit sie bei Einbruch der Nacht von den Flammen verzehrt würden!

Nero öffnete seine Gärten, damit in denselben dem Volke das unmenschliche Schauspiel der Hinrichtung der Opfer geboten werde, [3] während Philipp II. seine Königlichen Garden zu Henkersknechten herabwürdigte, damit sie beim Anzünden des Scheiterhaufens werkthätige Hand leisten! Und Beide gaben vor, durch ihre Grausamkeiten der öffentlichen Wohlfahrt zu dienen, indem Nero die Christen zu Tode martern ließ, während Philipp sich an dem Flammentode der Ketzer ergötzte.

Als Wagenführer verkleidet mischte sich Nero unter das Volk um an dem jammervollen Tod der Christen sich zu weiden, während Philipp II. mit Prunk unter dem Geleite seines glänzenden, aber nicht minder fanatischen Hofes, das schauderhafte Leiden der Protestanten mit anschaute, welche in den Flammen ihr Leben aushauchen mußten.

Wenn Nero an dem gräulichen Tode der unglücklichen Christen sein Gefallen fand, so schämte er sich doch, daß das Volk ihn dort in seinem Kaiserlichen Schmucke sehe, eine Scham, die Philipp nicht empfand, der es sich zur Ehre anrechnete, bei dem Auto-da-fé den Vorsitz zu führen. Mit einem Worte: Nero wagte es nicht, seine Grausamkeit dem römischen Volke unverhüllt zu zeigen, während Philipp II. ein Verdienst darin suchte, vor Volk und Granden seine Gesinnung zur Schau zu tragen. Man darf behaupten, daß Nero

---

[1] Et pereuntibus addita ludibria, ut ferarum tergis contecti. — Ibidem.
[2] Laniatu canum interirent aut crucibus afflixi aut flammandi, atque ubi defecisset dies, in usum nocturni luminis urerentur. — (Ibidem.)
[3] Hortos suos ei spectaculo Nero obtulerat. Ibidem.

mit etwas mehr Heuchelei äußerlich zu Werke ging und doch hat Tacitus ihn mit Recht zum Abscheu der Welt, als Ungeheuer gezeichnet! Und Philipp II.? Wiewohl er schamlos seine Grausamkeit entfaltete, war er im Grunde doch mehr Heuchler, insofern er seine innersten Gedanken und Gefühle besser zu verbergen wußte. Der edle Britannicus war unglücklich genug, denselben Vater wie Nero zu haben. — Philipp II. wäre sein würdiger Bruder gewesen! Wären beide Söhne der stolzen Agripina gewesen, dann hätte Rom schwerlich einen Kaiser gesehen, der in der Arena aufgetreten wäre, denn Nero hätte schwerlich dann das Diadem getragen, das sein Bruder ihm bald entrissen hätte, dem ein Priester des Jupiter den Purpurmantel zugeworfen hätte. Seltsam aber wahr: noch eine andere Aehnlichkeit hat die Regierung Philipp's mit jener Nero's. Vor dem Auto-da-fé wurde halb Valladolid durch eine Feuersbrunst heimgesucht, ähnlich dem Brande, der einen Theil der Römerstadt einst in Asche legte. Es war nämlich am Sonntag den 21. September 1561, als zwei Stunden vor Tagesaubruch in der Costanilla von Valladolid ein furchtbares Feuer losbrach, daß sich aller Anstrengungen ungeachtet nicht stillen ließ, und binnen dreißig Stunden über vierhundert Häuser in Asche legte. Die Feuersbrunst richtete großen Schaden an, denn große Waarenvorräthe, Massen von Getreide und Weinkeller gingen dabei zu Grunde. Den Brand schrieb man den Verwandten und Freunden der Lutheraner zu, deren noch viele zu Valladolid in Gefangenschaft saßen, besonders aber in dem San Juan Viertel, nachdem sie öffentliche Buße gethan und sie scheinbar sich mit der Kirche versöhnt hatten. Mag sein, daß man die Absicht hegte die Gefangenen wirklich bei der Verwirrung des Feuers zu befreien, was vielleicht gelungen wäre, wenn ein größerer Theil der Stadt niedergebrannt wäre. Allein, wenn es sich wirklich so verhielt, daß die geheimen Anhänger der Lutheraner hier die Verwegenheit so weit getrieben, daß sie das Feuer angelegt, so hatte dies aber nicht die Folge, die sie erwartet, denn es gelang des Feuers Herr zu werden, ehe es die Gefängnisse erreichte und die Unglücklichen mußten im Kerker verschmachten, bis der Tod oder der Scheiterhaufen sie abrief.

Der Uebermuth der Inquisitoren begnügte sich aber damit nicht, denn er wollte sich ein Denkmal für die Zukunft setzen, und so beschloß man zum Andenken an das blutige Ereigniß ein Monument zu errichten, das den Protestanten nicht zur Schande, wohl aber ihren Richtern zur Schmach gereichen sollte! An dem Orte, wo einst das Haus der Doña Leonor de Vibero gestanden, und das von der blinden Wuth der Glaubensrichter dem Erdboden gleich gemacht war, ließ man eine Schandsäule von weißem Stein sechs Fuß hoch und eine halbe Elle breit errichten. In einem Winkel des früheren Hauses der Doña Leonor, erhob sich auf einem Steinhaufen drei Ellen hoch das Monument, bis die Franzosen 1809 es niederschleuderten, damit das Zeugniß menschlicher Grausamkeit nicht mehr der Menschlichkeit Hohn spreche und die Einsicht unseres Jahrhunderts mit Trauer erfülle. Bei ihrem Rückzuge aus Spanien ließen die Franzosen aber die Schandsäule zurück, die, zu unserer Beschämung sei es gesagt, heute noch an dem Orte zu sehen ist, wo sie einstens aufgeführt wurde.

Auf dem übrigen Platze, wo das Haus von Leonor de Vibero gestanden, ließen die Jesuiten ein Collegium erbauen, das ihren Zwecken dienen sollte. Wir sehen also, wie Kerker und Folter, wie öffentliche Buße und Scheiterhaufen, wie Knebel und Garrote, wie Gütereinziehung und ewiger Kerker und Schmach jeder Art noch nicht dem Haß und Rachedurst, wie dem Wahn und Dünkel genug that, den die Diener der heiligen Inquisition zur Schau trugen, denn zu verewigen suchten sie die Erinnerungen an den Sieg, den sie davongetragen über gefesselte Edelleute, über Demüthige und Unschuldige, Priester wie Nonnen und schwache Frauen, die sämmtlich in ihrer Todesstunde nichts zu ihrer Vertheidigung vorbringen konnten, als daß sie ihre grausamen Richter vor Gottes Richterstuhl luden, oder vom Blutgerüste aus noch Verzeihung für ihre Henker erflehten. Der Genius der Menschheit verhüllt sein Antlitz bei dem Aufflammen der Scheiterhaufen, auf welchen Jungfrauen und Frauen, tapfere Ritter und fromme Priester ihren Glauben büßen mußten, und heute noch muß jene Schandsäule, welche die Glaubensrichter als Trophäe ihres pharisäischen Stolzes errichteten, als Monument des Abscheues uns gelten, den wir gegen jene empfinden müssen, die ein solches Denkmal aufzuführen sich vermessen. Heute weint die Menschheit über solche Verirrungen, denn die Zeiten ändern sich! Menschheit und Vernunft brechen endlich die Ketten, unter denen sie geseufzt und die Macht der Bösen zerstiebt, wie das Laub bei einem Orkane in die Winde fliegt.

Drittes Buch.

———

War die Verwunderung schon keine geringe, als man erfuhr, wie viele durch Gelehrsamkeit wie Verdienste hochstehende Personen von dem heiligen Amte der Inquisition zur Verantwortung gezogen worden und ihren Abfall von der Lehre der Kirche schrecklich büßen mußten, so war das Staunen noch ein größeres, als die Kunde das Land durchflog, daß der Erzbischof von Toledo D. Fray Bartolome de Carranza angeklagt wäre, ebenfalls den Irrlehren Luther's und seiner Genossen ergeben zu sein. Man wunderte sich nicht sowohl darob, daß der erste Würdenträger der spanischen Kirche der Ketzerei anheim gefallen, als vielmehr über die Nebenumstände, welche die Anschuldigung fast unglaublich erscheinen ließen. War es nicht allbekannt, daß der Erzbischof bisher dem apostolischen Stuhle viele ausgezeichnete Dienste geleistet? Bei dem Concilium von Trient hatte er als Theologe fungirt; man wußte, daß er mehrere lateinische und spanische Schriften wider die Protestanten herausgegeben und nicht minder, daß er von der Kanzel herab durch seine Beredsamkeit die Ketzer wieder zu gewinnen gesucht, zur Zeit Philipp II. sich in England aufhielt, wie daß er mit zu jenen gezählt, welche dem Scheiterhaufen jene überantworten ließen, die starrsinnig in ihrer Verblendung verharrten, gleich wie er die Schriften der Ketzer auch verbrennen ließ. Trotzdem er bei so manchen Anlässen seinen Glaubenseifer bewährt hatte, und man hätte meinen sollen, daß kein Argwohn wider ihn aufkommen dürfte, fing die Inquisition an, Bedenken gegen seine Rechtgläubigkeit zu hegen und zwar aus Gründen, die nicht blos aus

Böswilligkeit flossen, sind die Menschen auch überhaupt zu allen Zeiten mehr geneigt, Schlimmes von andern zu denken als Gutes. Ein einziger Fehltritt reicht oft hin, alle früheren Verdienste vergessen zu machen und frühere Bewunderung in Haß und Abneigung umzuwandeln.

Don Fray Bartolomé de Carranza war ein Mönch des Predigerordens und wurde von Philipp II. zur Würde eines Erzbischofs von Toledo erhoben und zwar als Lohn für die vielen und guten Dienste, die er der katholischen Kirche wie der spanischen Krone geleistet. Zu Brüssel wurde er am 27. Februar 1558 vom Cardinal Antonio Perenot, Bischof von Arras, bekannter unter dem Namen Granvelle, zum Bischofe geweiht, worauf er nach Spanien sich zurückbegab, um die Verwaltung seiner Diöcese anzutreten. Zuvor aber war ihm auf ausdrücklichen Befehl ein geheimer Auftrag des Königs Philipp II. geworden, sich zunächst nach dem Kloster Yuste zu begeben, wo bekanntlich dazumal Kaiser Carl V. zurückgezogen von der Welt lebte oder vielmehr hinstarb; denn aus der Geschichte wissen wir, wie er zu jener Zeit gerade in den letzten Zügen lag ... Ich weiß nicht, ob der Erzbischof sich seines Auftrags so entledigte, wie Philipp II. es gewünscht. Wohl aber ist dies sehr zu bezweifeln, denn von dem Momente an entzog der König seine Gunst dem Erzbischofe, dem Manne, den er bisher immer um sich zu haben pflegte und dessen Rathschlägen er bei den bedenklichsten Unternehmungen häufig gefolgt. Bemerkenswerth ist, daß kein einziger Geschichtschreiber sich über den Zweck der Reise verbreitet, die Carranza auf Philipp's Befehl nach Kloster Yuste unternehmen mußte; sie sagen nur, daß er von Philipp II. hingesandt worden, ohne etwas über den Zweck der Sendung zu wissen, und ohne uns angeben zu können, ob die Mission nach den Wünschen des Königs ausgefallen. Insofern stellt sich meiner Vermuthung nichts entgegen, daß das Mißgeschick Carranza's von jener Sendung an datirt! [1]) Antonio Perez gibt zu verstehen, daß

---

[1]) In dem Epitome de la vida y hechos del invicto emperador Carlos V. por don Juan Antonio de Vera y Zuñiga, (En Madrid por la viuda de Alonso Martin. — Año de 1622.) liest man Folgendes, was ohne Zweifel aus Sandoval's Geschichte des Kaisers Karl gezogen ist: „Bei der Leichenfeier und der darauf folgenden neuntägigen Trauerfeier für den unsterblichen Karl V. war außer seiner Dienerschaft auch der Erzbischof von Toledo, Don Carranza, zugegen, der kurz zuvor zu Yuste eingetroffen und vom Kaiser sehr sehnsüchtig erwartet war, weil dieser von ihm manche unwillkommene Aeußerung gehört, die Englands Beistand ihm eingegeben, Aeußerungen, die Karl später sehr beunruhigten, und der allerkatholischste Herr wollte ihn deßhalb sehr schmälern."

das Unglück des Erzbischofs entweder der Verfolgungsluft der Inquisitoren beizumessen wäre, oder vielmehr daher entsprungen, daß es Philipp II. später gereute, gerade ihn zum Erzsitz von Toledo auserfehen zu haben, fo daß jedenfalls das Mißgeschick des Kirchenfürsten, einer geheimen Urfache zuzufchreiben ist. Da diefer Politifer fagt,[1]) daß die Urfache in einem feiner zwölf Bücher zu finden wäre und diefe bisher sich allen Nachforfchungen entzogen, fo können wir den wahren Grund der Erkaltung des Königs gegen feinen fo begünftigten und beftändigen Diener nicht gewiffer andeuten, als wie eben gefchehen.

Carranza hatte einige Commentare über den chriftlichen Katechismus veröffentlicht, die in vier Theile zerfielen, die Alles enthalten, was wir bei der heiligen Taufe als Glaubensbekenntniß darlegen.[2]) Die Schrift widmete er Philipp II. und fie wurde zu Antwerpen im Jahre 1558 bei Martin Nucio gedruckt (nicht aber zu Brüffel, wie Nicolaus Antonio irrthümlich berichtet). Diefe Schrift, die fo viel befprochen worden, darf man als den erften Grundstein zu feinem Mißgeschick anfehen. Fr. Melchor Cano, Fr. Juan de Regla, Beichtvater des Kaifers Carl V., und andere Geistliche, welche Carranza übel wollten, durchforfchten emfig die Worte des Katechismus und zwar mit einer Sorgfalt und Befliffenheit, als gälte es, aus einem Blumenflor Giftpflanzen zu erfpähen. So kam es denn bald, daß jene, die dem Erzbischof nicht gewogen, durch Wort und Schrift das Gerücht verbreiteten, daß fein Katechismus nichts Anderes als die lutherifche Lehre enthielte! Man denke sich, welchen Eindruck dies Gerücht auf Freund und Feind machen mußte... Seine Freunde hielten ihn für unfähig, irgend etwas gefchrieben zu haben, was im Entfernteften die Religion unferer Väter antaften könnte, während feine Feinde ihre Entrüftung darob laut werden ließen, wie leichtfertig und unverdient man einen Mönch auf den erzbifchöflichen Stuhl erhoben, der keinen Anftand genommen, gleich nach feiner Weihung einen Katechismus herauszugeben, der fo voller antifatholifcher Meinungen

---

[1]) Wer viel über diefen Gegenstand fagen könnte, ist Miranda, welcher beobachtete, was in der Angelegenheit des Erzbischofs von Toledo vorgegangen, die aus Ungnade oder aus Habgier feiner Verfolger, oder aus Reue über feine Wahl, jedenfalls aber aus einer fehr geheimen Urfache entstanden (in einer der zwölf Schriften wird fie angegeben werden u. f. w. Antonio Perez Relaciones).

[2]) Comentarios sobre el cathecismo, divididos en cuatro partes: las cuales contienen todo lo que profesamos en el Santo Bautismo.

wäre. Verhält es sich aber wirklich so, daß diese Schrift solche Lehren verkündet?

„Meine Absicht ist," sagt Carranza im Vorworte, „den Katechismus mir als Text zu nehmen, den die Kirche von ihrer Begründung an besitzt, wie er vom heiligen Geiste geboten und von den Aposteln verkündet worden, und denselben für das Volk zu erklären in dem, was sie von ihrem Glaubensbekenntniß zu wissen nöthig haben, gleich wie die Erklärung derselben heiligen Schrift und der Kirchenväter zu nehmen, wie dieselben zu ihrer Zeit denen zu lehren pflegten, welche das Glaubensbekenntniß abzulegen hatten, wobei ich das Unkraut zu entfernen suche, das die Ketzer unserer Zeit gesäet, und an jeder Stelle guten Samen, statt des bösen, auszustreuen. Soweit ich vermocht, habe ich hier den Brauch unserer Vorväter und der ersten Kirche wieder aufzufrischen gesucht, da derselbe der gesundeste und reinste war! Meine Absicht ist eine gute gewesen: was ich in dem Werke gefehlt, wird die Kirche verbessern, deren Urtheil und Berichtigung ich Alles unterbreite, dann aber auch einem jeden christlichen Leser, dem Gott mehr Erleuchtung geben mag, als mir zu Theil geworden."

Es läßt sich nicht verkennen, daß einige Worte dieser Vorrede für jene Zeit sehr bedenklich erscheinen mußten. Wo alle Protestanten in ihren Schriften den Schein annahmen, als wollten sie nur der Kirche die Reinheit und Kraft der ersten Jahrhunderte zurückerringen, ist es da zu verwundern, daß die spanischen Theologen, besonders aber die Inquisitoren, die eben angefangen, die lutherische Verschwörung zu vernichten, an welcher hervorragende Geistliche und Gelehrte sich betheiligten, — mit Staunen gewahrten, wie der Erzbischof von Toledo einen Katechismus veröffentlichte, in welchem er, wie er ausdrücklich erklärte und wie es in den Kapiteln seiner Schrift sich auch bestätigt findet, kein anderes Ziel vor Augen hatte, „als die Bräuche unserer Vorväter und der ersten Kirche wieder zu erwecken, da sie am gesundesten und reinsten gewesen?!" Zu verwundern ist, daß Keiner von denen, welche über das Mißgeschick des Erzbischofs sich verbreitet, nicht einmal Llorente, diesen Punkt hervorheben. Uebrigens finden sich in den Ausführungen seiner Schrift Phrasen, welche denen sehr ähnlich, die bei den Förderern des Protestantismus im Schwange waren, und manche seiner Aussprüche sind offenbar Früchte seines Studiums der Schriften von Luther, Melanchthon und Oecolumpadius. Allerdings können jene Katholiken, die als Vertheidiger des Erzbischofs aufgetreten, nicht die Richtigkeit dieser Bemerkungen wegleugnen, doch versuchen sie Carranza damit zu entschuldigen, daß er viele Jahre lang sich damit beschäftigte, die Schriften der Ketzer zu lesen, wozu er ja Erlaubniß und Ermächtigung hatte, da er ja von Philipp II. und andern hochgestellten Personen aufgefordert worden, die ketzerischen Schriften mit der Feder zu widerlegen und von der Kanzel herab ihre Lehren zu bekämpfen. Wenn Carranza häufig Ausdrücke gebraucht, die mit denen der Ketzer zusammenfallen, so meinten sie, dies käme blos daher, daß die Protestanten in manchen Punkten noch immer mit den Katholiken übereinstimmten, und wenn der Erzbischof, ohne die Gefahr zu ahnen, der er sich zu jener Zeit bloß stellte, seine guten Absichten dadurch bekundet, daß er so sprechen wollte, wie er es empfände, so hätte ihm nichts ferner gelegen, als die Reinheit der Religion seiner Väter irgend anzutasten. Wenn die Verfechter des Erzbischofs sich also äußern, um für seine katholische Rechtgläubigkeit einzutreten, so muß man aber vom katholischen Standpunkte aus dawider einwenden, daß ein Unbefangener schwerlich dem Katechismus den Stempel katholischer Rechtgläubigkeit aufdrücken kann. Sieht man näher zu, so wird man finden, daß Carranza mit Geschick und Verschlagenheit zu Werke ging, denn wohl ahnend, welche Gefahren ihm bevorstehen könnten, befliß er sich großer Vorsicht. Vergleicht man sorgfältig manche Stellen des Katechismus mit den Aussprüchen Luther's und anderer Protestanten, so wird uns klar, wie der Erzbischof bei Abfassung seiner Schrift verfahren. Allerdings nahm er Stellen aus den Schriften Luther's in seinen Katechismus auf, nur mußte er mit den Aussprüchen Luther's eigene Phrasen zu verweben. Und damit sein Plan nicht durchschaut werde, änderte er einigermaßen die Aussprüche, die er Luther entlehnte, insofern er den „Singular" an die Stelle des „Plurals" setzte, das „Aktiv" in ein „Passiv" verwandelte und manche andere Aenderungen vornahm, nur um seine wahren Absichten zu verhüllen und nicht offenbar werden zu lassen, was er dem berühmten deutschen Reformator entlehnt.

Der General-Inquisitor Don Fernando de Valdes, Erzbischof von Sevilla, galt als der heftigste Verfolger der Protestanten und übergab den Katechismus mehreren Theologen, damit sie denselben einer Prüfung unterziehen. Einige Schriftsteller behaupteten, daß Valdes gegen Carranza einen geheimen Haß hegte, aus Neid darüber, daß letzterer eine höhere Stellung, als er einnahm, und daß er nur um dessentwillen die Schrift des Erzbischofs der Censur seiner Räthe anheimgegeben. Selbst zugegeben, daß solche Beweggründe Valdes dazu

angetrieben, müssen wir hier geltend machen, daß es dem General-
Inquisitor täglich oblag, alle neu erscheinende Schriften, selbst jene,
die von der geistlichen Autorität gut geheißen worden, einer weiteren
Prüfung zu unterziehen. Seinem Eifer hatte die Inquisition das erste
Verbotregister zu verdanken, das in Spanien veröffentlicht worden,
und es steht unbestritten fest, daß Valdes mit einer solchen Energie
auftrat, daß selbst Schriften gut katholischer Autoren unter schweren
Strafen von ihm verpönt worden. So darf man sich daher nicht
wundern, daß er Carranza gegenüber nicht anders verfuhr! Wie die
Antwort der Theologen ausfiel, ist leicht zu denken, und darauf hin
hegte Valdes den begründeten Verdacht, daß Fray Bartolome de
Carranza das Gift der Ketzerei eingesogen. Um das Unglück des
Erzbischofs voll zu machen, ereignete sich etwas, was den Argwohn
des General-Inquisitors nur bestärken mußte. Der Protestant Fr. Domingo de Rojas, welcher auf der Folter der Inquisition kleinmüthig
geworden und Geständnisse machte, um sein Leben zu retten, sagte in
einer Erklärung aus: „wenn der Erzbischof von Toledo ihm nicht
den süßen Trank eingegeben, so würde das Purgirmittel bei ihm und
den anderen Irregeleiteten nicht so stark gewirkt haben!" [1] Der Inquisitor Don Diego de Simancas fügt noch die Bemerkung hinzu:
„daß die Sprache aller Gefangenen gerade so gelautet, wie die des
Katechismus." [2] Simancas verwaltete dazumal eine Rathstelle bei
dem heiligen Amte der Inquisition.

Die Geständnisse, welche mehrere Protestanten bei der Inquisition
zu Valladolid machten, mußten die Sache des Erzbischofs sehr beein-
trächtigen. Die Erklärung der Protestanten ist natürlich in den Ausdrücken des Katechismus begründet, die mitunter denen der deutschen
Ketzer sehr ähnlich waren, und es kann eben so wenig befremdlich

---

[1] Cathologus librorum, qui prohibentur mandato Illustrissimi et Re-
verendissimi D. D. Ferdinandi de Valdes, Hispalensi Archiepiscopi, Inquisi-
toris Generalis Hispaniae

Nec non et supremi sanctae ac Generalis Inquisitionis senatus. Hoc
Anno MDLIX editus.

Quorum jussu et licentia Sebastianus Martinez excudebat. Pinciae.

[2] Simancas berichtet dies, was auch von Dr. Don Pedro Salazar de Mendoza
in La vida y sucesos prósperos y adversos de don fray Bartolomé de Carranza
bestätigt wird, obwohl Mendoza den Erzbischof zu rechtfertigen suchte. Seine
Schrift wurde erst im Jahre 1788 von Don Antonio Valladares zu Madrid
herausgegeben, und es heißt darin bezüglich des Fray Domingo de Rojas: „que
entre otras cosas dijo publicamente que ninguno se espantase que hubiese
aquella purga obrado tanto, pues habia prevenido para ello los jarabes el
arzobispo."

erscheinen, daß jene Unglücklichen, die in den Kerkern der Inquisition von Valladolid schmachteten, damit ihre Schuld zu mildern suchten, daß sie bekannten, wie ihre Lehre „keine andere" wäre, als was der Erzbischof von Toledo selbst verkündet, ein Mann, auf den doch kein Schatten von Verdacht fallen könne, da er zum Ruhme und zur Erhöhung des apostolischen Stuhles so viele und so große Dienste geleistet. Auf solche bedenkliche Geständnisse hin und bei dem begründeten Argwohn, den die Inquisition auf das Gutachten der ersten Theologen hin, hinsichtlich der Reinheit seiner Doktrinen fassen mußte, zog sich ein Unwetter zusammen, das sich über Carranza entladen sollte. Hiezu kam noch, daß Pabst Paul IV. auf die Kunde hin, daß die Lutheraner und andere Ketzer angefangen, auch in Spanien ihre Lehren auszubreiten, die in den Herzen vieler hervorragender Personen bereits tiefe Wurzeln geschlagen, — in der Besorgniß, daß auch einige Prälaten nicht ganz frei von jenem Gifte wären, in Form eines Breve, die Ermächtigung ertheilt hatte, auf daß der General-Inquisitor Don Fernando de Valdes, auf Berathung und Beschluß des obersten Rathes hin, de oficio gegen alle Bischöfe, Erzbischöfe und Patriarchen einschreiten könne, von welchen starke Anzeichen vorlägen, daß sie für das Gift des Protestantismus empfänglich gewesen. Und nicht nur war die Ermächtigung ertheilt, denselben den Prozeß zu machen, sondern es stand dem General-Inquisitor selbst das Recht zu, die Schuldigen in Haft zu nehmen, jedoch unter der Bedingung, daß der Pabst von Allem in Kenntniß gesetzt werde, und man die Angeschuldigten unter guter Wache sammt den Prozeßakten nach Rom sende. Indessen war diese Ermächtigung von Paul IV. nur auf zwei Jahre ertheilt worden, und da dieselbe erloschen gewesen wäre, als die Sache des Erzbischofs von Toledo auftauchte, so wandte sich Valdes wieder nach Rom und richtete an Pius IV. das Gesuch, daß derselbe das Breve seines Vorgängers und zwar mit umfassenderer Ermächtigung bestätigen möge, da es sich dabei um die Erforschung von Vergehen gegen den Dienst Gottes und seiner heiligen Kirche handele. Kaum war das Breve von Pius IV. in Spanien eingetroffen, so sann der General-Inquisitor darauf, Carranza seiner Freiheit zu berauben.

Unterdessen mochte der Erzbischof wohl ahnen, welches Unheil er durch seinen Katechismus auf sich herabbeschworen, und so schrieb er an den Pabst, wie an König Philipp, der dazumal abwesend war, um sich zu rechtfertigen und beide Souveräne günstig für sich zu stimmen, damit er Schirm und Beistand finde, falls das Glück ihm den Rücken kehre. Auch anders blieb er nicht müßig, und er wußte es durchzusetzen, daß einige hochstehende Theologen, die der Ketzerei durchaus nicht verdächtig waren, seinen Katechismus öffentlich belobten, um seine Unschuld darzuthun, was aber nur zur Folge hatte, daß die Inquisition die Sache auf's Aeußerste verfolgte und auf den Punkt führte, den manche Geistliche und sonstige Personen auf das Lebhafteste ersehnten. Was auch der Erzbischof zu seinen Gunsten aufbot, schlug in das Gegentheil um, denn fast alle Theologen, welche seine Schrift als Verkünderin des katholischen Glaubens belobt, sahen sich alsbald gezwungen, schriftlich ihr Urtheil zurückzunehmen, oder gar selbst in den Kerkern der Inquisition das Verschulden zu büßen, daß sie den Erzbischof für unschuldig gehalten. Wie bedauernswerth war jene unglückliche Zeit, wo man es schon für Ketzerei hielt, wenn Jemand nach bestem Wissen und Gewissen urtheilte, und selbst in Dingen, die durchaus nichts mit Religion und Klerus zu schaffen hatten!

Es war gegen Anfang des Monats August im Jahre 1559, daß sich das falsche Gerücht verbreitete, als verließe König Philipp II. Flandern, um nach Spanien zurückzukehren. Der Erzbischof von Toledo befand sich gerade zu Alcala de Henares, als ein Curier mit einem Schreiben der Prinzessin Doña Juana eintraf, die ihn als Statthalterin des Königreichs aufforderte, sofort nach Valladolid zu kommen und König Philipp dort zu empfangen. Ob Carranza dazumal irgend etwas vom wahren Zwecke seiner Berufung ahnte, ließ sich mit Gewißheit nicht erforschen, noch weniger aber, ob er von irgend einem seiner Freunde insgeheim darüber Kunde erhalten, daß die Inquisition, die ihn scharf im Auge hielt, sich seiner Person bemächtigen wolle. Der Erzbischof stellte sich, als wolle er dem Befehle der Doña Juana Folge leisten, und ließ von seiner Dienerschaft Alles in Bereitschaft setzen, um die Reise so anzutreten, wie seine Würde es erheischte. Am 9. August traf bei Tagesanbruch Don Rodrigo de Castro mit Postpferden zu Alcala ein, stieg vor dem Palast des Erzbischofs ab und händigte demselben ein Schreiben der Prinzessin ein, worin sie ihm gebot, augenblicklich ohne irgend welchen Verzug den Weg nach Valladolid anzutreten, da seine Anwesenheit bei Hofe Noth thue und ihm bezüglich seiner Wohnung bedeutet wurde, daß dieselbe der Würde seiner Stellung angemessen sein werde. Don Rodrigo fühlte sich unwohl in Folge der Hitze und der Reiseanstrengung, und da die Aerzte ihm empfahlen, ein paar Tage zu seiner Wiederher-

stellung das Zimmer zu hüten, so benutzte der Erzbischof, der wohl
Argwohn schöpfen mochte, diesen Anlaß, um Don Rodrigo zu ersuchen,
die Reise noch einige Tage auszusetzen, um sich besser ausruhen zu
können. Es läßt sich denken, daß der Erzbischof Zeit gewinnen wollte,
in dem Wahne, daß die Anwesenheit des Königs den Intriguen der
Feinde ein Ziel setzen würde, die seine Erhebung zur Würde des
Primas von Spanien ihm zugezogen.

Eine Woche nach dem Eintreffen des Don Rodrigo de Castro
zu Alcala mußte der Erzbischof die Reise nach Valladolid endlich
antreten, mochte er sich auch geflissentlich an manchen Orten aufhalten,
unter dem Vorwande, hie und da die Confirmation vorzunehmen,
denn er zögerte womöglich, weil er ahnte, was ihm bevorstand. Seine
Befürchtungen mußten noch lebhafter werden, da er zu Fuente el Saz
mit Fr. Felipe de Meneses, Professor der Beredsamkeit aus Alcala,
zusammentraf, der ihn bei Seite nahm und ihm mittheilte, wie man
zu Valladolid von nichts anderem spreche, als daß die Inquisition
beschlossen hätte, den Erzbischof von Toledo gefangen zu nehmen:
„Da Gottes Wille einmal so sei," sagte Meneses, „daß er so schmerz-
liche Kunde erhalte, möge er nur nach Alcala zurückeilen, oder seine
Reise nach Valladolid beschleunigen, wo er dann vielleicht irgend ein
Mittel für seine traurige Lage finden möchte!" Man erzählt, daß der
Erzbischof ihm darauf erwiderte: „Ich weiß nicht, was ich über dieses
alberne Geschwätz denken soll, denn die Prinzessin hat mich berufen,
und zu dem Ende Don Rodrigo de Castro in der freundlichsten
Weise mir zugesandt. Uebrigens möge unser Herrgott mich hier zur
Hölle senden, wenn ich in meinem Leben mich je versucht gefühlt, in
irgend eine Irrlehre zu verfallen, deren Beurtheilung die heilige Inquisition angehen und ihr obliegen könnte. Vielmehr weiß Gott,
wie er mich zu seinem Werkzeug gebraucht, auf daß durch meine
Mühe und Thätigkeit über zweihundert Ketzer sich wieder bekehrt!"
Diese Antwort befindet sich in einem Manuskripte, das bisher nicht
herausgegeben worden, und von dem mir eine Abschrift aus dem vorigen Jahrhundert vorliegt, die sich in der Bibliothek von José
Manuel de Vadillo befindet. [1]

---

[1] Der Titel dieser Handschrift lautet: „Cómo fué preso y sentenciado el
Arzobispo de Toledo, don Fray Bartolomé de Carranza, escripto por mí,
Ambrosio de Morales, coronista mayor de el Católico y Prudente Monarca
de las Españas, el Sr. Don Felipe II., que de órden de su Majestad (Dios
le conserve y guarde) fué por mí escripta de mi propria mano, para deposi-
tarla entre los demás escriptos que están en la librería de esta octava
maravilla del mundo San Lorenzo el Real del Escorial."

Die Nebenumstände der Gefangenschaft von Carranza sind bisher nicht bekannt geworden, denn Salazar de Mendoza und Llorente haben keine Notiz davon genommen. Indessen hat der berühmte Chronist Ambrosio de Morales, welcher auf Befehl Philipp's II. einen Bericht abfaßte, der als Manuskript im Escurial aufbewahrt wird, Punkt für Punkt alles mitgetheilt, was der Gefangennahme des verdächtigen Erzbischofs vorhergegangen und gefolgt. Wegen der Seltenheit der Handschrift wollen wir ihr hier Raum gönnen, indem wir den Bericht möglichst wörtlich hier folgen lassen: „Morales schreibt nämlich: Man war mit den Vorbereitungen zur Abreise des Erzbischofs beschäftigt und er hatte auf Donnerstag den 10. August, den Tag des heiligen Laurentius, eine feierliche Prozession angeordnet, die von der Kirche der heiligen Märtyrer San Justo und Pastor nach dem Kloster von San Francisco ziehen sollte, um von Gott die glückliche Rückkunft des Königs zu erflehen. Allein am Mittwoch traf gegen Mittag der erste Gerichtsdiener der Inquisition von Toledo ein, der dem Erzbischof unverzüglich einen Besuch abstattete, um ihm die Mittheilung zu machen, daß in derselben Nacht der Inquisitor Don Diego Ramirez eintreffen werde, um ein Glaubensedikt zu veröffentlichen, worauf der Erzbischof alsbald verkünden ließ, daß man nach der San-Francisco-Kirche ziehen möge, wo das Edikt verlesen werden solle. Da überdies der Erzbischof predigen sollte und die Prozession so feierlich zu werden versprach, hatte sich eine Unmasse Volks in der Kirche versammelt. Als die Stunde der Predigt geschlagen, stieg der Erzbischof auf seine Kanzel, während jener, der das Edikt zu verlesen hatte, sich auf die gewöhnliche Kanzel gegenüber stellte, wo der Inquisitor Don Diego Ramirez ihm den Befehl zusandte, er möge mit dem Vorlesen des Erlasses warten, bis Seine Hochwürdigste Gnaden seine Predigt zu Ende geführt hätte. Der Erzbischof berührte in seiner Predigt das Edikt und ermahnte das Volk, demselben Folge zu leisten und wohl zu erwägen, daß das Heil der Seelen auf dessen Beachtung beruhe, und der Erzbischof ließ sich zu dessen Begründung mit vieler Beredsamkeit aus. Sodann wurde das Edikt verlesen und darin ist nichts von verbotenen Büchern gesagt und selbst viele, die dem Erzbischof wenig geneigt, bemerkten dies, indem sie sich dahin äußerten, als hätte man geflissentlich aus Rücksicht auf seine Person, diesen Punkt nicht berührt!

Nach dieser Bemerkung, die von Allen gewürdigt werden wird, welche die Schicksale des Erzbischofs von Carranza verfolgen, erzählt

Morales, wie derselbe Alcala verlassen und zu Torbelaguna eingetroffen; dann erzählt er weiter: „am Sonntag den 20. August in
aller Frühe traf der Erzbischof zu Torbelaguna, dem angesehensten der
drei Flecken, ein, das eine Stunde von Talamanca entfernt liegt; hier
stattete ihm der Pater Fr. Pedro de Soto einen Besuch ab und erzählte ihm, wie man zu Valladolid seinen Correspondenten Fr. Luys
de la Cruz gefangen genommen, worauf der Erzbischof entgegnete:
„Was sagen Sie da? Verhält es sich also, so werden sie mich auch
zum Ketzer stempeln wollen!“ Fr. Pedro war der erste Professor
der Beredsamkeit von Salamanca, ein Mann von anerkannter Wahrhaftigkeit, dem man vollkommenen Glauben schenken konnte, und so
ließ er den Erzbischof in großer Bestürzung, da er ihm insgeheim
die Versicherung gab, daß man schon aus Valladolid ausgezogen, um
ihn gefangen zu nehmen! Dies war nur zu gewiß, da der erste
Gerichtsdiener des Rathes der Inquisition sich in einem Wirthshause
des Ortes bereits vier Tage verborgen hielt; den Tag über hielt er
sich in seinem Zimmer auf und beim Dunkeln ritt er mit zwei
Dienern aus, um sich heimlich nach Talamanca zu begeben, wo er
mit Don Rodrigo de Castro Unterredungen pflog und vor Tagesanbruch wieder nach dem Wirthshause zurückkehrte. Schon Sonnabend
Nacht schickte Don Rodrigo de Castro einen Boten aus, um Don
Diego Ramirez her zu berufen, der sich noch zu Alcala befand. Er
kam selbst an, und als Don Diego von seiner Mittheilung Kenntniß
genommen, ungeachtet er das Volk zusammenberufen, um an dem
Sonntag in der Marienkirche das Edikt zu verlesen, sandte er einen
Andern an seiner Statt, und reiste allein ab in Begleitung des Gerichtsdieners und seiner Dienerschaft, wobei er zu verstehen gab, als
begäbe er sich in wichtigen Angelegenheiten nach Madrid. Dieses
rief großes Aufsehen im Orte hervor, das noch größer wurde, als
ein Diener der Inquisition einen Bündel von Gerichtsstäben kaufen
ließ. Nachdem er zwanzig Vertraute zu Rosse einberufen, vertheilte
er dieselben unter ihnen, worauf er mit den Reitern den Ort verließ,
mit dem Bemerken, daß Don Diego Ramirez es also geboten. Mit
letzterem traf er zwei Stunden vor Torbelaguna zusammen, da er
nicht geraden Weges, sondern auf Umwegen durch jene Orte zog, wo
er Leute sammelte. So kam er denn Dienstag den 22. bei Tagesanbruch mit etwa hundert Leuten bei dem Flusse Malacuera an, an
dessen Ufern er mit seinen Leuten sich im Gebüsch verborgen hielt,
etwa eine halbe Stunde von Torbelaguna entfernt. Und hier er-

mahnte er seine Leute zum Gehorsam gegen die heilige Inquisition, wie zur Ausdauer in dem, was sie auszuführen hätten, jedoch ohne ihnen zu sagen, worin dies bestehe. „Denn,“ sagte er, „wenn irgend Einer es argwöhnte oder erriethe, so geschähe dies auf eigene Vermuthung hin, nicht weil man es ihnen offenbart hätte!“ Denn mit solchem wunderbaren und unvergleichlichen Geheimnisse ging die Inquisition bei ihrem Thun zu Werke.

Am Montag Abend speiste Don Rodrigo de Castro beim Erzbischof, und vorschützend, daß er wegen Unpäßlichkeit früh zur Ruhe gehen wolle, zog er sich zeitig in seine Wohnung zurück; er war nämlich bei dem angesehensten Einwohner des Fleckens, Hernando Berzoza, eingekehrt, der ein Schwager des Gastwirths war, bei dem der Erzbischof wohnte. Diesem Berzoza theilte Don Rodrigo das Nöthige mit, und fertigte ihm zwölf Einberufungszettel für jene Vertraute aus, die er am Zweckdienlichsten finden würde. Berzoza verließ alsbald den Ort, um die Vertrauten zu holen, die er dann mit sich brachte, während er Juan de Salinas davon in Kenntniß setzte, daß er bei Tagesanbruch alle Thore seines Hauses geöffnet halten sollte. Als dies geschehen, entfernte sich nächtlicher Weise Don Rodrigo de Castro mit seiner Dienerschaft im Geleite des obersten Gerichtsdieners, des Rathes, der zwölf eben neu ernannten Vertrauten und Berzoza's, und sie verfügten sich sämmtlich nach dem Hause des Gouverneurs der drei Flecken, welcher mit einer Cousine des Erzbischofs vermählt war, und verhafteten ihn gleich wie die übrigen Alcalden und Gerichtsdiener des Ortes. Damit waren sie bis zu Tagesanbruch beschäftigt, zu welcher Zeit Don Diego Ramirez mit seinen Leuten abgeredetermaßen ebenfalls eintraf, worauf sie sämmtlich sich nach dem Hause des Erzbischofs begaben, dessen Thore sie offen fanden. Indem sie in den Hof einrückten, stellte der Inquisitor Ramirez Wachen an die Thore des Hauses, wie an die Treppen und Zimmer des Gartens mit dem Befehle, daß man Niemand herein noch heraus lasse. Als dies geschehen, stiegen Don Diego Ramirez, Don Rodrigo de Castro, der erste Gerichtsdiener des Rathes, Pedro de Ledesma und acht bis zehn Vertraute mit ihren Gerichtsstäben hinauf. Sie klopften an der Thüre des Kleiderzimmers an, wo der Laienbruder Antonio Sanchez schlief, worauf geantwortet wurde; „wer ruft da?“ Die Antwort lautete: „öffnet der heiligen Inquisition.“ Man öffnete alsbald, worauf man Wachen an die Thüren stellte, und sich nach dem Zimmer des Erzbischofs

begab, wo man auch anklopfte. Auf die Frage: „wer da?" kam dieselbe Antwort, worauf der Erzbischof die Frage stellte: „ist Señor,
Don Diego Ramirez, hier?" Die Frage wurde bejaht, worauf ein
Page die Thür öffnete und der Erzbischof die Gardine seines Bettes
zurückzog, mit dem Kopfe auf den Ellbogen und das Kissen gestützt.
Zuerst trat Don Rodrigo vor, hinter ihm Don Diego und der erste
Gerichtsdiener mit einigen Begleitern. Don Rodrigo de Castro trat
zum Bette hin, machte zunächst eine tiefe Verbeugung, kniete dann
nieder und sagte unter Thränen: „Hoher Herr, Eure Hochwürdigste
Gnaden, geben Sie mir die Hand und verzeihen mir." Und der
Erzbischof antwortete: „weßhalb Don Rodrigo? stehen Sie doch auf."
Jener erwiederte: „weil ich hier erscheine, um etwas zu thun, was ich
nur wider Willen thue, wie auch Eure Hochwürdigste Gnaden mir
ansehen werden." Zurücktretend gab er darauf dem obersten Gerichtsdiener ein Zeichen, der auf das Bett mit den Worten zutrat: „Er-
habener Herr, ich bin von der heiligen Inquisition beauftragt, Eure
Hochwürdigste Gnaden zu verhaften!" Ohne irgend seine Haltung zu
ändern, erwiederte der Erzbischof: „habt Ihr den richterlichen Befehl,
damit Ihr ausführen könnt, was Ihr unternehmet?" „Allerdings, er-
habener Herr!" lautete die Antwort, und die Ausfertigung heraus-
ziehend, verlas er den Befehl des Rathes der Inquisition, welcher
von den Mitgliedern des Raths und dem damaligen Generalinquisitor
Don Fernando de Valdes, Erzbischof von Sevilla, unterzeichnet war,
Kraft dessen der Erzbischof verhaftet werden sollte. Der Erzbischof
entgegnete darauf: „wissen denn diese Herren nicht, wie sie nicht
meine Richter sein können, da ich Kraft meiner Würde und Weihung
unmittelbar dem Pabst unterworfen bin und Niemanden anders?" Da
trat der Inquisitor, Don Diego, näher und sagte: „Was dieses anlangt, wird man Euer Hochwürdigste Gnaden vollkommene Genugthuung gewähren," und dabei zog er ein Breve des Pontifex heraus,
das er verlas, des Inhalts, daß seine Heiligkeit dem Generalinquisitor
und den Mitgliedern des Rathes den Auftrag ertheilte, über die Sache
des Erzbischofes zu erkennen. Die Einen erzählen, daß der Erzbischof,
als er seinen Namen im Breve hörte, außer Fassung gerieth und auf
das Kissen zurücksank, was von Andern aber bestritten wird, indem
man versichert, daß er in gleicher Unerschütterlichkeit verharrte, gleichviel ob er im Gefühl seiner Unschuld und seiner Würde, oder aus
Seelenstärke keine Erregung verrieth. Als das Breve zu Ende verlesen war, nahm der Erzbischof eine sitzende Stellung ein, wandte

sich zu dem Inquisitor und sagte: „Señor Don Diego, bleiben wir allein, Sie und Don Rodrigo." Alle Andern verließen das Zimmer und die drei blieben länger als eine Stunde im Zimmer allein. Was hier verhandelt worden, können sie allein nur wissen, denn sie erzählten es Niemanden. Das artige Benehmen des Don Rodrigo de Castro läßt uns gern dem Glauben schenken, was er an dem Tage Vielen versicherte, wie er dem Erzbischof bei seinem Zögern oftmals gesagt: „möge Eure Hochwürdigste Gnaden doch um Gotteswillen etwas eilen, da es nur zu Ihrem Besten sein kann, wenn Sie sich nicht länger aufhalten." Hätte der Erzbischof also gehandelt, so wäre seine Verhaftung zu Valladolid so geheim geblieben, daß Wenige davon erfahren hätten; allein der Erzbischof wollte den guten Rath nicht annehmen, indem er Jenen folgte, die ihm riethen, die Reise hinauszuschieben, bis der König einträfe. Don Rodrigo versicherte dazu, daß er nicht als Commissar gekommen, um die Verhaftung vorzunehmen, sondern als Abgesandter der Prinzessin, um ihn durch das Schreiben zu berufen, und daß man erst bei seinen Zögerungen seine Verhaftung befohlen und ihm die Weisung zu ihrer Vornahme gesandt hätte.

Von dem Augenblicke an, wo der Erzbischof verhaftet worden, bewachte Don Rodrigo de Castro die Thüre des Vorzimmers, ohne zu gestatten, daß irgend Jemand es passire. Da kam der Licenziat Saavedra, ein intimer Vertrauter des Erzbischofs, im Hemde und Schlafrock herbeigeeilt und beschwerte sich laut darüber: „wie man ihm das Recht entziehe, seine Hochwürdigste Gnaden zu sehen und zu sprechen!" Don Rodrigo gebot ihm jedoch, daß er unter einer Geldstrafe von zehntausend Ducaten und auf die Gefahr des Ungehorsams gegen die heilige Inquisition hin, binnen drei Stunden Tordelaguna zu verlassen habe und binnen zwei Monden nicht die Straße nach Altcastilien betreten dürfe. Sodann erschien Fr. Diego Ximenez, Begleiter des Erzbischofs, und sein ganzes Haus mit einigen der Dienerschaft, und Allesammt weinten dermaßen und gebärdeten sich so trostlos, daß Don Rodrigo und Don Diego sich auch nicht mehr beherrschen konnten und auch ihnen die Thränen in die Augen traten; Beweis genug, wie sehr auch sie jenes Unglück mit empfanden. Darauf entfernte sich Don Diego Ramirez in Begleitung des Fr. Diego, um ein Inventar des Besitzthums des Erzbischofs aufzunehmen, das in Beschlag genommen werden sollte, und als sie die in seinem Zimmer befindlichen Gegenstände verzeichnen sollten, richtete der Erzbischof an Don Rodrigo

die Bitte, wohl Acht zu haben auf einen kleinen Schreibkasten, da
seine gesammte Rechtfertigung darin zu finden wäre, was denn auch
geschah. Der Erzbischof ließ sodann einen seiner Pagen rufen, da
ihn schon Niemand von seiner Dienerschaft mehr bedienen durfte.

Don Rodrigo de Mendoza, Canonikus der Kathedrale von Toledo
und zum Rathe des Erzbischofs gehörig, trat bald darauf ein und
sagte dem Don Rodrigo: „Als Diener Seiner Gnaden bin ich dazu
berechtigt und als Gelehrter berührt es mich zu erfahren, welche Nothwendigkeit vorlag, einen Prälaten hier gefangen zu nehmen, und so
fordere ich Euer Gnaden auf, mir zu erklären, wie und aus welchen
Gründen Sie diese Gewaltthätigkeiten vornahmen.“ Don Rodrigo gab
ihm dieselbe Antwort wie dem Licenciaten Saavedra, mit derselben
Androhung, worauf Mendoza kein Wort mehr sprach und sich alsbald
entfernte.

Bei der Mahlzeit befolgte man an dem Tage die Ordnung, daß
der erste Gerichtsdiener die Schüsseln bis zum Zimmer trug, wo
sie der Page des Don Rodrigo de Castro in Empfang nahm, welcher
den Erzbischof den ganzen Tag lang bediente; Don Rodrigo nahm
die Schüsseln von dem Pagen in Empfang, stellte sie auf den Tisch
und trug sie ab. Don Diego kredenzte den Becher und Beide beobach-
teten dabei die höchste Ehrerbietung. Dann entfernten sich Beide allein,
um in dem anstoßenden Gemach zu essen, und die Dienerschaft aß,
wie sie es sonst zu thun pflegte. Als die Stunde zum Essen geschlagen, fing der Erzbischof an laut zu wehklagen, als finge er an,
an seinem Geschicke zu verzweifeln; der Page setzte Don Rodrigo davon
in Kenntniß, der im Vereine mit Don Diego mit der freundlichsten
und innigsten Theilnahme ihn zu beschwichtigen und zu trösten suchte.
Nachmittags eröffnete man der gesammten Dienerschaft, daß ein jeder
nach Belieben gehen könne, wohin er wolle, so daß Niemand nach
Valladolid zu kommen brauche. Man antwortete aber darauf mit der
Erklärung, daß die Meisten gerade aus Valladolid wären und dort
ihre Eltern und Verwandten hätten, wie daß sie alle ihre werthvollsten
Kleidungsstücke hingesandt und nur das zurück behalten, was zur Reise
Noth thue. Diese Gründe fanden Berücksichtigung und wurden von
dem Schatzmeister Don Pedro Manrique unterstützt, welcher einem
vornehmen Geschlechte angehörte und als gelehrter Canonist galt, und
so gelang es denn, das ganze Haus des Erzbischofs zu Valladolid zu
vereinigen. Indessen wurde der Dienerschaft bedeutet, erst Tags darauf
in den Abendstunden abzureisen und zwar über die Straße von

Somofierra, was kein kleiner Umweg war, und zugleich war ihnen genau bestimmt, wie viele Stunden sie täglich machen durften; Don Robrigo gab ihnen vierhundert Dukaten Reisegeld. Nur ließen sie den Küchenmeister und Koch für jene zurück, die den Erzbischof begleiteten, gleichwie die Mauleseltreiber zurückblieben, die für die Maulthiere Sorge zu tragen hatten. Man gestattete nämlich dem Erzbischof nicht, zu Wagen noch in einer Sänfte zu reisen, insofern er ein Maulthier besteigen mußte. Alle seine Habseligkeiten blieben bei Juan de Salinas in Tordelaguna zurück, mit Ausnahme des Geldes, das zur Reise Noth that, da sich zehntausend Dukaten vorgefunden, ohne die Zehntausend, die schon zu Valladolid sich befanden.

Mit solchen Vorbereitungen verbrachte man den ganzen Tag und als es neun Uhr Abends schlug, wurde im ganzen Flecken ausgerufen, daß Niemand unter den schwersten Strafen sein Haus verlassen dürfe, oder den Kopf zum Fenster hinausstrecken, bis die Sonne wieder aufgegangen. Nach Mitternacht hielten die Gerichtsdiener an der Thüre des Erzbischofs mit vierzig Reitern; zwanzig waren mit Gerichtsstäben versehen. Don Robrigo de Castro und Don Diego Ramirez geleiteten den Erzbischof hinunter, welcher sein Maulthier bestieg, ohne daß irgend Jemand ihm den Steigbügel hielt, was sie unbeachtet ließen, bis der erste Gerichtsdiener eintraf. Der Erzbischof mußte auch seinen Hut vom Sattel nehmen, wo sie ihn hingelegt. So weit war es denn gekommen, daß ein so hoher Prälat, der die höchste Würde einnahm, in diese beklagenswerthe Lage gerathen war, die sein Mißgeschick und der blinde Neid seiner Feinde hervorgerufen. So ritten sie denn zwischen Mitternacht und ein Uhr aus Tordelaguna heraus, der Erzbischof zwischen dem Inquisitor Ramirez und Don Robrigo de Castro; die Leute alle voran und das Gepäck hintendrein, wie Salinas erzählte, der herunterkommen durfte um sie wegreiten zu sehen, auf daß er das Haus wieder schließen könne, da es Mitternachtstunde war. Mit derselben Geheimhaltung zog der Erzbischof zu Valladolid in die Kerker der heiligen Inquisition ein, die so beschaffen waren, daß er mehrere Tage nicht einmal wußte, daß er im Kerker sich befände. Bemerkenswerth ist nämlich, daß er, zwei Tage vor ihrem Einzuge in die Stadt, Don Robrigo gegenüber sich dahin äußerte, daß es ihm zur großen Befriedigung gereichen würde, wenn sie ihm zu Valladolid die Häuser des Pedro Gonzalez zum Aufenthalt anweisen möchten, da dort gute Zimmer wären und sie 'eine gesunde Lage hätten. Don Robrigo entgegnete ihm, daß er ihn sehr gerne dort hinführen würde, womit er eigentlich ihm nichts gewährte, denn diese Häuser waren ein paar Monate vorher erst von der Inquisition gekauft und zu neuen Kerkern umgewandelt worden, und der Haftbefehl lautete gerade dahin, daß der Erzbischof in die neuen Kerker gebracht werden solle."

So berichtet Ambrosio de Morales über die Art und Weise, wie die Inquisitoren bei der Gefangennahme Carranza's verfuhren. Diese Nebenumstände, die bis heute so wenig bekannt waren, beweisen sonnenklar, wie groß das Aufsehen darüber war, wie große Vorsichtsmaßregeln man getroffen und mit welcher Strenge ein Akt ausgeführt wurde, der Spanien und selbst die fremden Nationen mit Staunen erfüllte, welche viele Jahre lang ihr Augenmerk darauf gerichtet hielten und dessen harrten, was daraus folgen würde.

Unter den Papieren, welche beim Erzbischof gefunden worden und die theils von ihm geschrieben, theils von fremder Hand waren, führen wir auf: „Einen Commentar der Epistel von Paulus an die Galater, der mit Hülfe der sechs Capitel verfaßt ist, die Luther darüber geschrieben. Auch ein anderer Commentar der Epistel an die Römer, gleichfalls mit der Doktrin Luther's; ferner ein Commentar über das zweite Sendschreiben Johannes des Täufers mit Aussprüchen aus Schriften von Oecolumpadius. Andere Commentare über die Prophezeihungen von Jesaias, Ezequiel und Jeremias, wobei auch die Schriften von Oecolumpadius benutzt worden. Weiter einige Abhandlungen de Spiritu et litera, de diferentia novi aut veteris testamenti et diferentia legis et evangelii, voller Phrasen und Worte, die darthun, daß der Verfasser die Schriften von Philipp Melanchton vor sich gehabt. Ebenso enthalten andere Abhandlungen über die Evangelien viele Doktrinen aus den Predigten Luther's. Schließlich fand sich noch eine gedruckte Schrift von Brencius über Hiob sammt einem von Carranza geschriebenen und unterzeichneten Vorworte, das aus Oecolumpadius genommen ist, der ebenfalls über dasselbe Buch Hiob geschrieben. So erzählt uns Simancas in seiner Biographie.

Da der Erzbischof von Toledo also gefangen saß, besorgte er, daß seine Angelegenheit die schlimmste Wendung nehmen möchte, weil er Alles von dem Eifer des Generalinquisitors zu befürchten hatte, und so appellirte er an den Pabst, indem er den Erzbischof von Sevilla als Richter ablehnte, insofern derselbe in den seine Person berührenden Dingen kein leidenschaftloser Richter wäre. Tausenderlei

Schwierigkeiten erhoben sich dawider und die entgegengesetztesten Meinungen machten sich darüber geltend, ob die Recusation des Erzbischofs von Sevilla zulässig wäre?! Allein der Pabst schnitt alle Streitigkeiten damit ab, daß er Philipp II. unbeschränkte Vollmacht ertheilte, an die Stelle des Don Fernando einen anderen Richter für die Sache zu ernennen. Der König war sofort dazu bereit, und die ihm gewährte Ermächtigung benutzend, trug er darauf an, daß Don Caspar de Zúñiga und Avellaneda, Erzbischof de Santiago, über den Prozeß des Erzbischofs zu erkennen hätte. Allein Don Caspar übertrug aus unbekannten Gründen seine Vollmachten auf zwei Räthe der heiligen Inquisition, den Licenciaten Christobal Fernandez de Valtobano und den Doktor Diego de Simancas, beide Creaturen des Don Fernando Valdes, die Carranza auch recusiren wollte. Da er aber noch Schlimmeres von der Ernennung anderer Richter zu befürchten hatte, stand er davon ab, und zwar mit Einverständniß seiner Vertheidiger, des berühmten Doktor Martin de Azpilcueta Navarro und des Doktor Don Alonso Delgado.

Doktor Azpilcueta gehörte zu den ausgezeichnetsten Männern seines Jahrhunderts. Er war im Jahre 1493 zu Varasoayn, einem Orte in der Nähe von Pampelona, geboren, studirte Sprachen und Philosophie zu Alcala de Henares und die Rechte zu Toulouse in Frankreich, wo er zum Doktor promovirte. Zu Salamanca bewarb er sich um eine Professur des canonischen Rechtes, die er auch erlangte und vier Jahre lang einnahm. Don Juan III., König von Portugal, berief ihn nach Coimbra, wo er sechszehn Jahre lang das canonische Recht lehrte, nach deren Ablauf er Kraft des Gesetzes bereits Jubilar wurde und sein Gehalt von mehr als tausend Dukaten behielt, ohne die Verpflichtung zu haben Vorlesungen zu halten. Er war zugleich Beichtvater der Doña Juana von Oesterreich, die Schwester Philipp's II. und Mutter des unglücklichen Königs Sebastian war. Die Verdienste des Doktor Azpilcueta veranlaßten Alonso de Villegas, dessen Leben in die Flos Sanctorum aufzunehmen. Doktor Azpilcueta war dem Erzbischof Carranza innig zugethan, denn Beide kannten sich schon von Kindesbeinen an, da Navarra ihre Heimath war. Bei verschiedenen Anlässen hatte Doktor Azpilcueta seine Anhänglichkeit an den Erzbischof kund gegeben und unter Andern im Capitel XVII. seines Manual de Confesores y penitentes (gedruckt zu Coimbra im Jahre 1553), wo er ihn: „den vielberühmten, hochfrommen und gelehrtesten Doktor Fr. Bartholome de Carranza nennt, die Zierde des Dominikanerorbens, unſern Navarreſiſchen Landesgenoſſen, der wegen ſeiner großen Demuth und Tugend ein hohes Bisthum zu erlangen ablehnte!" [1])

Allerdings verdient es Erwähnung, daß ein Mann von ſo hohem Verdienſte, wie Azpilcueta war, ein ſolches Lob über Carranza äußerte, und zwar in einem Momente, wo ſein Freund noch nicht die hohe Würde eines Erzbiſchofs von Toledo einnahm. Was aber noch bemerkenswerther, iſt, daß das Lob Carranza's ſich nicht mehr in den beiden Ausgaben des Manual findet, welche 1556 und 1557 zu Salamanca erſchienen und zwar zu einer Zeit, wo Erzbiſchof Carranza noch keineswegs von den Inquiſitoren verfolgt wurde. Was Azpilcueta dazu vermocht, jene lobpreiſenden Worte zu ſtreichen, läßt ſich kaum vermuthen, ſollte er auch etwa aus Rückſichten auf jene, welche Carranza wegen ſeiner Erhebung als Primas von Spanien beneideten, ein Lob verleugnet haben, das dem Haſſe ſeiner Feinde widerwärtig ſein mußte. Wie geſagt, es iſt ſchwer zu ſagen, was Azpilcueta zu der Weglaſſung jener Worte beſtimmt haben mag. Soviel aber ſteht für uns feſt, daß der Vertheidiger des Mannes, der der Ketzerei angeklagt war, früher deſſen Frömmigkeit und Tugenden hochgeprieſen hatte. Nicht minder ſteht es feſt, daß Azpilcueta ſich von der Unſchuld Carranza's überzeugt hielt, was aus einem Schreiben hervorgeht, das er nach Beendigung und Aburtheilung des Prozeſſes an einen Freund richtete. In dieſem Schreiben heißt es nämlich: „Ich habe durchaus keine Ketzerei von ihm in den fünfzehn Jahren vertreten, während deren ich im Auftrag Seiner Königlichen Majeſtät ſein Sachwalter geweſen, noch habe ich der Betheuerung zuwider gehandelt, welche ich Seiner Gnaden im Anfang gemacht, daß ich ſeine Vertretung unter ſolcher Bedingung und Freiheit übernehmen würde, daß Niemand eher als ich ihn in dem verdammen würde, worin ich ihn als Ketzer fände, und daß ihm Niemand mit mehr Treue bis dahin dienen würde. Dies gefiel ihm dermaßen, daß er mir ſagte: „daß ich der Erſte ſein

---

[1]) Manual de confessores y penitentes, que clara y brevemente contiene la universal y particular decision de quasi todas las dubdas que en las confessiones suelen occorrer de los pecados, absolutiones, restitutiones, censuras etc., irregularidades; compuesto antes por un religioso de la órden de Sant Francisco de la provincia de la Piedad, y despues, visto y en algunos passos declarado por el antiguo y muy famoso doctor Martin de Azpilcueta Navarra, cathedrático jubilado de prima en canones en la universidad de Coimbra. Y agora con summo cuidado, diligencia y estudio tan reformado y acrescentado por el mesmo doctor, en materias, sentencias, alegaciones y estilo que puede parecer otro. In inclyta Conimbrica Joannnes Barrerius et Joannes Alvarez Regij typographi excudebant Anno à Christo nato MDLIII.

sollte, der ihn zum Scheiterhaufen führen müßte, wenn ich ihn also (als Ketzer) finden würde!" [1])

Wenn auch diese Worte des Freundes den höchsten Werth für den Doktor Azpilcueta haben mußten, der sich von der Unschuld Carranza's so überzeugt hielt, so dürfen dieselben vor einer strengen Kritik und unbefangenen Geschichtschreibung nicht so aufrichtig erscheinen, wie man vielleicht denken möchte, denn es läßt sich nicht verkennen, daß der Erzbischof von Toledo bei jenen Worten auf das Rücksicht nehmen mußte, was ihm zum Vortheil gereichen konnte. Der Grund dafür ist sehr einfach, denn in den Instruktionen der Inquisition, welche der Generalinquisitor Don Fernando de Valdes 1561 ausgefertigt, heißt es in Nummer 36, wo es sich über den Angeklagten handelt: „man hat ihm niemals zu verstatten, daß er mit seinem Sachwalter, noch mit einer andern Person verkehre, es sei denn in Gegenwart der Inquisitoren und des Notars, der zu bekunden hat, was vorgehe." Hieraus läßt sich leicht schließen, daß die Worte Carranza's an seinen Advokaten nicht solchen Glauben verdienen, wie Doktor Azpilcueta ihnen schenkte. Selbst zugegeben, daß der Erzbischof sich mit größter Aufrichtigkeit hier geäußert hätte, so müssen wir berücksichtigen, daß einige Inquisitoren und ein Notar zugegen gewesen, so daß der Erzbischof nur sich so ausgesprochen haben mag, daß man seine Festigkeit im katholischen Glauben nicht anzweifeln konnte, noch, daß er irgend wie verrathen hätte, als habe er seine Richter zu fürchten, die das Winzigste in Betracht zogen.

In jene Zeit fiel es gerade, daß der Katechismus, der, wie wir wissen, die Hauptquelle des Unglücks des Erzbischofs von Toledo bildete, von den Abgeordneten des Tridentiner Conzils, die das Verzeichniß der verbotenen Bücher zu entwerfen hatten, auf das Strengste geprüft wurde und vollständige Gutheißung fand. „Das dürfte den Herren Inquisitoren nicht angenehm sein," so äußerte sich, und zwar mit vielem Rechte Don Pedro Gonzalez de Mendoza, Bischof von Salamanca, in seiner Geschichte über das Conzilium von Trient, die bis heute noch nicht im Druck erschienen ist. [2]) Allerdings mochte

---

[1]) Capitulo de carta del doctor Navarro à cierto amigo suyo despues de la sentencia del arzobispo don Fr. Bartolome de Carranza. (Manuscript.) Biblioteca Colombina.

[2]) Historia del Concilio de Trento de la última celebracion del Papa Pio IV., escrita por el señor don Pedro Gonzalez de Mendoza, obispo de la santa iglesia de Salamanca. — (Manuscript.) Biblioteca nacional.

dieser einsichtsvolle Prälat sich zu einem solchen Ausspruch berechtigt fühlen, wenn er erwog, welcher Schimpf aus der Gutheißung des Katechismus für die Inquisitoren erwachsen würde, die, ohne irgend welche Rücksicht auf die Gelehrsamkeit und Würde Carranza's, bloß weil sie Lutherische Doktrinen in dem witterten, was er als Katholisch vertreten, seinen Katechismus in das Verzeichniß der verbotenen Schriften aufgenommen hatten. Solche Erwägungen mochten den Sinn der Abgeordneten wankend machen, die ihre Prüfung des Katechismus in die Länge zogen, da manche von ihnen dachten, ob es nicht der Würde der heiligen Inquisition angemessen wäre und in ihrem Interesse läge, wenn sie ihr Urtheil schriftlich wieder zurück= nehmen bevor das günstige Gutachten in voller Synode abgegeben würde, in welchem Falle ja nur Mißkredit und Schatten auf die Inquisition fallen müßte, der nur durch das Gewicht der Gründe be= seitigt werden könnte, die sie bewogen, die Schriften eines Prälaten der Schmach zu überantworten, der bisher zu jenen mitgezählt, die dem heiligen Stuhle die anerkennenswerthesten Dienste geleistet. Don Pedro Gonzalez Mendoza spricht sich also darüber in seiner Geschichte aus: „Man bot große Anstrengungen in diesem Falle auf, denn manche derer, die bereits ihre Unterschrift abgegeben hatten, wurden wieder wankend und zogen sich fast zurück, wie z. B. der Erzbischof von Palermo und der Bischof von Columbria, ein spanischer Augustiner." Der Bischof von Lerida, Don Antonio Agustin, machte dem Concil darüber Vorstellungen, wie bedenklich es wäre, wenn die Gutheißung des Katechismus von der Synode gutgeheißen würde, und endlich setzte er es durch, daß keine Erklärung zu Gunsten der Schrift erfolgen solle, denn das Concil kam nicht dazu, den Ausspruch der Abgeordneten zu bestätigen, denen die Aufstellung des Verzeichnisses der verbotenen Schriften oblag. Aus dem Umstande aber, daß das Gutachten der Commission zu Gunsten des Katechismus des Erzbischofs von Toledo ursprünglich ausgefallen, haben die Anhänger dieses Prälaten folgern wollen, daß seine Schrift katholische Doktrinen lehre, so daß es blos an dem falsch aufgefaßten Ehrenpunkte der Inquisition gelegen hätte, daß sein Buch vom Tridentiner Concil nicht gutgeheißen worden wäre.

Don Diego de Simancas offenbart uns eine bis zur Stunde noch mysteriöse Ursache, die beim Ausspruch der Abgeordneten zu Gunsten des Katechismus mitgewirkt, indem er jene Gutheißung als eine Intrigue bezeichnet, welche die eifrigen Anhänger des Erzbischofs angezettelt hätten. „Und so geschah es denn," schreibt er, „daß sie heimlicher Weise zu erwirken wußten, daß einige Abgeordnete, ohne nur die spanische Sprache zu verstehen, in denen es geschrieben war, — indem sie ihnen nur viele Approbationen vorzeigten, die in Spanien geschehen, es sofort billigten und auf das Zeugniß hin es in Italien und Spanien veröffentlichten." Eilf Abgeordnete ertheilten ihr Gutachten gegen das Verbot der Schrift von Carranza, das von den Inquisitoren ausgegangen, nämlich der Erzbischof von Prag als Präsident der Congregation des Index, der Patriarch von Venedig, der Erzbischof von Braga aus Portugal, die Erzbischöfe von Lanciano, Palermo und Columbria, der Bischof von Chalons, der Bischof von Ticinia, der Bischof von Nevers, der Bischof von Ungarn und der General der Augustiner. Erwähnenswerth ist, daß sich unter diesen nur zwei Spanier befanden, nämlich Don Juan de Salazar, Erzbischof von Lanciano, und Don Diego de Leon, Erzbischof von Columbria. Die ausländischen Prälaten ließen sich von den vielen ihnen vorgelegten Approbationen spanischer Theologen fortreißen, ohne zu wissen, daß dieselben auf Verlangen des Erzbischofs gegeben worden, als derselbe noch auf der Höhe seiner Macht stand, mochte er auch schon die Blitze der Inquisition in der Ferne leuchten sehen. Diese Aussprüche seiner Freunde und Anhänger sind als allgemeine Phrasen des Lobes und der Schmeichelei gehalten, als sollten sie nur eine Schrift des ersten Würdenträgers der spanischen Kirche hochpreisen. [1]) Was die Stellung des Erzbischofs, abgesehen von der Verdammung der Censoren der Inquisition erschweren mußte, war der Umstand, daß Melchor Cano und der Beichtvater Karl's V., Fr. Juan de Regla, sich wider ihn ausgesprochen. Letzterer versicherte gar, daß Carranza,

---

[1]) „Fray Thomas Manrique erkühnte sich zu behaupten, daß der Katechismus nicht blos im Concil gutgeheißen worden, sondern daß er bereits von einer großen Zahl spanischer Theologen und hochgelehrter Prälaten gutgeheißen war, und daß blos drei und ein halber (sic) darin schlimme Sätze gefunden; ich erwiederte darauf, daß die, welche sie als solche gefunden, mit dem Finger drauf wiesen, wie daß selbe von dem apostolischen Richter dazu bestimmt worden und daß viele andere jene schlechten Behauptungen bemerkt und daß sie dazu vereidigt wären, während die Andern, von denen er spreche, von dem Angeschuldigten gewählt worden, bevor er verhaftet wurde und er seine Macht noch inne hatte, die dazu seine Freunde wären und dem Angeschuldigten ihre allgemeinen, schmeichelvollen Approbationen sandten, ohne zu wissen, von welchen Autoren jene Lehre entsprungen, und daß sie aus dem Grunde durchaus keinen Glauben verdienten, vollkommen aber jene drei und ein halb. Unter dem halben verstand ich Fr. Johann de Ibarra, weil derselbe mit Tod abging, ohne seine Beurtheilung des Katechismus zu beenden." (Don Diego de Simancas in seiner oben erwähnten Lebensbeschreibung, Manuscript der Colombina.)

als er den Kaiser auf seinen Tod mit vorbereitete, demselben gegenüber manche ketzerische Behauptungen geäußert, die alle Zuhörer hätten empören müssen. Ueber Melchor Cano hatten die Anhänger des Erzbischofs das Gerücht verbreitet, als wäre derselbe ein Todfeind des Erzbischofs. Simancas deutet auch auf die Veranlassung dieses Geredes hin, indem er sagt: „wer am besten diese Schrift (nämlich den Katechismus) beurtheilte und darin die Sprache der Ketzer erkannte, war Fr. Melchor Cano, ein Mann von großem Scharfsinn und seltener Gelehrsamkeit, den man gleich als Todfeind des Erzbischofs ausschrie, sobald der Angeschuldigte und dessen Anhänger sein Urtheil erfahren. Als ich ihm bemerkte, er möge mir sagen, weßhalb man ihn als seinen Feind halte, da schwor er mir, daß es durchaus keine andere Ursache dafür gäbe, als daß er jene Schrift nach seinem Gewissen beurtheilt, und wenn er dies im Sinne des Angeschuldigten thäte, so wären sie Freunde wie ehedem! Und ich schenkte ihm darin Glauben, denn er suchte den Angeklagten, wo er nur konnte, zu entschuldigen." [1])

Noch ein anderer Punkt ist hervorzuheben, der sich auf die Beurtheilung der Commission des Index bei dem Tridentiner Concil bezieht. Der berühmte Bischof von Lerida, Don Antonio Agustin, zählte zu jenen, welche den Erzbischof für einen Ketzer hielten. Als Abgeordneter kam es ihm zu, der Berathung beizuwohnen, in welcher es sich um die Entscheidung über die Schrift Carranza's handelte. Zu seinem Erstaunen war er aber nicht dazu berufen worden, und so erklärte er in einer andern Deputation des Concils, daß das Gutachten, das so günstig für den Erzbischof von Toledo ausgefallen und das Ansehen der Inquisitoren so sehr demüthige, unüberlegter Weise und unvorsichtig erlassen worden. Der Präsident der Deputation rechtfertigte sich damit, daß die Entscheidung an einem Tage geschehen und unterzeichnet worden, an welchem man über gutzuheißende oder

---

[1]) Die angebliche Feindschaft Melchor Cano's wider den Erzbischof hat schwerlich eine andere Begründung. Es steht übrigens fest, daß Carranza noch im Jahr 1558 dem berühmten Theologen die höchste Anerkennung widerfahren ließ, als er eine Druckerlaubniß für eine Schrift desselben ertheilte, indem er ihn darin als einen hochkatholischen Schriftsteller bezeichnet, der nur die frömmsten Doktrinen lehre. Diese Schrift ist nämlich die Relectio de poenitentia habita in Academia Salmaticensis. Anno MDXLVIII. A frate Melchiore Cano, ordinis Praedicatorum. Compluti Ex officina Joannis Brocar, 1558. Es läßt sich schwerlich annehmen, daß Melchor Cano sonstige Veranlassung gehabt hätte, sich gegen Carranza's Rechtgläubigkeit auszusprechen, als seine Ueberzeugung von der Bedenklichkeit seines Katechismus.

zu verbietende Schriften und zwar zu gewohnter Stunde zu verhandeln
pflegte. [1])

Indessen hatte die Gutheißung des Katechismus von Carranza
durchaus keinen Einfluß auf den Fortgang seines Prozesses. Von der
Inquisition in Spanien wurde das Gutachten als nichtig angesehen,
weil es in voller Synode keine Bestätigung gefunden. Man muß
gestehen, daß die Art und Weise, wie die Geschichtschreiber, die für
Carranza Partei genommen, hier urtheilen, von der Wahrheit sehr
abweicht, gleichviel welche Gründe sie auch für ihre Auffassung vorbringen mögen. Ein Geschichtschreiber verdient kaum den Namen
eines solchen, wenn es ihm weniger um Erforschung des wahren Sach-
verhältnisses handelt, als um Gründe für seine Eingenommenheit für oder
wider zu finden und seine Vorliebe zu beschönigen. Simancas läßt,
so oft er in seiner Biographie über den Erzbischof sich ausläßt, unverhüllt seine Abneigung gegen den unglücklichen Prälaten durchblicken.
Vielleicht mag der Haß dieses Mitgliedes der Inquisition aus seiner
Ueberzeugung von der Schuld Carranza's entstanden sein. Was soll
man aber davon denken, wenn Simancas Gründe zu seinem Argwohn aus der Physiognomie des Erzbischofs schöpft und selbst in
seiner Ausdrucksweise Gründe zu seiner Verdächtigung suchte? Bei
jedem Anlasse sucht Simancas dem Erzbischof Uebles nachzureden und
so sagte er einmal: „Es besuchte mich Don Antonio Pimentel, Graf
von Benavente, welcher sehr zugethan dem Angeklagten war, weil ein
Bruder von ihm in dessen Hause war, und unter andern freundlichen
Gesprächen sagte er mir: „er würde gern fünfhundert Dukaten darum
geben, wenn er den Angeklagten beim ersten Verhör sprechen könne."
Ich bemerkte ihm darauf, daß Seine Herrlichkeit sein Geld schlecht
anwenden würde, wenn er so gemeine Züge sehen wollte. Darauf erwiederte er: „es wäre ihm nicht darum zu thun, sein Gesicht kennen
zu lernen, sondern vielmehr um zu hören, was er sagen würde!" Es
ist gewiß, daß der Angeklagte ein widerliches Aeußere hatte, und als

---

[1]) Der Bischof von Lerida wollte sich dies so sehr zu Herzen nehmen, daß
er dieser Tage in der Deputation sagte, daß das Gutachten unüberlegt und un-
vorsichtiger Weise erlassen worden, denn er gehörte zu denen, die an dem Tage
der Unterzeichnung nicht anwesend waren, obwohl er zu den Abgeordneten gehörte.
Der Erzbischof von Prag erklärte als Präsident der Deputation, wie es zur gewohnten Stunde und Tag geschehen, und darauf erklärte er, er käme nicht hin,
damit man nicht irgend eine Injurie sage und daß er den Legaten sagen würde,
sie sollten einen andern Präsidenten wählen: — eine Antwort, die mäßig genug
für die Frage war! Don P. Gonzalez de Mendoza (im erwähnten Manuscript).

einer der Räthe, Onufrio Camoyano, ihn eines Tages zu Rom sah, sagte er, daß er ein sehr unglückliches Gesicht hätte."

Wenn ein Mann, wie Simancas, uns erzählt, daß der Erzbischof gemeine Züge hatte, und ein widerliches Aeußere wie ein unglückliches Gesicht zur Schau trug, so dürfen wir allerdings annehmen, daß die Häßlichkeit seines Aeußeren mitwirkte, um Unbefangene gegen ihn einzunehmen und auf seine Richter zu wirken. Bemerkenswerth ist übrigens, daß in einem Sprichwort jener Zeit „die Nothwendigkeit" mit dem Gesichte eines Ketzers verglichen wird, so daß der Volksmund alles Widrige einem Ketzer anzudichten pflegte und man den Abscheu auf das Aeußere übertrug. Bei Hoch und Niedrig waren solche Redensarten im Schwange. Uebrigens bekundet Simancas bei jedem Schritte sein Uebelwollen gegen den Erzbischof: „Der Angeklagte," sagte er unter Anderm, „war so weitläufig und verworren, so langsam bei seinen Erklärungen und so verdächtig in Allem, daß er uns viele Last machte." Wenn ein Angeklagter erst wohlerwogenermaßen seine Meinung kund gibt, wenn er seine Gedanken etwas schwerfällig vorträgt und sich bei seinen Antworten, von denen sein Leben und seine Ehre abhängt, wohl besinnt, so scheinen dies für die Richter jener Zeit Gründe gewesen zu sein, um einen Angeschuldigten für sehr verdächtig zu halten. Wüßte man nicht, daß Don Diego de Simancas ein Mann von umfassender Gelehrsamkeit und scharfem Urtheil in literarischen Dingen gewesen, wovon seine bewundernswürdigen Schriften de Collectaneorum republica und de Primogenitis Hispaniae [1] Kunde geben, so könnte man über die Schwäche seines Verstandes nur die Achsel zucken, wenn er die Auslassungen des Erzbischofes für langweilig und verworren erklärt, der doch wohl nur das vorbrachte, was zu seiner Rechtfertigung ihm dienlich erscheinen mochte. Wenn der Erzbischof sich lange besann und sich in weitläufige Erörterungen einließ, so geschah dies wohl nur, weil er allen Mißdeutungen vorbeugen wollte, was dem Argwohn der Inquisitoren aber nur neue Nahrung gab. Wohl zu berücksichtigen ist aber auch, daß Carranza, der in früherer Zeit selbst als Inquisitor fungirt hatte, die Schliche und Listen kannte, mittelst deren die Richter die Angeklagten

---

[1] Jacobi Simancae Civitatensis Episcopi, Juris consulti clarissimi, collectaneorum de Republica, libri novem. Opus studiosis omnibus utile: viris autem politicis necessarium Valdoliti, Ex Typographia Adriani Ghemartij MDLXV. Jacobi Simancae Civitatensis Episcopi, de primogenitis Hispaniae Libri quinque. Salmanticae. Apud Joannem Mariam à Terranova MDLXVI.

zu verwirren suchten, um ein Geständniß zu entlocken, das oft nur
der Furcht oder Leichtfertigkeit seine Entstehung zu verdanken hatte. [1]
Der Erzbischof von Toledo kannte die Wege und Mittel, deren sich
die Inquisitoren bedienten, um dem Angeklagten Worte zu entlocken,
die als Grundlage seiner Verurtheilung zu seinem Verderben gereichen
müßten, und so würde es Niemanden Wunder nehmen, daß er selbst
im vorliegenden Falle sehr besonnen verfuhr und wohl erwog, was
zu seinem Nachtheil oder Vortheil ausschlagen konnte.

Don Juan Antonio Llorente sucht in seiner Historia Critica
de la Inquisicion seine Leser glauben zu machen, als wäre der Erzbischof durch die Ungerechtigkeiten eingeschüchtert worden, die in seinem
Prozesse stündlich vorfielen, als hätte er Argwohn gegen seine Richter
hegen müssen, weil er sie als Creaturen seiner Feinde angesehen, weil
sie ferner die Anklage gegen ihn in vielerlei Punkte zertheilt, nur um
sein Verschulden zu vergrößern und sein Vergehen schwerer erscheinen
zu lassen, weil sie Anklagen wider ihn häuften, nur um ihn zu verwirren und zu machen, daß er in Widersprüche geriethe, weil sie ferner
ihm die Abschriften erst fast bei Ablauf der Fristen mittheilten, damit
er eine neue Vertagung beantrage, wodurch der Prozeß weiter in die
Länge gezogen würde, oder damit er unüberlegt antworte, weil sie ihm
auch Schriften zuschrieben, die nicht von ihm ausgegangen und sie
als solche hätten censiren lassen, da sie doch von Ketzern verfaßt waren
und endlich, weil die Richter nicht einmal die günstige Beurtheilung

---

[1] Eymeric belehrt uns in seinem Directorio de Inquisidores über die Art
und Weise, wie die Inquisitoren von dem Angeklagten Geständnisse zu entlocken
wußten. Eine Anweisung lautet also: „Wenn der Inquisitor sieht, daß der Ketzer
oder der Denuncirte nicht die Wahrheit gestehen will, und er weiß, daß derselbe
nicht durch Zeugen zu überführen ist, wenn ihm sonst aus Anzeichen gewiß scheint,
was wider ihn ausgesagt wird, der auch Das oder Jenes leugnet, dann blättere
der Inquisitor in den Prozeßakten und sage dann dem Angeklagten: „es ist ja
offenbar, daß du nicht die Wahrheit sagst und daß es sich so verhält, wie ich sage;
sprich klar heraus die Wahrheit!" Dies muß also geschehen, auf daß jener glauben
muß, überführt zu werden, und daß es also aus dem Prozesse hervorgehe!...
Oder der Inquisitor möge ein beschriebenes Blatt in der Hand haben, und wenn
der Denuncirte oder Ketzer dieses oder jenes leugnet, so soll der Inquisitor sich
verwundert stellen und ihm zurufen: „wie kannst du das leugnen? sehe ich es
nicht hier?" Dann soll er in das Blatt schauen und es falten und ausrufen:
„gerade so ist es, wie ich es eben sagte, du siehst ja, daß ich es weiß!" Der
Inquisitor mag sich aber wohl hüten, sich zu sehr in's Einzelne einzulassen, wenn
er so spricht, damit nicht der Angeschuldigte erkenne, daß er es nicht weiß! Er
soll nur im Allgemeinen sprechen, wie: „Wohl weiß man, wo du gewesen bist
und zu welcher Zeit und auch, was du gesagt hast." Und dann soll er auf irgend
etwas Gewisses hindeuten, von Dem er weiß, daß es sich so verhält und übrigens
nur allgemein sich äußern!" Fr. Nicolás Eymeric. Directorium inquisitorum.

des Katechismus beachtet, zu welcher sich die Abgeordneten des Concils von Trient bereit gefunden, noch irgend Anstalten machten, die Sache zur Entscheidung zu bringen. Solcherlei und noch Stärkeres pflegte auch der Vertheidiger von Carranza vorzubringen und zwar nicht blos in seinen Denkschriften an König Philipp, sondern er nahm keinen Anstand, Jedem gegenüber sich also zu äußern. Wenn aber Dr. Azpilcueta solche Anschuldigungen wider die Inquisition laut werden ließ, so verleitete ihn seine Zuneigung, für den Erzbischof Dinge zu behaupten, die mit Wahrheit und Recht nicht im Einklang sind. Will man unbefangen sein, so darf man nicht übersehen, in welche Irrthümer und selbst Verleumdungen selbst Schriftsteller verfielen, die, nur um für Carranza aufzutreten, nicht Schmähliches genug über seine Richter vorbringen konnten und ihnen die Schuld der Zögerungen des Prozesses beimaßen, während der Erzbischof es gerade gewesen, der das Hinausschleppen der Sache veranlaßte. Und zwar nicht ohne Grund, denn er hatte die Entscheidung und das Urtheil zu fürchten, und so suchte er zu seiner Rettung und weil er vor der Welt als Unschuldiger erscheinen wollte, auf jede Weise die Sache in die Länge zu ziehen, damit am Ende nach einigen Jahren seiner Haft der Haß seiner Gegner erkalte, und sein Urtheil milder ausfalle, als seine Feinde hoffen mochten. Don Diego de Simancas macht als Richter des Erzbischofs eine treffende Bemerkung darüber, wenn er sagt: „Mittlerweile hatte man auf zwei Fristverlängerungen angetragen, damit die Theologen ihre Beurtheilung vollenden könnten, und jene, welche für den Angeklagten auftraten, setzten dermaßen Hindernisse entgegen, daß nur zehn Monate für beide Fristen gewährt wurden. Wenn man die Zeit berechnet, welche der Angeklagte in Spanien gefangen saß, betrug die Zeit, während deren man die Sache verhandeln konnte, kaum mehr als drei Jahre, denn zwei Jahre gingen bei der Rekusation verloren, bis wir erst den Prozeß beginnen konnten, und vierzehn Monate dauerte die Einleitung des Prozesses in Erwartung der Fristverlängerung, und fast noch zwei Jahre gingen mit Anfragen und Antworten über das hin, worüber eigentlich zu erkennen und zu entscheiden wäre." [1]

Wie sehr man auch Gegner der Inquisition sein mag, so darf man doch zur Steuer der Wahrheit nicht die Hand dazu bieten, daß das abscheuliche Glaubensgericht unbilliger Weise noch verleumdet

---

[1] Don Diego de Simancas. (In dem oben erwähnten Manuscript.)

werde. Leicht zu begreifen war der Wunsch des Erzbischofs, den Inquisitoren seinen Prozeß aus der Hand zu spielen und nicht minder, daß er auf alle erdenkliche Weise die Sache hinauszuschieben trachtete, was ihm als Mittel zur Vertheidigung diente und die ihm drohenden Gefahren zu beschwören geeignet war. Denn wohl mußte er, was er von den Glaubensrichtern zu erwarten hatte, wenn sie ihn für schuldig fänden: — der Scheiterhaufen oder die Garotte harrte dann seiner!

Statt die Mitglieder des Glaubensgerichtes für die Verzögerungen des Prozesses verantwortlich zu machen, darf man vielmehr das Gegentheil behaupten, da sie nichts sehnlicher wünschten, als die Aburtheilung des Erzbischofs. Es ist nicht hier am Platze, alle Einzelheiten des Prozesses vorzuführen, da dieses zur Aufklärung der Sachlage nicht dienen kann und uns zu weit führen würde. Es genüge, zu wissen, daß die spanischen Prälaten über die Schuld und Unschuld des Erzbischofs sehr verschieden dachten und daß die ihm gewogenen Prälaten in Rom insgeheim Schritte thaten, um der langen Gefangenschaft des Primas von Spanien ein Ende zu machen und ihm den Sieg über seine Gegner zu verschaffen. Der Erzbischof hatte zu rechter Zeit alle Erzbischöfe und Bischöfe Spaniens als Richter rekusirt, weil er meinte, daß dieselben vor der Inquisition zitterten und somit unfähig wären, frei in seiner Sache zu entscheiden. Dieser Umstand und dazu die Theilnahme, welche jene mit dem Unglück des Erzbischofs empfanden, die unbefangen aus der Ferne das Verfahren der Inquisition gegen den so ausgezeichneten Mann beurtheilten, bestimmte endlich Pius IV. dazu, den Prozeß selbst in die Hand zu nehmen, und den Prozeß sich ausschließlich vorzubehalten, zu welchem Ende er endgültige Befehle an den apostolischen Nuntius in Spanien erließ. Allein Philipp II., dessen Zuneigung für Carranza in den heftigsten Haß umgeschlagen war, drang in den Pabst, daß die Sache in seinen Landen entschieden werde. Da ernannte Pius IV. drei Richter, einen derselben mit dem Titel eines Legaten a Latere. Die Inquisitoren stellten ihnen aber die größten Hindernisse entgegen, weil sie nunmehr nicht wünschen konnten, daß der Prozeß des Erzbischofs rasch entschieden werde, insofern sie besorgten, daß das Urtheil nicht ihnen zu Ehren gereichen würde. Am Ende aber mußten sie, wenn auch mit Widerwillen, vor der unerschütterlichen Beharrlichkeit des Pontifex sich beugen, der Pius IV. auf dem päbstlichen Stuhle folgte. Pius V. empfand Mitleid mit dem Geschicke des Erzbischofs und gab den Befehl, daß derselbe nach Rom gebracht werde, weil er selbst in dessen Sache Recht sprechen wollte. Die Gegner Carranza's entsetzten sich ob der unerwarteten Kunde, und die Inquisitoren stellten dem Könige Philipp vor, daß der Beschluß des Pabstes nur aus dem Streben hervorgegangen, die Vorrechte der Krone zu beschränken. Nur zu willig lieh der König solchen Einflüsterungen sein Ohr und ließ den Nuntius Seiner Heiligkeit rufen, um ihm mündlich zu erklären, wie er in keiner Weise einwilligen würde, daß der Erzbischof aus den Kerkern der Inquisition entfernt werde, daß, falls der Pabst es für angemessen fände, er seine Jurisdiction auf Geistliche und gelehrte Männer übertragen könne, bei welchen er kein Uebelwollen gegen Carranza voraussetze, daß solche Personen aber Spanier sein müßten, keineswegs aber Ausländer, und endlich, wenn der Pabst dies nicht gewähre, so würde der Erzbischof im Gefängnisse sterben, ohne das Ende seines Prozesses zu erleben.

Pius V. war der Ansicht, daß, gäbe er in diesem Falle nach, dies für den apostolischen Stuhl eine große Kränkung wäre, und so erneuerte er seine Forderung, indem er strenge Befehle an den Nuntius erließ, auf daß er, ohne einen Augenblick zu verlieren, bei Philipp bittere Beschwerde führe und ihm zu verstehen gäbe, daß, beharre der spanische Hof darauf, die Person des Erzbischofs nicht auszuliefern, so stelle er sich dem bloß, den vollen Unwillen des heiligen Stuhls auf sich zu ziehen. Die Räthe des Königs und die Inquisitoren gaben in ihrem Starrsinn dem Könige den Rath, auf seiner Weigerung zu verharren, aber Philipp, der da fürchtete, bei der Welt seinen Ruhm als Katholik bloß zu stellen, der dazu die Entschlossenheit des Pabstes kannte und die Nachtheile fürchtete, die daraus für seine Staaten erwachsen möchten, daß er Carranza in den Kerkern der Inquisition gefangen hielte, gewährte am Ende, daß der Prozeß und der Erzbischof selbst nach Rom gebracht würden. So geschah es denn, daß der Erzbischof von Toledo am 27. April 1567 unter dem Geleite vieler Inquisitoren zu Carthagena eingeschifft wurde und am 25. Mai zu Civitavechia eintraf, von wo er unter guter Bewachung nach dem Sant-Angelo-Castell gebracht wurde. Hier blieb er Gefangener, bis seine Sache entschieden war! Pius V. war Carranza sehr zugethan und wollte nicht an das glauben, was die Richter der Inquisition bei dem Prozeß gefunden haben wollten. Was ihn in seiner guten Meinung bestärkte und was er hervorzuheben liebte, war, daß der Erzbischof während der blutigen Herrschaft der grausamen Maria

Tudor und ihres Gemahls Philipp's II. in England es sich sehr
angelegen hätte sein lassen, „die Ketzer in den Schooß der Kirche
zurückzuführen!" [1])   Der Pabst war der Dienste eingedenk, die der
Bischof dem römischen Hofe wie der Inquisition geleistet, und konnte
nicht glauben, daß ein Mann, der als Dominikanermönch mit so
großem Eifer die katholischen Doktrinen verfochten, von denselben hätte
abfallen können, seitdem ihn das erzbischöfliche Pallium geschmückt und
er zum Primas des katholischen Spaniens erhoben war.   Solche Erwägungen hielten Pius V. ihm gewogen, dem nichts ferner lag, als
der Gedanke, daß Carranza neue Ueberzeugungen gewonnen, welche
sein früheres Wirken bedauern und verdammen mußten.   Carranza
steht wahrlich mit seinem Sinneswechsel nicht allein da, und wenn
er nunmehr Doktrinen huldigte, die er früher mit Feuer und Schwert
selbst verfolgte, so spricht dies nur für die Tiefe und Innigkeit seiner
Ueberzeugung, die ihn das verleugnen ließ, was die Aufgabe seines
ganzen Lebens gewesen.   Der Katechismus des Erzbischofs legt dafür
Zeugniß ab, denn er folgt den Meinungen von Luther, Oecolumpabius und Melanchthon, sind dieselben auch unter katholischen Redensarten verhüllt, die nur den Schein wahren sollten.   Pius V. gab den
Befehl, die Prozeßakten in das Lateinische zu übersetzen, denn viele
unter den Räthen, die der heilige Stuhl zur Entscheidung der Sache
ausersehen, kannten zum Theil nichts von der spanischen Sprache oder
doch nicht genug, um Bedeutung und Sinn aller Worte richtig auf-
zufassen.   In Folge der Nothwendigkeit dieser Uebertragung in's
Lateinische wurde der Prozeß gegen den Wunsch des Papstes wieder
verzögert.   Von vornherein legte Pius V. an den Tag, wie er die
von der Inquisition und Philipp II. nach Rom gesandten Inquisitoren zu kränken suche.   Zunächst mußten sie bei den Berathungen
stehen, während der Pabst auf einem Sessel saß und die Karbinäle
auf Bänken der Verlesung der Prozeßakten beiwohnten.   Die Inquisitoren beschwerten sich darüber in ihren vertraulichen Unterhaltungen;
insbesondere die Bischöfe unter ihnen, da diese ja bei öffentlichen Cere-

---

[1]) Carranza bewirkte, daß man in England den Klöstern und Kirchen wieder
die Güter zurückgäbe, welche in weltlichem Besitz und der Kirche entfremdet waren.
Er veranstaltete die Abhaltung eines Provinzialconcils, das auf Befehl des Pabstes
Julius III. Statt fand.   Es wurden katholische Professoren der Beredsamkeit an
den Universitäten ernannt, und man fing an, wider die lutherischen Ketzer einzu-
schreiten, und mehr als dreißig Tausend wurden entweder verbrannt oder verbannt
oder mit der Kirche wieder versöhnt! — „Lib. 1° de la 5." parte de la Historia
de Santo Domingo y de su orden de predicadores, por Fr. Hernando del Castillo.

monien in Gegenwart des Pabstes zu sitzen pflegten. Als Pius V.
ihre Beschwerden zu Ohren kamen, da gab er den Befehl, daß man
den Inquisitoren Bänke mit Rückenlehnen hinstelle, an welchen die
Mitglieder der Inquisition und die vom Pabst ernannten Richter sich
anlehnen könnten, ohne daß ihnen jedoch verstattet gewesen wäre, sich
niederzulassen. In dieser Weise wurden die Berathungen drei Jahre
lang fortgeführt, allwöchentlich eine Sitzung, die zwei bis drei Stunden
dauerte. Pius V. war so lebhaft von dem Wunsche erfüllt, die Unschuld Carranza's, für welche dessen Vertheidiger Navarro und viele
Dominikanermönche laut auftraten, dargethan zu sehen, daß er bei
einem gewissen Anlasse selbst sich zu Gunsten des Katechismus aussprach, denn er sagte: „Ich halte den Katechismus nicht für ver-
dammungswürdig: im Gegentheil, wenn sie mich dazu zwingen, werde
ich denselben Kraft eines Motu proprio gutheißen." [1] Die unerschütterliche Zuneigung des Pabstes für den Erzbischof von Toledo
ist Beweis genug dafür, daß er nicht den mindesten Verdacht hegte,
als wäre der Primas von Spanien der Lehre der Reformatoren zugethan. Pius V. ereilte der Tod früher, als daß er ein Urtheil hätte
fällen können, und wenn einige Schriftsteller behaupten, daß Pius V.
seine Entscheidung niedergeschrieben und sie Philipp II. zur Nachachtung
übersandt hätte, — wie Don Pedro Salazar de Mendoza und Don
Juan Antonio Llorente berichten — so ist dies doch sehr unwahrscheinlich. Sie erzählen nämlich, daß die nicht veröffentlichte Entscheidung des Pabstes dahin gegangen, daß der Erzbischof von der
Klage der Inquisitoren frei zu sprechen sei, mit dem Befehle, daß
der Katechismus, in welchem der Ursprung seines Mißgeschicks läge,
in die lateinische Sprache übersetzt werde, gleichwie die Manuscripte

---

[1]) Don Diego de Simancas gibt in seiner Lebensbeschreibung nähere Aufschlüsse darüber. In Betreff der Beschwerden der Inquisitoren über ihre Behandlung sagt er unter andern: „Ich machte geltend, daß der katholische König bei
einer Berathung, wenn dieselbe lange dauere, seine Vasallen und Diener sich bedecken und sitzen ließe, und wie man nicht begreifen könne, aus welchen Gründen
man die Bischöfe, die Brüder des Pabstes — bei so langen und so häufigen Berathungen stehen lasse, entblößten Hauptes. Unsere Klagen bewirkten, daß man
uns andere Bänke hinter den Kardinälen mit Rücklehnen stellte, so daß wir uns
anlehnen, aber nicht Platz nehmen konnten, und bei diesem grausamen Verfahren
führten wir die Berathungen drei Jahre fort... Und weiter sagt Simancas:
„als der Fiscal Salgado dem Pabste eine Petition überreichte, damit der Katechismus nicht öffentlich verkauft werden dürfe, schwieg der Pabst Anfangs, und als
der Fiskal bei der gewöhnlichen Versammlung der Inquisition darauf bestand, da
antwortete der Pabst ärgerlich: „daß er den Katechismus nicht für verdammlich
halte, und daß sie nicht machen sollten, daß er ihn Motu proprio gutheiße."

Carranza's nicht eher zum Druck befördert werden dürften, als bis sie in den Worten und Stellen berichtigt wären, welche von der Böswilligkeit der Gegner der katholischen Religion mißdeutet werden könnten. Jene Schriftsteller fügen selbst hinzu, daß diese Sentenz an Philipp gesandt worden, damit sie als Entscheid der Sache diene, sobald der König seine Zustimmung dazu ertheilt hätte, und endlich behaupten sie, daß der spanische Monarch, der durchaus von den Richtern der Inquisition beherrscht wurde, sich dahin äußerte, wie es angemessen wäre, zuvor dem Pabste noch gewisse, für Carranza nicht vortheilhafte Documente vorzulegen, bevor die Entscheidung endgültig werde. Die Anhänger des Erzbischofs halten diese Nachrichten für wahr, die indessen von den Glaubensrichtern in Abrede gestellt wurden, insofern sie behaupten, daß der Pabst gestorben wäre, ohne den Prozeß des unglücklichen Erzbischofs entschieden zu haben. Pius V. ließ sich nicht von den Freunden des Angeschuldigten zu einem übereilten Entschlusse verleiten, wie beharrlich sie auch in ihn drangen, der Sache ein Ende zu machen. „Ich will nicht mit solchen Gewissensskrupeln sterben," erwiederte der Pabst Jenen, die, zu Thränen bewegt, ihn um die Begnadigung des Erzbischofs angingen. [1]

Die Anhänger Carranza's ließen sich nicht zurückschrecken und suchten den Nachfolger Pius V., Gregor XIII., zu bestimmen, die Entscheidung zu veröffentlichen, welche der hingeschiedene Pabst, wie sie vorgaben, bereits gefällt hätte. Die Antwort Gregor's lautete dahin, daß er nicht die geringste Kunde davon hätte, daß eine schriftliche Sentenz vorläge; was er darüber gehört, wäre ein grundloses Gerede, das bei Freunden leicht Glauben fände. Und als die Anhänger des Erzbischofs darauf bestanden, daß es sich so verhalte, wie sie behaupteten; da verpfändete Gregor sein Wort, daß er zwanzig Tausend Ducaten dem auszahlen lasse, der ihm das Original der Sentenz vorlegen würde und ihn also der Entscheidung eines Prozesses enthebe, den die Italiener treffend eine rudis indigestaque moles nannten. Die angebliche Sentenz Pius' V. kam nicht zum

---

[1] Simancas sagt in dem erwähnten Manuscript: „Seine Heiligkeit starb am 1. Mai des Jahres LXXII, ohne die Sache des Erzbischofs zu entscheiden; obwohl er sie zu endigen wünschte und ihn freigeben, so sagte er doch am Ende, da er eine gute Seele war und ihm das Gewissen schlagen mochte, als die Anhänger des Angeschuldigten oft in ihn drangen, daß er doch sein Urtheil fälle: „wie er nicht mit solchen Skrupeln sterben wolle," und so schien es wirklich, denn da er schon viele Tage vorher sah, daß er an einem Steinübel sterben werde, so fällte er doch keine Sentenz.

Vorschein, und so erklärte denn Gregor XIII. in einem öffentlichen Documente, wie es unzweifelhaft fest stände, daß sein Vorgänger hingeschieden wäre, ohne die Sache des Erzbischofs von Toledo zum Austrag gebracht zu haben. [1])

Der neue Papst ließ sich die Sache angelegen sein. Man erzählt sich, als hätten die zu Rom befindlichen Inquisitoren dazumal sich dessen gerühmt, daß sie dem festen Willen Pius' V. alle erdenkliche Hindernisse entgegenzustellen gewußt, indem sie ihren schlechten Willen so weit getrieben, daß sie viele Beweisstücke des Prozesses in Spanien zurückbehalten, damit sie vermißt würden und wenn sie dann von der Inquisition eingefordert wurden, so verzögerte dies wieder die Entscheidung und mittlerweile wäre zu erwarten, daß der Angeschuldigte oder der Papst selbst mit Tode abgehe. Die befangenen Lobredner Carranzas wagen dieses und noch weit mehr zu behaupten, um seine Richter zu verdächtigen. Wie widerwärtig und verhaßt aber auch der Name eines Inquisitors sein mag, so steht uns doch die Wahrheit zu hoch, als daß wir uns an einer solchen Verläumdung der Glaubensrichter betheiligen wollten. Wir werden später darthun, daß die Zögerungen im Prozesse des Erzbischofs nicht daraus entsprungen, daß seine Richter zu verhindern suchten, daß das Urtheil nicht zu Rom gefällt werde. Carranza suchte durch verschiedene Recusationen seine Sache von Tag zu Tag hinauszuschieben, weil er die Entscheidung zu fürchten hatte, im Hinblick auf die Strenge, mit welcher die Inquisition verfuhr. Auch mußte er wie seine Freunde, der Kardinal

---

[1]) Simancas schreibt weiter: „Die Anhänger des Erzbischofs veröffentlichten dazumal, daß Pius V. bereits eine Sentenz gefällt, und sie behaupteten dies so sicher, daß sie Zeugen dafür anführten. Sie eilten zum neuen Pabste und baten denselben, daß er das Urtheil veröffentliche und bestätige, worauf er erwiderte, man möge ihm nur die Sentenz überreichen, für die er zwanzigtausend Dukaten zahlen würde, da er der Entscheidung dann überhoben wäre. Bei alledem verharrten sie in ihrem Irrthum, und ich glaube, sie hegten ihn noch immer, wenn es nicht ausdrücklich in dem später erlassenen Urtheile geheißen hätte, daß Pius V. starb, bevor er sein Urtheil gefällt; ich glaube, es war theils Selbsttäuschung, theils eine List, um ihre Angelegenheit in Credit zu bringen, indem sie vorgaben, Pabst Pius hätte den Angeklagten frei gesprochen. In der Sentenz, die Gregor XIII., wie wir später sehen werden, fällte, wird ausdrücklich erklärt, daß Pius V. kein Urtheil erlassen hätte, es heißt darin wörtlich: „Als Pabst Pius V. im Begriff stand, der erwähnten Sache ein Ende zu machen, verlangte er ein Gutachten von unsern ehrwürdigen Brüdern, den Kardinälen und allen übrigen Räthen in der Sache, und alle diese Gutachten wurden schriftlich abgegeben. Und als der Pabst dieselben empfangen und sie sämmtlich lesen sollte, um sie zu prüfen und sie mit Muße durchzugehen, um sein Urtheil fällen zu können, gefiel es Gott, ihn zu sich zu nehmen, womit denn die Sache unentschieden blieb." Ambrosio de Morales (ebenfalls in Manuscript, das im Besitz von Don Jose Manuel de Babillo ist.)

Polo, der Kardinal Moron, der Erzbischof von Canterbury, und der Bischof Prioli vom Pabste ihrer Würden enthoben worden, weil sie keine anderen Doctrinen als die Lehre Luther's hegten. Im Gegentheil, statt den Prozeß des Erzbischofs zu verzögern, suchten die Richter der Inquisition gerade die Hindernisse wegzuräumen, welche von Seiten der Anhänger Carranza's ihnen entgegengestellt wurden. Hören wir, was Dr. Simancas in seiner erwähnten Biographie desfalls berichtet: „Der Prozeß sammt allen Akten wurde dem Auditor de la Rota, Aldrobandino übergeben, der ein sehr guter, aber ein langweiliger Mann war und der nie zu einem Entschluß kommen konnte.... Nach dem Brauche der Rota fing er an, Zweifel über Zweifel darüber zu erheben, ob man auch in Spanien die Formen des Breve Paul's IV. und andere ähnliche Dinge beachtet hätte. Cervantes und ich und die beiden Inquisitoren Temiño und Pazos begaben uns zu ihm und erklärten ihm, daß auf dem Wege die Sache nie zu Ende kommen könne. Da entgegnete er uns, wir möchten ihn belehren, denn er hätte in seinen Leben niemals einen Inquisitionsprozeß geführt." Hiernach sind wir zu dem Schlusse berechtigt, daß die Zögerungen und Hemmnisse im Prozesse nicht alle das Werk der Glaubensrichter gewesen, denn Grund genug dafür liegt schon in der Unerfahrenheit der römischen Richter in Sachen der Inquisition und den Hemmnissen, die von den Anhängern des Erzbischofs ausgingen, die Alles aufzubieten suchten, um, wenn nicht seine Freisprechung, doch eine mildere Strafe für ihn zu erwirken. Hinwiederum steht es auch fest, daß die Inquisitoren sich bemühten, beim neuen Pabste den Sieg über den Erzbischof davon zu tragen. Antonio Perez, der mit den Staatsgeheimnissen Philipp's II. sehr vertraut war, berührt auch die Intriguen, die in Spanien und Rom wider den unglücklichen Erzbischof gezettelt wurden. So sagte er: „Da die erstertheilten Informationen nicht zum Zwecke führten, so ließen sie jene, die sie zu Rom im Interesse der Sache gelassen hatten, auffordern, ihnen doch zu Wissen zu thun, wie sie es denn anfangen sollten, um das erstrebte Ziel zu erreichen, und die von Rom theilten ihnen dann mit, daß die Informationen in der und der Weise lauten müßten um ihre Wirkung zu thun." Dieses heißt der Verfolgungswuth wohl die Krone aufsetzen! Aller dieser Wirrnisse und Unbilden ungeachtet, beeiferte sich Gregor XIII. dem Prozeß ein Ende zu machen und bestimmte den 14. April 1576 zur Fällung des Urthells, das bisher von keinem spanischen Geschichtschreiber mitgetheilt worden. Der

Chronist Ambrosio de Morales übertrug das Urtheil in's Spanische und wenn wir es auch hier wegen seiner Ausdehnung nicht wörtlich folgen lassen, so genügt es für unsern Zweck seine wesentlichsten Punkte zu berühren. Papst Gregor XIII. erklärt in seinem Urtheil, daß Carranza aus den Quellen vieler von der Kirche verurtheilten Ketzer schlechte Lehren getrunken, wie von Luther, Oecolumpabius Melanchthon und Andern, und daß die Schriften des Erzbischofs Phrasen und Redensarten enthielten, deren sich jene ketzerischen Schriftsteller zur Bekräftigung ihrer Lehre bedient.

Der Pabst erklärte, daß der angeklagte Prälat der lutherischen Ketzerei verdächtig wäre und verfügte, daß er vor ihm alle Irrlehren abschwöre, die sich in seinen Schriften fänden und dazu noch sechszehn andere Sätze; er sprach ihn übrigens frei von allen geistlichen Censuren, die er sich zugezogen und legte ihm als Strafe auf, daß er der Verwaltung seiner Kirche von Toledo zeitweilig enthoben werde (eine Suspension, die so lange zu dauern hätte, als Papst Gregor und seine Nachfolger auf dem apostolischen Stuhle es erheischen würden). Zugleich wurde dem Erzbischof das Dominikanerkloster zu Orbieto als Gefängniß für den Zeitraum von fünf Jahren angewiesen und viele Büßungen ihm auferlegt, unter anderem auch die sieben Basiliken von Rom zu besuchen. [1] So lautet nach dem Manuskripte von Ambrosio de Morales das Urtheil, das Gregor XIII. in dem Prozesse erlassen. Es muß auffallen, daß es in einigen Punkten von dem abweicht, was Florente in seiner Geschichte der Inquisition berichtet, insofern er behauptet, Carranza wäre in der Verwaltung seiner Diözese auf die Dauer von fünf Jahren suspendirt worden, während aus dem Wortlaut der Sentenz nur hervorgeht, daß er auf unbestimmte Zeit hin, nach Belieben des heiligen Stuhles suspendirt worden, was überhaupt wahrscheinlicher klingt, bedenkt man mit welchem Eifer Philipp II. und das Glaubensgericht sich bemüht, den Erzbischof als Ketzer erscheinen zu lassen. Hätte man ihm überlassen, nach sechs Jahren wieder seinen Erzsitz einzunehmen, so wäre

---

[1] Ambrosio de Morales in seinem Manuscripte. Simancas äußert sich über die Sentenz also: „Das Wesentliche derselben bestand darin, daß Seine Heiligkeit wegen starken Verdachtes ihn dazu verurtheilte, sechs ketzerische Sätze abzuschwören und in einem gewissen Kloster seines Ordens fünf Jahre und länger eingesperrt zu bleiben, so lange es dem Pabste oder seinen Nachfolgern beliebe, und überdies wurde er zu gewissen andern geistlichen Strafen verurtheilt. Auch ist es gewiß, daß die Absicht des Pabstes dahin ging, daß die Einsperrung und Suspension lebenslänglich wären, da nach dem Alter des Angeklagten anzunehmen war, daß er keine fünf Jahre mehr leben würde.

er neuen Gefahren anheim gefallen, denn seine Feinde hätten jeden Anlaß benutzt, um ihren Racheburst zu befriedigen, und es hätte dann nicht an neuen Denunciationen gefehlt, die ihm neue Verfolgungen der Inquisition zugezogen hätten. Wie dem nun auch sein mag: es genüge hier zu wissen, daß der Erzbischof von Toledo in Gegenwart des Papstes, der Kardinäle, anderer Prälaten und vieler Beamten der Inquisition seine Irrlehren abschwören mußte, worauf er dann von aller Schuld freigesprochen wurde. Seine Abschwörung verlas der Erzbischof mit Gleichgültigkeit, fast mit Verachtung ab, als handelte es sich um ein Schriftstück, das nicht auf ihn Bezug habe; so berichtet nämlich Simancas. Als er vor Gregor XIII. niederkniete, sagte ihm dieser: „wegen der langen Gefangenschaft, die Sie erlitten und weil Sie zu anderer Zeit der katholischen Kirche Dienste geleistet, ist die Strafe nicht strenger ausgefallen". Sofort wurde dem Gouverneur der Engelsburg der Befehl zugesandt, Carranza nach dem Minerva-Kloster zu schaffen. Da der Erzbischof bei der Abschwörungsfeier in die Nähe des Cardinals Gambara kam, so bat er denselben mit der freundlichsten Unbefangenheit, er möge dafür sorgen, daß seine Habseligkeiten von der Engelsburg nach seiner neuen Wohnung gebracht würden. Seine Freunde wie Feinde geriethen darob in Verwunderung, und während die Ersteren seinen Gleichmuth dem Gefühle seiner Unschuld zuschrieben, fanden die Andern darin einen Beweis für den Starrsinn seines Verschuldens. Bisher hat kein Geschichtsschreiber sich bewogen gefunden, das Urtheil über Carranza mit der Schärfe der Kritik zu würdigen und so müssen wir hier erklären, daß der Erzbischof eigentlich den Sieg davon trug, insofern seine Angelegenheit weit günstiger entschieden wurde, als seine Neider und die Glaubensrichter erwartet hatten. Diese hatten nämlich nichts anderes erwartet, als daß ihr Opfer Kraft der Bulla in Coena excommunicirt und seiner Würden und seines Lebens verlustig erklärt werden würde, während der Pabst Carranza blos einiger Ketzereien für verdächtig erklärte, der dazu, nach der Abschwörung seiner Irrthümer, frei und rein da stand und von allen Censuren entbunden war, denen die vom katholischen Glauben Abtrünnigen blosgestellt waren. Dafür, daß er in Schrift und Wort lutherische Meinungen vertreten, traf ihn blos die Suspension von der Verwaltung der Kirche von Toledo, der Verlust ihrer Einkünfte und einige mehr oder minder schwere Kirchen-Bußen.

Am Tage nach der Abschwörung, am Palmsonntage, las Car-

ranza vor zahlreichem Publikum die Messe und von dem Momente
an begegneten ihm alle Prälaten und Würdenträger von Rom, wie
es einem Erzbischof gegenüber sich ziemt. Am zweiten Ostertage besuchte er von früh Morgens bis zum Einbruche der Nacht die sieben
Kirchen. Bei diesem Anlaß bemerkt Simancas: „er zog nach den
Kirchen mit so vielen Wagen und Geleite, daß er mit Grund Anlaß
zur Unzufriedenheit und zum Gerede gab, daß er aus der ihm auf-
erlegten Buße einen Triumphzug mache." Als Folge dieser Anstrengung bei schon vorgerücktem Alter befiel ihn ein starkes Fieber, das
bald so zunahm, daß es am zweiten Mai 1576 seinem Leben ein
Ende machte. Er hatte das dreiundsiebenzigste Lebensjahr erreicht
und schwerlich wäre ihm eine längere Lebensdauer vergönnt gewesen,
da er am Steine litt und drei haselnußgroße Steine sich in seinen
Nieren fanden.

Bevor Carranza seinen letzten Seufzer aushauchte, legte er ein
Glaubensbekenntniß ab, und schwor in Gegenwart der Hostie, daß er
nie in irgend welche Ketzerei verfallen. Was die Zweifel bezüglich
des Erzbischofs von Toledo noch erhöhen mag, ist die Mittheilung,
daß Melchor Cano, der Mann, welchen man für seinen Feind hielt
und der ihn am heftigsten verfolgte, in seiner Todesstunde, als ihm
das Abendmahl gereicht wurde, von dem Provinzial der Dominikaner
befragt wurde, ob er irgend welche Gewissensbisse darüber hege, daß
er die Einkerkerung Carranza's veranlaßt hätte, wo es dann wohl an
der Zeit wäre, sein Gewissen zu erleichtern und dem Angeklagten
dadurch Gut zu thun. Da erwiederte Melchor Cano: „ehrwürdiger
Vater, bei dieser Hostie, die ich nun bei meiner Unwürdigkeit zu
empfangen hoffe, und bei dem Gott, der mich später zu richten hat,
schwöre ich, daß ich in dieser Sache nicht die mindesten Bedenken noch
Gewissensbisse habe, im Gegentheil gereicht es mir zum großen Troste,
denn, hätte ich ihn nicht angeklagt und seine Behauptungen der Inquisition nicht denuncirt, so hätte ich mich zu verdammen." Dies
geschah zwei Jahre bevor der Erzbischof von Toledo seine Unschuld
in ähnlicher Weise betheuerte[1]). Gregor XIII. ließ ihm eine Grab-
schrift setzen, in welcher Carranza als ein Mann geschildert wurde:
„der von berühmter Herkunft gewesen und sich ausgezeichnet durch
Reinheit des Lebens, durch seine Gelehrsamkeit, sein Redetalent und
durch sein Bestreben, den Dürftigen beizustehen!" So war das Ende

---

[1]) Ambrosio Morales. M. S. citedo.

des Erzbischofs von Toledo, nachdem er sechzehn Jahre lang in den
Kerkern der Inquisition und der Engelsburg zu Rom geschmachtet:
Nie sah man ihn traurig — so sagte Don Antonio de Fuenmayor
in der Vida de san Pio V. —, mit Mäßigung sprach er über seine
Sache, von Niemanden sprach er Uebles und ebenso wenig über jene,
die er für seine Feinde hielt!" — Wozu Padre Quintanadueñas in
einer seiner Schriften noch hinzufügt:[1] „daß er bei seinem Unglück
eine solche Großherzigkeit und christliche Standhaftigkeit offenbarte, daß
er Spanien mit Staunen erfüllte und die Bewunderung Italiens
erregte!"

Schon wenige Jahre nach dem Tode des Erzbischofs wagten
es einige Schriftsteller dem Hingeschiedenen einen ehrenden Nachruf
zu widmen und ihn als einen Mann von großen Kenntnissen, als
einen durch Tugenden und Gelehrsamkeit hervorragenden Mann zu
schildern, freilich mit der Behutsamkeit, welche die Furcht vor der
Inquisition immer zur Pflicht machte. Hervorzuheben ist, daß fast
alle Schriftsteller, die für die Unschuld Carranza's in die Schranken
traten, zum Predigerorden gehörten, oder Canonici waren und aus
Toledo gebürtig, lauter Personen, denen es am Herzen lag, das Andenken ihres Landsmannes und Erzbischofs zu ehren. Was nun auch
diese Schriftsteller bewogen haben mag, für den berühmten Prälaten
ihre Feder zu ergreifen, gleichviel ob es der Wunsch gewesen, den
Ruf des Dominikanerordens, dem er angehörte, fleckenlos zu wissen,
oder ob sie damit die Kirche von Toledo zu heben meinten, daß sie
ihren Erzbischof als schuldlos Verfolgten hinzustellen suchten, der
nimmer den Irrlehren gehuldigt, so haben wir ihnen mindestens zu
verdanken, daß die Angelegenheit in helleres Licht gerückt worden. Die
sonstigen Geschichtschreiber schwiegen darüber, oder, wenn sie die Gefangenschaft des Erzbischofs berührten, so unterließen sie es doch, sich
entweder für oder wider zu äußern, wie Luis Cabrera de Cordoba in
der Vida de Felipe II. gethan. Ihnen war wenig daran gelegen,
daß der Ruf Carranza's wieder hergestellt werde, da sie sich schwerlich
der Gefahr blos stellen wollten, von der Inquisition zur Verantwortung gezogen zu werden und so haben wir es blos denen zu verdanken, die ein Interesse daran hatten, für die Wahrheit einzutreten,
daß sie der Nachwelt die Einzelnheiten dieses bemerkenswerthen Pro-

---

[1] Fr. Antonio Quintanadueñas. Santos de la imperial ciudad de Toledo. Madrid. — 1651, pro Pablo de Val.

zesses aufbewahrt, hat auch eine unbefangene Kritik nicht außer Acht
zu lassen, daß die Vertheidiger Carranza's dem Dominikanerorden
angehörten, oder aus seiner Heimath waren. Von dem Inhalte des
Katechismus abgesehen, mochte es diesen Schriftstellern nicht allzu
schwer fallen für den Erzbischof von Toledo das Wort zu führen,
als einen Mann, dessen Verdienste um den apostolischen Stuhl viel-
berühmt waren, der als Mönch das höchste Vertrauen Kaiser Karl's
und Philipp's II. genoß und der nur wegen seiner Verdienste um
die Kirche zum Primas von Spanien erhoben wurde, was gerade
seinen Sturz zur Folge hatte. Denn schwerlich hätte der Neid sich
an seine Ferse geheftet, wäre ihm die Gunst der Könige und das
Glück minder hold gewesen. Je höher sein Stand, desto tiefer
sein Fall!

Wie gesagt, einige Dominikanermönche und Schriftsteller von
Toledo, waren kühn genug zu behaupten, daß Carranza der ihm
schuldgegebenen Irrlehren nicht bewußt gewesen und unschuldig leiden
mußte, womit sie freilich die Unfehlbarkeit des päbstlichen Urtheils
antasten, der ja den Erzbischof der Ketzerei für verdächtig erklärte und
ihn sechszehn lutherische Sätze abschwören ließ. Nach Allem, was
wir berichtet, steht es für den unbefangenen Beurtheiler fest, daß
Carranza, der in seinen Mannesjahren die Protestanten rücksichtslos
verfolgte, später selbst ihren Lehren huldigte, nachdem er mit Protestanten geraume Zeit verkehrt und ihre Schriften studirt hatte. Zu
dessen Bestärkung führen wir das Zeugniß von Fr. Juan de Regla,
des Beichtvaters Karl V. an, wonach der Erzbischof von Toledo den
Kaiser kurz vor seinem Ende ohne das Sakrament der Buße absol-
virte, indem er hinzufügte: „habe Eure Majestät großes Vertrauen,
denn es giebt und gab keine Sünde, da das Leiden Christi allein
dawider ausreicht. [1]) Don Luis de Avila y Zúñiga, Geschichtschreiber
der Zeit, wo Karl V. mit dem Herzog Johann von Sachsen und
den Landgrafen von Hessen Krieg führte, und der beim Kaiser in
hoher Gunst stand, bezeugt ebenfalls, daß Carranza bei der Agonie
des Kaisers ein Crucifix ergriff und dabei ausrief: „Hier ist der,
welcher für Alle büßte: keine Sünde ist hier mehr, denn Alles ist
verziehen!" [2]) Es unterliegt keinem Zweifel, daß diese Aeußerungen
über die Rechtfertigung bei Gott als lutherische zu betrachten sind.

---

[1]) Don Juan Antonio Llorente. Historia critica de la Inquisicion.
[2]) El mismo en la obra citada.

Und selbst Carranza fand sich gedrungen, bei Beendigung des Prozesses zu erklären, daß er selbst einige seiner Sätze für lutherisch halten müsse. Berichtet wird uns nämlich, daß Fr. Tomas Manrique, einer seiner römischen Anhänger, sich dahin äußerte „der Angeklagte wäre ein Narr, da er einen katholischen Satz als ketzerisch gelten lasse." Darauf entgegnete ihm Dr. Simancas: „es wäre ebenso ketzerisch zu behaupten, ein katholischer Satz wäre ketzerisch, als wenn man das Umgekehrte sage." [1]) Wir wissen ferner, welche Anhänglichkeit der Erzbischof an die Reformideen in seinem Katechismus bekundet, da er sagte: „meine Absicht geht dahin, den Katechismus als Text zu nehmen, den die Kirche von ihrer Gründung an hat, und denselben für das Volk in dem, was nothwendig zu erläutern und die Erklärung der heiligen Schrift und der Kirchenväter anzunehmen, wie dieselben zu ihrer Zeit benen zu lehren suchten, welche das christliche Glaubensbekenntniß ablegten!"

Seltsamerweise behauptet Llorente, der Canonikus zu Toledo war, in seiner Inquisitionsgeschichte, daß sich in den Schriften des Erzbischofs kein einziger der Sätze vorfinde, die er hätte abschwören müssen. Gleichviel ob seine Eingenommenheit für Carranza ihn verblendet oder ob er das Sachverhältniß nicht kannte, so ist seine Behauptung jedenfalls eine irrige. Der fünfzehnte Satz, den Carranza abzuschwören hatte, lautete: „die heutige Kirche ist nicht so erleuchtet und besitzt nicht dieselbe Autorität, wie die primitive Kirche." Bedenken wir doch, daß Carranza in seinem Vorwort zum Katechismus etwas ganz ähnliches behauptete, indem er sagte: „ich wollte die Bräuche unserer Väter und der ersten Kirche wieder aufwecken, da dieselben am gesundesten und klarsten gewesen." Wir sehen hieraus, mit welcher Oberflächlichkeit man die Doctrinen Carranza's auffaßte und wie man dieselben für oder wider zu entstellen suchte. Für uns steht es über allen Zweifel erhaben fest, daß der Erzbischof lutherische Ueberzeugungen in seinem Innersten hegte, und sieht man näher zu, so finden sich in seinen Schriften allenthalben protestantische Argumente freilich in durchsichtiger Hülle vor, um den Zorn der Inquisition und des fanatischen Königs von sich abzulenken.

Wir haben früher schon Gelegenheit gefunden, Nero und Philipp II. gegenüber zu stellen, und hier mag es am Orte sein, unsern Vergleich noch weiter auszuführen. Als unerbittlicher Verfolger der

---

[1]) Simancas. M. S. citado.

Protestanten ist Philipp dem Sohne Agripinens an die Seite zu stellen, der die Christen martern und den Bestien vorwerfen ließ. Philipp gleicht aber dem Römerkaiser auch darin, daß er seine innigsten Freunde und Günstlinge dem Tode weihte, sobald dieselben sich nicht mehr zu Werkzeugen seiner Launen und Missethaten hergeben wollten, und dies geschah denn aus Staatsraison, wie man es zu nennen beliebt. Nero ließ Burrus und den edlen Seneca sterben, ein Warnungsspiegel für Alle, die Tyrannen zu schmeicheln suchen und Ungerechtigkeiten als Tugend preisen und als Opfer, die dem allgemeinen Wohl gebracht würden. Philipp II. machte es nicht besser, denn er ließ durch gebungene Mörder viele seiner Günstlinge, unter andern Juan de Escovedo, niederstechen, damit das Grab ihren Mund schließe. Antonio Perez rettete sich nur dadurch, daß er rasch genug die Flucht ergriff und schlau genug war, die Arragonesen gegen Philipp aufzurufen. Wie es Carranza ergangen, der früher bei Philipp in hoher Gunst gestanden, wissen wir, und Kardinal Espinosa starb eines frühen Todes, weil er sich fürchtete, daß Philipp seiner Dienste überdrüssig geworden. In manchen Punkten wird Nero von Philipp übertroffen! In den ersten Jahren seiner Herrschaft schon empfand Nero einen Schauder, wenn er ein Todesurtheil zu unterschreiben hatte, während Philipp in den ersten Jahren seiner Herrschaft im Verein mit Maria Tudor die Protestanten mit Feuer und Schwerdt verfolgte. Als Grausamkeit und Laster in das Herz Nero's einkehrte, trat er als Komödiant vor dem Volke auf und deklamirte Verse, nachdem er Todesurtheile erlassen. Philipp II. war ein Komödiant anderer Art, denn er war ein vollendeter Heuchler! Wenn er die Hinrichtung von Unterthanen verfügte, die er als Feinde ansah, dann zog er sich in die Kapelle seines Palastes oder in den Chor des Escurial-Klosters zurück, um davidische Psalmen oder die Klagelieder des Jeremias anstimmen zu lassen. Wenn Nero durch seine Verbrechen und Ausschweifungen es verdiente, daß man nach seinem tragischen Ende bei den Bachanalien seine Statue präsidiren ließ, so war Philipp II. würdig, daß auch er bei den Auto-da-fé's unter seinen Nachfolgern Philipp III., Philipp IV. und Karl II. ebenfalls im Bildniß figurire!

Carranza hatte dafür zu büßen, daß er einige Jahre lang die wandelbare Zuneigung Philipp's besessen und selbst in Spanien wie in England der Schrecken der Protestanten gewesen, für deren Lehren er später selbst empfänglich wurde. Büßen mußte er für seinen früheren Wahn und seine Verfolgungswuth. Seinen Neidern gelang es, in seinen Schriften die Meinungen aufzuspüren, die sein Inneres bereits beherrschten, und so verfiel er der Inquisition, die ihn sechszehn Jahre schmachten ließ. Abgesehen von den Leiden seiner Gefangenschaft, von den Aengsten, die er in der Perspective des Scheiterhaufens zu erleiden hatte: — welche Gewissensbisse mochten ihn da foltern ob seiner Vergangenheit, und wie oft mögen dort die Schatten seiner Opfer seinen Schlummer aufgestört haben?! Für die Thaten seiner Vergangenheit verdient Carranza wahrlich keine Theilnahme, denn er war nicht besser, als die Inquisitoren, die ihn später zur Verantwortung zogen. Bedenkt man aber, wie viele Jahre er in den Kerkern der Inquisition sich abhärmen mußte, so darf man ihm eine Thräne des Mitleids schenken! Sein Schicksal setzt der Charakteristik Philipp's die Krone auf! Wer unter diesem Könige sich in Gunst setzen wollte, der mußte Henker werden, — wer aber die Freiheit seines Gewissens nicht preisgab und sich erkühnte, irgend seine Gedanken laut werden zu lassen, der fiel als Opfer, und wer seine Meinungen zu verhüllen wußte oder den Nacken unter das Joch beugte, war Sklave! Philipp II. war nur bei Unterdrückung seiner Unterthanen wohl. Die Günstlinge und vielen Hofbeamten, — von den Vertrauten der Inquisition an bis zum geringsten Laienbruder der Klöster — unterdrückten um die Wette Alle, die ihnen untergeben; den Opfern blieb nichts Anderes übrig, als zu dulden, und wer seine Sklaverei empfand, dem schloß die Furcht meist den Mund. So geschah es denn, daß die Spanier nicht ihre verlorene Freiheit beweinten, sondern daß sie auf den Altar ihres Jammers und Elends noch Weihrauch streuten, dessen Duft zum Throne Philipp's emporstieg, und daß sie Lob und Preis selbst ihren Unterdrückern zujubelten, die ihren Opfern die Freiheit, ihre Gedanken zu äußern, nur gewährten, wenn es galt, zu schmeicheln und die Freiheit zu verhöhnen!

Viertes Buch.

Die religiöse Unduldsamkeit, welche die meisten spanischen Geistlichen des XVI. Jahrhunderts beseelte, war das Erbe der Herrschaft Ferdinand's und Isabellen's. Diese katholischen Könige waren es, welche die ersten Ketten schmiedeten, durch welche der Geist unseres Vaterlands niedergedrückt wurde. Diese Herrscher waren es, welche über zwanzig Tausend Personen dem Scheiterhaufen überlieferten, die in Verdacht standen, insgeheim Juden zu sein. Sie eigneten sich ihre Schätze an, welche die Inquisitoren wegzunehmen wußten, ihren Raub unter dem juridischen Namen der Confiskation verhüllend, und dies wurde so rücksichtslos betrieben, daß es in ganz Europa hieß, daß beide Souveräne blos aus Habsucht die unglücklichen Juden so verfolgten, und daß die Klagen über das Raubwesen selbst bis zum Vatikan drangen, das in der That nur zur Füllung des königlichen Schatzes diente, der durch den Aufwand anhaltender Kriege erschöpft

war. [1]) Das Ende dieser Verfolgungen war, daß gegen viermal-
hunderttausend Juden aus Spanien verbannt wurden, ein politisches
Verbrechen, das von den befangenen Beurtheilern jener Zeit als ein
heroischer Beschluß gepriesen wird, da es galt, die religiöse Einheit
im Königreiche sicher zu stellen. Dem General-Inquisitor Torquemada verdankt Spanien die Maßregel, die das Land schwer zu büßen
hatte! Er war es, der auf den Gedanken verfallen, Andersgläubige
des Landes zu verweisen, worauf die katholischen Könige bereitwilligst
eingingen, da die Richter des Glaubensgerichts ihnen vorspiegelten,
wie dadurch die religiöse Einheit, der christliche Glaube in ihren Territorien erhalten bleibe. Die Geschichte der letzten Jahrhunderte lehrt
uns, welche Folgen die Austreibung der Juden für Spanien hatte,
die Handel und Betriebsamkeit nach gastlicheren Gestaden verpflanzten,
für deren Flor sie ihr Theil beigetragen. Wie gesagt, Fr. Tomas
de Torquemada war der Urheber dieses Schreckensregimentes! Als
General-Inquisitor war er eigentlich ein Robespierre im Priesterrock,
statt einer phrygischen Mütze, die Kaputze auf dem Haupte. Umgeben
von seinen Henkersknechten, predigte er vor den Scheiterhaufen die
Religion Christi, auf welchen die beklagenswerthen Juden den Flammentod erlitten. Seine Ueberzeugungsgründe waren die Flammen, seine
Beredsamkeit bestand in Güterconfiskation und Verdammung zu ewiger
Schmach, und die rauchenden Reste der unglücklichen Opfer sollten
das Mittel sein, um die Irrgläubigen der Kirche zu gewinnen. Damit stand er nicht allein, denn er hatte seine Helfer! Fr. Francisco
Ximenez de Cisneros, der ebenfalls in Diensten der beiden katholischen
Könige stand, trug in anderer Weise dazu bei, die religiöse Intoleranz
in Spanien auszubreiten. Ein Zeitgenosse nannte ihn: „einen Türken
in Franziskanerkutte und rothem Hute." In der einen Hand die

---

[1]) In einem Schreiben des Pabstes Sixtus IV. an Isabelle I. heißt es
nämlich: „Es scheint, als besorgtest Du, wenn wir Deinen Eifer gewahren, mit
Strenge jene Treulosen zu strafen, die sich als Christen ausgeben und doch
Christus schmähen, die ihn mit jüdischem Unglauben kreuzigen und in ihrem Abfall hartnäckig verharren, als dächten wir, — daß Du dies mehr aus Ehrgeiz
und Gier nach weltlichen Gütern thust, als aus Glaubenseifer und katholischer
Treue oder Gottesfurcht. Allein Du magst Dessen gewiß sein, daß wir auch
nicht dem leisesten Verdacht deßfalls Raum gegeben, denn wiewohl manche Personen ähnliches Gerede verbreitet, um die Vergehen der Bestraften zu verhüllen,
so haben wir nicht an Deine Ungerechtigkeit, noch an die Deines erlauchten Gemahls glauben können."

(Cantolla, continuacion de la Compilacion de Bulas de Lumbreras.)

11*

Bibel, in der andern die Fackel für den Scheiterhaufen, zwang er die Mauren von Granada sich zum Christenthum zu bekehren. [1])

Ein Mönch vom Hieronymitenorden, Don Hernando de Talavera, erster Erzbischof von Granada, war ein Mann weit erhaben über sein Jahrhundert. Auch er wollte die Mauren zum Christenthum gewinnen, aber auf anderm Wege, indem er die heilige Schrift in das Arabische übersetzen wollte. Das war aber nicht im Sinne von Ximenez de Cisneros, der sich auf das Entschiedenste dem widersetzte und auf den wunderlichen Einfall kam, den Mauren die lateinische Uebertragung der Bibel in die Hand zu geben, wovon sie nichts verstehen konnten. Er predigte seine Doktrinen, wie einst Mahomed: den Koran in der einen Hand, den Dolch in der andern; „glaube oder stirb!" so lautete seine Bekehrungsformel. [2]) Der glaubens= wüthige Kardinal beschränkte sich aber nicht darauf, die Mauren solcher Gestalt für das Christenthum zu gewinnen, denn seine Wuth kehrte sich auch gegen die arabischen Handschriften, die zu Granada vorge= funden wurden. Gegen fünftausend Manuscripte, mit Ausnahme von etwa dreihundert, die über Medizin und Philosophie handelten, wurden auf seinen Befehl dem Scheiterhaufen überantwortet. Er gestattete nicht einmal, daß man die kostbaren Beschläge und Handgriffe von Gold und Perlen, deren es viele gab, abnähme, obwohl man ihn darum bat und nach der Abschätzung für zehntausend Dukaten kaufen wollte. Er gestattete es nicht, weil jene Zierrathen der verwünschten Sekte gedient!? [3])

---

[1]) Die Charakteristik des Kardinals Ximenez de Cisneros mag etwas stark erscheinen, doch verdient sein Wirken keine andere Bezeichnung. Sein Zeitgenosse Juan Luis Vives, ein ausgezeichneter Gelehrter, nennt in seinem Buche De concordia et discordia in humano genere (Antwerpen 1529) die Mönche seiner Zeit: „Türken in der Kaputze." Bemerkenswerth ist, daß das Urtheil von Vives von der Inquisition verschont geblieben, und scherzhaft wird bemerkt, daß Vives ein so treffliches Latein schrieb, daß die meisten Inquisitoren es schwerlich ver= standen!!

[2]) „Auf daß solche neubekehrten Mauren in der christlichen Religion gut unterrichtet würden, war der erste Erzbischof von Granada der Ansicht, daß die heilige Schrift in's Arabische übersetzt werden müßte. Dieser so frommen Absicht stellte sich der Erzbischof von Toledo, Ximenez, der in ganz Spanien allmächtig war, entgegen, wobei er Gründe vorbrachte, die nicht dem Worte Gottes ent= nommen, noch dem, was die heiligen Lehrer gesagt und gethan, sondern Gründe waren es, die Menschenwitz erfunden und die mithin dem Worte Gottes wider= streben. Und also wurde die Uebersetzung verhindert, die den armen und un= wissenden Mauren so sehr wohl gethan hätte." Cipriano de Valera. — Exhor= tacion á la lectura de la Biblia.

[3]) Archetipo de virtudes y espejo de prelados. Por el Padre Quinta= nilla y Mendoza. — Palermo, por Nicolás Bua. — Año de 1653.

So weit verstieg sich die Unduldsamkeit, daß sie selbst die Schätze der Wissenschaft zu vernichten suchte! So weit trieb es die Glaubenswuth, daß ein Kardinal schlimmer sich gebärdete, als die Hunnen unter Attila! Und solches Gebahren findet noch seine Apologeten, die nicht hoch genug preisen können, daß Spanien von religiösen Bürgerkriegen verschont geblieben! Gibt es aber wohl etwas Grauenhafteres, als daß unter der Herrschaft Ferdinand's und Isabellen's zwanzigtausend Spanier ihren Tod in den Flammen gefunden, daß eben so viele Familien dem Elend anheim fielen, weil ihre Güter eingezogen wurden? Gibt es etwas Entsetzlicheres, als zu sehen, wie vierhunderttausend Spanier aus ihrer Heimath fliehen mußten, weil sie der Religion ihrer Väter treu geblieben, ohne in Anschlag zu bringen den Nachtheil, der dadurch für Handel und Agricultur entstand? Uebersehen wir ferner nicht, wie die Mauren von denselben Königen mißhandelt wurden, denn nicht nur wurden im Jahre 1502 500,000 Spanier maurischer Abkunft aus dem Lande gejagt, sondern dies geschah auch unter Philipp III., der 100,000 Spanier maurischer Abkunft für immer des Landes verwies. Wo nur jene katholischen Souveräne die Feder ansetzten, um in ihrem Sinne den Glauben zu sichern, da trauert die Menschheit und unser Mitgefühl fließt über. Allerdings wurde Spanien also vor Religionskriegen bewahrt. Schlimmer aber als diese wirkten die Fanatiker, die durch einen Federzug für ihr Vaterland Schaudervolleres und größere Verluste herbeiführten, als der Bürgerkrieg im Gefolge hatte. Welches Land verlor an einem einzigen Tage 400,000 nützlicher Bürger?

Unter solchen Vorbildern und politischen Grundsätzen, die einer gesunden Staatsraison zuwider laufen, wurden die spanischen Monarchen herangebildet, die dem sogenannten „katholischen" Könige auf dem Throne folgten. Die geistlichen und weltlichen Schüler des Kardinals Cisneros verfehlten nicht, ihre unmenschliche Unduldsamkeit ihren Schülern und Söhnen einzuflößen, die nicht hinter ihren Vätern zurückblieben. Wir wissen, daß Rodrigo de Valero und Dr. Juan Gil die protestantischen Doktrinen zu Sevilla gelehrt. Der Samen, den beide Männer ausgestreut, ging auf, und viele durch Gelehrsamkeit und sonstige Verdienste hervorragende Personen zeigten Empfänglichkeit für die Reformideen. Doktor Juan Perez de Pineda, dessen Schriften wir bereits früher erwähnt, war Direktor des Knabenkollegiums zu Sevilla, „Doktrina" genannt. Obwohl er schon im vorgerückten Alter stand, floh er 1555 mit sechs Männern und Frauen

nach freieren Landen, allwo sie den Zorn der Inquisition nicht zu
fürchten hatten. Vom Auslande her blieb Juan Perez in Beziehung
zu den geheimen Protestanten von Sevilla, denen er viele seiner
Schriften übersandte, damit dieselben heimlich von Hand zu Hand
gingen und die Anhänger Luther's in ihrem Glauben bestärken sollten.
Viel trug dazu bei das Sumario de la doctrina christiana, das
Doktor Perez verfaßt [1]) und das von den Inquisitoren sofort als
Katechismus der Lutheraner verdammt wurde. Am meisten trug zur
Verbreitung der Schriften von Juan Perez und anderer protestantischer Schriftsteller ein Mann bei, der zwar von geringer Herkunft
war, sich aber hervorthat durch Scharfsinn und Verschlagenheit und
der durch verwegene Kühnheit die Wachsamkeit der Inquisitoren zu
täuschen wußte.

Julianillo Hernandez hieß dieser unerschrockene Mann; die
Franzosen nannten ihn Julian le Petit. Er zählt unbestritten zu
den ausgezeichnetsten Protestanten, die Spanien aufzuweisen hat; denn
ganz abgesehen von dem, was er zur Verbreitung der lutherischen
Lehre gethan, stand er als Gelehrter in hoher Achtung, und die Art,
wie er zu sterben wußte, besiegelte seinen Glauben und diente Andern
zur Nacheiferung. Er wurde geboren zu Villaverde im Bezirke von
Campos. Als Knabe wanderte er mit seinen Eltern nach Deutschland,
wo er seine Erziehung erhielt und die neuen Doktrinen dadurch kennen
lernte, daß er mit Protestanten Umgang pflog, die ihm manche Beweise ihrer Freundschaft gaben. [2]) Er wünschte auch sein Theil dazu
beizutragen, die Reformideen zu verbreiten, und so eilte er nach seinem
Vaterlande zurück, um die von der Inquisition verbotenen Schriften
in den Hauptstädten des Landes heimlich zu verbreiten und sie also
jenen in die Hände zu spielen, die der neuen Lehre zugethan wären.
Freilich war es dazumal nicht leicht, protestantische Schriften in Spanien
einzuschmuggeln, denn mit Argusaugen mußte die Inquisition die
Grenzen zu bewachen, um das Land vor den Preßerzeugnissen Deutschlands zu bewahren. Allein der Verschlagenheit und den Listen des

---

[1]) Venecia. — Por Pedro Daniel, año de 1557.
[2]) In der Historia de la Compañia de Jesus en esta provincia de Andalucia, das von Padre Santivañez (M. S. der Biblioteka Colombina), liest
man über ihn: „Von Geburt war er ein Spanier, aber in Deutschland unter
Ketzern geboren, wo er das Gift der Ketzerei einsog, so daß die Führer der Ketzerei
ihn nach dem Vorbilde dessen, was man sich in den Akten der Apostel erzählt,
als einen der sieben Diakone ihrer Kirche wählten, oder um richtiger zu sprechen,
Synagoge des Satans!"

Hernandez gelang es doch, die Inquisitoren zu täuschen und ihr Bemühen zu vereiteln. Sei es, daß Hernandez wirklich Maulthiertreiber gewesen, wie manche behaupten, sei es, daß er blos in solcher Verkleidung auftrat, um geringeren Verdacht zu erregen, so führte er viele ketzerische Schriften bei verschiedenen Gelegenheiten nach Spanien ein, da man ihn nur damit beschäftigt wähnte, Waaren aller Art von einer Provinz in die andere zu schaffen. Seinen Schlichen und Kunstgriffen gelang es, die angesehensten Personen Castiliens und Andalusiens mit der neuen Lehre bekannt zu machen, — eine solche Masse protestantischer Schriften hatte er in beiden Königreichen zu verbreiten gewußt. ¹) In Spanien war Hernandez nicht allein bekannt, auch in Frankreich wußte man ihn zu würdigen. Er war auffallend klein und daher sein Beiname Julianillo, während die Franzosen, wie schon erwähnt, ihn Julian le Petit zu nennen pflegten. Doktor Juan Perez de Pineda, den wir bereits früher erwähnt, würdigte Hernandez seiner Freundschaft. Ob er ihn bereits in Sevilla gekannt, oder ob er ihn erst in Venedig kennen lernte, bleibe dahingestellt. Julianillo schaffte die im Auslande gedruckten Schriften des protestantischen Doktors, insbesondere seine Uebertragung des neuen Testamentes nach Spanien. Cipriano de Valera widmete ihm folgende Worte, indem er sagt: „Doktor Juan Perez gab 1556 sein neues Testament heraus, und ein gewisser Julian Hernandez, angetrieben durch den Eifer, seiner Nation wohlzuthun, brachte sehr viele dieser Testamente hin und vertheilte sie 1557 in Sevilla." Julianillo wußte die Schriften des Doktor Perez in zwei großen Fässern einzuführen und mit Geschick und Gewandtheit gelang es ihm, dieselben durch ganz Spanien ungehindert nach Sevilla zu bringen. ²) Nach der Erzählung wären die verbotenen Schriften bei Don Juan Ponce de Leon aufbewahrt worden, nach Andern aber hätten sie selbst im Kloster San Isidro ein Asyl

---

¹) Er verließ Deutschland in der Absicht, ganz Spanien zu verpesten, und durchwanderte den größten Theil des Landes, überall hin viele Schriften von schlechter Doktrin verbreitend und die Ketzereien Luther's Männern wie Frauen einflößend, besonders aber in Sevilla. Er war über die Maßen schlau und gewandt, eine Eigenschaft, die den Ketzern eigen. In ganz Castilien richtete er großen Schaden an; allenthalben wußte er sich durch seine Listen und Ränke mit vieler Sicherheit Ein- und Ausgang zu verschaffen, und wo er nur den Fuß hinsetzte, fing es Feuer. (Santivanez. — M. S.)

²) Julian Hernandez — so sagt Valera in seinem Tratado de los Papas — gelang es, zwei Fässer voll jener spanischen Schriften einzuführen, die Doktor Juan Perez in Genf hatte drucken lassen.

gefunden. [1]) Letzteres scheint uns der Wahrheit am nächsten zu kommen, denn Don Juan Ponce de Leon fing erst im März 1559 an, den ketzerischen Lehren zu huldigen, was aus einem Documente der Inquisition hervorgeht, das wir später berühren werden. Verhält sich dies wirklich so, so ist es unwahrscheinlich, daß Hernandez schon 1557 die Schriften des Doktor Perez dem Ponce de Leon anvertraut hätte, der bis dazumal der katholischen Religion treu anhing. Allein nicht schlummerte der Verräther, der der Inquisition die Mittel verrieth, deren sich Julianillo bediente, um der Wachsamkeit der Glaubensrichter zu spotten und ihnen zum Trotze den Samen der Reformation in den spanischen Landen auszustreuen. Schrecklich war die Folge dieser Denunciation, nicht bloß für Julian Hernandez, sondern auch für eine Menge seiner Genossen und Anhänger. [2]) Alles Scharfsinns und aller Gewandtheit ungeachtet, konnte er nicht alle die Schlingen gewahren, die ihm die Inquisitoren gelegt, und so gelang es ihnen doch am Ende, seiner habhaft zu werden und ihn in den Kerkern der Inquisition unschädlich zu machen. [3]) Hier mußte er drei Jahre schmachten. Vergebens war das Bemühen der Glaubensrichter, ihm auf der Folter das Geheimniß derer zu entreißen, die mitgewirkt, die Ketzerschriften nach Castilien und Andalusien zu bringen. Angesichts der Folterbank blieb er unerschütterlich und weigerte sich, seine Gefährten zu verrathen; die gräulichsten Schmerzen vermochten nicht seine Standhaftigkeit zu brechen, und nichts vermochte ihn dazu zu bringen, seine Schicksalsgefährten preiszugeben. Mit den Dogmatikern der Inquisition führte er lebhafte Disputationen, und wie sehr sie sich auch bemühten, seine Ueberzeugungen wankend zu machen, stellte er ihnen immer neue Argumente entgegen, die seine Gegner häufig verstummen machten, so geistvoll und überraschend lauteten die Gründe, durch welche er seine Doktrinen zu vertreten wußte. [4]) Sein Gleichmuth verließ

---

[1]) Reinaldo Gonzalez de Montes (Sanctae Inquisitionis Hispaniae artes aliquot delectae) versichert es in Betreff Ponce de Leon's. Santivanez sagt aber in seinem Manuscripte: „Hier, nämlich im Kloster San Isidro, legte der Geistliche Julianillo die ketzerischen Schriften Deutschlands nieder, durch welche eine Menge Klosterbrüder vom rechten Wege abgelenkt wurden."

[2]) Ein Judas verkaufte das Geheimniß, das die Inquisitoren erfuhren, worauf achthundert Personen eingekerkert wurden. Cipriano de Valera. Tratado de los Papas.

[3]) Wenn auch mit vieler Schwierigkeit, gelang es doch, seiner habhaft zu werden. (Santivanez. — M. S.)

[4]) Als ein Mann von Scharfsinn, aber von verwünschtem Sinne, vertheidigte er sich in den Disputationen mit trugvollen Argumenten, und wenn die Katholiken ihn bedrängten, überschrie er es und spottete gewandt all' ihrer Argumente. (Santivanez. — M. S.)

ihn nicht, und wenn er aus dem Verhör nach seinem Kerker zurückkehrte, so pflegte er ein Liedchen zu singen, das etwa also lautete:
„Ueberwunden habe ich die Mönche, überwunden ziehen sie von dannen,
trübselig kommen sie, die Wölfe, traurig ziehen sie von dannen!"[1])

Wie zu erwarten stand, wurde Julianilla Hernandez zum
Flammentode verurtheilt! Er wurde von den Inquisitoren als Ketzer,
als Abtrünniger, als halsstarriger Frevler, der Andere zum Abfall
verführe, verdammt und am 22. December 1560 sollte er in einem
öffentlichen Auto-da-fé seine Strafe erleiden. Nicht wollen wir übergehen, daß das Glaubensgericht Alles aufbot, um den Ketzer in den
Schooß der Kirche zurückzuführen. Viele Censoren der Inquisition,
welche in Privat-Conferenzen mit Julian disputirt und am Ende
nichts mehr vorzubringen wußten, weil er ihnen an Scharfsinn und
Geist überlegen war, kamen auf den Einfall noch in der Sterbestunde
in Hernandez zu dringen, um in diesem angstvollen, furchtbaren Momente leichten Sieg davon zu tragen. Auf dem Wege zum Scheiterhaufen trug Julianillo einen Mundknebel, doch am Schaffot löste
man seine Zunge, da die Censoren in Gegenwart vieler Gelehrten
und des Volks wieder mit ihm streiten wollten. Mit Händen und
Füßen wurde Hernandez an den Pfahl des Scheiterhaufens fest-
gebunden, allein sein Muth blieb ungebrochen. Um nicht zu lange
zu leiden, hatte er sich auf Schultern und Kopf Reiserbündel zu rechte
gelegt. Licenciat Francisco Gomez und Doktor Fernando Rodriguez
fingen an, ihm lebhafte Vorstellungen zu machen, auf daß er die
Lutherische Lehre in dieser ernsten Stunde verleugne. Julian erwiederte
ihnen, sie wären Heuchler und rief ihnen zu: „sie glaubten ja dasselbe wie er, sie verheimlichten nur ihre Meinungen aus Furcht vor
Folter und Scheiterhaufen!" Noch nicht genug damit, suchten die
Censoren mit Hernandez neue Disputationen über Glaubensgegenstände
anzuspinnen. Der Unglückliche war es endlich müde, sich zwecklos
mit seinen Gegnern herumzuzanken und ihnen zur Bewahrheitung seiner
Worte Texte der heiligen Schrift vorzuführen, und da er fühlte, daß
er doch nur um wenige Augenblicke seinen Märtyrertod hinausschieben
könne, der seinen Anhängern zur Glorie gereichen würde, verhöhnte
er am Ende die Geistlichen und Mönche, die sich abmühten, ihn in
den Schooß der katholischen Kirche zurückzuführen. Und so hauchte
er mit demselben Gleichmuth und derselben Unerschütterlichkeit seinen

---

[1]) Reinaldo Gonzalez de Montes in seinem Buche Sanctae Inquisitionis.

letzten Seufzer aus, zur Entrüstung der Glaubensrichter, selbst zum
Staunen der Henker![1] Verschweigen dürfen wir nicht, daß die
Censoren der Inquisition zu verkünden wagten: „daß die Argumente,
die sie ihm in seinen letzten Momenten vorgehalten, ihn bekehrt hätten.
Wenn er zuletzt geschwiegen und Gleichgültigkeit an den Tag gelegt,
so wäre dies aus seiner Verwirrung und Scham zu erklären, und
wenn er mit Muth gestorben, so wäre dies nur die Folge seiner
Verzweiflung und seines Starrsinns!“ Als hätte Hernandez, falls
er wirklich wieder von der Wahrheit des katholischen Glaubens durch-
drungen gewesen wäre, nicht auch durch das Geständniß seiner Schuld
die Grausamkeit seiner Hinrichtung mildern können!?[2] So bedauernswerth war das Schicksal des Julianillo, dessen Hingebung für die
Sache der Reform seines Gleichen sucht. Wir wir bereits angedeutet,
wurden die Schriften, die er nach Sevilla brachte, im San-Isidro-
Kloster untergebracht, das bei den Ruinen des alten Italica liegt,
das durch römische Kaiser und ausgezeichnete Dichter berühmt geworden. Cipriano de Valera, der aus jener Stadt gebürtig, schildert,
welche Fortschritte die neue Lehre unter den Mönchen gemacht, die
zu Santi-Ponce wohnten. Er sagt nämlich: „Im Jahre 1557 schritt
die Wirksamkeit der wahren Lehre so offen und unverhüllt im San-
Isidro-Kloster voran, das zu den berühmtesten und reichsten von
Sevilla zählte, daß zwölf Mönche, die mit gutem Gewissen nicht
mehr dort bleiben konnten, nach verschiedenen Gegenden sich flüchteten,
und nach großen Mühen und Fährlichkeiten mit Gottes Hülfe auch
nach Genf gelangten. Unter denselben Mönchen befand sich der Prior,

---

[1] Die Inquisitoren empfahlen die verwünschte Bestie (Sic) dem Pater Lic.
Francisco Gomez, welcher sein Bestes aufbot, um seine Narrheit zur Raison zu
bringen. Da dieser aber sah, wie er nur sich auf seine Unverschämtheit und seinen
Trotz verließ, und daß er durch sein Schreien seine Sache gut zu machen suchte
und dadurch die Leute herbeilockte, da beschloß er, diesen Uebermuth zu brechen,
indem er ihm sagte: „Wenn er sich auch dem Glauben nicht hingäbe, solle er
mindestens seine Unwissenheit bekennen und sich dadurch von der Wahrheit überzeugt zeigen, daß er nicht mehr spreche und sich stelle, als könne er auf die Gründe
der katholischen Lehre keine Antwort mehr geben. Und so kam es auch, denn als
die Disputation beim Scheiterhaufen in Gegenwart vieler gewichtigen und gelehrten Leute und zahllosen Volks begann, da bedrängte ihn der Pater mit solchem
Nachdruck und drang mit so wirksamen Gründen und Argumenten auf ihn ein,
daß er ihn augenscheinlich überzeugte!? Und an Füßen und Händen gefesselt, ver-
stummte er, ohne daß er gewußt hätte, was er noch antworten solle. (Santivanez. — M. S.)
[2] Der Unglückliche zeigte in seinen Zügen Verwirrung und Scham, in
seinem Thun aber Starrsinn und Verzweiflung, und er starb in seinem Trotze.
(Santivanez. — M. S.)

der Vikar und der Klosterverwalter von San Isidro und mit ihnen
entfernte sich auch der Prior des Thales von Ecija vom selben Orden.
Und nicht nur blieben diese zwölf Klosterbrüder von den grausamen
Verfolgungen der Inquisition verschont, sondern noch andere, sechs
bis sieben Mönche desselben Klosters mußten sich trotz der Listen und
Vorsichtsmaßregeln der Inquisition so in Sicherheit zu bringen, daß
man ihrer nicht habhaft werden konnte. Jene aber, die im Kloster
zurückgeblieben, — denn wohl ist zu bemerken, daß fast alle Klosterbrüder Kenntniß von der christlichen Religion gewonnen hatten, gingen
sie auch noch in ihren Wolfspelzen, - hatten große Verfolgungen zu
erleiden. Sie wurden eingekerkert, gemartert, beschimpft, auf das
Härteste und Grausamste behandelt und viele von ihnen am Ende
verbrannt, und viele Jahre hindurch fand zu Sevilla kein Auto
statt, bei dem nicht Einer oder Einige des Klosters gelitten hätten." [1]
Die Reform hatte mithin bei den Mönchen von San-Isidro del
Campo eine Stätte gefunden, welches Kloster 1301 von Don Alonso
Perez de Guzman und dessen Gemahlin Doña Maria Coronel
erbaut wurde, die in der Klosterkirche ihre Ruhestätte gefunden. Die
ersten Mönche des Klosters gehörten zum Cisterzienserorden, deren
Sittenlosigkeit 1431 solchen Unwillen erregte, daß der Schutzherr des
Klosters sie vertrieb und an ihrer Statt Mönche des Hieronymiten-
ordens aufnahm, die dem Buenavista-Kloster entstammten, das am
linken Ufer des Guadalquivir liegt. Am rechten Ufer des Flusses
und fast der Kirche gegenüber liegt zu Santi-Ponce, neben dem alten
Italica, das Kloster San-Isidro del Campo.

Nicht blos aus Sevilla, sondern auch aus andern Städten
Spaniens gelang es vielen Anhängern der Reformation zu entkommen
und nach Ländern zu fliehen, wo sie ihren Glauben frei bekennen
konnten. Schon dazumal bot England denen ein Asyl, die ihr Vaterland aus religiösen Gründen meiden mußten. Die Königin von
England schenkte ihren Beistand denen, die vor den grausamen Verfolgungen Philipp's fliehen mußten; sie unterstützte die Flüchtlinge in
jeder Weise und räumte ihnen Tempel ein, in welchen sie ihre Lehre
predigen konnten. Die spanischen Protestanten, denen es gelungen
war, nach England zu entkommen, veröffentlichten 1559 ein Glaubens-

---

[1] Don Juan Antonio Llorente nennt in seiner Geschichte der Inquisition
das Kloster „San Isidoro", was ein Irrthum ist, wie erhellt aus (Ortiz de
Zuñiga. - Anales de Sevilla. — Valera. — Tratado de los Papas).

bekenntniß in 21 Kapiteln. [1]) Andere Flüchtlinge wandten sich nach Frankfurt, Basel und Genf. In letzterer Stadt erbauten die Spanier und Italiener, die der katholischen Religion sich abgewandt, eine Kirche, deren Pfarrer oder Prediger Balbani hieß. [2]) Jene, die in Deutschland und der Schweiz Zuflucht gefunden, veröffentlichten 1559 ein Schriftchen, das an Kaiser Karl V. wie an die Stände seines Reichs gerichtet und König Philipp übersandt wurde. [3]) In ihrer Vorstellung sprachen sich die Protestanten Philipp gegenüber also aus: „In Spanien tobt und wüthet über die Maßen die sogenannte Inquisition und sie tritt so hart und grausam auf, daß man ihretwegen kein Wort äußern kann, das rein und wahrhaft wäre, und bei ihren Zeugenaufnahmen waltet die größte und härteste Ungerechtigkeit vor. Alles dies ist um so gefahrvoller und aller Vernunft und Menschlichkeit baar als die Inquisitoren, die an der Spitze stehen und die Inquisition leiten, unwissende, grausame, habgierige Männer sind, denen es an wahrhafter Erkenntniß Gottes gebricht, ohne Verständniß der christlichen Religion noch Jesu Christi, und die Geyern gleich vom Raube leben!"

Solchergestalt ließen die unglücklichen Spanier von freiem Boden aus ihre Klagen über die Inquisition laut werden. Vergeblich blieben aber ihre Vorstellungen an Karl V. und Philipp II., denn beide Souveraine hatten nur ein Ohr für die Einflüsterungen fanatischer Schmeichler wie der Mönche, die dem Banner der Inquisition folgten. Sie blieben taub für die Wehklagen der gehetzten Protestanten und fürchteten gar für ihr Seelenheil, wenn sie solchen Sirenenklängen ihr Ohr liehen. Was Philipp II. vor Allem fürchtete, waren die Masse lutherischer und kalvinistischer Schriften, welche die protestantischen Flüchtlinge in Deutschland und der Schweiz in spanischer Sprache veröffentlichten. Er hegte die Absicht jene Spanier zu vernichten, die dem Zorne der Inquisition auszuweichen gewußt und so

---

[1]) Das Glaubensbekenntniß führt den Titel: Declaracion ó confesion de Fé, hecha por ciertos fieles españoles que huyendo los abusos de la yglesia Romana y la cruedad de la Inquisicion de España, hizieron á la yglesia de los fieles para ser en ella recebidos por hermanos en Cristo. Es wurde in dem Index des Kardinals Quiroga vom Jahre 1583 verboten.

[2]) Don Juan Antonia Pellicer. — Ensayo de una Biblioteca de Traductores.

[3]) Die Schrift führt folgenden Titel: Dos informaciones muy útiles: la una dirigida á la Magestad del emperador Carlos V., deste nombre, y la otra á los estados del imperio; y ahora presentadas al católico rey don Felipe, su hijo. Sie erschien 1559, ohne Angabe des Druckortes und Verfassers.

gab er Bartolome de Carranza den Auftrag, die Schriften ausfindig zu machen und zugleich den Namen und Aufenthaltsort der Verfasser, wie ihre Freunde und Genossen zu erforschen. Carranza entdeckte viele Schriften, die von den flüchtigen Spaniern in ihrer Muttersprache verfaßt und im Brüsseler Schloß verborgen worden, um später nach Spanien geschafft zu werden. Im geeigneten Momente gab Philipp dem Carranza und dem Hofalkalden Don Francisco de Castilla den Auftrag, die Lutheraner in Deutschland zu verfolgen, wobei sie angewiesen waren, unter falschem Namen und Verleugnung ihres Amtes in den Ländern umherzureisen, die unter spanischer Botmäßigkeit standen. Sie sandten alsbald den Augustinermönch Fr. Lorenzo de Villavicencio nach der Frankfurter Messe, um dort als Weltlicher verkleidet die protestantischen Flüchtlinge aufzuspüren, deren Schriften aufzufangen und den Flammen zu überliefern. Ihren Bemühungen gelang es denn, ausfindig zu machen, daß die Schriften der Lutheraner durch die Gebirge von Jaca in Arragonien nach Spanien gebracht wurden und daß sie so lange in Frankreich liegen blieben, bis sich eine günstige Gelegenheit bot, die Wachsamkeit der Glaubensrichter zu täuschen.[1] So mußte der bekannte Protestant Francisco de Enzinas, dessen wir bereits früher erwähnt, auf seinen Reisen im Auslande häufig seinen Namen wechseln. Einmal nannte er sich Du Chesne, indem er seinen spanischen Namen in's Französische übersetzte; ein Andermal nannte er sich Van Eyck oder Van der Eyck in flämischer Mundart und selbst nahm er einen griechischen Namen an, denn er nannte sich Dryander. Wie sehr man sich auch bemühte, im Auslande sich den Spürangen der Inquisition und ihrer Sendlinge zu entziehen, so war das Argusauge der Inquisition scharfsichtig genug, um alle Verhüllungen zu durchschauen, und die Verfolgten womöglich in ihre Netze zu ziehen. Die Verfolgungswuth der Inquisitoren kehrte sich aber nicht blos gegen jene Schriften der Protestanten, die sich mit theologischen Dingen befaßten, sondern Alles, was aus protestantischer Feder floß, war ihnen ein Dorn im Auge und insbesondere hatte Francisco de Enzinas darunter zu leiden. Er veröffentlichte nämlich im Jahre 1551 zu Antwerpen den ersten Band seiner Uebertragung der Parallelen von Plutarch. Anfangs hielt er es nicht für ungeeignet auf das Titelblatt seinen Namen zu setzen.[2] Allein später fand er es doch für angemessen, seinen Namen

---

[1] Salazar de Mendoza. — Vida de Carranza.

[2] „El primero volúmen de las vidas de illustres y excellentes varones

fortzulaſſen, damit ſeine Arbeit in Spanien leichteren Eingang finde
und die Inquiſition keine Schwierigkeiten weiter erhebe. [1]) Später
ließ er ſein Buch durch einen andern Verleger herausgeben und zwar
unter falſchem Namen: der Ueberſetzer heißt hier Juan de Caſtro
Salinas. [2]) Bei dem Verleger Byrkmann zu Antworpen erſchien
1553 eine ſpaniſche Ueberſetzung des Livius und zugleich erſchien in
demſelben Jahre eine Ueberſetzung der Bücher des Flavius Joſephus,
die aber bald von der Inquiſition verboten wurden. Beide Bücher
ſcheinen aus der Feder von Enzinas gefloſſen zu ſein. Nennt er
auch ſeinen Namen nicht, ſo läßt ſein Styl dies doch vermuthen.
Wenn ſchon Schriften, die mit Glaubensfragen gar nichts zu ſchaffen
haben, der Inquiſition Argwohn einflößten, wenn die Dekaden des
Livius und die Parallelen Plutarchs ihnen Bedenken machten: —
mit welcher Behutſamkeit und Liſt mußten da nicht die ſpaniſchen
Schriftſteller verfahren, die die lutheriſchen Doktrinen lehren und verbreiten wollten? An Enzinas Beiſpiele ſahen wir eben, welcher Mittel
und Wege ſich Schriftſteller bedienen mußten, die der Inquiſition Bedenken erregten. Niemand war ja mehr in Spanien vor der Inquiſition ſicher, die der Unſchuld nicht ſchonte. Ungerechtigkeit und
Heuchelei ſaßen auf dem Thron und die winzigſten Umſtände genügten, um den Argwohn der Inquiſition zu wecken. Den geheimen
Angebern war nichts heilig! Freundſchaft heuchelnd ſpäheten ſie das
Geheimſte des Familienlebens aus, und Geiſtliche, Edelleute und
Frauen des hohen Adels wurden das Opfer der Denunciation. Um
ſich eines Feindes oder Nebenbuhlers zu entledigen wurden falſche
Denunciationen bei der Inquiſition angebracht, die nur zu bereit-
willige Aufnahme fanden. Dieſe Schlechtigkeiten nahmen in ſo ſcham-

---

griegos y romanos pareadas, escritas primero en lengua griega por el
grave philósopho y verdadero historiador Plutarcho de Cheronea, é al presente traduzidas en estilo castellano. Por Francisco de Enzinas. — En
Argentina, en casa de Augustin Frisio, año d'el Señor de MDLI." (Citado
en la vida de Enzinas, libro I de esta historia.)

[1]) El Primero volúmen de las vidas de illustres y excellentes varones
griegos y romanos pareadas, escritas primero en lengua griega por el
grave historiador Plutarcho de Cheronea e al presente traduzidas en estilo
castellano. En Argentina en casa de Augustin Frisio, año d'el Señor de
MDLI.

[2]) Las vidas de los illustres y excelentes varones griegos y romanos,
escritas primero en lengua griega por el grave philósopho y verdadero
historiador Plutarcho de Cheronea, y agora nuevamente traduzidas en castellano. Por Juan de Castro Salinas. Imprimieronse en la imperial ciudad
de Colonia y véndense en Auvers, en casa de Arnoldo Byrkmann á la en-
señá de la Gallina Gorda MDLXII.

loser Weise zu, daß ein Mönch jener Zeit Theilnahme über das Unglück und den Jammer so Vieler empfand und schüchtern ein Mittel
andeutete, durch welches der Zweck der falschen Angeber vereitelt werden
könnte. [1])

Unter Philipp's Herrschaft blühte die Denunciation und eine
Masse falscher wie begründeter Denunciationen gab der Inquisition
zu schaffen. Unter Philipp erging es wie unter Sulla, wie unter
Tiberius und Nero, zu deren Zeit Tugend und Ehrenhaftigkeit, jedwede
Auszeichnung nur Anlaß zur Verfolgnng gab und wo die Arglist mit
Gold und Würden belohnt wurde. Wie zur Zeit jener Römerkaiser,
war Ehrenhaftigkeit und Tugend ein lebender Vorwurf für jene, die
Verdammungsurtheile fällten, blos um sich auf Kosten ihrer Mitbürger
zu bereichern und wie zu jenen Zeiten die Tugend den feilen Agenten
der zu Rom Allgewaltigen verhaßt war — war auch die Wissenschaft für
jene ein Schreckbild geworden, deren ganzes Wirken nur darin bestand, Gesinnungstreue zu brandmarken und deren Gefühllosigkeit von
der Unschuld sich nicht rühren ließ, deren Klage in die Luft verhallte.
So oft zur Römerzeit Kaiser das Ruder führten, welche die Tugend
zu schätzen wußten, schwand bald das geheime Denunciationswesen
und die aus der Angeberei ein Gewerbe gemacht, flüchteten sich vor
der Rache der Vergeltung, die ihnen gebührte. Sie suchten dann sich
der Strafe der Gerechtigkeit zu entziehen, und flohen in fremde Lande,
selbst in die Wüste, um dort sich zu bergen und ihre Schande zu
begraben. Mit einem Worte, im alten Rom gab es doch Zeiten,
wo die Menschheit ihre Ketten minder schwer empfand und aufathmen
konnte. Allein unter Philipp II. waren solche Augenblicke nicht zu
finden, denn Denunciationen waren ihm willkommen und Angeberei
war an der Tagesordnung. Die Kerker der Inquisition füllten sich
mit Opfern, nicht Stand noch Geschlecht wurde verschont, und die

---

[1]) Tractado de casos de consciencia, compuesto por el muy reverendo
y doctissimo Padre fray Antonio de Córdova, de la órden del Seráphico
Padre San Francisco. En Çaragoça, en casa de Domingo de Portonarijs
Ursino. Año de 1584. In diesem Werke findet sich folgende Aeußerung: „Wenn
es an einem Orte viele falsche Zeugen gibt, welche falsche Anklagen angebracht,
oder bei der Inquisition falsch gezeugt: — welches Mittel gibt es dafür, und was
können Beichtväter, die dieses erfahren, thun, um den unschuldig Angeklagten zu
helfen? Welches Mittel heischen falsche Zeugen?" Nachdem der Verfasser den
Uebelstand berührt, daß man das Beichtgeheimniß der Inquisition verriethe, bemerkt er: „Das beste Mittel und was dem Rechte frommt, deucht mir darin zu
liegen, daß die Inquisitoren die Zeugen mit Vorsicht und Strenge über alle Nebenumstände, über Zeit und Ort und so weiter ausforschen!"... (Beweis genug,
welche falsche Zeugnisse gegen Schuldlose abgegeben wurden!)

Blüthe des spanischen Adels wurde von der Wuth der Glaubensrichter fortgeweht. Nicht mit milder Ueberredung suchte man die Irrenden wieder in den Schooß der Kirche zurückzuführen, denn der Aberwitz der Inquisition meinte blos, durch den Scheiterhaufen Gott gefällig zu sein. Und so flammten die Menschenopfer gen Himmel auf, an eine Zeit erinnernd, wo man Götzen Menschenopfer darbrachte!

Wir müssen jetzt das Schicksal des ausgezeichnetsten aller spanischen Protestanten berühren, nämlich des Doktor Constantino Ponce de la Fuente, Domherr an der Metropolitankirche von Sevilla.[1] Er war gebürtig aus der Stadt S. Clemente de la Mancha im Bisthum von Cuenca. Mit dem Doktor Juan Gil befliß er sich auf der Universität Alcala de Henares der Theologie. Da Beide später zu Sevilla lebten, so bemühten sie sich mit möglichster Behutsamkeit die lutherischen Doktrinen in der Stadt auszubreiten, was ihnen um so besser gelang, als sie für gute Katholiken gehalten und als Männer von hohem Verdienste geschätzt wurden. Constantino de la Fuente hatte sich durch seine Wissenschaft und Tugend einen solchen Ruf erworben, daß mehrere Prälaten ihn in ihre Diözesen berufen wollten. Der Bischof von Cuenca wollte ihn ohne öffentlichen Concurs zum Domherrn seiner Kirche erwählen und drang schriftlich in ihn, die Würde anzunehmen, die für ihn geeignet wäre. Constantino lehnte aber den ihn ehrenden Antrag mit mehr oder minder triftigen Gründen ab, während der eigentliche Grund darin lag, daß er wegen seiner lutherischen Ueberzeugungen Sevilla nicht verlassen wollte. Aus demselben Grunde schlug er den Antrag des Kapitels von Toledo aus, das ihm einen erledigten Sitz im Kapitel anbot. Der berühmte Theologe Benito Arias Montano (Direktor der Biblia regia, die auf Kosten Philipp's II. von Plantino zu Antwerpen veröffentlicht wurde), war dazumal noch ein Jüngling, und lauschte gern den Lehren der trefflichen Prediger von Sevilla, wie des Doktor Constantino, des Doktor Egidio und Anderer.[2] Der Ruf ihrer Beredsamkeit hatte sich weit hin Geltung verschafft und Karl V. fand sich bewogen den Doktor Constantino zu seinem Ehrenkaplan zu ernennen und ihn als seinen Prediger zu sich zu berufen, in welcher

---

[1] Ueber das Leben dieses spanischen Protestanten habe ich mehrere Notizen in meinen Anmerkungen zum Buscapié gesammelt. (Nota G. G. de la magnifica edicion de 50 ejemplares. Cádiz 1848. — Nota G. G. de la edicion comun. Id. Id. —)

[2] Cipriano de Valera. — Exhortacion al cristiano lector á leer la Sagrada Escritura. (Siehe seine Bibel.)

Eigenschaft er den Kaiser nach Deutschland begleitete, wo er einige Jahre verlebte. Ein Zeitgenosse und katholischer Schriftsteller pries mit folgenden Worten den Scharfsinn und die Gelehrsamkeit dieses protestantischen Theologen[1]): „Doctor Constantino" sagt er, „ist ein sehr großer Philosoph und gründlicher Theologe und gehört zu den ausgezeichnetsten Kanzelrednern, die je gelebt, wie sich klar aus den Schriften ergibt, die er veröffentlicht und die sein Genie bekunden." Nicht wollen wir übergehen, daß diese lobenden Worte auf Geheiß der Inquisition in spätern Ausgaben des Buches gestrichen werden mußten, wie aus den Verbotsverzeichnissen der Inquisition erhellt, die im siebenzehnten Jahrhundert und Anfangs des Achtzehnten noch erschienen.

Als Doktor Constantino aus Deutschland nach Sevilla zurückkehrte, hatte das Kapitel, zu dem auch der Ruf seiner Gelehrsamkeit gedrungen, die Absicht, ihn ohne öffentliche Disputation zum Domherrn zu ernennen. Es blieb aber blos bei der Absicht, denn die andern Bewerber um die Stelle machten geltend, daß die Würde nicht ohne öffentlichen Wettstreit verliehen werden dürfte und erinnerten an das Dekret, das auf Anlaß der Ernennung von Juan Gil früher erlassen worden, Kraft dessen ohne öffentlichen Concurs keine solche Würde mehr übertragen werden dürfe. Der Tag zum Concurse war anberaumt und da erschien blos ein Geistlicher aus Malaga, um Constantino zu opponiren. Alle übrigen Mitbewerber stellten sich nicht' ein, weil sie sich scheuten, mit einem Manne es aufzunehmen, der das Hebräische und Griechische so gründlich verstehe und die heilige Schrift so meisterhaft inne habe. Mit einem Worte, sie blieben weg, weil sie ihren Ruf nicht einbüßen wollten. So trug denn Constantino sehr leichten Sieg davon, was ihm übrigens auch sonst gelungen wäre, hätte es ihm auch dann mehr Mühe gekostet. Als Domherr der Kathedrale begann Constantino alsbald seine Predigten zu halten, welche den Adel und die angesehensten Personen der Stadt und Umgegend herbeilockten. In seinen Predigten sprach er aber niemals seine volle Meinung aus, sondern bemühte sich vielmehr lutherische Ansichten so mit katholischen Doktrinen zu verweben, daß nur die Tieferblickenden seine wahre Gesinnung erriethen. Als der Jesuitenpater Francisco de Borja, der später heilig gesprochen wurde, durch

---

[1]) Juan Cristobal Calvete de Estrella. — El felicissimo viaje del Emperador Cárlos V. y de su hijo Felipe II.: obra citada por nota en el libro 2. (Vida de Augustin de Cazalla.)

Sevilla kam, wollte er auch sich ein Urtheil bilden über die Predigten
Constantino's, die diesen in Spanien und fremden Ländern so berühmt
gemacht. Er war aber erstaunt, Argumente und Entwickelungen zu
hören, die ihm keineswegs katholisch schienen, und er flüsterte seinen
Nachbarn den bekannten Vers zu: „Aut aliquis latet error, equo
ne credite Teucri." [1] Da Borja wahrnahm, welche Erfolge die
Predigten Constantino's davon trugen, so gab er dem Pater Juan
Suarez, dazumal Rektor zu Salamanca, den Rath, sich schleunigst nach
Sevilla zu begeben, um dort ein Haus der Gesellschaft Jesu zu
gründen und möglichst dem Fortschreiten der lutherischen Meinungen
dort entgegen zu wirken. Mit jedem Tage mehrte sich der Verdacht,
daß Constantino, wenn auch mit vieler Vorsicht, für die Reformation
der Kirche zu wirken suchte. Ein Pater, Namens Juan Bautista,
hörte eines Morgens den protestantischen Canonikus predigen, wobei
dieser sich über verschiedene Glaubenspunkte in nicht sehr katholischem
Sinne äußerte. Vom Wunsche beseelt, den eben ausgestreuten Samen
der Ketzerei zu vernichten, bestieg er in den Abendstunden desselben
Tages gerade die Kanzel, von welcher Seite herab Constantino seine
Predigt gehalten, und richtete an das Volk leidenschaftliche Worte,
um die Argumente des heimlichen Lutheraners zu nichte zu machen,
wobei er aber aus Rücksicht auf den Ruf Constantino's, wie auf
die Würde des Doktors sich wohl hütete, dessen Namen zu nennen. [2]
Allerdings hatten manche Gläubige bemerkt, daß die Worte des Paters
Bautista Widerlegungen der Reden des berühmten Canonikus zu sein
schienen. Allgemach nahm bei den entschiedenen Katholiken der Argwohn hinsichtlich der Doktrinen Constantino's zu, die derselbe nur aus
Furcht vor dem, was ihm drohe, zu verhüllen suchte, wobei aber doch
seine Absicht durchschimmerte, Anhänger für die Sache der Reform zu
gewinnen. Ein Gelehrter von Sevilla, Namens Pedro Mejia,
Verfasser mehrerer, meist historischer Schriften, die aber wenig Urtheil
verrathen, hörte einmal, wie Constantino von der Kanzel herab seine
religiösen Meinungen darlegte, in Ausdrücken, die den Lutherischen
sehr ähnlich waren. Beim Herausgehen aus der Kirche sagte Mejia
darauf seinen Freunden, die auch die Predigt mit angehört: „so wahr

---

[1] Vida de San Francisia de Borja, por el Cardenal Cienfuegos. (Im
zweiten Buche bereits erwähnt.)

[2] Historia de la Compañia de Jesus en esta provincia de Andalucia
del padre Santivanez. M. S. de Memorias de la Santa Iglesia de Sevilla.
(Biblioteca Colombina.)

Gott lebt, das ist nicht die rechte Doktrin, noch was unsre Väter uns gelehrt!" Solche Aeußerungen aus dem Munde eines Mannes, der im Rufe großer Gelehrsamkeit stand, setzten Viele in Erstaunen. Das Gerücht davon verbreitete sich in der Stadt und gab Veranlassung, daß man überhaupt über die Rechtgläubigkeit des Doktor Constantino Zweifel hörte, da viele andre Zuhörer in seinen Predigten Dinge gefunden haben wollten, die keineswegs mit dem übereinstimmten, was die katholische Kirche lehrt. Die Folge davon war, daß die Dominikaner auf den Rath der Jesuiten hin, so oft Constantino predigte, in die Kathedrale eilten, um Acht darauf zu haben, ob der Prediger Dinge äußere, die einen ketzerischen Sinn hätten und die bei der Inquisition denuncirt werden könnten. Constantino durchschaute bald ihre Absicht, und so entschuldigte er sich einmal, daß er über einen gewissen Gegenstand sich nicht weiter auslassen könne, indem er die Bemerkung fallen ließ: „daß jene Kaputzen Schuld daran wären, daß ihm die Stimme versage," womit er natürlich auf die Dominikaner anspielte, die in der Kirche auf der Lauer standen, und seinen Anhängern zu verstehen gab, wie ihm Vorsicht geboten wäre. [1]) Das half ihm aber nicht, denn bald darauf wurden viele seiner Aeußerungen bei der Inquisition denuncirt. Bei der hohen Stellung des Angeschuldigten und der Gunst, in welcher er bei Karl V. stand, wollten die Inquisitoren Anfangs mit Milde gegen ihn verfahren, bis der Argwohn wider ihn noch mehr bestärkt wurde. Constantino wurde mehrmals nach dem Schloß Triana beschieden, wo die Inquisition ihren Sitz hatte, damit er den Glaubensrichtern manche seiner Aeußerungen näher erläutere, die von den Dominikanern als ketzerisch bezeichnet worden. Als seine Freunde und Anhänger ihn fragten, weßhalb die Inquisitoren ihn vor sich geladen, da erwiederte er ihnen in spöttischem Tone: „Sie möchten mich verbrennen, ich bin ihnen aber noch zu frisch dafür!" [2]) Wiewohl Constantino wohl einsah, daß er seinem Verderben entgegengehe, wenn er nicht zu rechter Zeit Schritte thue, und er wohl wußte, daß die Jesuiten seine heftigsten Gegner wären, sann er auf Mittel, dieselben den Reformideen geneigt zu machen, und so bot er auf das Beharrlichste Alles auf, um selbst in ihrem Collegium zu Sevilla Aufnahme zu finden. Er stattete dem Pater Bartolome de Bustamente, dem damaligen Provincial, einen

---

[1]) Don Diego Ortiz de Zuñiga. — Anales de Sevilla. (Madrid 1677.) (Siehe, was sich auf das Jahr 1560 bezieht.)
[2]) Santivanez. — (M. S.)

Besuch ab, und gestand ihm, wie die Eitelkeit des Weltlebens ihm
zum Ueberdruß geworden und er den Entschluß gefaßt, dem Weltleben sich zu entziehen, um in der Gesellschaft Jesu Buße für seine
Sünden zu thun und die Ueppigkeit seiner Predigten fahren zu lassen,
da er besorge, damit mehr Beifall für sich, als Seelen für Gott gewonnen zu haben![1]

Pater Santivañez, der selbst zum Jesuitenorden gehörte, spricht
sich ausführlich über die Schritte Constantino's aus, um in die Gesellschaft Jesu aufgenommen zu werden. Er schreibt nämlich: „Es ver-
gingen einige Tage und die Patres konnten sich nicht darüber einigen,
obgleich sie sich verschiedene Male mit ihm unterhielten. Constantino
besuchte sie so häufig und behelligte sie mit seinem Anliegen dermaßen,
daß das, was insgeheim vorging, in's Publikum drang. Inmitten
dieser Schwierigkeiten fand der Inquisitor Carpio ein Mittel, den uns
drohenden Nachtheil abzulenken, ohne das Geheimniß seiner Amtspflicht
zu verletzen. Er ließ nämlich den Pater Juan Suarez zu sich rufen
und lud ihn zum Mittagsmahle ein, da er mit ihm auf vertrautem
Fuß stand. Bei Tische brachte er die Rede auf die Angelegenheiten
der Gesellschaft Jesu, und so kamen sie auch auf die neu Aufzuneh-
menden zu sprechen. Pater Juan ließ sich darüber aus, ohne Constantino's zu erwähnen, ob mit Absicht, läßt sich nicht sagen. Da
entgegnete ihm der Inquisitor: „Ich habe doch sagen hören, daß
Doktor Constantino in die Gesellschaft Jesu eintreten will. Wie verhält sich das?" Da entgegnete der Pater: „Obgleich seine Angelegenheit gut steht, so ist sie noch nicht entschieden!" „Allerdings,"
antwortete der Inquisitor, „ist er eine Person von hohem Ansehen
und steht in großem Rufe wegen seiner Wissenschaft; ich zweifle aber
sehr, ob ein Mann von seinem Alter, der an seinen Willen und
Bequemlichkeit gewöhnt ist, sich in die Anfänge eines Noviciats finden
kann, noch in die Strenge Ihres Instituts sowohl in den Prinzipien
wie in der Observanz, es sei denn, daß er in seiner Eigenschaft darauf
Anspruch machte, daß ihm Dispensationen gewährt würden, die in
Klöstern so nachtheilig sind, die durch nichts mehr ihren Beruf wahren,
als durch Gleichheit in Pflichten und Rechten. Wäre er einmal eingetreten, so gäbe es viel zu sprechen, wenn man ihn fortschickte oder
er von dannen ginge. Bliebe er in der Gesellschaft mit Ausnahms-
berechtigungen, so hieße dieses die Strenge der religiösen Disciplin fallen

[1] El padre Santivañez. — (M. S.)

laffen, die von der Gesellschaft Jesu unverletzt gewahrt wird, wodurch die Gesetze ihre Kraft verlieren und viele religiöse Gemeinschaften die Reinheit ihrer Prinzipien einbüßen. Mögen die Patres mir nur glauben und es wohl erwägen, denn mir stellen sich diese Gründe als Hindernisse entgegen, und wäre es meine Sache, so würde ich dadurch bestimmt, ihn nicht aufzunehmen!" Diese Worte flößten dem Pater Suarez neue Bedenken ein, und obwohl er nicht den Argwohn laut werden ließ, der in ihm erwachte, entgegnete er: „Euer Gnaden haben Recht; die Angelegenheit heischt Erwägung und Ueberlegung und man wird sich dabei so benehmen, wie es Euer Gnaden Recht dünkt." Dabei hatte es sein Bewenden, der Pater verabschiedete sich und er hatte nichts Eiligeres zu thun, als den Provinzial von dem Vorgefallenen in Kenntniß zu setzen.

Constantino ließ sich aber nicht abschrecken, seine Besuche bei den Jesuiten fortzusetzen, um seine Aufnahme zu erwirken. Pater Bustamante empfing ihn aber nunmehr ziemlich froftig und schlug ihm entschieden sein Verlangen ab; zugleich erfuchte er ihn, so wenig als möglich nach unserm Hause zu kommen, damit jene, die von seinem Gesuche etwas erfahren oder vermutheten, nichts zu sagen hätten, wenn ihm sein Verlangen nicht gewährt würde. Mit diesem Bescheide verabschiedete sich denn Constantino in besorgter Stimmung, denn er ahnte schon, was bald darauf sich ereignete, daß er nämlich von der Inquisition eingekerkert würde." So lautet der Bericht des Jesuitenpaters Santivañez. Wir lassen dahingestellt, ob Constantino bei seinem Bemühen, in die Gesellschaft Jesu aufgenommen zu werden, wirklich die Absicht hatte, seine erbittertsten Verfolger den Lutheranern geneigt zu machen, — ob er blos die Absicht hatte, dadurch den Argwohn zu beseitigen, den die Inquisitoren wider ihn hegten, oder ob er gar in seinem Mißgeschick den Beistand derer zu erlangen hoffte, welche durch Lehre und Beispiel in Spanien die katholische Religion am Feurigsten vertheidigten.

Während Constantino mit solchen Plänen umging, wurde auf eigenthümliche Weise ausfindig gemacht, daß Constantino Lutheraner sei, was man bisher blos aus seinen Predigten argwöhnte. Eine Wittwe, Namens Isabel Martinez, wurde als Ketzerin eingesteckt, und die Inquisition gab, wie es in allen Fällen zu geschehen pflegte, den Befehl, ihre Güter mit Beschlag zu belegen Es fand sich aber wenig Vermögen vor, da ein Sohn der gefangenen Dame zuvor viele Koffer verborgen hatte, worin sich Kleinodien von großem Werthe befanden.

Die Vorsichtsmaßregel führte aber zu nichts, denn ein schändlicher Bedienter verrieth, daß der größte und ansehnlichste Theil des Vermögens der Dame in der Wohnung ihres Sohnes Francisco Beltran verborgen wäre. Die Inquisitoren gaben sofort dem Luis Sotelo als obersten Gerichtsdiener den Auftrag, mit Beltran wegen Herausgabe des Vermögens zu verhandeln. Kaum erschien der Gerichtsdiener bei Letzterem, so rief ihm dieser zu, ohne ihn nur zu Worte kommen zu lassen: „Señor, Sie erscheinen in meinem Hause? Ich glaube zu errathen, daß Sie wohl kommen um der Sachen willen, die im Hause meiner Mutter verborgen sind! Wenn Sie mir versprechen, daß man mich nicht dafür zur Verantwortung ziehen wird, daß ich es nicht offenbart, so werde ich Ihnen sagen, was dort verborgen ist." Ohne einen Moment zu verlieren, führte der Gerichtsdiener den Sotelo nach dem Hause seiner Mutter, wo derselbe mit einem Hammer eine falsche Wand eines unterirdischen Gewölbes einschlug, wo sich dann eine Menge gedruckter Schriften und Manuskripte verborgen fanden. Es waren die Schriften von Luther, Calvin und anderer Reformatoren, und die Manuskripte waren von der Hand des Doktor Constantino Ponce de la Fuente geschrieben. Doktor Constantino hatte in der That längst gefürchtet, daß die vielen Denunciationen wider ihn damit enden würden, ihn der Inquisition zu überliefern, und so wollte er mindestens dafür sorgen, daß seine Bücher und Papiere nicht den Inquisitoren in die Hände fielen. Es sollte aber anders kommen, denn die Unbesonnenheit des Sohnes der Isabel Martinez sollte letzterer wie Constantino selbst zum Verderben gereichen. Man denke sich das Staunen des Sotelo, der natürlich über den Bücherfund sehr erfreut war, dabei aber nicht den eigentlichen Zweck seines Besuches aus dem Auge verlor, denn er erklärte sofort, wie er blos um der Kleinodien und des Goldes willen gekommen, die von der Mutter hier verborgen worden. Die Bestürzung von Beltran mag man sich vorstellen, der nur zu spät erkannte, welche Leichtfertigkeit er begangen, doch da er sich vor der Strafe der Inquisition fürchtete, falls er die Güter seiner Mutter zurückbehalte, so lieferte er alle Koffer mit den Kostbarkeiten und Geldern aus. [1])

Sotelo beeilte sich, die aufgefundenen Bücher Constantino's der Inquisition zu überbringen, die sich alsbald mit ihrer Prüfung beschäftigte. Es stellte sich heraus, daß die Schriften von der Hand

[1]) Reinaldo Gonzalez de Montes (bereits oben erwähnt). Don Juan Antonio Llorente. — Historia de la Inquisicion.

Constantino's nur lutherische Doktrinen enthielten, die von der „wahr-haften" Kirche handelten· und worin bedeutet wurde, daß diese Kirche keineswegs das wäre, was die Kirche der Papisten sei. In diesen Schriften sprach man über das Sakrament des heiligen Abendmahls, über das Meßopfer, über die Rechtfertigung, über die Bullen und Dekrete des apostolischen Stuhls, über die Ablässe, über die Verdienst-lichkeit des Menschen in Bezug auf die Gnade Gottes, über die Ohren-beichte und andere Glaubensartikel, in deren Deutung die Katholiken von den Lutheranern sehr abweichen. Am Ende erklärte Constantino: „Das Fegfeuer wäre nichts Anderes als ein Wolfsrachen, den die Mönche erfunden, damit sie was zu essen hätten!"[1] Wenn die Inquisitoren bisher noch Anstand genommen, Constantino einzukerkern, so mußte die Entdeckung solcher Schriften alle Rücksicht schwinden lassen und Constantino wurde zum Staunen Aller eingekerkert. Als die Kunde davon nach dem Kloster Juste gelangte, wohin Kaiser Karl V. sich zurückgezogen, da rief Karl aus: „Wenn Constantino Ketzer, so ist er ein großer Ketzer!" Und als er erfuhr, daß ein gewisser Mönch Domingo de Guzman auch von der Inquisition von Sevilla eingezogen worden, da sagte der Kaiser: „Den können sie als Narr einsperren."[2]

Natürlich wurden Constantino, der nunmehr im Kerker der In-quisition saß, die aufgefundenen Manuskripte sofort vorgehalten; er erkannte sie als sein Werk an und fügte gar die Bemerkung hinzu, daß, was er glaube, darin enthalten wäre. Die Inquisitoren drangen in ihn, zu offenbaren, wer seine Schüler und Mitschuldige wären, die solche Doktrinen in Sevilla ausgestreut. Es gelang ihnen aber nicht, ihn zu irgend einem Geständnisse zu bewegen, das seine Ge-nossen hätte gefährden können. Seine Standhaftigkeit hatte nur die traurige Folge für ihn, daß er in einem unterirdischen feuchten Kerker eingesperrt wurde, der die kräftigste Gesundheit untergraben mußte, und vernimmt man, daß der Unglückliche in seinem eigenen Unrath liegen mußte, so kann es nicht Wunder nehmen, daß er von einer Dhsenterie befallen wurde, die seinem Leben bald ein Ende machte. In seinem Leiden rief er oft aus: „Großer Gott, wär' ich doch lieber

[1] Reinaldo Gonzalez de Montes, obra citada. — Don Juaen Antonio Llorente. — Historia de la Inquisicion. — El autor de esta obra (in seinen Bemerkungen zum Buscapié.)
[2] Sandoval. — Crónica de Cárlos V. — El conde de la Roca. Epi-tome de la vida y hechos del emperador.

bei den Karaiben, als daß ich in die Hände dieser Unmenschen gefallen wäre!" Man denke sich die Wuth der Inquisitoren, die ihr
Opfer also dem Flammentode entrissen sahen! Der Tod des unglücklichen Constantino genügte ihnen nicht, und so riefen sie noch die
Verleumdung zu Hülfe; sie verbreiteten nämlich das Gerücht, als
hätte der Kanonikus aus Verzweiflung sich selbst im Kerker das Leben
genommen. Zugleich streuten sie die Fabel aus, als hätte er zwei
Frauen genommen, indem er zu Lebzeiten der ersten Frau sich mit
einer zweiten verbunden, und daß er bei seinem Eintritt in den geistlichen Stand dafür keine Buße gethan. [1] Allein von den Freunden
Constantino's, den Protestanten Reinaldo Gonzalez de Montes und
Cipriano de Valera, [2] wird entschieden in Abrede gestellt, als hätte
er selbst Hand an sich gelegt, indem sie das Gerede von seinem Selbst-
mord als Erfindung der Richter und Kerkermeister bezeichnen, die,
nicht genug, daß sie ihn in dem Kerker schauderhaft gemißhandelt, ihn
selbst im Tode verleumdeten, um die Schuld von sich abzuwälzen und
sein Andenken mit Schmach zu bedecken. Später wurde sein Leichnam
wieder ausgegraben, um bei einem Auto-da-fé mitverbrannt zu werden;
dies geschah am 22. Dezember 1560.

Daß die Schriften des Doktor Constantino von der Inquisition
auch den Flammen überliefert worden, versteht sich von selbst. In
fast allen Verbotsverzeichnissen der Inquisition ist zu lesen, daß Constantino zu den geächteten Autoren gehört, und daß alle seine Schriften,
insbesondere aber la Confesion del Pecador, verboten wären. [3]

[1] Gonzalo de Jllescas (Historia Pontifical), Luis Cabrera de Cordoba
(Vida de Felipe II.) und andere katholische Schriftsteller jener Zeit wiederholen
dieses Gerücht.
[2] Cipriano de Valera sagt: „Kaum war Dr. Constantino im Schloß von
Triana seiner Krankheit und seinen Mißhandlungen erlegen, so verbreiteten die
Kinder der Lüge, nur um seinen Ruf zu untergraben, das Gerücht, als hätte er
sich selbst entleibt. (Tratado de los Papas.)
[3] Nicolás Antonio nennt in seiner Biblioteca Nova folgende Schriften
Constantino's: Summa Christianae Doctrinae, Anvers, 1 tomo en 8°. (Dasselbe
im Spanischen.) Suma de doctrina cristiana, con el sermon de Cristo nuestro
Redemptor y en el monte, traducido por el mismo autor con declaraciones,
dedicada al cardenal García de Loaysa, confesor de Cárlos V. — Anvers,
por Martin Nucio, sin año de impresion: obra prohibida en el citado indice
de Don Fernando Valdés, 1559.
Expositionem in Psalmum I. Davidis, in VI. contiones distributam. —
Anvers, por el mismo impresor, año de 1556. Hominis peccatoris confes-
sionem. Magnum Cathecismum. Comentaria in proverbia Salomonis, in
ecclesiastes, in cantica canticorum et tandem in Job. Auch verfaßte er einen
Dialog de doctrina Christiana entre maestro y discipulos, der später in das
Italienische übersetzt worden, wie Ulloa in der Vida de Carlos V. berichtet.
(Venecia 1589.)

Constantino hätte es wohl verdient, daß man bei dem Auto-da-fé, wo seine irdischen Reste in den Flammen aufgingen, seine vollendete Statue im Ornate hätte erscheinen lassen, wie er zu Lebzeiten als Prediger auf der Kanzel gestanden! Statt dessen aber wurde ein Zerrbild umhergetragen, wie es mit flüchtigen oder gestorbenen Ketzern zu geschehen pflegte, und sammt den Gebeinen den Flammen überantwortet. Im Schlosse von Triana aber wurde die Bildsäule Constantino's, die ihn in seinem Predigerornat darstellt, zum Andenken aufbewahrt. So war das Ende dieses ausgezeichneten Mannes, der sich durch seine Beredsamkeit und Wissenschaft die Bewunderung Flanderns und Spaniens erworben hatte. Bei seinem Wirken zu Sevilla stand er freilich nicht allein, denn er wurde dabei noch durch andere Männer unterstützt, die sich durch Gelehrsamkeit, wie Sittenreinheit auszeichneten. Als Häupter des Protestantismus in Spanien müssen wir Cazalla und Constantino bezeichnen; der Erstere wirkte in Castilien, der Andere in Andalusien. [1]) Beide traf das Geschick, von der Inquisition verfolgt zu werden, doch hatten sie für ihre Absicht, die Kirchenreform in Spanien zu verbreiten, auf verschiedene Weise zu leiden. Wurden auch ihre Leichen auf dem Scheiterhaufen in Asche verwandelt und widerfuhr auch den Schriften Constantino's dasselbe Schicksal, so erreichten die Glaubensrichter doch nicht, was sie wollten, denn die Namen „Cazalla und Constantino" leben in der Geschichte fort! Seltsamer Weise, gewissermaßen dem Aberwitze der Inquisitoren zum Trotze, gibt es heute in Spanien noch zwei Flecken, die nach beiden Märtyrern der Gedankenfreiheit benannt sind. In der Sierra-Morena nämlich gibt es heute noch zwei Flecken, die den Namen Cazalla und Constantino tragen. Die Inquisitoren hatten zur Zeit wohl keine Ahnung davon, daß die Namen dieser Märtyrer auf diese Weise bewahrt werden sollten, und doch besteht heute noch ihr Name fort, der an das erinnert, was sie gewesen und geleistet. Aller Verleumdungen ungeachtet, die selbst in die Schriften der Zeitgenossen Eingang gefunden, [2]) lebt das Andenken Constantino's fort, und wenn

---

[1]) „Die Häupter waren Cazalla und Constantino, die den Kaiser Carl V. als Prediger nach Flandern begleitet, wo sie von dieser Pest angesteckt worden." (Fray Diego Murillo. — Fundacion angelica y apostolica de la madre de Dios del Pilar y excellencias de la Imperial ciudad de Çaragoca. — Barcelona, 1616.)

[2]) Illescas schreibt in seiner päbstlichen und katholischen Geschichte: „Man hielt es für wahr, daß Constantino zweimal mit zwei zugleich lebenden Frauen verheirathet war, und daß er dann sich zum Priester weihen ließ, und obgleich er

zu jener Zeit der Glaubenseifer sich so weit verirrte, Andersgläubigen
das Schlimmste anzudichten, so hat doch die Nachwelt das Wahre
vom Falschen zu sichten verstanden!

Don Juan Ponce de Leon, zweiter Sohn des Don Rodrigo,
Grafen von Bailen, gehört zu den ausgezeichnetsten Protestanten der
Stadt Sevilla. Daß er mit dem hohen Adel verwandt war, wie mit
dem Herzog von Arcos, der Herzogin von Bejar und andern Granden
und Herren von Rang, vermochte ihn nicht aus den Klauen der In=
quisition zu retten. In den innigsten Beziehungen stand er zum
Doktor Constantino Ponce de la Fuente, dessen Gelehrsamkeit er be=
wunderte und dessen Reformmeinungen er vom März des Jahres
1559 an huldigte. Die Inquisitoren ließen auch ihn auf die Folter
schrauben, damit er seine Genossen verrathe. Doch vergebens war ihr
Bemühen, denn nichts vermochte ihn zum Geständnisse zu bringen,
und wenn er in Folge der furchtbaren Martern auch etwas bekannte,
so konnte dies seine Gesinnungsgenossen keineswegs gefährden. Die
Inquisitoren sahen ein, daß seine Beharrlichkeit nicht zu erschüttern
wäre, und so dachten sie durch List das zu erreichen, was sie durch
Gewalt ihm nicht entlocken konnten. Sie wandten sich an einige mit
Don Juan befreundete Geistliche, damit dieselben ihn dazu brächten,
das zu offenbaren, was die Inquisitoren zu hören wünschten. Als
ergebene Diener der Inquisition gaben jene Geistlichen dem Ange=
schuldigten den Rath, er möchte doch seine Vergehen eingestehen, aber
auch, was Andere verbrochen, denn dies wäre zum Besten seiner
Seele wie seines Leibes! Don Juan fiel in die ihm gelegte Schlinge
und legte in einem besondern Verhöre ein Geständniß seiner Doktrinen,
wie der Ueberzeugungen seiner Genossen aus Sevilla ab; zugleich bat
er, wieder zur Versöhnung mit der Kirche zugelassen zu werden. Bis
zum 23. September 1559, als am Vorabende eines feierlichen Auto-
da-fé, das zu Sevilla gefeiert werden sollte, ahnte er nicht, welchen
Verrath die ihm befreundeten Geistlichen an ihm begangen, indem sie
ihn so niederträchtiger Weise getäuscht und damit nicht blos ihn dem
Verderben preisgegeben, sondern auch viele Andere, die in den Kerkern
der Inquisition schmachteten, dem Scheiterhaufen überliefert, während
Andere doch noch so glücklich gewesen, durch die Flucht sich zu retten.
Als die Mönche ihn ermahnten, katholisch zu sterben, da gestand er

abscheulich sinnlich und lasterhaft war, hatte er doch ein solch' heiliges Wesen zu
erheucheln verstanden, daß bei seiner nie dagewesenen Verstellung er vom Volke
als ein Heiliger angesehen wurde." Cabrera de Cordoba bestätigt dies.

offen ein, daß er keine andere Religion als die lutherische bekenne, und er spottete ihrer Ueberredungskünste, die ihn nicht wankend machten. Das Urtheil gegen den Unglücklichen lautete also: „Durch den hochwürdigsten Herrn Bischof von Tarrazona, durch den Licentiaten Andrés Gasco, den Licentiaten Carpio, den Licentiaten Ovando wurde Don Juan de Ponce de Leon als abtrünniger Ketzer erklärt, als Lutheraner, Dogmatiker und Lehrer der Sekte Luther's und seiner Anhänger, aus dem Grunde überlieferten sie ihn dem weltlichen Arme, zu Händen des erhabenen Herrn Licentiaten Lope de Leon, Assistenten dieser Stadt, und sie erklärten seine Kinder in männlicher Linie unfähig aller öffentlichen Aemter, deren die Söhne solcher Verurtheilten verlustig gehen. [1] Nachdem Don Juan Ponce de Leon seine legitimen Kinder, die sämmtlich noch im zartesten Alter standen, anerkannt, mußte er durch die Garotte sterben, nachdem er ein katholisches Glaubensbekenntniß abgelegt, wodurch er von den Flammen verschont blieb. [2] Cipriano de Valera bezeichnet Don Juan Ponce de Leon als einen Mann, der durch seine Herzensgüte und Frömmigkeit in Wahrheit sich auszeichnete. Valera war aus Sevilla und sein Urtheil ist über allen Zweifel erhaben. [3]

Doktor Cristobal de Losada, Arzt zu Sevilla, empfand die innigste Zuneigung für eine junge Dame, die einer sehr geachteten Familie angehörte. Er hielt bei ihrem Vater um ihre Hand an, doch dieser wollte keinen Schwiegersohn, der der lutherischen Lehre nicht zugethan wäre, und gab ihm unter allerhand Vorwänden einen Korb. Doktor Losada ließ sich aber nicht so leicht abschrecken, denn seine Liebe war aufrichtig gemeint, und er wußte seinen Gefühlen solchen Ausdruck zu geben, daß der Vater gerührt wurde und ihm

---

[1] In der Bibliothek Colombina befindet sich ein Foliomanuskript, das über einige Auto-da-fe's Bericht erstattet und dies Urtheil bringt.

[2] Da der ältere Bruder von Don Juan ohne Nachkommen gestorben, so hätte der Titel eines Grafen von Bailen dem Sohne des Unglücklichen anheimfallen müssen. An seiner Statt aber fiel der Titel einem entfernten Verwandten zu. Don Pedro, der Sohn Don Juan's, machte darauf einen Prozeß anhängig, worauf der Rath von Castilien sich dahin entschied, daß die Güter des Majorates ihm zufallen sollten, wobei ihm aber untersagt blieb, den Titel eines Grafen zu führen in Folge der Verurtheilung seines Vaters. Endlich aber verwilligte ihm Philipp III. doch die Annahme des Titels. (Salazar de Mendoza. Cronica de los Ponce de Leon. — Llorente. Historia critica del Santo Oficio.)

[3] Reinaldo Gonzalez de Montes, Zeitgenosse und zugleich Protestant, behauptet, daß er in den Flammen gestorben, während Llorente nach einem andern Berichte das Obige angibt.

ben wahren Grund seiner Abweisung enthüllte. Er gestand ihm
nämlich, daß er die Hand seiner Tochter nur dem Manne geben
würde, der die Bibel verstände und sie so auffasse, wie Doktor Juan
Gil, der dazumal auch Kanonikus der Kathedrale war. Was war da
natürlicher, als daß Losada sich auch in der heiligen Schrift unterrichten wollte? Er eilte sofort zum Kanonikus, um dem Begehren
des Vaters zu entsprechen. Juan Gil war bereitwillig, ihm die neue
Lehre zu eröffnen, und Losada wurde ein so gelehriger Schüler, daß
er die heilige Schrift unter voller Anerkennung seines Lehrers zu
interpretiren wußte, was zur höchsten Befriedigung des Vaters gereichte. So stand Losada bald am Ziel seiner Wünsche, und er
wurde der Gemahl seiner Angebeteten! Hatte er auch Anfangs durchaus keinen innern Antrieb gehabt, die neue Lehre kennen zu lernen,
so fühlte er sich doch so sehr zu derselben hingezogen, daß er zu den
aufrichtigsten Protestanten zu rechnen war und selbst insgeheim Pre-
biger seiner Glaubensgenossen wurde. [1]) Lange konnte dies der Inquisition nicht verborgen bleiben, die ihn einkerkern ließ. Er war
standhaft genug, seine Genossen nicht zu verrathen und blieb unerschütterlich in seinen Meinungen. Zum Scheiterhaufen verdammt,
ging er unerschrocken dem Tode entgegen, und in den Flammen selbst
wurde sein Muth nicht gebrochen; er starb, wie er gelebt!

Isabel de Baena war eine ausgezeichnete Dame von Sevilla;
in ihrem Hause pflegten sich die Protestanten zu versammeln, um die
Predigten des Doktor Losada und anderer Lutheraner mit anzuhören.
Sie fiel in die Hände der Inquisition, und da von Seiten einiger
Schicksalsgefährten verrathen worden, welchen Lehren sie huldige und
daß sie ihre Wohnung zum Gottesdienst der Reformirten von Sevilla
hergegeben, wurde sie zum Flammentode verurtheilt. Ihr Haus wurde
dem Boden gleich gemacht, Salz umhergestreut und innitten des
Platzes, wo die Wohnung gestanden, eine Marmorsäule errichtet, zum
ewigen Angedenken baran, daß dort die Protestanten sich zu ihren
Religionsübungen versammelt. [2]) Isabel de Baena starb für ihren
Glauben, denn auch sie wurde am 24. September 1559 bei einem
Auto lebendig verbrannt.

---

[1]) Cipriano de Valera. Tratado de los Papas. — Reinaldo Gonzalez
de Montes.

[2]) Cipriano de Valera berichtet dies in seinem Tratado mit denselben Worten,
die wir oben angeführt.

Der Licentiat Juan Gonzalez, Priester zu Sevilla und in ganz Andalusien als ausgezeichneter Prediger bekannt, war von maurischem Geschlechte. Schon in seinem zwölften Lebensjahre hatte er mit der Inquisition von Cordoba zu schaffen, die ihm einige Buße auferlegt, weil er Aeußerungen zu Gunsten der Religion Mahomet's hatte fallen lassen. Als Freund des Doktor Egidio und Constantino's war er auch der Reform der Kirche zugethan, bis er zuletzt der Inquisition von Sevilla in die Hände fiel, die ihn im Schloß von Triana einsperren ließ. Hier hatte er alle erdenkliche Martern zu erleiden, wodurch man ihn von seinen neuen Ueberzeugungen abbringen und ihn zwingen wollte, die Namen seiner andalusischen Sinnesgenossen zu verrathen. Aber nichts vermochte Juan Gonzalez zu erschüttern: — nicht die List der Inquisitoren, noch die Folter vermochte ihn von seinen Ueberzeugungen abzubringen, und seine Standhaftigkeit spottete alles Dessen, was die Glaubensrichter wider ihn aufboten. Bei dem Auto-da-fé am 24. September 1559 starb er den Flammentod, ohne sich vor der ihm drohenden Marter zu fürchten, ohne daß die Richter seine Beharrlichkeit zu erschüttern vermocht, die ihm zugleich das Beispiel mancher Protestanten vorhielten, die ihre Schuld eingestanden, um dem Flammentode zu entgehen. Zwei Schwestern des Licentiaten Gonzalez mußten auch als Anhängerinnen der Reform mitbüßen. Die Inquisitoren forderten beide Schwestern auf, auf dem Schaffot ihre Vergehen zu bekennen und damit die Gunst zu erlangen, als Lohn für ihr wahrhafte Reue durch die Garotte vom Leben zum Tode gebracht zu werden, nur um vom Flammentode verschont zu bleiben. Die Schwestern waren bereit, ihre Doktrinen abzuschwören, wenn nur ihr Bruder mit dem Beispiele voranginge. Juan Gonzalez blieb aber unerschütterlich angesichts des schauderhaften Todes, der seiner wie seiner Schwestern wartete. Er forderte sie auf, standhaft zu bleiben und sich weder durch die Bitten noch Schliche der Inquisitoren erschüttern zu lassen, auf daß sie dem Tode unverzagt entgegengingen! So geschah es denn auch! Während des ganzen Verlaufs des Auto trug Gonzalez einen Knebel im Munde, der ihm erst auf dem Scheiterhaufen weggenommen wurde, und da ermahnte er noch seine Schwestern, in den Lehren der Reform zu sterben und ihrer Gesinnung treu zu bleiben. Als der Holzstoß angezündet werden sollte, stimmte er den Psalm 106 an: „Deus laudem meam ne tacueris"; seine Schwestern stimmten ein, die brennenden Fackeln wurden in die Reiser geworfen, die Flamme loderte empor und die drei glaubensinnigen Geſchwiſter fanden ihren Tod! Als die Rauchwolken zerſtoben, ſah man auf dem Plaße, wo ſie gelitten, drei Hügel, die Reſte dieſer Märtyrer der Gedankenfreiheit.

Fernando de San Juan[1]), Knabenlehrer in der Schule der chriſtlichen Doktrin zu Sevilla, machte ſich mit den Lehren der Proteſtanten dadurch bekannt, daß er die Schriften ſeines Direktors Juan Perez de Pineda las, der dazumal Spanien meiden mußte. Fernando lehrte ſeinen Schülern die Glaubensartikel und das Credo, wie es ihm am geeignetſten erſchien, damit das Licht des Evangeliums in die Seelen ſeiner Schüler eindringen könne. Sobald die Inquiſition erfuhr, wie er ſeine Schüler zu unterrichten pflege, verfügte ſie ſeine Einkerkerung. In der Einſamkeit des Kerkers wurde Fernando zaghaft und aus Furcht vor der Grauſamkeit ſeiner Richter ſchrieb er eine ſchriftliche Beichte nieder, worin er nicht blos ſeine eigene Schuld eingeſtand, ſondern auch andere ſeiner Genoſſen nannte. Sein beſſeres Gefühl gewann aber bald die Oberhand, er verlangte ein neues Verhör, worin er manches von dem zurücknahm, was er geſtanden, und er bekannte unverhohlen, daß ſeine Reue nicht aufrichtig geweſen, ſondern blos eine Folge der Furcht wäre, mit einem Worte, er erklärte, in ſeinen Ueberzeugungen verharren und ſterben zu wollen. Alſo ſprach er ſich ſelbſt das Urtheil und mußte auf dem Scheiterhaufen am 24. September 1559 für ſeinen Glauben büßen. Er litt den Tod mit Unerſchrockenheit und ſpottete des Zuredens der Beichtväter, die ihn von dem Flammentode retten wollten!

Da ſich herausſtellte, daß Fernando de San Juan ſeinen Schülern nur lutheriſche Lehren einzuflößen geſucht, ſo geriethen viele Edelleute von Sevilla, die die Proteſtanten haßten, in große Sorge und Aufregung. Sie befürchteten noch Schlimmeres für die Zukunft, und ſo trugen ſie Bedenken, die Erziehung ihrer Söhne weltlichen oder geiſtlichen Lehrern anzuvertrauen, weil ſich unter ihnen Anhänger der Reform genug fanden. Da gelang es den Jeſuiten, die bereits mittelſt ergebener Frauen angefangen, die Gewiſſen zu beherrſchen, auch das Vertrauen der bangen Väter zu erlangen, und ſie erklärten ſich bereit, deren Söhne bei ſich aufzunehmen, um ihnen ihre Grundſätze und Denkweiſe zu lehren. Cordoba hatte früher ſchon das Beiſpiel dazu gegeben, denn einige adlige Herren hatten bereits ihre Söhne den

---

[1]) Bemerkenswerth iſt, daß der Jeſuit Santivañez den Schullehrer San Juan als einen ſehr beſchränkten Menſchen charakteriſirt, dabei aber ihn für einen ſehr halsſtarrigen Ketzer erklärt.

Mitgliedern der Gesellschaft Jesu anvertraut, damit dieselben sie in den katholischen Wahrheiten unterrichten möchten. Von Sevilla aus ging auf die übrigen Provinzen Spaniens die Sitte über, daß die Jugend bei den Jesuiten die Wissenschaft der göttlichen und menschlichen Dinge lerne. [1]) Mit Fug darf man annehmen, daß das Schicksal von Fernando de San Juan den Grundstein zur Macht der Gesellschaft Jesu gelegt, und seitdem den Jesuiten die Jugenderziehung in Spanien anvertraut wurde, sank der Muth der Spanier, schwand die Beredsamkeit auf der Kanzel und die Freiheit schmachtete in Ketten!

Garci-Arias (El Maestro Blanco) war ein Mönch aus dem Kloster San Isidro del Campo und stand in innigsten Freundschaftsbeziehungen zu Juan Gil und Constantino Ponce de la Fuente. Sein Verkehr mit diesen Männern ließ ihn den katholischen Grundsätzen untreu werden, so daß er ebenfalls insgeheim den protestantischen Lehren huldigte. Er wußte seine Meinungen so geschickt geheim zu halten, daß er von den Glaubensrichtern nie behelligt wurde, obwohl manche Denunciationen wider ihn eingelaufen, denen die Richter aber keinen Glauben schenken wollten. Wie konnten sie dies aber auch, da sie den Magister Garci-Arias in den Kirchen als leidenschaftlichen Gegner der Protestanten hörten und derselbe unermüdlich war, Gehorsam gegen den heiligen Stuhl zu predigen? So gelang es denn Garci-Arias längere Zeit hindurch die Inquisitoren zu täuschen. Da geschah es eines Tages, daß die Inquisitoren einen Freund des Magisters aufforderten, derselbe möge in der Kathedrale gewisse, der lutherischen Lehre verdächtige Punkte vertheidigen, wo denn mehrere Theologen vor dem Volke dieselben bekämpfen sollten. (Beiläufig bemerkt, hatte Garci-Arias den Beinamen „Maestro Blanco" [der

---

[1]) Bezüglich der Uebernahme des Unterrichtes Seitens der Jesuiten berichtet Santivañez: „Die Einwohner von Sevilla verhandelten bei dem Anlasse mit der Gesellschaft Jesu, auf daß sie sich damit befasse, ihre Söhne in Wissenschaft und Tugend so zu erziehen, wie sie in Cordoba thäten, da sie durch den Schaden Anderer gewitzigt worden, daß auch ihre Söhne treffen könnte, wenn dieselben Lehrern anvertraut würden, die in der Festigkeit des Glaubens minder erprobt wären. Die Stadt bot ihnen zweitausend Dukaten, und dafür, wie mittelst anderer Privatbeiträge, begann man mit gleichem Nutzen und großer Theilnahme der Studirenden die Grammatik zu lehren. In wenigen Jahren, von 1560 bis 1564, kam die Zahl der Schüler auf 900; und es wurde nothwendig, einen zweiten Leiter für die Humaniora zu ernennen und einen Cursus der Kunst und Philosophie hinzuzufügen.

weiße Magister] [1]), weil er schneeweißes Haar hatte. Dieser Freund
hieß Gregorio Ruiz, und er hatte nichts Eiligeres zu thun, als Garci-
Arias zu ersuchen, ihm jene Punkte in katholischem Sinne zu erklären; der Magister schien auch dazu bereit und gab ihm die verlangten Aufschlüsse. Gregorio Ruiz verließ sich auf die Argumente,
die sein Freund ihm entwickelt hatte und trat darauf hin in der
Kathedrale auf, um von der Kanzel herab seine Sätze zu vertheidigen,
die er durch Argumente aus katholischen Schriftstellern zu rechtfertigen
suchte. Wie groß war aber sein Erstaunen, als er unter den Theologen, die auf Befehl der Inquisition sie bekämpfen sollten, den weißen
Magister fand! Noch größer aber wuchs sein Staunen, als er hörte,
wie sein falscher Freund, der geheime Lutheraner Garci-Arias, Einen
nach dem Andern die Gründe über den Haufen warf, die er selbst
Ruiz eingegeben. In welche Entrüstung Ruiz gerieth, läßt sich
denken; nimmer hätte er solche Falschheit für möglich gehalten. Die
Doktoren Gil und Constantino hielten Blanco vor, wie niederträchtig er
sich benommen und sie konnten nicht stark genug ihm ausdrücken, wie
sehr sie sein Benehmen verabscheuten und wie unwürdig er des Namens
eines Protestanten wäre. Garci-Arias ließ dies ziemlich gleichgültig
über sich ergehen, denn er gab ihnen zu verstehen, wie sie alle in
Gefahr schwebten und wie er bei seinem Verfahren Ruiz gegenüber
nichts anderes im Auge gehabt hätte, als sich selbst, wie ihre Reform-
genossen zu Sevilla vor den Verfolgungen der Inquisition zu wahren.
Gil, Constantino und ein anderer Protestant, Doktor Vargas, bedeu-
teten ihm, wie diese List seine Doktrinen zu verhüllen, ihm wenig
nützen würde, wenn der Moment herankäme, wo sie allesammt entdeckt und in den finstern Kerkern der Inquisition eingeschlossen und
gefangen sitzen würden. Was bewirkten diese Vorwürfe? Von dem
Momente an wurde Garcia-Arias einer der hartnäckigsten Verfolger
der Protestanten, blos aus Furcht davor, daß die Glaubensrichter
seiner wahren Gesinnung auf die Spur kämen. Er stand dabei nicht
ganz allein, denn Doktor Hernan Rodriguez, mit dem er befreundet
war, trieb ganz dasselbe Spiel und Beide verfolgten auf das Eifrigste

---

[1]) Santivañez sagt ferner: „der Magister mit weißen Haaren war ein großer
Prediger und Gelehrter, den man wegen seines Lebenswandels für sehr heilig hielt
und wegen seines Predigertalents für einen Apostel. Er war aber ein großer
Heuchler, ein blutdürstiger Wolf im Schafspelz, ein Ketzer aus Neigung und
Ueberzeugung!"

alle, welche die Kirchenreform sehnlichst herbeiwünschten. [1] Nur die
Furcht vor der Inquisition und den Jesuiten hatte beide Männer zu
solchem Auftreten angetrieben, und so kann es nicht überraschen, daß
Garci-Arias bald wieder seine früheren Ideen aufnahm und dieselben zu verbreiten suchte: — Die Mönche von San Isidro del
Campo waren seine nächsten Schüler. Die Katholiken seiner Zeit
pflegten zu sagen, daß der weiße Magister: „im Refektorium mit
größter Enthaltsamkeit aß, wenngleich er insgeheim auf das Ueppigste
seiner Eßlust fröhne..; er stellte sich als büße er, einem Einsiedler gleich,
und er hatte ein Steinlager in der Vorzelle, während er im Innern
seiner Zelle auf Daunen lag.“ [2] Aber alle diese Listen fruchteten ihm
nichts, denn bei der Inquisition war einmal Verdacht wider ihn wach
geworden, der durch Denunciationen nur verstärkt wurde, und so geschah es denn, daß die Glaubensrichter eines Tages seine Verhaftung
verfügten.

Seltsam aber wahr: — von dem Momente an, wo Garci-
Arias in den Kerkern der Inquisition saß, war er ein Anderer geworden! Er war kein Schwächling mehr, sondern ein Mann geworden, der seine lutherischen Ueberzeugungen ohne Zagen bekannte,
und der entschlossen war, allen Martern und Qualen zum Trotze für
dieselben zu sterben. Wie unglaublich es auch erscheinen mag, daß
ein Mann, der früher sich vor der Inquisition so sehr gefürchtet, daß
er zum Verfolger seiner Sinnesgenossen werden konnte, mit einem
Male eine solche Entschlossenheit kund gegeben und für seinen Glauben
sterben wollte, so verhielt es sich wirklich so. Ob er aus Verzweiflung an seinem Geschicke oder aus Reue über seinen früheren Wankel-
muth sich also benommen, wollen wir dahingestellt sein lassen. In
seinen Verhören sprach er sich mit der größten Unumwundenheit den
Inquisitoren gegenüber aus, und wenn sie ihn von seinen Irrlehren
ablenken wollten, pflegte er ihnen zu sagen: „es wäre besser für sie,
wenn sie hinter einem Eselgespann einhergingen, als über Glaubens-
angelegenheiten richten zu wollen, denn davon verständen sie nichts.“ [3]

[1] Bei Valera heißt es in seinem Tratado de los Papas: „Sie geriethen
in eine solche Furcht vor der Inquisition, daß sie die Wahrheit verleugneten, und
was noch schlimmer, dieselbe verfolgten, wie es mit Doktor Hernan Rodriguez
und Garci-Arias der Fall war...“
[2] Man sehe Santivañez in seinem erwähnten Manuskripte.
[3] In seinem Tratado spricht sich Valera also aus: „Gott hatte aber Er-
barmen mit ihm, und aus einem Wolfe wurde er ein Lamm, und so starb er
den Flammentod mit großer Standhaftigkeit. Als Gott ihn wahrhaft „weiß“
gemacht (rein von Schuld), da sagte er den Inquisitoren bei den Verhören frei

Das Ende war, daß er als halsstarriger Ketzer zum Tode verurtheilt wurde. Es war am 24. September 1559, wo er den
Scheiterhaufen besteigen mußte. Mit heiterer Fassung ging er dem
Tode entgegen, ohne daß es den katholischen Theologen gelungen wäre,
ihm in der Sterbestunde ein Zeichen der Reue zu entlocken.

Die Mönche von San Isidro del Campo, Fray Casioboro,
Schüler des Magister Arias und Fray Cristobal de Arellano,
der ein großer Gelehrter war, sind die Führer der Reform unter den
Mönchen des Klosters San Isidro gewesen und Beide mußten bei dem
Auto-da-fé des Septembers 1559 auch für ihren Glauben in den
Flammen büßen. Fray Juan de Leon hatte sich 1557 aus Sevilla
geflüchtet und es war ihm gelungen nach Frankfurt zu entkommen,
von wo er sich nach Genf begab. Als Königin Isabella in England
den Thron bestiegen, faßte er den Entschluß, sich nach Großbrittanien
zu begeben, wo manche seiner Glaubensbrüder ein sicheres Asyl und
Schutz gefunden. Die Inquisition unterhielt in Deutschland, Italien
und Flandern geheime Agenten, deren Aufgabe es war, spanische
Protestanten aufzufangen, die ihr Vaterland verlassen, und so fiel mitunter denselben ein spanischer Protestant in die Hände, der sich in
fremden Landen zu sicher fühlte. Ohne es nur im Entferntesten zu
ahnen, wurden sie auf der Wanderung an Orten aufgefangen, wo die
Inquisitoren Macht besaßen, wo sie dann unter sicherem Geleite nach
Spanien gebracht wurden, um auf dem Scheiterhaufen für ihren Ab-
fall zu büßen. So fiel Fray Juan de Leon auch den Agenten der
Inquisition in die Hände, die sich damals in Seeland aufhielten, wo
er dann mit Juan Sanchez, dem Diener von Pedro Cazalla nach
Spanien gebracht wurde. Sanchez blieb zu Valladolid, wo er den
Flammentod erlitt. Fray Juan dagegen wurde auf die unmenschlichste
Weise nach Sevilla gebracht. Auf dem Wege hatte man ihm nämlich
Fußeisen und Handschellen angelegt; sein Kopf war gar mit einer
Maschine von Eisen ganz umhüllt, die ihm selbst das Sprechen un-
möglich machte, insofern die eiserne Maske eine Zunge hatte, die
seinen ganzen Mund ausfüllte. Vor der Inquisition bekannte der
Unglückliche seine Doktrinen, worauf er zum Scheiterhaufen verdammt
wurde. Bei dem Auto-da-fé des September 1559 sah man ihm an,
was er gelitten; seine bleichen, eingefallenen Wangen und abgehärmten

heraus: „Sie paßten sich besser, hinter einem Eselgespann einherzutreten, als über
Glaubensdinge zu urtheilen, die sie doch nicht verständen!"

Züge erregten das Mitleid Aller! Als man ihn auf dem Scheiter=
haufen von dem Mundknebel befreit, bemühte sich einer seiner Freunde,
der auch Mönch von San Isidro del Campo war, ihn zum Geständniß
seiner Irrlehre zu bestimmen, damit er nur nicht lebendig verbrannt
würde. Fray Juan blieb aber unerschütterlich und hauchte in den
Flammen sein Leben aus.

Padre Morcillo mußte durch die Garotte für seine Ueber=
zeugungen büßen, denn auf dem Scheiterhaufen wurde er zaghaft und
bekannte sein Vergehen. Sein Schicksalsgefährte war der Schullehrer
Fernando de San Juan, welcher auch sein Genosse im Kerker war
und ihn zum Ausharren und zur Standhaftigkeit ermuntert hatte, da
er ihn wankend werden sah. Erst Angesichts der Flammen wurde
Morcillo kleinmüthig, weil er dem gräulichen Tode noch zu entgehen
hoffte. Beiläufig bemerkt, waren die Kerker des Schlosses Triana so
überfüllt, daß man zwei oder drei Angeklagte in demselben Kerker zu
vereinigen pflegte. Fray Fernando starb in demselben Kerker, den
Doktor Constantino bewohnt hatte. Auch er erlag den Mißhandlungen
und den verderbenbringenden Ausbünstungen des Kerkers. In seinen
Armen hauchte Constantino den letzten Seufzer aus. Fray Diego
Lopez, gebürtig aus Tendilla, Fray Bernardino de Valdes, gebürtig
aus Guadalajara, Fray Domingo de Churruca aus Azcoitia, Fray
Gaspar de Porsas aus Sevilla, Fray Bernardo de San Gerónimo
aus Burgos, lauter Mönche von San Isidro, durften bei dem Auto
des 22. December 1560 sich mit der Kirche versöhnen und Buße
thun. Wie einige spanische Protestanten erzählen, waren alle Mönche
des Klosters der lutherischen Lehre zugethan. Es kam so weit, daß
man die canonischen Gebete nicht einmal mehr abhielt und man ver=
sichert gar, daß die Mönche im Beichtstuhl die Gläubigen heimlich
aufforderten, die Lehren der Reform anzunehmen. Was das Beten
anlangt, so scheint dies wohl eine Uebertreibung zu sein, denn es
steht unbestritten fest, daß einige Mönche der katholischen Lehre treu
geblieben und nimmermehr ein solches Aergerniß geduldet haben
würden, dessen Folgen auf alle zurückgefallen wären. Wie gesagt,
mehrere Mönche des Klosters waren ihrer Kirche treu geblieben und
aus Furcht vor der Ahndung der Inquisition, die auch sie treffen
konnte, bemühten sie sich auf jede mögliche Weise den guten Ruf des
Klosters wieder herzustellen. Zu dem Behufe baten sie die Jesuiten,
auf denen nicht ein Schatten von Verdacht in Glaubensdingen ruhte,
doch in der Kirche von San Isidro das Predigtamt zu übernehmen,

damit sie durch Wort und That ihre katholische Gesinnung aufrecht
hielten und also der Ruf des Klosters beim Volke wieder herge=
stellt werde. Die Jesuiten, welche bei den Inquisitoren sowohl, wie
bei Adel und Volk im höchsten Ansehen standen, gewährten die Bitte
der Mönche und hielten zwei Jahre lang die Klosterkanzel inne,
unter großem Zulauf des Volkes aller Stände. [1]

Doña Maria de Bohorques, illegitime Tochter des Don
Pedro Garcia de Xerez, eines vornehmen Edelmanns aus Sevilla,
der mit der Grandezza selbst in Verwandschaftsbeziehungen stand, war
kaum einundzwanzig Jahre alt, als sie der Inquisition in die Hände
fiel. Doktor Juan Gil hatte ihr nämlich seine Lehren mitgetheilt
und sie selbst in die griechische und lateinische Sprache eingeführt.
Die junge Dame las viel und die Schriften von Juan Perez, Con=
stantino und anderer Protestanten waren ihr bekannt. Mit der hei=
ligen Schrift war sie gründlich vertraut und ihr Verständniß derselben
ließ nichts zu wünschen übrig. Im Kerker mußte die Unglückliche
mit mehreren Jesuiten und Dominikanern sich in Disputationen ein=
lassen, denn sie vermeinten, sie in ihren Meinungen wankend zu
machen. Sie waren aber nicht wenig überrascht, als sie bei ihr eine
theologische Gelehrsamkeit und Kenntniß der heiligen Schrift fanden,
die es mit ihren Argumenten aufnehmen konnte. Sie wurde zum
Scheiterhaufen verdammt, den sie am 24. September 1559 bestieg.
Auf dem Schaffot drang Don Juan Ponce de Leon noch in sie, sich
doch zu bekehren und dem Fray Casioboro kein Gehör zu schenken,
der ihr Schicksalsgenosse war und vom Scheiterhaufen herab sie er=
mahnte, standhaft zu bleiben. Ihr Muth wurde nicht gebrochen, denn
sie schalt Ponce auf seine Vorhaltungen „einen unwissenden und ein=
fältigen Schwätzer!" Vergebens blieb auch das Bemühen der Geist=
lichen und Klosterbrüder, die über die Unglückliche sich erbarmend,
mindestens durch ihr Geständniß sie vor den Schrecken des Feuer=
todes retten wollten, und am Ende begehrten sie blos von ihr, daß
sie das Credo hersage. Mit lauter Stimme sagte sie ihr Glaubens=
bekenntniß, dem sie aber alsbald lutherische Erklärungen folgen ließ.
Dessenungeachtet hatte man insofern Mitleid mit ihr, als sie blos

---

[1] Santivañez schreibt: da die Mönche von San Isidro wahrnahmen, welchen
Schaden die Ketzer anderswo anrichteten, und daß die Gesellschaft Jesu nicht davon
berührt wurde, so baten sie mehrere Jesuiten in ihrem Kloster predigen zu kommen
und sie mit gesunden Worten zu belehren; diese Mission erfüllten die Jesuiten
zwei Jahre hindurch.

durch die Garotte zum Tode gebracht wurde. Doña Maria hatte eine Schwester, Doña Juana, Gemahlin des Don Francisco de Vargas, Herrn de la Higuera. Auch sie gerieth in Verdacht, der lutherischen Lehre zugethan zu sein und blieb drei Monate im Trianaschloß gefangen, ohne jedoch in den Kerker wandern zu müssen. Sie war nämlich guter Hoffnung und so hatten die Inquisitoren Anfangs einige Schonung mit ihr. Vierzehn Tage nach ihrer Entbindung mußte sie aber schon in den Kerker zurück, während ihr Kind ihr genommen wurde. In ihren Verhören stellte sie auf das Entschiedenste die Anschuldigungen in Abrede, worauf man ihr durch die Folter ein Geständniß zu entpressen suchte. Allein ihr schwacher Körper vermochte nicht der Marter Widerstand zu leisten, welche Blutbrechen zur Folge hatte. Sie wurde ihrer Haft entlassen, dessen sie aber nicht froh wurde, da sie acht Tage darauf ihren Leiden erlag. Nur zu spät erkannten die Inquisitoren ihre Unschuld an, die sie laut verkünden ließen, als wäre damit ihr Verbrechen gesühnt.

Doña Francisca de Chaves war Nonne des Ordens von San Francisco de Asis im Kloster Santa Isabel de Sevilla. Auch sie war eine Schülerin des Doktor Juan Gil, dessen lutherischen Ueberzeugungen sie folgte, und so widerfuhr auch ihr das Schicksal, in die Kerker der Inquisition zu wandern. Keine Ueberredungen vermochten ihren Sinn zu erschüttern, und sie war muthig genug in den Verhören ihre Richter ein „Otterngezücht" zu nennen, wie der Heiland die Pharisäer bezeichnet. So büßte sie denn am 22. Dezember 1560 auf dem Scheiterhaufen ihre Ueberzeugung von der Wahrheit ihrer Lehre. Wir könnten noch eine Menge Personen aufführen, die das Opfer der Inquisition von Sevilla wurden. Doch beschränken wir uns darauf, nur die angesehensten Personen hier flüchtig zu nennen. Ein Gelehrter, Namens Olmedo und Doktor Vargas, ein vertrauter Freund von Juan Gil und Constantino, starben im Kerker und ihre Leichname wurden den Flammen überantwortet. Licenciat Francisco de Zafra, Priester an der Pfarrkirche San Vicente zu Sevilla, mußte sich ebenfalls flüchten, um der Inquisition zu entgehen. Nicht schonte man des schwächeren Geschlechtes und viele Damen und Fräulein von Adel starben den Flammentod. Wir nennen blos Ana de Rivera, Wittwe von Fernando de San Juan, Doña Maria Cornel und Doña Maria de Virués. Was aber diesen Gräueln die Krone aufsetzt, ist, daß es Inquisitoren gab, welche sich nicht scheuten, in den geheimen Kerkern ihren Lüsten zu fröhnen und Frauen und

Jungfrauen durch Gewalt oder Ueberredung ihren Wünschen fügsam zu machen. Was vermag nicht das Entsetzen vor den Qualen der Folter auf schwache Gemüther, was nicht die Hoffnung sich zu retten, wenn nicht gar Gewalt angewandt wurde? Was schrieb darüber Miguel de Monserrate, ein spanischer Jude des 17. Jahrhunderts? „Was noch schlimmer", ruft er aus, „ihr Missethäter habt nicht Scham noch Ehre! Nachdem Ihr der Frauen und Mädchen genossen, die in Eure Gewalt gerathen, nachdem ihr sie mißbraucht, überliefert Ihr sie den Flammen! Ihr Gottlosen, die Ihr schlimmer seid, als die Alten der Susanna." Auch Cipriano de Valera spricht darüber in seinem Tratado de los Papas und sagt unter anderm: „es gab einen Inquisitor, der scherzend von einem seiner Genossen sagte, wie er sich nicht damit begnüge, das Fleisch zart zu schlagen, sondern daß er es auch verzehre;" denn derselbe hatte ein schönes Mädchen, die man für eine geheime Jüdin hielt, auspeitschen lassen und verbrachte die folgende Nacht bei ihr, worauf er sie verbrennen ließ." [1] Wäre Valera nicht ein so glaubwürdiger Schriftsteller, dann müßte man Anstand nehmen, dies ihm nachzuerzählen.

Das Denunciationswesen mehrte sich zu Sevilla immer stärker und ein Auto-da-fé folgte dem andern und die Flammen des Fanatismus loderten hoch empor. Auf die Kunde der unsäglichen Leiden, welche die Protestanten zu Sevilla erdulden mußten, wurde Doktor Juan Perez mit Trauer erfüllt. Er gedachte nicht sowohl des Jammers derer, die aus seinen Schriften erst die Lehre der Reform geschöpft, als vielmehr wurde er von dem Wunsche erfaßt, die von den blutigen Verfolgungen Heimgesuchten zu ermuntern und die niedergeschlagenen Geister zu kräftigen und zu heben. Zu dem Ende veröffentlichte er zu Genf im Jahre 1560 ein Sendschreiben, „das die Gläubigen in Jesuchristo trösten sollte, die Verfolgungen erlitten, dieweil sie seinen Namen bekennen!" [2] In diesem sehr selten gewordenen Documente ermahnt Juan Perez seine protestantischen Genossen in den Meinungen der Reform treu auszudauern. In seinem Sendschreiben ruft er ihnen unter anderm zu: „Da wir durch besondere Wohlthat Gottes wahrhaft an Jesus Christus, seinen eingebornen Sohn, unsern

---

[1] Miguel de Monserrate (in seinem sehr selten gewordenen Buche (in Coena Domini).

[2] So viel wir wissen, hat der berühmte Quäker Benjamin Wiffen, der die Lusiade von Camoens in's Englische übersetzte, das Sendschreiben in London 1849 neu herausgegeben.

Herrn glauben, so wollen wir um dessentwillen unser Leben nach der Frömmigkeit und Wahrheit gestalten, die er uns durch Wort und Geist gelehrt. Und da er uns als die Seinigen mit dem Zeichen auserfehen, das allen seinen Auserwählten aufgedrückt ist, so verfolgen sie uns, so verkennen sie uns und halten uns für Fremdlinge und Ausländer, und die Welt kann uns nicht leiden, so wenig sie unsern Herrn Jesus Christus leiden mag, der uns Gnade angethan, die so würdig Seiner ... Die Prophezeiung des heiligen Simeon lautet dahin, daß Jesus Christus für die Erniedrigung wie Erhebung Vieler in Israel eingesetzt ist und daß er als Leuchte dient, der man sich entgegenstellt, und daß durch ihn die Gedanken vieler Herzen offenbar werden. Schon in unsern Tagen sehen wir die Erfüllung dieser Prophezeiung, denn sobald unter uns das Wort des Evangeliums verkündet wurde, durch das Jesus Christus uns offenbart worden, da sah man diese Folgen. Um so schwerer wird die Verdammung der Einen, je wüthender sie ihm entgegentreten, ihn verfolgen und verurtheilen. Die Andern, nämlich alle Jene, die da glauben, sind erbaut und gerettet durch ihn, um dessen Liebe willen sie gekreuzigt werden und von der Welt zum Abscheu gehalten werden!" So suchte Juan Perez die Reformlehre bei den Seinigen zu stärken und die Strenge der Inquisition in Spanien wider die Abgefallenen zu vereiteln. Außer ihm waren noch andere protestantische Flüchtlinge im Auslande wirksam und suchten ihrer Theilnahme an dem Geschicke ihrer Glaubensbrüder Ausdruck zu geben, und dabei ermatteten sie nicht in dem Bestreben den Reformideen möglichst Eingang in Spanien zu verschaffen. Zu dem Ende bearbeiteten sie spanische Uebersetzungen der heiligen Schrift, Katechismen der christlichen Lehre, und schleuderten Spottgedichte wider die Inquisition, vor der sie in die Fremde flüchten mußten. Groß war die Zahl der spanischen Protestanten, die aus ihrer Heimath geflohen. Während die Einen in England ein sicheres Asyl suchten, fanden Andere bereitwillige Aufnahme in Deutschland, in Holland, dem Lande der Gewissensfreiheit, und in der Schweiz!

Casiodoro de Reyna, der aus Sevilla gebürtig, wo er auf der Universität studirte, flüchtete sich bereits 1557 aus Spanien, als die große Verfolgung der Protestanten begann. Er floh nach England und zwar nach London, wo er einige Jahre mit seinen Eltern lebte, die auch der lutherischen Lehre huldigten und ihn nicht verlassen wollten. Isabella von England ließ nicht nur durch Vermittelung des Grafen von Bedford Casiodoro während seiner Krankheit mit Geld

unterſtützen, ſondern ſie lieh auch ſeinen Eltern, wie den übrigen
ſpaniſchen Flüchtlingen, ihren Beiſtand, die ihr Glaubensbekenntniß
in London erſcheinen ließen. Ein geräumiges Haus des Biſchofs
von London wurde den Spaniern eingeräumt, wo ſie drei Tage der
Woche ihre Predigten halten und anhören konnten. Unſer Geſandter
in England, Don Alvaro de la Quadra [1]) beſchwerte ſich bei Philipp II.
über den Beiſtand, den die Königin Caſiodoro, deſſen Eltern, wie den
übrigen Proteſtanten geleiſtet, wie auch darüber, daß man denſelben
auf Befehl der Königin ein Haus als lutheriſchen Tempel eingeräumt.

Von London begab ſich Caſiodoro nach Baſel, wo ſeine Bibel
erſchien, mit dem Titel: la Biblia, que es los sacros libros del
viejo y nuevo testamento. Trasladada en español, año del
Senor MDLXIX. en Setiembre. [2]) Wiewohl in dieſer Bibelaus-
gabe der Name des Ueberſetzers, Druckers und die Angabe des Druckortes fehlt, geht aus einer handſchriftlichen Notiz von Caſiodoro in
einem Exemplare hervor, das er der Univerſität Baſel überreichte,
daß er dieſe Ueberſetzung veranſtaltet. Dieſe Notiz lautet alſo: „Caſiodoro de Reyna, ein Spanier, gebürtig aus Sevilla und Studirender
auf ihrer berühmten Univerſität, bietet als Verfaſſer dieſer ſpaniſchen
Ueberſetzung der heiligen Schrift, die ihn zehn volle Jahre beſchäftigt
hielt, nachdem es ihm endlich gelungen, dieſelbe mit Unterſtützung der
barmherzigen Diener dieſer Baſeler Kirche erſcheinen zu laſſen und
ſie auf Beſchluß des Senates in der Druckerei von Thomas Guarino,
Baſeler Bürger, zu drucken — dieſelbe dieſer Univerſität als ewiges
Denkmal ſeiner Erkenntlichkeit und Dankbarkeit dar, im Monat
Juni 1570. [3])

[1]) In den Beſchwerden des Don Alvaro de la Quadra — Archiv von Simancas, heißt es: „Ich habe berichtet, daß man den hier befindlichen ſpaniſchen
Ketzern ein ſehr großes Haus des Biſchofs von London eingeräumt, worin dieſelben
drei Tage die Woche predigen, wie es die Wahrheit iſt, gleichwie es auch wahr,
daß ſie von der Königin begünſtigt werden, und auch ſchrieb ich, daß dem Caſiodoro, der nach der Verſammlung von Poißy reiſte, eine bedeutende Geldſumme
als Reiſekoſten gegeben worden, und daß zu Poißy, wo er krank wurde, ihm von
dem Geſandten Fragmarten Geld gegeben wurde, wie daß vom Grafen Bedford
ihm wie ſeinen Eltern und allen Andern hier Geld zum Lebensunterhalt gegeben
wurde.“

[2]) Einige Ausgaben trugen ein anderes Titelblatt, was aber eine Täuſchung
iſt, indem die Drucker nur ein neues Titelblatt anbrachten, wie z. B. La Biblia,
que es los sacros libros del viejo y nuevo testamento. Trasladada en español. — En la libreria de Daniel David Aubry y de Clemente Schleich.
MDCXXII.

[3]) Cassiodorus de Reyna, Hispanus, hispalensis, inclytae hujus Acade-

Von Basel begab er sich nach Frankfurt, wo er sich eine Zeit lang aufhielt. Der Senat der freien Stadt, der seine Gelehrsamkeit wie seinen Ruf hoch schätzte, schenkte ihm das Bürgerrecht. In einem Exemplar der spanischen Bibel, die er der Bibliothek der Stadt überreichte, schrieb er folgende Worte ein: „Casiodoro de Reyna, Spanier und Verfasser dieser spanischen Uebersetzung der heiligen Schrift, durch die Gnade des hochgeehrtesten Senats Bürger von Frankfurt, bietet zum ewigen Angedenken an diese Wohlthat und seine Erkenntlichkeit dieses Buch seiner öffentlichen Bibliothek dar. Am 1. Januar 1573." [1] Ueber die Lebensschicksale Casiodoro's läßt sich sonst nichts angeben. Nur so viel steht fest, daß er gleich nach seiner Flucht aus Spanien, seine Uebertragung der heiligen Schrift begonnen. Er sagt nämlich in seinem Vorworte zur Bibel: „Das Werk hat uns volle zwölf Jahre beschäftigt; die Zeit abgerechnet, die wir durch Krankheit, Reisen oder andere nöthige Arbeiten in unserer Verbannung und Dürftigkeit verloren, dürfen wir versichern, daß wir wohl neun Jahre lang nicht die Feder aus der Hand gelegt, noch in unserm Eifer nachgelassen, soweit die Kraft unseres Körpers wie unseres Geistes nur reichte." [2] Casiodoro de Reyna war in der lateinischen, griechischen und hebräischen Sprache gründlich erfahren. Seine spanische Uebersetzung der Bibel liest sich gut und hat einen guten Styl, wenn er auch hie und da in Hebraismen verfiel. [3] In

---

miae alumnus, hujus Sacrorum Librorum versionis hispanicae auctor, quam per integrum decennium elaboravit et auxilio pientissimorum ministrorum hujus Ecclesiae Basileensis ex decreto prudentissimi Senatus typis ab honesto viro Thoma Guarino cive Basileensi excusam demum emisit in lucem, in perpetuum gratitudinis et observantiae monumentum hunc librum inclitae huic Academiae suplex dicabat. Año 1570, mense Junio." (David Clementis. Biblioteque curieuse historique. Pellicer, Biblioteca de traduetores.)

[1] Cassiodorus Reynius, hispanus, versionis hujus hispanica lingua sacrorum librorum auctor optimi senatus beneficio, municeps Francofurtanus, in cujus beneficii atque adeo gratitudinis ipsius memoriam sempiternam Bibliotecae hunc librum dicat. Kalendis Januaris 1573. — David Clemente. obras citadas.

[2] Casiodoro, angetrieben durch frommen Eifer, den Ruhm Gottes zu fördern und seiner Nation einen ausgezeichneten Dienst zu leisten, fing an, die Bibel zu übersetzen, als er sich auf freiem Boden befand, um über göttliche Dinge zu sprechen und zu verhandeln. (Cipriano de Valera in seiner **Exhortacion de la Biblia.**)

[3] Casiodoro zeichnete sich durch große Bescheidenheit aus; über seine eigenen Kenntnisse läßt er sich im Vorwort zu seiner Bibelübersetzung also aus: „Die Kenntniß und Gelehrsamkeit in Sprachen, ist sie auch nicht das, worauf wir Werth legen, reichte bei mir aus, um die Meinungen derer zu verstehen, die am meisten verstanden, um sie unter sich zu vergleichen und das Passendste auswählen zu können." (**Exhortacion de la Biblia.**)

der Ausgabe seiner Uebersetzung vom Jahre 1569 fehlt sein Name.
In dem Vorworte unterzeichnet sich der Uebersetzer mit den Anfangs-
buchstaben C. R., was wohl nur um dessentwillen geschehen, damit
sein Werk in den Ländern, wo die Inquisition Meister war, weniger
behindert wäre. So wenig wir über seine sonstigen Lebensverhältnisse
Näheres wissen, läßt sich angeben, wo Casioboro sein Leben beschloß.
Soviel steht fest, daß er wegen seiner Gelehrsamkeit und seiner Verdienste die höchste Anerkennung in den Landen gefunden, die sich vom
Pabste losgesagt. Isabella von England unterstützte Casioboro und
seine Eltern, die Geistlichen der Baseler Kirche unterstützten ihn bei
der Herausgabe der spanischen Bibelübersetzung und der Senat von
Basel bestritt gar die Kosten, während der Frankfurter Senat ihm
als Zeichen seiner Anerkennung das Bürgerrecht verliehen. Der
spanischen Inquisition sollte es nicht gelingen, den wackern Streiter
für die Glaubensfreiheit in ihren Schlingen zu fangen, und während
sie bei Auto-da-fé's und in Edikten Casioboro mit Schmach über-
häufte, fand er im Auslande dafür Ersatz, da Könige und freie
Bürger ihm die höchsten Beweise ihrer Hochschätzung gaben. Seine
Bibel wurde in 2600 Exemplaren abgezogen, die in den verschiedensten
Ländern verbreitet wurden und nicht wenig der Reformation nützten.
Im Jahre 1596 konnte man nur mit Mühe sich noch ein Exemplar
seiner Uebersetzung verschaffen, und im Jahre 1599 erschien eine
neue Ausgabe seines neuen Testamentes. [1]

Cipriano de Valera, mit dem Beinamen „der spanische
Ketzer", wurde sehr wahrscheinlich im Jahre 1532 zu Sevilla geboren. Im Verein mit dem Gelehrten Benito Arias Montano
studirte er auf der Universität seiner Vaterstadt die Theologie. Hier
fand er Gelegenheit häufig die Predigten der lutherisch gesinnten Doktoren Juan Gil und Constantino Ponce de la Fuente anzuhören, jener
Männer, die in Gesinnung, Gelehrsamkeit und Würden sich im Leben
gleich standen und die selbst nach dem Tode ein gleiches Geschick getroffen,
insofern ihre Gebeine dem Grabe entrissen und den Flammen überliefert worden. Cipriano de Valera mußte auch sein Vaterland meiden,
da er zu fürchten hatte, auch der Inquisition zu verfallen, deren

---

[1] Die neue Ausgabe des neuen Testamentes erschien bei Elias Huttero in
Nürnberg 1599 in dem Sammelwerke: „Novum Testamentum, Domini nostri
Jesu-Christi Syriace, Italice, Ebraice, Hispanice, Graece, Gallice, Latine,
Anglice, Germanice, Danice, Bohemice, Polonice, studio et labore Eliae
Hutteri Germani, Noribergae MDXCIX.

Schergen er scherzweise „Inquinatores de la fé“, das heißt „Beflecker des Glaubens“, zu nennen pflegte. In London verlebte er eine Zeit lang als protestantischer Geistlicher und hier scheint er sich mit einer Engländerin vermählt zu haben. Ungewiß bleibt es, wie lange er in England sich aufgehalten; wir erfahren nur, daß Valera von dort nach Genf wanderte, wo er geraume Zeit zubrachte. [1]) In dieser Stadt gab er nämlich viele seiner Schriften heraus, von denen ich folgende kenne: „Dos tratados; el primero es del Papa y de su autoridad, colegida de su vida y doctrina y de lo que los doctores y Concilios antiquos y la misma Sagrada Escritura enseña. El segundo es de la Misa recopilado de los Doctores y Concilios y de la Sagrada Escriptura. En casa de Arnoldo Hatfildo, año de 1588. Un tomo en 8º. [2]) (Zwei Abhandlungen: die erste handelt vom Pabste und seiner Autorität, gesammelt aus dem Leben und Doktrinen, wie aus dem, was die Doktoren, die alten Concilien und die heilige Schrift selbst lehrt. Die zweite Abhandlung handelt über die Messe, zusammengestellt nach den Doktoren, Concilien und der heiligen Schrift bei Arnold Hatfild im Jahre 1588 in 8º.) In diesem Werke fehlt der Name des Verfassers wie des Druckortes. Manche vermuthen, es wäre zu Hamburg erschienen. Später verbesserte es Valera und gab es mit vielen wichtigen Zusätzen unter folgendem Titel heraus: „Dos tratados: el primero es del Papa y de su autoridad colegido de su vida y doctrina ... el segundo es el de la Missa: por Cypriano de Valera. — En casa de Ricardo de Campo (Richard Field) 1599. 1 tomo en 8º.

Der Tratado del Papa ist eine Compilation freilich im Reformsinne alles dessen, was katholische Schriftsteller über die römischen Päpste geschrieben. In seinen Bemerkungen berücksichtigt er sehr, was Juan de Pineda und Gonzalo de Illescas, sehr eifrige Verfechter des apostolischen Stuhles, geschrieben hatten. Valera gibt umständlichen Bericht über viele Protestanten, die im sechszehnten Jahrhundert in Spanien, besonders aber zu Sevilla lebten. Auch veröffentlichte er, ohne Namen des Uebersetzers und ohne Angabe des Druckorts: „El testamento nuevo de nuestro señor Jesu Christo. Luc. 2, 10. He aqui os doy nuevas de gran gozo que será á todo el pueblo. En casa

---

[1]) Juan Pellicer Biblioteca de Traductores
[2]) Im Verbotsverzeichnisse des Jahres 1667 findet sich das Werk erwähnt.

de Ricardo del Campo (Richard Field) MDXCVI. Un tom.
en 8°." (Das neue Testament unseres Herrn Jesus Christus Luc.
II. 10. Ich habe für Euch zwei Nachrichten, die dem ganzen Volke
zur großen Freude gereichen, bei Ricardo u. s. w.) Dieses Werk
ist nach dem neuen Testamente von Casioboro de Reyna bearbeitet
mit einigen kleinen aber treffenden Verbesserungen. Die „Institution
der christlichen Religion" von Calvin übersetzte er und ließ sie 1597
zu Genf bei Richard Field erscheinen.[1]) Im Verein mit dem
deutschen protestantischen Theologen Guillermo Massan, gab er folgende
Schriften heraus: „El Catholico reformado ó una declaracion que
muestra quanto nos podamos conformar con la Iglesia Romana
tal qual es el dia de hoy en diversos puntos de la religion,
y en qué puntos devamos nunca jamás convenir sino para
siempre apartarnos della. Item, un aviso à los afficionados á
la Iglesia Romana que muestra la dicha religion romana ser
contra los católicos rudimentos y fundamentos del cathecismo.
Compuesto por Guillermo Perquino, licenciado en sancta theologia y trasladado en romance castellano, por Guillermo Massan,
gentil hombre, y a su costa imprimido. En casa de Ricardo
del Campo (es decir, de Richard Field) 1599. — Un tom.
en 8°.[2]) (Der reformirte Katholik oder eine Erklärung, aus welcher
hervorgeht, inwiefern wir mit der römischen Kirche in verschiedenen
Religionspunkten übereinstimmen können und in welchen Punkten
wir niemals übereinstimmen dürfen, sondern uns immer von ihr
getrennt halten. — Ferner eine Ansprache an die der römischen
Kirche Ergebenen, die darthut, daß die erwähnte römische Religion
gegen die katholischen Grundsätze und Grundlagen des Katechismus
ist. Verfaßt von Guillermo Perquino, Licenciaten der Theologie und
übersetzt ins Spanische von dem Edelmann Guillermo Massan und
auf seine Kosten gedruckt u. s. w. Das Werk beginnt mit einer
Epistel an den christlichen Leser, welche die Unterschrift trägt: „Euer
ergebenster Bruder im Herrn C. D. V." Wahrscheinlich ist Valera
auch der Verfasser von Avisos á la Iglesia Romana sobre la in-

---

[1]) In dem Verbotsverzeichnisse des Jahres 1612 wird dieses Werk als in
Württemberg gedruckt verboten.
[2]) In einigen Verbotsverzeichnissen der Inquisition vom siebenzehnten Jahrhundert und Anfangs des achtzehnten liest man die Angabe „Guillermo Massan
(teólogo áleman) la traduccion que hizo en castellano del libro intitulado
Cathólico Reformado, que compuso Guillermo Perquino, ambos autores con-
denados."

diccion del Jubileo por la bula del Papa Clemente Octavo. Impresos por Ricardo del Campo, año de 1600. (Mahnungen an die römische Kirche über die Ausschreibung des Jubiläums durch die Bulle des Pabstes Clemens VIII.)

Valera war unermüdlich in dem Bestreben, seinen Doktrinen in Spanien Eingang zu verschaffen, und so wanderte er von Genf nach Amsterdam, um auch dort spanische Schriften herauszugeben, durch welche er seine Lehren zu verbreiten hoffte. So gab er zu Amsterdam bald darauf wieder eine Bibel heraus, die eigentlich nur ein Abdruck der Bibelübersetzung von Casiodoro de Reyna war, waren auch viele Berichtigungen darin zu finden. Das Werk beginnt mit einem Vorworte von Valera, worin der christliche Lehrer ermuntert wird, die heilige Schrift zu lesen. Diese Bibel trägt folgenden Titel: „La Biblia, que es los sacros libros del viejo y nuevo testamento Segunda edicion. Revista y conferida con los textos hebreos y griegos y con diversas traslaciones. Por Cypriano de Valera. La palabra de Dios permanece para siempre. Esayas, 40—8. En Amsterdam, en casa de Lorenco Jacobi MDCII.

In Gesellschaft von Lorenzo Jacobi begab sich Valera nach Leyden, um dem Grafen Moritz von Nassau und den Staaten von Holland seine Bibel zu überreichen, da er dadurch eine Reiseunterstützung zu erlangen gedachte, durch die er in den Stand gesetzt würde, mit seiner Gattin sich nach England begeben zu können. Jacab Arminius, Haupt der Remonstranten zu Amsterdam, gab Valera nachstehendes Empfehlungsschreiben an Johann Wittenbogaert, Theologen zu Leyden: „Cypriano de Valera und Lorenzo Jacobi begeben sich dorthin, um dem Herrn Grafen und den Generalstaaten einige Exemplare der spanischen Bibel zu überreichen, deren Druck sie eben vollendet. Es waltet zwischen beiden einige Meinungsverschiedenheit ob, die Sie beilegen können, falls beide sie Ihnen anheimgeben: die Sache ist von wenig Belang und so können Sie leicht zwischen ihnen Frieden stiften, umsomehr als beide Freunde sind, die bisher mit höchster Eintracht dasselbe Ziel erstrebend dies Werk vollbracht und sie dazu entschlossen sind, diese Freundschaft nicht aufzugeben, so lange sie leben. Sorgen Sie, so viel von Ihnen abhängt, dafür, daß Valera mit einer guten Reiseunterstützung sich nach England zurückbegeben könne. Ich habe für ihn hier gethan, was ich vermocht, und in Wahrheit hat er Ansprüche darauf die wenigen Jahre, die ihm noch vergönnt, mit möglichst geringer Beschwerde zu verleben. Amsterdam, im November 1602.[1]) Mehr läßt sich über sein Leben nichts berichten, nur weiß man, daß er 1602 in seinem 70. Lebensjahre stand.[2]) Die mannigfaltigen Schriften, die er für die Reform der Kirche herausgegeben, waren den Inquisitoren ein Dorn im Auge und so gaben sie ihm par excellence den Beinamen „der spanische Ketzer", womit sie eigentlich sein großes Verdienst um die Sache der Reform anerkannten.[3]) Valera hatte allerdings sein ganzes Leben den Reformbestrebungen gewidmet, bei welchen er insbesondere die Lehren Calvins berücksichtigte, und mit Wort und Feder war er unermüdlich, um den Reformideen in Spanien Eingang zu verschaffen. Nach Francisco de Enzinas war Valera der Schriftsteller, der die meisten Schriften im Interesse der Kirchenreform herausgab, wovon aber nur der kleinste Theil bei seinen Lebzeiten in Spanien bekannt war. Was dafür spricht, ist der Umstand, daß in den ersten Verbotsverzeichnissen des 17. Jahrhunderts kein anderes Werk von Valera als verboten aufgeführt wird, wie seine calvinistischen Institutionen. Wie es scheint, war Valera nicht so glücklich, wie Dr. Juan Perez, der seinen Hernandez hatte, welcher mit unerschrockener Verwegenheit und einer Verschlagenheit sondergleichen die protestantischen Schriften in Weinschläuchen und Weinfässern aus der Champagne und Burgund in Spanien einzuschwärzen wußte. Bemerkenswerth ist, daß erst vom Jahre 1640 an alle Schriften Valera's in Spanien verboten wurden, was noch mehr für die Annahme spricht, daß sie erst lang nach seinem Tode in Spanien Verbreitung gefunden. Im Jahre 1644 ließ ein Spanier, Namens Don Jusepe Antonio Gonzalez de Salas dem Valera verdiente Würdigung widerfahren. Er nannte ihn einen in der hebräischen Sprache sehr gründ-

---

[1]) Praestantium ac eruditorum Virorum Epistolae. — Pellicer, Biblioteca de Traductores.

[2]) Valera sagt nämlich in seinem Vorworte zur Bibel: „Als ich fünfzig Jahre alt war, begann ich dieses Werk, und in diesem Jahre 1602, wo mir Gott gestattet, sie herauszugeben, zähle ich siebenzig Jahre, so daß ich zwanzig Jahre damit verbracht." Im Jahre 1625 erschien zu Amsterdam: „El Nuevo Testamento Que es, los Escriptos Evangélicos y Apostólicos. Revisto y conferido con el texto griego. Por Cypriano de Valera. En Amsterdam, en casa de Henrico Lorenzi, 1625." Un tomo en 8°. Diese Ausgabe ist ein Abdruck der Uebertragung des neuen Testamentes, das sich in seiner Bibel von 1602 bereits vorfindet. Ob Valera 1625 noch lebte, muß dahingestellt bleiben.

[3]) In verschiedenen Verbotsverzeichnissen der Inquisition vom 17. Jahrhundert liest man: „Cypriano de Valera, llamado vulgarmente el herege español, tradujó en castellano el libro intitulado Institucion de la Religion Cristiana que corre en varias lenguas, cuyo autor fué Calvino. Item el catecismo heretico intitulado El Católico Reformado."

lichen Gelehrten und nahm in eine seiner Schriften gewisse Auszüge aus der von Valera zu Amsterdam herausgegebenen Bibelübersetzung auf.[1] Wer der Verfasser eines im Jahre 1630 zu Genf erschienenen Schriftchens ist, das den Titel führt: „Decalogo y symbolo de los Apóstoles y pequeño catecismo," läßt sich nicht bestimmen. Wenn nicht Valera selbst, hat doch einer seiner Schüler es sicherlich verfaßt.

Reinaldo Gonzalez de Montes, der ebenfalls aus Sevilla stammt, war auch der lutherischen Lehre zugethan, die er bei dem berühmten Canonikus Juan Gil (genannt Doktor Egidio) kennen lernte. Ihn traf dasselbe Geschick, das seinen Lehrer heimsuchte, und so mußte er auch in die geheimen Kerker der Inquisition wandern. Er war aber glücklich genug, der Haft zu entwischen, indem er 1558 nach London entkam, wo er eine Zufluchtstätte fand. Während er zu Sevilla lebte, stand er mit den Führern der Reform in Verbindung, und besonders war er mit Verehrung erfüllt für Gil, Constantino Ponce de la Fuente, den Pfründner Zafra und Doña Maria de Bohorques. Nach einigem Aufenthalte zu London reiste er nach Deutschland, wo er den Entschluß faßte, ein Werk über die Unbilden der spanischen Inquisition gegen die Protestanten zu schreiben, worin er sich über das bedauernswerthe Geschick seiner Freunde von Sevilla verbreitete, die auf dem Scheiterhaufen büßen oder schmachbedeckt sich abhärmen mußten.[2] Sein Werk, das den Titel führt: „Sanctae inquisitionis Hispaniae artes aliquot detectae ac palam traductae," ließ er zu Heidelberg drucken, wo es im Jahre 1567 erschien. Im Jahre 1558 wurde dies lateinische Buch in's Französische übersetzt und erschien unter dem Titel: „Histoire de l'Inquisition d'Espagne," und 1569 gab ein Engländer Namens Skinner eine englische Ueber-setzung des Werks zu London heraus.

Tomas Carrascon, ein spanischer Augustinermönch, konnte in seinem Kloster es nicht mehr aushalten, und da er Grund zu be-fürchten hatte, auch der Inquisition als Opfer zu fallen, ergriff er noch zeitig genug die Flucht, um auf freiem Boden sich der Gedanken-

---

[1] Compendio Geographico y historico de el orbe antiguo y descripcion de el sitio de la tierra, escripta por Pomponio Mela. Obra traducida por don J. A. G. de Salas Madrid 1644.

[1] Francisco de Enzinas schrieb auch viel gegen die spanische Inquisition in seinem Buche: Le Pays Bas et la religion d'Espaigne par Du Chesne. — Paris, 1575. Ebenfalls in: Histoire de l'estat du Pais-Bas et de la religion E'dspaigne par Francois Du Chesne. — A Sainte Marie (Geneve) par François Perrin, 1588.

freiheit zu erfreuen. Zu London angelangt, gab er unverholen seine protestantischen Ueberzeugungen kund. Er war ein großer Gelehrter und hatte die theologischen Wissenschaften auf das Gründlichste inne, so daß sein Ruf an den Hof drang und König Jacob I. ihm auftrug, die englische Lithurgie in's Spanische zu übertragen. Seine Verdienste und Leistungen fanden solche Anerkennung in England, daß König Jacob ihn der Auszeichnung werth hielt, ihm ein Canonikat an der Kathedrale von Hereford zu verleihen. In seiner Muße schrieb Carrascon eine Burleske in der witzigsten Form, die den Titel führt: „De las Cortes y Medrano en Cintruéñigo," und allem Anschein nach in Flandern 1633 gedruckt wurde. Das Spottgedicht ist gegen die katholische Kirche gerichtet, und besonders geißelt es die religiösen Orden Spaniens. [1]

Jene protestantisch gesinnten Spanier, die nicht so glücklich waren, nach einem Lande zu entkommen, wo Gewissensfreiheit waltete, entgingen selten den Verfolgungen der Inquisition, die insbesondere zu Valladolid, Sevilla, Toledo, Saragoza, Logroño und noch an andern Orten ihre Opfer suchte. Der Fanatismus mancher Katholiken ging so weit, daß er alle menschlichen Gefühle verleugnete, und sträubt sich auch unser Gefühl dawider, dem Glauben zu schenken, so steht es fest, daß ein Edelmann aus Valladolid 1581 seine beiden Töchter der Inquisition selbst denuncirte, weil sie der Reformlehre zugethan waren. Um jeden Preis wollte er sie wieder in den Schooß der katholischen Kirche zurückführen, und so verfiel er auf den Gedanken, die Inquisitoren zu bitten, seine Kinder, die bereits im Kerker schmachteten, in's Vaterhaus zurückführen zu lassen, damit er Alles aufbieten könne, sie ihrem Glauben zurückzugewinnen. Allein all' sein Bemühen war vergebens, denn was er auch im Verein mit Geistlichen und Mönchen aufbot, um sie der vermeintlichen Irrlehre wieder zu entfremden, ver-

---

[1] Der Titel der Satyre lautet vollständig: „De las Cortes y Medrano en Cintruéñigo. Por M." Sanchez-Nodriza. Año de 1633; pequeño octavo. C. bemerkt in dem Vorworte selbst, sein Buch wäre außerhalb Spanien gedruckt, und zwar von Leuten, die nur das Flämische verständen. Das Gedicht beginnt mit folgenden Versen:

No es comida para puercos	Das ist kein Fressen für Schweine, noch
ni fruto cà perlas son;	sonstige Speise, denn Perlen sind's! Und
y aunque parezco Carrasco,	scheine ich auch nur Carrasco zu sein,
soy mas; pues soy Carrascon.	so bin ich mehr; ich bin Carrascon!

(Sein Name bot zu diesem Wortspiel Veranlassung: Carrasco ist gleichbedeutend mit Steineiche, und Carrascon ist das Augmentativ, wodurch er bezeichnen will, wie er sich seines Geistes bewußt ist.)

fehlte seinen Zweck. Mit seltener Standhaftigkeit ertrugen beide
Töchter seinen Zorn, und da Bitten und Ueberredungen so wenig
fruchteten, wie seine Drohungen, ließ er seine Kinder wieder in die
Kerker zurückführen, und erklärte den Richtern, wie hartnäckig seine
beiden Töchter den Irrlehren anhingen. Unsere Feder sträubt sich,
es zu erzählen: beide wurden auf das Andringen des eignen Vaters
zum Flammentode verdammt! Und nicht genug damit, eilte der Vater
in seinem fanatischen Wahnwitz in ein Wäldchen, das ihm angehörte,
um die Zweige größerer Bäume abzureißen und junge Baumstämme
zu fällen, damit das Holz zum Scheiterhaufen verwandt werde, der
sein eignes Fleisch und Blut verzehren sollte. In seinem Aberwitz
eilte er selbst nach Valladolid, um den Richtern der Inquisition das
Holz zu überliefern, das für das Brandopfer seiner Kinder dienen
sollte. Er war der Inquisitoren würdig, denn diese hatten nicht
Worte genug, um die Seelengröße dieses Ungeheuers des Fanatismus zu preisen und ihn dem Adel und Volk als Vorbild zu bezeichnen, auf daß es Nachahmung finde. Von glühendem Hasse erfüllt,
sollte er Valladolid noch mit größerem Entsetzen erfüllen, denn er
wurde buchstäblich der eigene Henker seiner Kinder! Er wandte sich
nämlich mit der Bitte an die Inquisitoren, ihm zu gestatten, daß er
bei dem Auto-da-fé selbst den Holzstoß anzünden dürfe, auf dem seine
Töchter den Märtyrertod erleiden sollten, und so geschah es denn
auch. Die Inquisitoren gewährten die Bitte des Unmenschen und
ließen gar mit Pauken und Trompetenschall verkünden, welchen Eifer
dieser Glaubensritter bekunde! Dies ereignete sich im Jahre 1581
zu Valladolid; der Name dieses Rabenvaters ist in Vergessenheit begraben, doch seine Unthat wird bei allen guten Menschen ewig ver-
abscheut bleiben. [1]) Solche, allen göttlichen und menschlichen Geboten
hohnsprechenden Früchte erwuchsen aus dem Fanatismus, der durch
eigenthümliche Umstände noch neue Nahrung fand. Die Inquisition
ließ nämlich eine Aeußerung des Doktor Agustin Cazalla nicht schlum-

---

[1]) Valera schreibt in seinem Tratado de los Papas: „Im Jahr 1581 befanden sich in der Inquisition von Valladolid zwei Töchter eines hochgestellten
Edelmannes, die zum Feuertode verdammt wurden, weil sie standhaft in der
Doktrin verharrten, die sie von Doktor Cazalla und andern Märtyrern des Heil-
lands gelernt. Der Vater erlangte, daß man seine Töchter nach seiner Wohnung
führen lasse, um zu versuchen, ob er mit Geistlichen oder Klosterbrüdern sie zurückführen könnte... Da er aber sah, daß nichts fruchte, so eilte er selbst in den
Wald und schnitt Reiser ab, die er nach Valladolid bringen ließ, und er selbst
zündete das Feuer an, das sie verzehren sollte!

mern, der bei einem Verhöre ihnen zugerufen: „Hättet Ihr noch vier
Monde damit gewartet, uns zu verfolgen, dann wären wir so mächtig
wie Ihr!"[1] Daß ein solches Geständniß die Glaubensrichter außer
Fassung brachte und ihre Wuth womöglich noch stärker entflammte,
läßt sich leicht denken. Aller Orten begannen jetzt neue Verfolgungen
der Protestanten, und wer nur konnte, suchte ein Asyl in fremden
Landen, wo er der Inquisition spotten konnte. Es gab Männer,
die ihrem Schmerze über diese maßlosen Verfolgungen Ausdruck liehen,
und so schrieb Juan Luis Vives schon 1534 an einen Freund in
Bezug auf die wider einen ihrer Freunde gerichtete Anklage: „Wir
fühlen inzwischen, daß wir ihm in seinen Nöthen durchaus nicht bei-
stehen können, denn große Gefahr würde alsbald dem drohen, der dies
wagen würde. Was sage ich dir aber das, einem Spanier, der du
diese Tyrannei so gut kennst wie ich?"[2] Und weiter sagt Vives:
„Wir leben in so schwierigen Zeiten, daß wir ohne Gefahr nicht
reden, noch schweigen können!"[3] Bedenkt man, daß im Jahre 1534
erst das Treiben der Inquisition begonnen und ihre Opfer im Anfang nur gering zu nennen waren im Vergleich zu ihrem spätern
Auftreten, — dann mag man sich vorstellen, was der Fanatismus
im Jahre 1559 und 60 für Opfer kostete, als in fast allen Hauptstädten des Landes Scheiterhaufen flammten. Der Schatten eines
Verdachts reichte hin, um ein Opfer zu fassen, und Sittenreinheit
und Unschuld boten nicht die Zuversicht mehr, vor den Häschern der
Glaubensrichter Schutz zu gewähren. In welcher Sklaverei der Gedanken schmachtete, dafür zeugt ja das eben erwähnte Wort von Vives,
als er schrieb: „Wir leben in Zeiten, in denen man ohne Gefahr
nicht sprechen, noch schweigen darf!" Wie es mit der Freiheit sich

---

[1] „Ueber 45 Jahre lang tönt in meinen Ohren ein Wort wieder, worüber
mein Herz heute noch klopft, das der lutherische Ketzer Doktor Cazalla, der als
solcher verbrannt wurde, dazumal fallen ließ: „Hätten sie nur noch vier Monde
gewartet, dann wären wir so Vieler wie sie." Brief von Don Juan de Ribera
à Felipe III. — Vida de este rey, por Gil Gonzalez Dávila. Don Fr. Gerónimo de Lanuza, Bischof de Barbastro (Homilias sobre los Evangelios de la
Quaresma, Tomo II, Zaragoza 1636) bestätigt die Aeußerung in ähnlicher
Weise. Er sagt nämlich: „Als sie Cazalla verurtheilten, da rief er aus: „„Hätten
sie noch vier Monate gewartet, so wären wir so stark wie sie, und wenn gar sechs,
so würden wir mit ihnen verfahren, wie sie mit uns.""

[2] Nos interea dolemus opem quod ferre aflictis rebus minime queamus,
nam confestim magnum audentibus periculum immineret. Sed quid ego hoc
apud te hominem hispanum qui hanc tyranniam satis cognitam habes?
Luis Vives. — Coleccion de sus obras. Tomo VII. Edicion de Valencia.

[3] Tempora habemus difficilia in quibus nec loqui nec tacere possumus
absque periculo. — (An demselben Orte.)

zu äußern in Spanien dazumal stand, dafür mag sprechen, was dem englischen Gesandten widerfuhr, ein Begebniß, das wir hier nicht übergehen dürfen. Juan Man, der zweite Würdenträger der Kathedrale von Glocester, war Gesandter der Königin von England am Hofe Philipp's II., und wurde 1568 wegen eines angeblichen Vergehens, das er in den Augen des fanatischen Monarchen begangen, aus Madrid verwiesen. Man glaube aber nicht, daß der englische Gesandte durch einen öffentlichen Akt die Rücksichten verletzt hätte, die er dem spanischen Souveraine schuldete, noch daß er durch Schrift und Wort Wünsche für den Sieg der lutherischen Lehre in Spanien geäußert hätte, oder verfolgten Protestanten seinen Schutz gewährt, oder sie gar ermuntert hätte, sich wider ihren König aufzulehnen! Von allem Dem nichts: sein ganzes Verschulden bestand nämlich darin, daß er in vertraulichen Unterredungen über religiöse Gegenstände sich zum Mißfallen Philipp's II. geäußert hatte. Als man nämlich am spanischen Hofe Prozessionen abhielt, um die Wiederherstellung der Königin Isabella de Valois zu erflehen, machte Man sich bei einigen seiner Freunde darüber lustig, die es ausplauderten, und so kam es zu den Ohren Philipp's, der darob in Erbitterung gerieth. Er fühlte sich dadurch in seinem Glaubenseifer verletzt und meinte in den Aeußerungen von Juan Man eine große Kränkung für sich zu erblicken. Alsbald ließ er dem Gesandten durch den Herzog von Alba bedeuten: „Daß er sich in seinen Aeußerungen zu mäßigen hätte." Schon dies ist Beweis genug dafür, wie sehr Philipp den Einflüsterungen seiner Mönche sein Ohr öffnete, und wie wenig er freie Worte hören mochte, die seinem Systeme nicht schmeichelten. Dabei hatte es aber noch nicht sein Bewenden, denn seine Gereiztheit benutzte den ersten Anlaß, der sich bot, um dem Dekan von Glocester seinen Unwillen noch stärker zu bekunden, was er aus Rücksicht für die Königin von England Anfangs nicht gewagt. Bei einem Bankette nämlich, an welchem viele spanische, wie fremde Herren Theil nahmen, ließ Man das Wort fallen: „Philipp II. erfreue sich des Vorrechtes im Widerspruch mit allen übrigen Königen, allein in Europa den Pontifex zu vertheidigen.[1] Als dem spanischen Monarchen die Aeußerung des Ge-

---

[1] In einem Schreiben Philipp's II. an seinen Gesandten in London, Guzman de Silva, vom 11. Mai 1568 heißt es nämlich: „Da er (der Gesandte) in Glaubensdingen so verdammte Absichten und Gesinnung hegt, so konnte er nicht sich zurückhalten noch unterlassen, seinen schlechten Sinn durch gefährliche und verwegene Demonstrationen kund zu geben, denn unter Anderm ließ er sich noch jüngst bei einem Gastmahl, wo sich viele Personen, Spanier wie von andern

sandten hinterbracht wurde, gerieth er darob in die größte Entrüstung, weil er darin eine große Beleidigung erblickte. Wäre er ein Souverain gewesen, der Seelengröße besessen, so hätte er eine Aeußerung gleichgültig hingenommen, die im Grunde ihm noch zur Ehre gereichte, insofern er als alleiniger Vorkämpfer des heiligen Stuhles bezeichnet worden. Philipp aber verdiente auch in diesem Falle nicht den Beinamen des „Klugen," denn bei seinem Bestreben auch das Geringste, was er thäte, mit einer gewissen Grandezza zu umkleiden, vermeinte er nicht dulden zu dürfen, daß in Spanien, noch weniger aber an seinem Hofe, irgend Jemand wagen sollte, sich über ihn auszulassen, ohne zugleich ihn für den gerechtesten und frömmsten Monarchen zu erklären und als den umsichtigsten Politiker Europas zu charakterisiren. In seinem Zorne gab er sofort den Befehl, daß sich Juan Man von seinem Hofe zu entfernen habe, und daß er an einem Nachbarorte die Weisungen seiner Königin gewärtigen solle, wobei er ihn warnen ließ, durch unehrerbietige Aeußerungen den frommen Seelen Aergerniß zu bereiten. Alsdann richtete er an seinen Gesandten zu London einen langen Brief, worin er die Redereien des Dekans von Glocester wiederholte, mit dem Auftrage, dieselben der Königin von England zur Kenntniß zu bringen, damit sie als Genugthuung für solche Unbill einen andern Minister nach Spanien schicken möchte. Zugleich faßte Philipp den Entschluß, wie thörichte Kinder zu thun pflegen, den unverschämten Gesandten nicht mehr vor sich zu lassen, der sich vermessen, seinen Freunden Dinge zu äußern, die dem unfehlbaren Monarchen so sehr zum Schimpfe gereichten, und welche die Ruhe Spaniens und den Glauben unserer Väter so sehr gefährdeten.[1] Allem Anscheine nach wird Königin Isabella von England, die eine hochverständige Dame war, über König Philipp nur gelacht haben, der über solche

Nationen, zusammenfanden, dazu fortreißen, öffentlich und schamlos zu sagen: „Ich wäre der Einzige, der für das Bekenntniß des Pabstes auftrete!" Er sagte weiter, der Pabst wäre ein Mönchlein, ein kleiner Heuchler und andere ähnliche Aeußerungen, so daß er verdientermaßen der Strafe der Inquisition verfallen müßte, — berücksichtigte man nicht, daß er eine öffentliche Person und Minister der erhabenen Königin, mit der ich so gute Freundschaft und Nachbarschaft halte." (Archiv von Simancas. Siehe auch das Werk von Don A. G. Hernandez.)

[1] In dem früher erwähnten Schreiben Philipp's heißt es weiter: „Ich habe beschlossen, nicht mehr mit ihm zu verhandeln, noch soll er mehr vor mir erscheinen, noch an meinem Hofe sich aufhalten, sondern ihm sagen zu lassen, daß er sich nach einem Orte in der Umgegend begeben solle, mit der Mahnung, daß er dort lebe, ohne irgend Jemanden Aergerniß zu geben, noch andere Verwegenheiten zu äußern, ähnlich den früheren."

Klatschereien sich beschwerte, wie sie nur ein einfältiger Mensch wieder
vorbringen kann, der sich durch das Gerede derer reizen läßt, die sich
über seine Albernheit lustig machen, statt daß sie sich für einen Herrscher ziemten, der darauf Anspruch machte, als erster Politiker seiner
Zeit zu gelten. Was ist überhaupt von dem Geiste eines Mannes
zu halten, der eine Kränkung in dem erkennen will, was keine Geringschätzung verräth, der für eingebildete Unbill mögliche Rache zu
nehmen sucht und vor der Welt seine Ehre für verletzt erklärt, wo
er nur die Beschränktheit seines Verstandes und seine Unkenntniß des
menschlichen Herzens damit bekundet? So lächerlicher Uebermuth
wird zum Gespötte der Welt! Wenn ein Gesandter nur deßhalb,
weil er sich in vertraulichen Kreisen zum Mißfallen Philipp's geäußert, vom Hofe verbannt worden: — welcher Spanier hätte da
seinem Beispiele folgen dürfen, ohne daß er zu befürchten gehabt, daß
die Inquisition seine Verwegenheit geahndet hätte?

Jn religiösen wie politischen Dingen wurde Philipp II. der
Sieg nicht schwer gemacht. Privilegien und Freiheiten werden allerdings nicht in kurzer Zeit denen genommen, die zum Kampfe für
dieselben sich auf ihre Zahl und alten Muth verlassen, wenn nicht
schon die Furcht, ihre Stellung zu verlieren, ihnen die Waffen in die
Hand gäbe, es sei denn, daß man schon früher das Mittel gefunden,
ihren Arm zu lähmen, so daß alle Vertheidigung vergebens werde.
Philipp warf die Veste nieder, die der Stolz des spanischen Adels
aufgeführt, des Adels, der nunmehr ihm ganz unterwürfig geworden,
nachdem seine Vorgänger allgemach aus dem Fundamente des stolzen
Baues Steine herausgerissen hatten. Unter seiner Herrschaft konnten
die Unterdrückten nur selten aufathmen, und wenig Trost und Hoffnung blieb ihnen übrig. Der Sohn Philipp's II., der Prinz Don
Carlos, war für die Kirchenreform und Freund der religiösen Duldung, und so sah er nur mit Abscheu auf das Wüthen des Glaubenstribunals hin, das nur unter Zustimmung und dem Schutze seines
Vaters mächtig war. Dieser unglückliche Prinz wurde selbst ein
Opfer seines Vaters! Jm Kerker fand er in der Blüthe seines
Alters ein frühes Ende, und hat er keinen gewaltsamen Tod gefunden,
so hat Philipp mindestens die Schuld seines Todes zu tragen, insofern er im Kerker in eine hitzige Krankheit verfiel, die ihn bald wegraffte. Die Unterdrückung begann damit, zunächst das Volk niederzutreten, dann bemüthigte sie jene, die hoch in Würden standen, und
endlich wagte sie sich an jene, die für das allgemeine Beste geschützt

und erhalten bleiben sollten, um das Unglück der Völker zu heilen. Durch seinen Triumph wächst nur der Uebermuth, und die Tyrannei fühlt sich verletzt, sobald nur ein Mächtiger ihr entgegentritt. Der Zorn der Unterdrücker flammt dann um so stärker auf und leistet um so heftigern Widerstand, wenn Andere die Leiden der Unterdrückten zu mildern geneigt sind. Ein Tyrann gleicht dem Orkane, der nichts verschont, denn er bricht das Rohr, wie schwach es auch ist, er verweht die Blume, wie bescheiden sie auch sich birgt, und die mächtige Eiche und die stolze Ceder werden von ihm niedergeschmettert!

Fünftes Buch.

Zu allen Zeiten kämpfte die Verleumbung mit gleichen Waffen!
An den Glücklichen wagt sie sich selten heran, denn sie sucht ihre
Opfer meist dort, wo das Glück sich abgewandt, und mit welchem
Heldenmuthe auch der Ueberwundene unterlegen, so windet die Verleumbung gern dem Sieger neue Kränze, indem sie neue Schmach auf
den Unglücklichen häuft. Was hilft es dann, daß die Wahrheit der
Lüge die Maske abzureißen sucht? Selten bringt sie durch, und erst
dann, wenn die Nachwelt ihr Urtheil spricht, wird Trug und Täuschung entlarvt. Das Schicksal des Prinzen Don Carlos de Austria
ist ein schlagendes Beispiel dessen, was Verleumbung vermag! Er
hatte das Mißgeschick, als Jüngling den Haß seines Vaters, des
Königs Philipp II., auf sich zu laden, weil er der protestantischen
Lehre zugethan war, und wohl dürfen wir behaupten, daß sein Geschick mit das größte Beispiel für das ist, was Bosheit, im Bunde
mit serviler Schmeichelei gegen die Gewalt, zu leisten vermag. Allerdings lautet das Urtheil der Schriftsteller, die sich mit der Lebensgeschichte von Don Carlos befaßt, sehr verschieden! Die spanischen
Schriftsteller suchten den Prinzen als ein Ungeheuer zu schildern, in
dessen Herzen das Laster herrschte, während fremde Schriftsteller, die
anscheinend seinen Ruf zu vertheidigen suchten, sein Andenken dadurch
befleckt, daß sie erzählen, wie sein Mißgeschick nur daraus entstanden,
daß seine Stiefmutter ihn durch ihre blutschänderische Liebe dem Un-

glück geweiht habe. Und nicht genug mit solchen Behauptungen, ging man sogar so weit, die Meinung zu verbreiten, als wäre Don Carlos irrsinnig gewesen!

Jacques de Thou, Gregorio Leti, der Abbé von Saint-Rheal, Langle, Mercier und andere Schriftsteller berichten, daß in einer der Praeliminar-Bedingungen zwischen Kaiser Karl V. und dem Könige Heinrich II. von Frankreich, bei dem fünfjährigen Waffenstillstande, dahin gelautet hätte, daß der Prinz Don Carlos sich mit Isabella de Valois, der Tochter des Königs, vermählen solle. Als aber Philipp II. durch den Hintritt von Maria Tudor, Königin von England, Wittwer wurde, da faßte er den Entschluß, die Vermählung seines Sohnes mit der Prinzessin rückgängig zu machen, indem er selbst auf ihre Hand Anspruch machte. Sie berichten weiter, daß der Sinneswechsel seines Vaters den Prinzen in die größte Aufregung versetzte, und Königin Isabella mit einer solchen Leidenschaft für Don Carlos erfüllte, daß die Eifersucht Philipp's rege wurde, der in seinem Rachegefühl so handelte, wie ein Vater und ein in seiner Ehre tiefgekränkter Gemahl nur empfinden mag. Da nun Philipp nach diesen Vorgängen davon Kenntniß erhalten, daß sein Sohn mit dem Plane umginge, das Königreich zu verlassen, um sich an die Spitze der Flamänder zu stellen, die sich wider die spanische Krone erhoben, so ließ er ihn einkerkern, mit der ausdrücklichen Weisung an die Inquisition, ihm den Prozeß zu machen, weil gegen ihn der Verdacht vorliege, vom katholischen Glauben abgefallen zu sein. Man berichtet weiter, daß ein Urtheil über ihn gefällt wurde, und daß der Prinz zum Tode verdammt wurde. Wie die Einen erzählen, sollte er durch Gift seinen Tod gefunden haben, nach Andern aber sollte er durch das Garotte hingerichtet worden sein, oder ihm im Bade, wie einst dem Seneca, die Adern geöffnet worden sein. Allerdings wissen die spanischen Geschichtschreiber jener Zeit nur Schlimmes über ihn zu erzählen. Sie behaupten, der Prinz wäre übermüthig, dabei soll er auch sehr unwissend gewesen sein; er hätte nimmer den Wissenschaften obgelegen und nie Sinn dafür gehabt. Sie erzählen weiter, wie der Prinz mit Wort und That seinen Erzieher gekränkt und nicht minder seine Dienerschaft wie Personen vom höchsten Adel und Verdienst mißhandelt hätte. Sie versichern, daß er wirklich die Absicht gehabt, zu fliehen, um unter dem Schutze seines Oheims, des Kaisers Maximilian von Deutschland, die Flamänder um sich zu schaaren und wider seinen Vater zu Felde zu ziehen, daß aber Philipp seinen Sohn

für aberwitzig gehalten und ihn einsperren ließ, wo dann sein Wahn=
witz nur noch ärger geworden, denn der Prinz hätte sich der Speise
enthalten und seine Fieberhitze durch Schnee zu stillen gesucht, so daß
er am Ende seinen Leiden erlegen, aber erst, nachdem er die Ver=
zeihung seines Vaters auf das Lebhafteste ersehnt.

Um darzuthun, wie ungerecht und irrig diese Urtheile sind, haben
wir blos auf unbestreitbare Documente hinzuweisen, wodurch sich heraus=
stellen wird, daß die fremden wie spanischen Schriftsteller sich durch
ihre Eingenommenheit für oder wider durchgängig leiten ließen. Wäh=
rend fremde Geschichtschreiber über die Gefangenschaft und den Tod
des Prinzen sich nicht leidenschaftlich genug äußern können, nur um
Philipp II. noch mehr herabzuwürdigen, so waren die spanischen Au=
toren nicht glaubwürdiger, da sie durch ihre Schmähungen auf Don
Carlos seinem königlichen Vater und selbst seinem Nachfolger Phi=
lipp III. zu dienen vermeinten. Wir müssen allerdings zugeben, daß
in Spanien das Urtheil heute noch, der gesunden Kritik zum Hohne,
dem Prinzen ungünstig ist, doch hat uns die Erfahrung gelehrt, wie
falsche Meinungen, die auf schwachen Grundlagen ruhen, leicht fallen,
wenn man nur fest entschlossen ist, sie mit den Waffen der Wahrheit
zu bekämpfen. [1])

Der Prinz wurde zu Valladolid im Jahre 1545 geboren, und,
als sollte er in Allem unglücklich sein, — nie lernte er seine Mutter
kennen, die ihm vier Tage nach seiner Geburt schon entrissen wurde;
Doña Maria von Portugal starb nämlich einige Tage nach ihrer
Entbindung. Karl V., der durch seine fortwährenden Kriege in An=
spruch genommen war, konnte natürlich wenig für die Erziehung des
einstigen Erben seiner Krone wirken. Wie hätte er auch bei seinen
so umfassenden politischen Sorgen Zeit finden können, um für die
erste Erziehung seines Enkels Fürsorge zu treffen? Nichtsdestoweniger
lag ihm sein Enkel doch am Herzen, und er mußte wünschen, daß
Don Carlos, der seinen Namen trug, ihm auch in anderer Beziehung

---

[1]) Don Juan Antonio Llorente beurtheilt in seiner Inquisitionsgeschichte den
Prinzen Don Carlos mit einem großen Mangel an Kritik, da er aus unreinen
Quellen meist geschöpft. In seinem Bestreben, dem Prinzen möglichst viel Schlimmes
nachzusagen, sucht er die Strenge Philipp's II. und selbst das frühe Ende des
Prinzen zu rechtfertigen. Don Salvador Bermudez de Castro folgt in seinem
Werke: „Antonio Perez, Secretario del rey Felipe II." ganz dem Gutachten
von Llorente, und selbst Don Evaristo San Miguel benutzt in seiner Geschichte
des Königs Philipp II. viele Argumente, welche Llorente wider den unglücklichen
Don Carlos geltend gemacht.

gleichkomme. So wählte er, außer andern verdienten Lehrern, auch Don Honorato Juan, einen Edelmann aus Valencia, der durch seinen Geist, wie durch seine Bildung zu den ausgezeichnetsten Männern seines Jahrhunderts zu zählen ist, — als Erzieher des Prinzen. Einige Schriftsteller wollen wissen, daß der Prinz von wildem, rohem Naturell gewesen, und zum Beweise dafür bringen sie vor, welch' großes Vergnügen er daran gehabt, eigenhändig den jungen Kaninchen, die man ihm von der Jagd mitgebracht, die Köpfe abzuschlagen, weil er sich an ihren Todesängsten geweidet. Sie erzählen nämlich, daß der venetianische Gesandte derlei an den Senat von Venedig berichtet hätte, woraus derselbe bereits Schlüsse auf den Charakter dessen gezogen, der Erbe der castilischen Krone sein würde. Wenn es sich wirklich so verhält, daß der Gesandte einen solchen Brief nach Hause geschrieben, so muß man nur die Achsel darüber zucken. Kaum ist zu glauben, daß die Venetianer einen Diplomaten nach Madrid gesandt, der einfältig genug gewesen wäre, aus kindischem Treiben solche Folgerungen zu ziehen, und so erblicken wir darin blos wieder ein Verleumdungsbestreben, um Don Carlos schon als Kind gehässig zu machen. Selbst zugegeben, daß der Prinz an so grausamen Spielen sich ergötzt, — wie oft sieht man nicht Aehnliches, und zwar bei Kindern, die als Männer die edelste Menschlichkeit offenbaren? Solche Folgerungen ziehen, ist mehr als leichtfertig, und man könnte darauf hin einen leidenschaftlichen Jäger schon als vom Mordtriebe besessen wähnen und die Jagd in die Acht erklären. [1])

Doña Juana von Oesterreich, Königin von Portugal und Maximilian von Böhmen, der bald zur Würde eines Kaisers emporstieg, hatten vereint während der Abwesenheit Philipp's die spanischen Staaten zu verwalten, und so lag ihnen auch ob, für die Erziehung des Don Carlos Sorge zu tragen, den sie innigst liebten, wie sie bei verschiedenen Anläßen an den Tag legten, Beweis genug, daß er als Kind kein schlechtes Naturell hatte, wie uns die feigen Schmeichler Philipp's glauben machen wollen. Wie wir bereits oben berührt, gehörte zu

---

[1]) In den Guerras de Flandes, escritas por el R. P. Famiano Estrado de la Compañia de Jesus heißt es: Carlos war von rohem und grausamem Naturell, was man schon in seiner Kindheit bemerkte, da man sah, wie er mitunter eigenhändig die kleinen Kaninchen abschlachtete und seine Freude daran fand, sie sterben zu sehen. Der Gesandte von Venedig beachtete dies, indem er daraus auf sein rohes Naturell Schlüsse zog; ich habe dies in einigen Bemerkungen über die spanischen Angelegenheiten gelesen, die der Gesandte an seinen Senat richtete.

den geheimen Präliminarbedingungen zwischen Spanien und Frankreich, daß der Prinz mit der ältesten Tochter Heinrich's II., Isabella
de Valois, sich vermählen solle. Bedenkt man aber das jugendliche
Alter der Verlobten, so ist es in der That unwahrscheinlich, daß sie
bereits eine gegenseitige Leidenschaft empfunden hätten: — denn der
Prinz zählte erst dreizehn Jahre, während Isabella in ihrem zwölften
Lebensjahre stand. [1]) In so jugendlichem Alter stand noch der Prinz,
als Königin Maria von England starb und Philipp wieder Wittwer
wurde. Gleichviel, ob die Jugendlichkeit seines Sohnes ihn dazu bestimmte, oder ob aus Ehrgeiz angetrieben, Philipp ließ die früheren Be-
stimmungen fallen und in den Friedensbedingungen feststellen, daß die
Hand Isabellens ihm selbst vorbehalten bleiben solle. Am 2. Februar
1560 fand die Vermählung Isabellens mit Philipp II. statt, der
dazumal erst dreiunddreißig Jahre alt war. Don Carlos war einer
der Brautführer, obwohl er dazumal an einem hartnäckigen Wechselfieber litt. Am 22. Februar desselben Jahres leistete er vor den
Reichsständen seinen Eid als Erbprinz der Königreiche. Als Philipp II.
fand, daß die Heftigkeit seines Fiebers allen Heilmitteln widerstand,
welche die ausgezeichnetsten Aerzte nur anwenden mochten, ließ er den
Prinzen in Begleitung seines Oheims Don Juan von Oesterreich
und seines Vetters Alexander Farnese, wie seines Erziehers, Lehrers
und sonstiger Dienerschaft nach Alcala de Henares ziehen, einem Orte,
der sich durch seine reine Luft empfahl, und wo der Prinz neben seiner
Gesundheit noch dem Studium der Wissenschaften obliegen konnte. [2])

---

[1]) Um die gegenseitige Neigung von Don Carlos und Isabella in Abrede
zu stellen, stützt sich Llorente auf ein sehr wunderliches Argument, er behauptet
nämlich, Isabella de Valois hätte nach ihrer Vermählung mit Philipp keine Neigung für Don Carlos empfinden können, weil der Prinz in Folge langwierigen
Leidens am Wechselfieber so bleich und schwach gewesen, daß er schwerlich hätte
Liebe einflößen können. Als wenn dieser Umstand allein ausreichte, Abneigung
einzuflößen?

[2]) Wenn gleich von Manchem zugestanden wird, daß der Prinz in der spanischen Literatur wohl bewandert war, so behauptet man doch, daß sein Lehrer Don
Honorato Juan mit aller Mühe ihm die lateinische Sprache nicht beibringen
konnte, woraus der Schluß gezogen wird, daß der Prinz zu beschränkt gewesen,
als daß er die lateinische Sprache hätte lernen können. Allein abgesehen davon,
daß der Prinz durch anhaltende Kränklichkeit in seinen Studien gestört wurde,
muß man dem Rechnung tragen, daß die Methode, wie das Lateinische dazumal
gelehrt wurde, nicht geeignet war, Lust und Neigung für das Studium dieser
Sprache zu erwecken. Einer der ausgezeichnetsten Gelehrten, Don Martin Perez
de Ayala, Erzbischof von Valencia, äußerte sein entschiedenes Mißfallen über die
Art und Weise, wie zu seiner Zeit das Lateinische gelehrt wurde. In einer Skizze
seines Lebens, die als Manuskript sich noch in der Bibliothek der Kathedrale von
Sevilla befindet, bemerkt er nämlich, daß die Methode seiner Zeit vornehmlich

Der Prinz, auf den die älteren spanischen Schriftsteller nicht Schlimmes
genug werfen können und der selbst von neueren Schriftstellern, die
angeblich der Wahrheit dienen wollen, noch verkannt wird, war keineswegs stumpfsinnig, noch unwissend, wie man ihn darstellen will. Im
Gegentheil gab er Beweise genug, daß er durch richtiges Urtheil, wie
durch Freisinn sich vor Andern auszeichnete. Der weise Doktor Juan
Huarte de San Juan gab im Jahre 1575 nach dem frühen Hintritt
des Prinzen sein berühmtes Werk heraus, das den Titel führt:
„Exámen de ingenios." Es kommt darin ein sehr verständiges
Gespräch vor, das der Prinz mit dem Doktor Suarez von Toledo
führte, der sein Hofalkade zu Alcala de Henares war. Da es in
unserer Absicht liegt, die Irrthümer zu verscheuchen, die in Spanien
noch in Bezug auf Don Carlos im Schwunge sind, so halten wir
es für angemessen, eine Stelle jenes Dialogs hier vorzuführen, die
vielleicht besser als alles Andere dazu beitragen mag, das Urtheil über
den Prinzen zu berichtigen. In jenem Dialoge zwischen dem Prinzen
und dem Doktor stellt der Prinz manche Fragen, aus denen wir
folgende hervorheben:

Der Prinz (fragt):

Welcher König meiner Vorfahren verlieh Ihrer Familie den
Adel?

Doktor Suarez.

Kein König verlieh ihn, denn Eure Hoheit wissen ja, daß es in
Spanien zwei Arten Edelleute gibt: die Einen sind es von Geburt,
die Andern Kraft des Vorrechts des Königs. Die geborenen Edelleute, wie ich, haben ihren Adel nicht aus der Hand eines Königs
empfangen, wohl aber die Andern.

Der Prinz:

Das ist für mich etwas schwer zu verstehen, und freuen würde
ich mich, wenn Sie mir es klarer machten, denn, gehe ich von mir
auf meinen Vater, dann auf meinen Großvater und so weiter zurück,
so fängt mein königliches Geschlecht mit Pelayus an, den man beim
Tode des Königs Don Rodrigo zum Könige wählte, was er früher
nicht war. Zählten wir Euer Geschlecht so zurück: kämen wir da
nicht auf Einen zurück, der nicht Edelmann gewesen?

darin bestanden, die Anfänger durch Auswendiglernen zu ermüden, was denselben
alle Lust hätte benehmen müssen, was er selbst empfunden hätte. Llorente, der,
wie wir bereits bemerkt, gegen Don Carlos eingenommen ist, zieht daraus, daß
der Prinz im Lateinischen zurückblieb, den Schluß, daß der Prinz keine andere
Sprache hätte lernen wollen!?

Doktor S.:

Das läßt sich nicht leugnen, denn alle Dinge haben ja ihren Anfang.

Der Prinz:

Ich frage Sie noch weiter, woher hatte der Erste, der Ihren Adel begründet, den seinigen her? Er konnte sich doch nicht selbst frei machen, noch sich von den Steuern befreien, die seine Ahnen bis dahin dem Könige gezahlt, denn das wäre ja ein Raub gewesen und hieße mit der Gewalt sich durch das königliche Vermögen bereichern. Es ist nicht recht, daß geborne Edelleute einen so gemeinen Ursprung hätten und es ist mithin klar, daß der König ihnen jene Freiheit gab und sie mit dem Adel beschenkte. Wenn nicht, so sagen Sie mir doch, wer ihn denn verliehen?

Doktor S.:

Der Schluß Eurer Hoheit ist sehr richtig, und so verhält es sich wirklich, daß es keinen wahren Adel gibt, der nicht vom König ausgegangen. Indessen nennen wir Jene „Edelleute von Geburt", deren Anfang man nicht mehr kennt, noch für welche schriftliche Belege vorhanden, zu welcher Zeit ihr Adel begonnen, oder von welchem Könige die Gunst ausgegangen. [1])

Aus den Worten dieses Gespräches, die ein so vertrauenswerther Schriftsteller, wie Huarte de San Juan war, uns berichtet, leuchtet uns als gewiß hervor, daß der Prinz so wenig in seinen Verstandeskräften gelitten, als er ungebildet und unwissend gewesen. Im Gegentheil sprach er sich frei über politische Gegenstände mit einer Einsicht aus, wie sie nur einem vernünftigen Manne eigen ist. Damit halten wir bereits die kindischen Anschuldigungen beseitigt, welche die blinden Apologeten Philipp's II. wider Don Carlos vorgebracht und manche neuern Schriftsteller sich nicht zu wiederholen scheuen. Das Schicksal will es einmal so, daß der Ruf der besten Menschen oft der Bosheit der Verläumdung Preis gegeben ist, die alle schlechten Leidenschaften für ihre Zwecke aufbietet! Der Moment kommt aber, wo alle Täuschung fällt und der kleinste Umstand vermag oft den Schleier zu zerreißen, der das Licht der Wahrheit uns verhüllt. So ist es uns auch gelungen, den dunklen Nebel zu zertheilen, der das Andenken des Don Carlos uns bisher verfinstert.

---

[1]) „Exámen de ingenios para las ciencias.... compuesto por el doctor Juan Huarte de San Juan. — En Baeça, por Juan Bautista Montoya. — Año de 1575."

Ohne Uebertreibung dürfen wir versichern, daß Don Carlos ein Prinz gewesen, den die Spanier wegen seiner Tugenden und männlichen Eigenschaften eben so sehr schätzten, wie wegen seiner ungewöhnlichen Geistesgaben. Juan Martin Cordero, ein großer Gelehrter, welcher die Werke des Flavius Josephus in's Spanische übersetzt und viele historische Schriften verfaßt, schrieb im September 1558 Worte nieder, die sich in einem Gedenkbuche über Ehrenmünzen vorfinden: „Dieser Prinz," schreibt er, „nämlich Don Carlos, ist nicht minder in den Wissenschaften, denn in den Waffenkünsten kundig, und er gibt solche Anzeichen, daß er Allen, die ihn sehen und mit ihm umgehen, hohe Bewunderung einflößt. In den Waffen aller Art ist er so geübt, daß er seinen Vorfahren gleichkommt, dermaßen, daß Alles, was Kaiser Friedrich und Maximilian, sein Urgroßvater Philipp, wie sein Großvater Karl und sein Vater Philipp geleistet, in ihm sich allesammt vereinigt findet, nach den Zeichen, die er giebt, worin der Beweis, daß er noch weit mehr zu leisten vermag. Ich unterlasse hier der Anmuth zu erwähnen, mit der er bewundernswürdige Worte äußert, die von Mund zu Mund gehen, wie auch das zu berichten, was er thut, um das Gesagte zu bewähren, und mich auf das einzulassen, was er bei der Abreise seines Vaters, des erhabenen Königs gethan, denn hätte ich darüber vollen Bericht schriftlich abzugeben, so würde meine Feder nicht dazu ausreichen, noch mein Talent es wagen dürfen!"[1]) Schließlich haben wir Don Pedro Salazar de Mendoza zu erwähnen, der in seinem Werke: „Las dignidades seglares de Castilla y Leon" sich keineswegs für Don Carlos äußert und dennoch entfallen ihm Worte, die der Wahrheit die Ehre geben. Er behauptet allerdings, der Prinz wäre von aufgeregtem Temperamente, das sich zügellos hätte gehen lassen, dabei wären seine Sitten ausschweifend gewesen und doch läßt er am Ende folgendes Geständniß fallen: „Der Prinz war auf's Aeußerste ein großer Freund der Wahrheit und Gerechtigkeit und zwar dermaßen, daß, wenn ein Diener sich irgend etwas Unwahres zu schulden kommen ließ, er nie mehr Vertrauen auf ihn setzte, noch ihn duldete. Die Adligen begünstigte er sehr und in seinem Dienste waren nur Adlige zu finden[2]!") Fassen

---

[1]) Primera parte del Promptuario de las medallas de todos los mas insignes varones que ha avido desde el principio del mundo con sus vidas contadas brevemente, traduzido agora nuevamente por Juan Martin Cordero. — En Lyon en casa de Guillermo Rovillio. — 1561.

[2]) Origen de las dignidades seglares de Castilla y Leon. — Por el doctor Salazar de Mendoza. — En Toledo, por Diego Rodriguez de Valdivielso. — 1618.

wir diese Notizen zusammen: wenn ein Schriftsteller wie Huarte de
San Juan seiner Unterredungen mit manchen Personen so rühmlich
erwähnte, — wenn Cordero versichert, daß seine bewunderungswürdigen
Aeußerungen von Mund zu Munde gingen, was auch von San
Juan bestätigt wird und daß dieselben für seine männliche Eigenschaften Zeugniß ablegten, — und wenn endlich ein Geschichtschreiber
wie Mendoza, der überhaupt nur Schlimmes über sein Naturell und
seine Sitten vorbringt, ihn dennoch als einen beharrlichen Freund
der Wahrheit in Wort und That hinstellt: — was soll man denn
von Jenen denken, die den Prinzen für einfältig und ungebildet erklären, und die da behaupten, daß er durchaus keine Aussicht geboten,
als würde er einst seine Erbstaaten glücklich regieren? Vor einer unbefangenen Kritik kann das Urtheil von Chronisten nicht bestehen, die
im Solde Philipp's II. und Philipp's III. standen, da Letzterer
keineswegs gestattet hätte, daß man etwas veröffentlichte, was das Andenken seines Vaters hätte beflecken können. Bedenke man doch, daß
die Geschichtschreiber jener Zeit nicht die Freiheit hatten, um über
Personen ein Urtheil zu fällen, die in die Ungnade des Königs gefallen und die sie nach Willkür der Günstlinge des Monarchen zu
beurtheilen hatten. Man übersehe ja nicht, daß die anerkennenden
Worte für Don Carlos nicht von eigentlichen Chronisten ausgegangen,
sondern vielmehr von Philosophen und Alterthumskundigen, die nur
nebenher geschichtliche Punkte berührten. Die einzige Ausnahme davon
macht Mendoza, der in wenigen Zeilen die Wahrheit gelten ließ, indem er dem unglücklichen Prinzen gerechtes Lob spendete. Wie es die
Griechen einst mit Hector gemacht, so handelten die verblendeten Lobredner Philipp's: — den sie im Leben fürchteten, dessen irdische Reste
schleiften sie im Kothe umher! Bedürfte man noch anderer Zeugnisse,
um das Andenken des Prinzen zu reinigen, so fehlt es uns auch
nicht an solchen, denn die Stimme mancher Zeitgenossen ist Jahrhunderte hindurch doch zu uns gedrungen, um die Wahrheit uns rein
vorzuführen. Unter diesen haben wir vor Allem Gerónimo de Contreras zu nennen, der in seinem Romane „Selva de Aventuras"
(Wald der Abentheuer), der unter dem Schutze der Königin Isabella
de Valois erschien, seinen Helden in eine Höhle bei Puzzolo in Italien
herabsteigen läßt, wo eine Zauberin, Namens Cuma, wohnte, die ihm
die Zukunft und Gegenwart enthüllt. Dort sieht er den Kaiser
Karl V., wie er sich in ein Kloster zurückzieht, ebenso König Philipp II.,
der mit dem Glaubensschild gewappnet, dasselbe vertheidigt und zuletzt

ruft ihm die Zauberin zu: „Den du dort siehst, das ist der Erbe dieses Königs ... Carlos ist sein Name und er wird in Spanien auf dem Throne folgen. Zu seiner Zeit wird es gewaltige Männer geben, die tapfer und unverzagt, von gerechtem und biederm Herzen, die das Gesetz Gottes sehr lieben und für den Dienst ihres Königs beeifert sind." [1]) Will man noch sprechendere Beweise dafür haben, wie falsch Don Carlos beurtheilt worden? Wenn die ausgezeichnetsten Geister der spanischen Literatur im sechszehnten Jahrhundert sich so günstig für Don Carlos aussprechen: — was soll man denn von Jenen denken, die ihm alles Genie absprechen und ihn aller Tugend baar erklären? Wer Freund der Wahrheit, wird das Urtheil eines Contreras nicht gering anschlagen, denn es war wahrlich nicht niedrige Schmeichelei, die ihn dazu bestimmen konnte, des Prinzen Verdienst zu preisen. Philipp II. saß dazumal noch auf dem Throne und über ihn sagt Contreras nur das, was wir Alle wissen, nämlich daß er ein standhafter Vertheidiger des katholischen Glaubens gewesen und ein Feind aller Derer, die sich dem katholischen Glauben entfremdeten. Wie anders aber läßt sich Don Contreras über Don Carlos aus, dem er Glück über die Maßen in seiner einstigen Herrschaft prophezeit?! Wenn er so große und so glückverheißende Hoffnungen auf die einstige Regierung des Prinzen setzte, so hielt er ihn sicherlich nicht für einen einfältigen Thoren, und setzte im Gegentheil bei ihm Eigenschaften voraus, die ihn zum Herrscher geeignet machten, auf daß seine Unterthanen einst unter ihm sich glücklich fänden. Wäre er ein Schmeichler gewesen, so hätte er Philipp II., dem allgewaltigen Herrscher, Weihrauch gestreut, nicht aber seinem unglücklichen Sohne, von dem er sicherlich nichts zu hoffen hatte. Das Lob, das Contreras dem Prinzen widmete, scheint für die Inquisition Grund genug gewesen zu sein, um seine Schrift zu verbieten, wie aus den Verbots-verzeichnissen der Inquisition zu ersehen ist, und dieser Umstand spricht nicht minder dafür, daß der Prinz Eigenschaften besessen, die ihn den Inquisitoren nicht empfehlen mochten. Vermochte auch die

---

[1]) Gerónimo de Contreras. Selva de Aventuras repartida en IX libros, los quales tratan los amores que un cavallero de Sevilla llamado Luzman tuvo con una doncella Arbolea. (So viel wir wissen, ist die älteste Ausgabe des Buches zu Salamanca 1575 erschienen; im Jahre 1578 erschien eine zweite Ausgabe zu Sevilla. In Frankreich wurde 1580 eine Uebersetzung davon ver-öffentlicht. Zu Alcala erschien 1688 wieder eine neue Ausgabe und im Jahre 1615 zu Cuenca. Der Roman wurde übrigens von der Inquisition bald ver-boten.)

Verleumdung im sechszehnten Jahrhundert zu Wege zu bringen, daß
selbst die Geschichtschreiber ihr Urtheil verfälschen ließen, so durch=
dringt, wie wir eben gesehen, das Licht der Wahrheit doch endlich die
Nebel, die das Karakterbild des Prinzen bisher uns verdunkelt,
und dies ist zeitgenössischen Schriftstellern zu verdanken, die über allen
Verdacht erhaben sind.

Die Gesundheit des Prinzen hatte sich etwas gebessert und fünfzig
Tage waren vergangen, ohne daß er einen neuen Fieberanfall gehabt
hätte, als ihm ein Unfall zustieß, der ihn wieder auf's Lager warf.
Es war am Sonntag, den 12. April 1562, daß der Prinz nach
dem Mittagessen einen Fall that, der sein Leben gefährdete. Er mußte
nämlich eine dunkle Treppe hinabsteigen, deren Tritte sehr schadhaft
waren; da trat er mit dem rechten Fuß fehl und stürzte kopfüber
auf eine verschlossene Thüre zu, an die sein Kopf anschlug. So be=
richtet der Licenciat Dionisio Daza Chacon.[1]) Chacon war nämlich
der Wundarzt, der dem Prinzen zunächst zu Hülfe eilte und die zweck=
dienlichen Mittel anwandte. Später erst besuchten ihn auf Befehl
des Königs andere Aerzte. Als Chacon wieder zum Prinzen kam,
sagte ihm dieser: „Licenciat, es ist mir angenehm, wenn mich der
portugiesische Doktor behandelt, nehmen Sie mir dies nicht übel."
Eine Bemerkung, die schon zur Genüge beweist, daß Carlos nicht so
gebieterisch verfuhr, wie seine Gegner glauben machen wollen. Die
Aeußerung seines Wunsches, von dem portugiesischen Doktor behandelt
zu werden, war so höflich und rücksichtsvoll, wie sie nur zu wünschen,
und Chacon macht selbst die Bemerkung dazu, daß er darin nur eine
Höflichkeitsbezeugung erblickt, die ihn nicht hätte verletzen können. Es
wurden übrigens noch andere Aerzte hinzugerufen, unter andern der
berühmte belgische Arzt Vesalius. Die Kopfverletzung war eine so be=
denkliche, daß sein Leben in großer Gefahr schwebte. Philipp besuchte
ihn selbst mehrmals, ließ Gebete für die Wiederherstellung seines
Sohnes anordnen und war selbst bei mehreren Consultationen der Dok=
toren zugegen, wo er große Zuneigung für seinen Sohn an den Tag
legte und zu erkennen gab, wie ihm nichts mehr am Herzen liege, als
ihn sich erhalten zu sehen. Selbst eine Prozession wurde zur Fürbitte
für die Wiederherstellung des Prinzen abgehalten, und der Rath von

---

[1]) „Práctica y teórica de cirugia en romance y en latin: primera y
segunda parte, compuesta por el licenciado Dionisio Daza Chacon, médico
y cirujano de S. M. el rey don Felipe II. — Valladolid, en casa de Ana
Velazquez. — 1609."

Alcala zog mit dem Leibe von San Diego nach dem Krankenzimmer des Prinzen, um die Heilung des leidenden Jünglings unter den Schutz des Heiligen zu stellen. Dem großen Eifer und der Einsicht seiner Aerzte hatte Don Carlos es zu verdanken, daß er nach länger als dreimonatlichem Leiden seine Gesundheit wiederfand. [1]

Beiläufig bemerkt mag zur Widerlegung der Angabe, als wäre der Prinz übermüthigen und halsstarrigen Sinnes gewesen, hier noch eine Stelle dienen, die sich bei Chacon über den Prinzen findet und sein Benehmen auf dem Krankenlager betrifft: „Seine Hoheit, schreibt Chacon, erwies sich sehr gehorsam und respektvoll gegen Seine Majestät, denn alles, was der Herzog von Alba oder Don Garcia de Toledo ihm im Namen des Königs sagten, that er immer sehr bereitwillig selbst an Tagen, wo er delirirte. Was zu seiner Heilung dienen sollte, that er auch in gleicher Weise und ließ sich alle Heilmittel gefallen, und sträubte sich nie gegen ein Mittel, das selbst die Stärksten einschüchtern mochte. Im Gegentheil, er verlangte immer danach, was zu seiner Rettung, die unser Herr ihm schenkte, von großem Nutzen war." Diese Worte des Arztes, der Gelegenheit hatte, die Gemüths= art des Prinzen Monde lang zu beobachten, sprechen laut genug für ihn und verdienen unseres Dafürhaltens mehr Glauben, als das Wort von Geschichtschreibern, die blos aus Schmeichelei oder aus Scheu den Ruf Philipp's zu kränken, die Einkerkerung des Prinzen zu rechtfertigen gesucht. Erwägt man nunmehr, daß Dichter, Alter= thumsforscher, Philosophen und Aerzte die Tugenden des Don Carlos nicht genug preisen konnten, daß diese Schriftsteller rücksichtslos ihre Mei= nung äußern durften und daß sie kein Interesse daran hatten, die

---

[1] In der Madrider Nationalbibliothek findet sich nämlich ein handschriftlicher Bericht des Wundarztes Chacon über die Krankheit des Prinzen, welcher einiger= maßen von dem abweicht, was er in seinem Buche: „Die Praxis und Theorie der Chirurgie" sagt. Chacon schreibt darin: „Der Prinz war so frommen Sinnes, daß, wie er erzählt, ihm Sonnabend Nachts am 9. Mai der selige Fray Diego erschien, in seiner Franciskanerkutte und mit einem Kreuz von Schilfrohr, das durch ein grünes Band gebunden war. Der Prinz meinte San Francisco zu sehen und rief: „Du hast ja keine Wunden?" Er entsinnt sich nicht dessen, was ihm geant= wortet wurde, nur tröstete ihn der Heilige und sagte ihm, an dem Uebel würde er nicht sterben." Chacon macht dazu folgende Bemerkung: „Daraus hat das Volk den Schluß gezogen, daß die Wiederherstellung des Prinzen durch ein Wunder bewirkt worden. Wenn nun auch dies Kraft der Verdienste des Seligen so sein könnte; wenn man es ein Wunder nennen will, so war es meines Erachtens doch kein solches, denn der Prinz wurde durch natürliche und gewöhnliche Heil= mittel wieder hergestellt, durch welche man solche Krankheiten zu behandeln pflegt." (Nach Anderen hätte Doktor Olivares den Krankheitsbericht verfaßt.)

Verdienste des Königs zu schmälern, so ist ihre unbefangene Meinung als jene zu betrachten, die dem Rechte und der Wahrheit wohl am nächsten kommt, denn alle andern Quellen über das Leben des Don Carlos erscheinen uns sehr trübe. Es steht unbestritten für uns fest, daß alle Schriftsteller, welche im Solde der Könige standen, nicht Schlimmes genug dem Prinzen nachsagen können, wohingegen Alle, die mit der Geschichte jener Zeiten sich eigentlich nicht befaßten, seine Hochherzigkeit und sonstige Tugenden nicht genug zu rühmen wußten. Welches Zeugniß muß in unsern Augen als gültig erscheinen? Doch wohl das Urtheil der Letzteren, die sich nicht nach dem Gebote der Herr=scher zu richten hatten, sondern vielmehr nur ihrer Einsicht und ihrem Gefühle ohne irgend eine andere Rücksicht folgten. Die Zeit, die so manches Unrecht, wenn auch leider zu spät sühnt, hat auch hier der Wahrheit endlich zu ihrem Rechte verholfen, wie sehr man sich auch bemüht, sie zu verdunkeln. [1])

Bisher hatte vollkommene Eintracht zwischen Philipp und seinem Sohne geherrscht, die aber mit einem Male durch Verhältnisse gestört wurde, die wir hier näher zu entwickeln haben. Als König Philipp die Niederlande verließ, um nach Spanien zurückzukehren, hatte er die Regierung dieser Provinzen der Herzogin von Parma anheim gegeben und unter ihr Männer zur Verwaltung der Provinzen ausersehen, gleich ausgezeichnet durch ihre Herkunft, wie durch den Muth, den sie im Kriege bewährt. Wilhelm von Nassau, Prinz von Oranien, war zum Gouverneur und Oberbefehlshaber der Grafschaften Holland und Seeland ernannt, Lamoral, Graf von Egmont, zum Gouverneur und Befehlshaber der Grafschaften Flandern und Artois, Philipp von Montmorency, Graf von Horn zum Capitain der Hatschiere des Königs, Johann von Bergues, Marquis von Bergues, Kammerherr, Anton von Lalain, Graf von Hoochstraten, Wilhelm van Berghe, Graf von Berghe, Heinrich von Brederode, Herr von Vianen, Flores

---

[1]) Unter denen, die den Ruf des Prinzen Don Carlos am meisten geschmäht, ist vor Allen Luis Cabrera de Cordoba in seinem Leben Philipp's II. zu erwähnen, das er dessen Sohn Philipp III. widmete, dessen Einfalt und Geistesbeschränktheit allbekannt ist und den Cordoba doch in die Wolken hebt. Er sagt unter Anderm: „Spanien durfte sich glücklich preisen ob des großen Unglücks der Vergehen seines schwachköpfigen Thronerben, denn auf König Don Philipp III., unsern Herrn, ergoß der Himmel mit vollen Händen seine Gaben der Frömmigkeit, Gerechtigkeit, Standhaftigkeit u. s. w. Aus diesen Worten allein mag man den Schluß ziehen, welchen Glauben Cordoba bezüglich seiner Mittheilungen über den Prinzen verdient.

de Montmorency, Herr von Montigny und Gouverneur von Tournay und andere Belgier verwalteten unter dem Befehl der Herzogin.

Alle diese Männer waren protestantisch gesinnt, obwohl sie äußerlich dies zu verbergen wußten. Während der Abwesenheit des Königs wehrten sie Niemanden, im Herzen welche Religion auch immer zu hegen, noch weniger aber fiel es ihnen ein, jene zur Verantwortung zu ziehen, die sich öffentlich als Gegner des katholischen Glaubens erklärten. So konnten sie im geeigneten Momente nicht länger es ertragen, daß Cardinal Granvelle, ein Günstling der Herzogin von Parma, die Bewohner der Niederlande durch Verfolgungen jeder Art heimsuchte, wozu noch der Umstand kam, daß man Alles aufbot, um in die an Gewissensfreiheit einmal gewohnten Provinzen auch die Inquisition einzuführen. Es war im Jahr 1559, wo Lamoral von Egmont, der Prinz von Oranien und Philipp von Montmorency ein Schreiben an Philipp richteten, worin sie demselben vorstellten, wie nothwendig es zur Erhaltung der Niederlande in ihrer Treue gegen die spanische Krone wäre, daß Cardinal Granvelle das Land verlasse, weil er den Haß des Adels und Volks wider sich heraufbeschworen. Bald lief Philipp's Antwort ein, die dahin lautete, daß in Betracht, daß seine Unterthanen durch die Stellung jenes Mannes und die angebliche Thyrannei seiner Regierung so viel zu erdulden hätten, einer der Unterzeichner an den Hof kommen möge, um dem Könige die Mittel anzugeben, die für einen so ernsten und dringenden Fall angemessen wären. Die Unzufriedenen ernannten zu dem Behufe den Grafen Egmont, der sich aber keineswegs beeilte, seine Reise nach Spanien anzutreten, im Gegentheil schob er dieselbe noch manchen Monat hinaus, so daß König Philipp, der erfahren, daß die Wirren in den Niederlanden stündlich zunahmen, und daß die Zögerungen sie zu beschwichtigen am Ende zu seinem Verderben ausschlagen könnten, — sich veranlaßt fand, in einem Schreiben an den Grafen sein lebhaftes Verlangen auszusprechen, ihn persönlich als Augenzeugen zu hören, indem er Vertrauen auf einen Mann von seinem Carakter und seiner Regierungserfahrung setze, und aus seinem Munde am besten erfahren könne, auf welchen Punkt denn die Dinge dort gediehen. Graf Egmont theilte seinen Freunden und Genossen Philipp's Schreiben mit, die ihm den Rath gaben, da doch einmal die Gelegenheit so günstig, um der Thyrannei gegen Personen und Eigenthum ein Ende zu machen, daß er nach Spanien sich begeben möge, wo er dann durch seine politische Gewandtheit Philipp zum

Besten der Niederlande und der Gewissensfreiheit umstimmen könne. So entschloß sich denn endlich Egmont zur Reise und erschien im Namen der Stände am Hofe Philipp's, von dem er sehr freundlich empfangen wurde. Er hatte mehrere Unterredungen mit Philipp, in welchen er die Nachtheile schilderte, welche Granvelle durch seine unkluge Regierungsweise heraufbeschworen und die die gesammten Niederlande zu einer Einöde zu machen drohten. Worauf Graf Egmont insbesondere drang, war, daß der König vor allem andern sich in Person nach den Niederlanden begebe, um mit eigenen Augen sich davon zu überzeugen, auf welchem Punkt die Sachen ständen. Nicht minder hob er hervor, welcher Nachtheil für die spanische Herrschaft daraus erwachsen könne, wenn den Niederländern die Gewissensfreiheit nicht gewährt würde, denn dieselben mit Gewalt wieder in den Schooß der katholischen Kirche zurückzuführen, wäre, wenn nicht unmöglich, doch mindestens der Ruin und Untergang der reichen Lande. Diese Vorstellungen fanden bei Philipp kein freundliches Gehör und benahm er sich auch gegen Egmont wie früher und behandelte er ihn auch mit großer Zuvorkommenheit und Wohlwollen, so gab er ihm doch schließlich zu erkennen, wie er durchaus nicht gewillt wäre, den Wünschen der Stände gerecht zu werden.

Graf Egmont fand bei seinem Aufenthalte zu Madrid mehrmals Gelegenheit sich mit dem Prinzen Don Carlos zu unterhalten, wobei es natürlich sein angelegentlichstes Bestreben war, die Unterdrückung der Flamänder möglichst zu mildern und den Prinzen zu deren Gunsten zu stimmen. Er schilderte dem Prinzen mit den lebhaftesten Farben, wie unglücklich sich jene Völker fühlten. Nicht minder sprach er ihm sein Bedauern darüber aus, daß der Prinz nichts mehr als ein bloßer Unterthan vermöge, was die Abgeneigtheit seines Vaters und der Uebermuth seiner Günstlinge allein zu verschulden habe, und die Folge davon wäre, daß der Prinz politischen Dingen ganz fremd bleiben müßte, ohne irgend welche Erfahrung in der Regierungskunst zu gewinnen, die er allein aus den Schriften bewährter Schriftsteller bisher lernen mochte. Was war da natürlicher, als daß diese Worte in dem empfänglichen Gemüthe des jugendlichen Prinzen zünden mußten? Der Prinz fand sich darauf gedrungen König Philipp die Wohlfahrt der Niederlande ebenso an's Herz zu legen, wie seinen lebhaften Wunsch zu erkennen zu geben, in die Staatsangelegenheiten eingeweiht zu werden, gerade wie sein Großvater Karl V. dieselben einstens dem Kronprinzen übertragen, nachdem derselbe als Thronfolger

seinen Eid geleistet. Von dem Zeitpunkte an standen Carlos und
Egmont in Briefwechsel, bis Graf Egmont nach Flandern zurückkehren
mußte, um Bericht darüber zu erstatten, wie unfreundlich der König
die Kunde aufgenommen, daß jene Völker dem apostolischen Stuhle
so abgeneigt geworden. Bald darauf sprach sich der Prinz seinem
Vater gegenüber mit dem Freimuthe aus, der seinem Naturell eigen
war, indem er seinem Vater zu bedenken gab, welche schlimme Wendung die Dinge in den Niederlanden nähmen und wie zweckmäßig
es wäre, so rasch als möglich das durch die Umstände gebotene Heilmittel in Anwendung zu bringen. Worauf er insbesondere Nachdruck
legte, war, daß man jene Bevölkerung nicht zwingen solle, die Inquisition zuzulassen und die reformirte Religion zu verbannen, und
schließlich machte er noch geltend, daß statt aller jener Günstlinge,
welche jene Provinzen zu regieren hätten, es weit passender und gerechter wäre, wenn der Erbprinz an der Seite seines Vaters die
Kunst zu regieren erlernte, wozu dann die Einsicht weiser Räthe und
die Lehren der Erfahrung ihr Theil beitragen würden. Solche Worte
fanden bei Philipp keine freundliche Aufnahme, im Gegentheil erweckten
sie bei ihm den lebhaftesten Argwohn, da der Prinz nicht sowohl in
der feurigsten Weise die Vertheidigung der Ketzer ergriff, als vielmehr
darauf drang, in die Staatsangelegenheiten eingeführt zu werden.
So mußte es denn kommen, daß den Wünschen des Don Carlos
nicht genug gethan wurde, da der Argwohn des Königs durch wieder-
holtes Andringen seines Sohnes um so stärker wurde und am Ende
die Günstlinge des Königs den Prinzen als einen mächtigen Nebenbuhler anzusehen anfingen, dem einmal die Schwingen so wachsen
würden, daß er sie vom Gipfel ihres Einflusses und ihrer Macht
herabschleudern werde. Sei dem nun auch wie ihm wolle, es unterliegt durchaus keinem Zweifel, daß König Philipp von jener Zeit an
begonnen, seinem Sohne weniger Zuneigung zu zeigen. Diese Abneigung wuchs allgemach dermaßen, daß sie in Abscheu überging. Was
den Prinzen betrifft, so sah er seinerseits nicht gleichgültig an, wie
sehr die Zuneigung des Königs für ihn sich gemindert, und so
kehrte sich sein ganzer Haß gegen die Günstlinge seines Vaters, denen
er einzig und allein sein Unglück schuld gab. Die Günstlinge hinwiederum vertrauten dem Einflusse, den sie auf Philipp hatten, und
da sie zugleich dessen Abneigung wider Don Carlos kannten, so er-
laubten sie sich Letzteren in hochfahrender Weise zu behandeln, indem
sie meinten dadurch dem Monarchen zu Gefallen zu handeln und sich

bei ihm in desto höhere Gunst zu stellen, durch die sie ihren Einfluß auf die Dauer sichern könnten.

Seit dem Jahre 1564 war Don Carlos von Alcala nach Madrid zurückgekehrt, ohne daß Hofmeister und Lehrer sein Auftreten beengten, und bald kehrte sich die schlechte Gesinnung von Menschen wider ihn, die damit nur ihre persönlichen Zwecke zu fördern hofften. Vielleicht mag Jemand die Frage aufwerfen, wie man es wagen durfte, so rücksichtslos und respektwidrig gegen den Prinzen aufzutreten, da man doch zu befürchten hatte, daß der Prinz nach seines Vaters Tode für die Kränkungen Rache nehmen würde, die er zu erdulden gehabt? Die Antwort darauf wird aber einem Jeden einleuchten, wenn man bedenkt, daß Philipp dazumal kaum vierzig Jahre zählte, und seine Gesundheit keineswegs einen baldigen Tod ahnen ließ, wohingegen sein jugendlicher Sohn noch immer an den Folgen seiner Fieber litt und kein langes Leben ahnen ließ. Höflinge haben Luchs= augen, und wenn sie auch mitunter fehl greifen, so wissen sie doch meist ihr Ziel zu treffen. Und dazu haben sie die Eigenschaft, mehr der Gegenwart zu leben, als die Zukunft zu fürchten, die man ja nie mit Sicherheit voraussetzen kann. Und so kömmt es denn, daß sie sich zuversichtlicher von dem bestimmen lassen, was ihr Wunsch eingiebt, ihre glückliche Stellung zu behaupten, indem sie denen schmeicheln, die ihrer Wohlfahrt dienen können, als daß sie auf das Mittel sännen, wie sie einstens Rechenschaft für ihr Thun Jenen geben könnten, die sie früher gekränkt. Allerdings verdient solches Treiben als perfide bezeichnet zu werden, doch die Welt pflegt es milder mit dem Namen politischer Gewandtheit zu belegen! Es ist ja einmal so Sitte, daß die Menschen über die Begebnisse ihres Jahrhunderts anders urtheilen, als die Geschichte zu thun pflegt. Die Zeitgenossen lassen sich in ihrem Urtheile durch Sitten und Leidenschaft bestimmen: — Die Geschichte hat keinen anderen Führer als die Wahrheit!

So konnte es denn nicht anders kommen, als daß die Räthe Philipps nicht Verleumdungen genug wider den unglücklichen Prinzen Don Carlos aussprechen konnten. Man berichtet, daß der Prinz bei seinem leidenschaftlichen und rücksichtslosen Temperamente einmal einen Schuster in Lebensgefahr brachte; der Bedauernswerthe brachte ihm einmal ein Paar enge Stiefeln, worauf der Prinz den Befehl gab, dieselben in Stücke zu hauen, und kochen zu lassen, worauf der arme

Kerl sie hinunterwürgen mußte!! [1]) Lesen wir auch derlei bei Llorente, so müssen wir darüber nur lächeln, wenn neuere Schriftsteller einem so unwahrscheinlichen Märchen noch Glauben schenken und die Fabel vorzuhalten wagen, wenn man für die Eigenschaften des Don Carlos eintritt. Ganz davon abgesehen, daß es zu denken wäre, wie ein so geringes Versehen vom Prinzen auf eine so schreckliche, wenn nicht aberwitzige Weise geahndet worden wäre: — welcher verständige Mensch kann nur dem Gedanken Raum geben, daß dem armen Schuh= macher keine andere Wahl geblieben wäre, als diesem Befehle Folge zu leisten? Der Fall steht in der Geschichte nicht vereinzelt da, wie man so abscheuliche Dinge berichtete, daß die Scheußlichkeit der Sache selbst für die Erdichtung Zeugniß ablegt. Tacitus äußerte sich also in einem ähnlichen Falle. [2]) Und wir dürfen den Ausspruch des großen Geschichtschreibers anf das mit Fug anwenden, was leiden= schaftlicher Haß Don Carlos anzudichten gesucht. Es läßt sich zwar nicht wegleugnen, daß Don Carlos bei manchen Anlässen seinem Zorne gegen die Räthe seines Vaters die Zügel schießen ließ; daraus aber folgern wollen, als hätte er unbesonnen und ohne irgend welche Selbstbeherrschung sich von seinen Leidenschaften fortreißen lassen, wäre ein Fehlschluß. Forscht man den Gründen seiner Handlungen nach, so wird man bald finden, wie sein verletztes Ehrgefühl und die Kränkungen, die man ihm seiner hohen Stellung ungeachtet anthat, in seinem Innersten den Wunsch rege machen mußten, sich an Jenen zu rächen, die sich derlei wider ihn erlaubt.

Kardinal Espinosa hatte eines Tages zu erfahren, wozu sich Don Carlos in der Aufwallung seines Zornes fortreißen ließ, denn wenig fehlte, und es wäre um den Kardinal geschehen gewesen. Ein ausgezeichneter Schauspieler jener Zeit, Namens Alonso de Cisneros, stand bei Don Carlos in großer Gunst, denn er wußte durch seinen Witz und seine launigen Einfälle den Mißmuth des Prinzen zu ver= scheuchen, den die Abneigung seines Vaters und der Uebermuth der Höflinge nur verstimmen konnten. Als Präsident von Castilien erließ der Kardinal einen Verbannungsbefehl gegen Cisneros, der nicht mehr bei Hof erscheinen durfte. Als Grund dafür hieß es, als hätte

---

[1]) Llorente sagt in seiner Inquisitionsgeschichte: er setzte den Stiefelmacher, der ihm ein Paar enge Stiefeln brachte, der Gefahr zu sterben aus, denn er ließ die Stiefeln in Stücke kochen und zwang den Meister, sie aufzufressen!

[2]) „Adeo atrociora alicui objiciuntur crimina ut solum ex atrocitate pateat ea esse falsa." — Tacitus.

Cisneros es an gehörigem Respekt gegen den Kardinal fehlen lassen. Wenn nämlich Letzterer seine Siesta zu halten pflegte, da ließ Cisneros seine Tamburintrommel rühren, was dazumal Brauch war, um das Publikum zur Komödie einzuladen und dies geschah grade in der Straße, zur Zeit, wo Seine Eminenz nach dem Mittagsmahl der Ruhe pflegen wollte. Zu Madrid galt dies mindestens als Vorwand zu einer Maßregel, die Don Carlos auf das Unangenehmste berühren mußte, während es weit wahrscheinlicher ist, daß der Kardinal nur aus dem Grunde Cisneros verbannte, weil er es des Thronerben für unwürdig hielt, daß er eine solche Vorliebe für Komödianten an den Tag lege. Sobald Don Carlos die Verbannung von Cisneros erfuhr, forderte er den Kardinal auf, die Maßregel wieder rückgängig zu machen, was dieser aber ganz unberücksichtigt ließ, wohl nur, weil er bei Hofe zeigen wollte, welch' geringen Einfluß Don Carlos hätte und wie wenig er vermöge. Cisneros war in den Palast gerufen worden, um vor Don Carlos zu spielen; der Prinz erwartete ihn vergebens und gab unverholen zu erkennen, wie gekränkt er sich über diese Herabsetzung fühle. Sobald er darauf des Kardinals im Palaste ansichtig wurde, sprang er auf ihn wie ein Pfeil zu, faßte ihn und rief aus: „Pfäfflein, du wagst es mir gegenüber, Cisneros nicht zu mir kommen zu lassen! So wahr mein Vater lebt, ich muß Dich todtschlagen!" Es wäre in der That Espinosa schlimm ergangen, wären in dem Momente nicht mehrere Granden hinzugekommen... Gerade über diesen Vorfall ist vielerlei geschrieben worden, insofern man daraus Schlüsse auf das stolze Naturell des Prinzen ziehen wollte und damit den Beweis führen, wie unbesonnen er zu handeln pflegte und mit welcher Geringschätzung er die Würdenträger der Kirche behandelte. Die Veranlassung der Aufgeregtheit des Prinzen läßt man aber hier ganz außer Acht; denn ein noch so phlegmatisches Naturell wäre in einem solchen Falle nicht gleichmüthig geblieben! Bedenkt man, daß Don Carlos als Thronfolger selbst bei einer Sache seinen Befehl verhöhnt sah, aus der weder Gefahr für den Frieden der Christenheit und des Staates entstehen konnte, noch Nachtheil für irgend Jemanden, — daß er mithin geringere Macht hatte, als jene, welche im Namen seines Vaters regierten, und nimmt man hinzu, daß der Prinz in seinem gerechten Ehrgefühle, im Bewußtsein seiner Würde, sich durch den Uebermuth eines Günstlings also gekränkt sah, so wird man seine Aufwallung milder und gerechter würdigen und beurtheilen. Hätte der Prinz persönlich seine Beschwerden bei Philipp geltend machen können, um gebührende Genugthuung zu erlangen, so wäre es schwer zu entschuldigen, daß er vor der Welt als Rächer der ihm widerfahrenen Unbilden aufgetreten. Er mußte aber im Voraus, daß, hätte er sich beim Könige beschwert, derselbe, statt die dem Prinzen angethane Kränkung zu tadeln oder zu ahnden, der ganzen Angelegenheit keine Bedeutung beigelegt und sie als lächerliche Eitelkeit abgefertigt hätte. Um sich Geltung und Achtung zu verschaffen, war Don Carlos nur auf sich allein hingewiesen; er war in der Lage, nur sich selbst vertrauen zu dürfen. So blieb denn dem Prinzen nichts anderes übrig, als auf eigene Faust die Hindernisse zu beseitigen, die sich ihm entgegenstellten, so oft irgend einer der Günstlinge seines Vaters mit dem Uebermuthe, wie es Glücksrittern eigen ist, die Absichten des Prinzen zu durchkreuzen suchten. Wenn man übrigens aus dem Begegnisse mit Espinosa weiter folgern will, als hätte Don Carlos die Wissenschaften gering geschätzt und mithin auch die Männer der Wissenschaft, unter denen Espinosa einen hohen Platz einnimmt, so ist eine solche Annahme ganz aus der Luft gegriffen, indem der Prinz bei verschiedenen Anlässen an den Tag legte, wie hoch er Gelehrsamkeit und Verdienste zu schätzen wußte. Wir wollen hier blos daran erinnern, daß auf die Bitte des Don Carlos hin, als derselbe noch Philipp's Gunst nicht verscherzt, dem Don Honorato Juan, seinem früheren Lehrer, das Bisthum von Osma verliehen wurde. Ein so dankbarer Schüler war er, daß er nicht allein sich damit begnügte, sondern selbst beim Pabste lebhafte Schritte dahin thun ließ, daß sein früherer Lehrer auch mit dem Purpur geschmückt werde. Dies geht mindestens aus einem Briefe hervor, den der apostolische Nuntius Rossano im Juni 1566 an den Kardinal Alexandri richtete. [1]

In welchen abhängigen Verhältnissen sich Don Carlos befand, dafür mag folgender Zug Zeugniß ablegen. Der Prinz war dem Doktor Don Hernan Suarez de Toledo von Herzen zugethan, der ein eben so gebildeter wie gelehrter Mann war und in dessen Umgang er

---

[1] In einem Briefe von Rossano an Alexandri heißt es: „Der Prinz von Spanien sagte mir beim Empfang des Breve Seiner Heiligkeit, ich möchte Eure Eminenz schreiben, daß sie sich dessen erinnerten und ihm gewährten, was er von Seiner Heiligkeit erbeten, und da er so sehr freundlich sich äußerte, bemerkte ich ihm, ich würde es thun, obwohl ich eigentlich nicht weiß, wovon es sich handelt. Seine Hoheit bemerkte nur mit dem an ihm gewohnten Lächeln, es wäre nicht, daß Seine Heiligkeit seinen Lehrer, den Bischof von Osma, zum Kardinal machen solle! Er ist ein Prinz, der das, was er im Herzen trägt, auch auf der Zunge hat, und so wollte ich nicht unterlassen, es zu erwähnen, da ich es ihm versprochen."

sich sehr gefiel, da derselbe bekanntlich zum Hofmeister des Prinzen ausersehen worden. Er wollte dem Doktor als Anerkennung seiner Dienste ein außerordentliches Geschenk machen, das als Mitgift für dessen drei Töchter dienen sollte. Es fehlten aber dem Prinzen die Mittel, um seinen Erzieher so zu belohnen, wie er wünschte, und so überreichte er demselben einen von seiner Hand geschriebenen Schuld-schein, der also lautet: „ich, der Prinz Don Carlos, erkläre hiermit, daß ich durch diesen von mir eigenhändig unterzeichneten und durch mein Siegel bekräftigten Schein, Euch, dem Doktor Suarez, meinem größten Freunde, zehntausend Dukaten sobald ich kann, zur Ausstattung Eurer drei Töchter geben werde, und zwar unterzeichne ich es zur Bewahrheitung meiner Unterschrift. Madrid, den 12. August 1557. Die Unterschrift lautet: „Ich, der Prinz." [1]) Will man noch einen stärkeren Beweis haben, in welch dürftiger Lage sich der Erbprinz der spanischen Monarchie befand? Er konnte nicht über zehntausend Dukaten verfügen und gab ein schriftliches Versprechen auf unbestimmte Zeit hin! Erwägt man dazu, daß die Günstlinge seines Vaters in Luxus und Ueberfluß schwelgten, während sich der Thronfolger in so dürftiger Lage befand, daß er nicht im Stande war, seine Dankbar-keit so zu bethätigen wie er wollte, so wäre dieser Umstand allein schon genügend, um die Unzufriedenheit des Prinzen begreiflich zu finden, die übrigens, wie wir bereits wissen, tiefere Gründe hatte. Philipp mochte seine persönlichen Gründe haben, um den Prinzen in beschränkten Verhältnissen fortzuhalten und seinen Günstlingen fiel es schwerlich ein, dem Könige ein anderes Verfahren anzurathen, da sie die Freigebigkeit des Königs für sich auszubeuten dachten und den Argwohn ihres Gebieters wider den Thronerben nur zu unterhalten bemüht waren.

Von Tag zu Tag nahm die Unzufriedenheit der Flamänder über die Mißregierung Philipp's II. zu. Die Verwirrung stieg in dem Maße, als sich der Argwohn aller Geister bemeisterte, daß man ihnen die Gewissensfreiheit rauben wolle, welche die Niederländer mit dem Schwerdte zu vertheidigen entschlossen waren, falls der König von Spanien verblendet genug wäre, es auf's Aeußerste zu treiben. Die

---

[1]) Dieser Schuldschein wurde von Don Alfonso Guerra in seinen Anmer-kungen zur Geschichte von Talavera abschriftlich mitgetheilt, welche Don Francisco Soto gegen Ende des siebenzehnten Jahrhunderts verfaßte und die sich als Hand-schrift in der Bibliothek des Erzbisthums von Toledo noch vorfindet. Die Jahres-zahl 1557 ist wohl ein Irrthum, da der Prinz dazumal erst zwölf Jahre alt war, und muß wohl 1567 heißen.

Führer der Empörung, die freilich noch nicht offen hervorgetreten, machten sich auf das Schlimmste gefaßt, und darum hielten sie es für rathsam, Philipp in Spanien zu beschäftigen und möglichst die Fackel der Zwietracht in seine nächsten Erblande zu schleudern. Zu dem Ende schien ihnen kein Mittel angemessener, als das Feuer der Ketzerei in Spanien wieder zu schüren, das trotz der Scheiterhaufen der Inquisition noch nicht ganz erloschen war. Zur Erreichung dieses Zweckes gaben sie zehn bis zwölf protestantischen Predigern, die eben so unerschrockene wie verschlagene Männer waren, den Auftrag, gegen dreißigtausend calvinistische Schriften insgeheim nach Spanien einzuschwärzen und sie in den verschiedensten Städten zu vertheilen, und zwar an Personen, deren Glauben nicht mehr fest stand und wankend geworden. Worauf sie insbesondere ihr Augenmerk richteten, war, daß man vornehmlich Sevilla zum Schauplatz seiner Wirksamkeit ausersehe, denn dort hatte es immer viele Ketzer gegeben, die mehr oder minder Verfolgungen erlitten, und so sollte man die Reformideen bei deren Verwandten und Freunden zu verbreiten suchen, wozu die Familien der flüchtigen Protestanten, die nur mit Lebensgefahr sich in Spanien wieder blicken lassen durften, nicht wenig beitragen könnten. Die ganze Leitung dieses religiös politischen Unternehmens wurde einem gewissen Kaufmanne von Antwerpen anvertraut, der der neuen Lehre sehr zugethan war und gewandt genug, um Schriften jeder Art, die von der Inquisition geächtet, in Spanien einzuschwärzen.

Bald kam dieser schlaue Plan, wohl weil er nicht vorsichtig genug geheim gehalten wurde, zu Ohren der Statthalterin, die nichts Eiligeres zu thun hatte, als Philipp zu warnen, indem sie ihn auf die drohenden Gefahren aufmerksam machte, wenn nicht rasch genug Maßregeln dawider getroffen würden. Auch Pius V., der zur Zeit den apostolischen Stuhl inne hatte, erhielt sichere Kunde davon, daß viele in's Spanische übersetzte Katechismen von Calvin zu Lyon und Toulouse untergebracht wären und daß es dabei auf Spanien abgesehen wäre. Sorgte man nicht dafür, daß sie in Castilien keinen Eingang fänden, so konnte am Ende der katholische Glaube selbst in Spanien gefährdet werden. Der Pontifex schenkte der Mittheilung ernste Beachtung und gab Philipp und den Inquisitoren schleunigst davon Kunde, damit sie rasche Maßregeln träfen, um so vielen geschworenen Feinden des heiligen Stuhls das Vordringen zu wehren. Der Plan der Flamänder war nicht übel ersonnen, denn sie hofften dadurch, daß sie in Spanien Zwietracht säeten, die Schrecken des

Krieges von ihren Fluren fern zu halten. Bisher war es der Inquisition ja gelungen, durch unabläſſige Wachſamkeit die Lehren Luther's
und der übrigen Reformatoren fern zu halten, und wir wiſſen, mit
welcher Zähigkeit und Ausdauer die Inquiſition alle nur irgend Verdächtigen vor ihr Forum zog. Was die Förderer dieſer großartigen
Intrigue in ihren Hoffnungen ermuntern mußte, war der Haß, den
die Verwandten und Freunde der Opfer des Glaubensgerichtes gegen
ihre Mörder im Herzen trugen, während noch genug Unglückliche in
den geheimen Kerkern ſchmachteten, Andere durch Bußen, die eines
Menſchen unwürdig, entehrt wurden, und ſo viele noch im Auslande
den Verluſt ihres Vaterlandes beweinen mußten und jene dem Zufall
preisgegeben ſahen, die ihrem Herzen zunächſt ſtanden. Vermag die
Furcht auch viel, ſo iſt das Gefühl der Rache doch mitunter mächtiger,
und ſelbſt der Zaghafte wird dann zum Kämpfer. Allerdings wirkt
ein tragiſches Beiſpiel oft lähmend, und ſelbſt der Muthigſte fühlt
ſich dann feſtgebannt, allein die Verzweiflung vermag auch viel und
iſt für das Uebel der Gegenwart kein Mittel mehr und für die Zukunft noch Schlimmeres zu fürchten, ſo wird ein Feigling auch zum
Helden!

Wie wir bereits hervorgehoben, ſetzten die Flamänder ihre meiſte
Hoffnung darauf, daß die Familien der ſpaniſchen Proteſtanten, welche
die Opfer der Inquiſition geworden, für ihr Beginnen wirken würden;
noch mehr Beiſtand erwarteten ſie aber von der Geſinnung des Prinzen
Don Carlos! Alle Politiker Europas wußten, wie abgeneigt der König
ſeinem Thronerben wäre, mit welcher Härte Don Carlos von ſeinem
Vater behandelt wurde, und wie Don Carlos ſelbſt der Anblick ſeines
Vaters verhaßt war. [1] Wäre es den ſpaniſchen Lutheranern bei
dieſem zweiten Verſuche gelungen, ihre Vorbereitungen ſo geheim zu
halten, daß die Inquiſition keine Ahnung davon gehabt und das Aufflammen der Ketzerei ſie wie ein Blitz aus heiterm Himmel getroffen
und niedergeſchmettert hätte, dann hätten ſie ſicherlich den Kronprinzen
als ihren Beſchützer ausgerufen und ihn gar als Führer an ihre
Spitze geſtellt, wo er dann ein Gegenkönig wider ſeinen Vater geworden wäre. Wären die Dinge ſo gekommen, dann wäre die Ge-
wiſſensfreiheit in den Niederlanden und ſelbſt die politiſche Freiheit
dort geachtet worden, und wer weiß, ob dann nicht die Niederlande

---

[1] So kam es denn, daß Philipp den Carlos mit Härte behandelte, und daß
Letzterem nichts mehr zuwider war, als der Anblick Philipp's. — Fabiano de
Estrada. — De Bello Belgico.

damals schon sich ganz losgerissen und einer der belgischen Großen auf den Thron Belgiens gehoben worden wäre, wenn in Spanien ein Bruderkrieg aus religiösen Gründen ausgebrochen und damit die Streitkräfte Philipp's in seinen Stammlanden hätten bleiben müssen. Die Flamänder mußten aber auf halbem Wege stehen bleiben und ihren Plan fahren lassen, denn auch zu ihnen war bald die Kunde gedrungen, wie sie durch falsche Freunde verrathen wären, daß man in Spanien davon unterrichtet sei, daß protestantische Prediger mit dreißigtausend calvinistischen Schriften Spanien zu überschwemmen suchten und daß bereits geeignete Vorbeugungsmaßregeln dawider getroffen wären. Bei dieser Sachlage entschlossen sich die Führer der Niederländer, ihre politisch religiösen Pläne im Innern Spaniens ganz aufzugeben, und so entschlossen sie sich bald, mit den Waffen in der Hand ihre Freiheiten und Vorrechte sich zu sichern, wozu sie jeden Vorwand aufgriffen. An der Spitze der Fläminger standen mehrere ausgezeichnete Edelleute, die mit Wort und That die Bevölkerung der Städte wider den König von Spanien aufriefen, wobei sie natürlich auch darauf bedacht waren, sich ihre bevorzugte Stellung auf die Dauer zu behaupten. Die Regentin der flandrischen Provinzen drang unablässig darauf, daß man ihr neue Hilfstruppen sende und legte insbesondere ihrem Bruder Philipp an's Herz, wie sehr seine Gegenwart Noth thue, um die Stürme zu beschwichtigen, die mit jedem Tage heftiger wurden. Zwei flämische Deputirte, Flores de Montmorency, Herr von Montigny und Juan von Bergnes, Marquis von Bergnes, eilten nach Spanien, um dem Könige Vorstellungen über die Gefahren zu machen, die die Niederlande bedrohten, wenn er nicht durch angemessene Maßregeln das Uebel in seiner Wurzel zerstöre oder persönlich nach Flandern eile, um die Wirren zu beschwichtigen. Philipp gab ihnen alsbald zu verstehen, wie wenig er durch die Schilderung jener Wirren und Gefahren berührt würde, denn er stellte sich, als wäre er ganz ohne Sorge darüber, da in seinem Innersten ganz andere Sorgen sich regten und Zweifel und Befürchtungen ihn nicht zum Entschlusse kommen ließen. Ihm kam es nicht in den Sinn, persönlich die Wunden heilen zu wollen, die seine Minister in Flandern geschlagen, und er hielt es für zweckdienlich, die Dinge denselben Händen zu überlassen, wenn nicht gar sie noch strengeren und furchtbarern Männern anheim zu geben. Wie hätte er sich entschließen können, Spanien zu verlassen, ohne zu wissen, welchen Entschluß er dem Prinzen Don Carlos gegenüber zu fassen

hätte? Spanien in dem Momente verlaffen, kam ihm vor, als ge=
fährdete er das Haupt der Monarchie, um einem Gliede Hülfe zu
bringen! Er vermeinte, daß die Nachtheile, die nunmehr über jene
Provinzen hereinbrechen würden, nur Wenigen zum Verderben ge=
reichen würden, während die Gefährdung Spaniens, als des Mutter=
landes, eine weit größere und folgenschwerere für alle Länder und
Territorien seines Reiches sein würde. Daß Philipp seinen Sohn
als Begleiter mit nach den Niederlanden nehmen sollte, dawider er=
hoben sich bei Philipp ernste Bedenken, insofern der Prinz von allen
Seiten als Förderer der flandrischen Neuerungen bezeichnet wurde und
seine Anwesenheit in Flandern große Gefahren herbeiführen könnte,
da er unverholen sich dahin ausgesprochen, daß man den Leiden der
Flamänder ein Ende machen müsse, und das Schlimmste zu befürchten
stand, wenn der Prinz sich inmitten der empörten Provinzen befände,
die auf ihn ihre ganze Hoffnung setzten. Mit einem Worte, Philipp
war mit der Besorgniß erfüllt, daß durch die Anwesenheit seines Thron=
erben in Flandern erst recht der Sturm losbrechen werde. In Spanien
konnte der König den Kronprinzen nicht zurücklaffen, ohne ihm zugleich
die Regierung in seiner Abwesenheit zu übertragen, denn wäre dies
nicht geschehen, so hätte dies im Auslande wie in Spanien das un=
gewöhnlichste Aufsehen erregen müssen und viel zu sprechen gegeben.
Andrerseits hatte er große Bedenken dawider, dem Prinzen, der gegen
die königlichen Günstlinge so viel Groll im Herzen trug, die Regie=
rung zu übertragen, denn es stand dann zu befürchten, daß Unruhen
und Parteikämpfe im Lande ausbrechen würden. Man hätte entweder
für die Günstlinge Philipp's Partei ergriffen, oder vielmehr sich auf
die Seite des Thronerben und Regenten geschlagen, der gegen Espi=
nosa, Ruy Gomez de Silva und die andern Vertrauten Philipp's
seinen Unmuth nicht zurückgehalten haben würde. Mit solchen Zweifeln
quälte sich Philipp herum, bis er am Ende sich entschloß, eine Be=
rathung über das anzuberaumen, was hier zu thun und am ange=
messensten wäre, und so wurde ein Rath abgehalten, zu welchem die
in politischen Dingen erfahrensten Männer herangezogen wurden, um
ein= für allemal darüber zu entscheiden, ob Philipp sich in Person
nach Flandern begeben solle oder nicht. An der Berathung bethei=
ligten sich der Herzog von Alba, Ruy Gomez de Silva, Prinz von
Eboli, der Herzog von Feria, Juan Manrique de Lara, Prior von
Leon, Antonio Perez und noch andere bewährte Politiker. Nur eine
einzige Stimme erhob sich dafür, daß Don Carlos allein im Stande

wäre, den flandrischen Unruhen ein Ziel zu setzen. Juan Manrique
de Lara, ein Mann, der sich durch seinen ungewöhnlichen Scharfsinn
auszeichnete, sprach sich nämlich dafür aus und wies auf die römische
Geschichte hin, indem er an den Kaiser Tiberius erinnerte, der die
Wirren der fernen Provinzen, wie die Kriege im Auslande, gerade
durch seine Söhne zu Ende führen ließ. Ruy Gomez de Silva machte
allen Erörterungen aber bald ein Ende, indem es ihm gelang, seine
Ansicht durchzusetzen, wonach unter den jetzigen Verhältnissen die Anwesenheit des Königs oder des Prinzen nicht zweckdienlich sein würde,
und überhaupt wäre die Gefahr noch nicht auf den Punkt gediehen,
daß man zu diesem äußersten Mittel schreiten solle. Was den König
selbst anlangte, so sprach er sich dahin aus, daß er allerdings entschlossen wäre, nach Flandern zu gehen, daß er aber seine Abreise auf
eine gelegenere Zeit hinausschieben wolle, denn zunächst solle ein kriegs-
kundiger Feldherr mit Waffengewalt die Unruhen bewältigen, damit
er mit der Würde, wie es dem König zieme, in seine Staaten einziehen könne. Dem Herzog von Alba vertraute er alsbald diese Aufgabe an, und der Herzog sollte die Empörung niederwerfen, damit die
Hoffnungen seines Sohnes und die Bemühungen Laras zu dessen
Gunsten zu Schanden würden.

Man erzählt sich, daß der Herzog, bevor er seine Reise nach
Flandern antrat, dem Prinzen seine Aufwartung machte, um sich bei
demselben zu beurlauben, wo dann der Prinz ihm förmlich untersagt
hätte, Spanien zu verlassen. Man erzählt sich weiter, daß der Herzog
in der höflichsten Weise seine Gründe geltend machte und dem Prinzen
zu bedenken gab, wie er nur dem Befehle seines Vaters und Königs
hier Folge gebe, und daß er als getreuer Unterthan in keiner Weise
dawider verstoßen dürfe, insbesondere wo der König ihn der Ehre und
des Vertrauens gewürdigt, ihm die Beendigung des flämischen Aufstandes zu übertragen. Da hätte, fügt man hinzu, der aufgeregte
Jüngling einen Dolch ergriffen, um den tapfern Feldherrn zu durchbohren, der nur dem Eintreten mehrer Hofleute sein Leben zu verdanken gehabt hätte. Wir haben Gründe genug zur Vermuthung,
daß der Herzog Alba bei seinem übermüthigen und hochfahrenden
Naturell und bei dem Hasse, den er gegen alle Feinde seines Königs
und Herrn empfand, strenge Worte dem Prinzen gegenüber fallen ließ,
wenn derselbe ihm irgend von Barmherzigkeit gegen die Flamänder
gesprochen. Wir wissen von früher her, wie der Herzog nie die Souveraine, welche mit Philipp auf feindlichem Fuße standen, mit Achtung

behandelte und daß er dies so weit trieb, daß er selbst einen unver=
schämten Brief an Paul IV. schrieb, als derselbe mit Spanien auf
gespanntem Fuße stand, indem er ihm seinen Einmarsch in die Kirchen=
staaten in drohender Weise ankündigte. Schwerlich ist je ein rücksichts=
loseres Schreiben an den heiligen Vater gerichtet worden, und zwar
von einem Manne, der darauf pochte, ein guter Katholik zu sein.
Wir brauchen blos daran zu erinnern, wie der Herzog in dem Briefe,
den wir im ersten Buche unserer Geschichte berührt, sich nicht scheute,
zu erklären: „wie er Rom in eine solche Bedrängniß versetzen würde,
daß man zur Erkenntniß kommen solle, wie er nur aus Respekt bisher
geschwiegen, und daß man Roms Mauern niederzuschmettern wissen
werde, wenn die Vernunft sage, daß die Geduld zu Ende!" Herzog
Alba war es, der dem Pontifex die Worte in's Gesicht zu schleudern
wagte: „daß er auf immerdar die Schmach in der Welt tragen würde,
daß er die erhabenen Zwecke der Kirche preisgegeben, um seinen Ver=
wandten Güter zu erwerben, und daß er dessen vergessen, daß er zum
Hirten geboren wäre, wo doch seine Ehrsucht und Goldgier ihn zu
einem blutdürstigen Wolfe der Christenheit gemacht!" Und damit
noch nicht genug, rief ihm Alba schließlich die Drohworte zu: „wenn
Paul ihm nicht binnen acht Tagen eine kategorische Antwort gäbe,
so wäre ihm dies ein sicherer Beweis, daß er ein Stiefvater und kein
Vater, ein Wolf und kein Hirte sein wolle, und daß er dann dazu
übergehen würde, ihn als Ersteren zu behandeln ....!" Wenn Herzog
Alba solche Worte an den Nachfolger Petri zu richten wagte, wenn
er sich eine solche Vermessenheit erlaubte, blos weil er den Pabst für
einen Feind Philipp's ansah: — ist es da zu verwundern, daß er
auf die Bitte oder vielmehr auf die Befehle des Prinzen in hoch=
fahrender Weise Antwort gab, wie sie seinem gereizten Naturell eigen
war, besonders da er wußte, daß die Zwietracht zwischen Vater und
Sohn ihm gestattete, eine solche Sprache zu führen? Was aber das
Urtheil einer besonnenen Kritik mit Zweifel erfüllen muß, ist der
Umstand, daß die Geschichtschreiber Philipp's, die Gegner des Don
Carlos, demselben vier in ihren Nebenumständen ganz gleiche That=
sachen aufbürden. Sie erzählen nämlich, er hätte vier Mordversuche
gegen hochstehende Persönlichkeiten gewagt, nämlich gegen Don Alonso
de Cordoba, Bruder des Marquis de las Navas, gegen den Kardinal
Espinosa, gegen Herzog Alba und selbst gegen Don Juan von Oester=
reich! Fände man ein solches Ereigniß vereinzelt aufgeführt, so ließe
sich unbefangener Weise kein Bedenken dawider äußern. Da wir aber

bei allen diesen vier Fällen zu lesen bekommen, wie blutige Folgen
nur durch das Erscheinen von Edelleuten des Hofes rechtzeitig ver-
hütet worden, so dürfen wir mit Fug aus der Aehnlichkeit der Nebenumstände den Schluß ziehen, daß hier Mancherlei erdichtet wurde,
wenn es nicht gar zu meist Verleumdung war. Wenn der Prinz von
so unbändigem Naturell gewesen wäre, wie Viele den Don Carlos
zu schildern pflegen, ist es da zu denken, daß seine Wuthausbrüche
gleich ein Ziel gefunden, sobald er nur das Herannahen von Höflingen
gehört oder gemerkt hätte? Solche Bedenken sind gewichtig genug,
um ernste Zweifel über die Wahrhaftigkeit dieser Mittheilungen aufkommen zu lassen, und wenn es wirklich wahr wäre, daß der Prinz
in seiner Aufwallung einigemal den Dolch gezogen, ohne Jemanden
zu verletzen, so hat er sicherlich oft genug seinen Zorn zu beherrschen
gewußt; an Anlässen dazu mag es in seiner Stellung wohl nicht gefehlt haben. Allerdings ist nicht gut anzunehmen, daß Alles auf Erdichtung beruhe, doch da, wie gesagt, in allen diesen vier Fällen, die
sich auf ein Haar gleichen, kein Blut geflossen, so müssen wir in die
Wahrhaftigkeit der Schriftsteller Zweifel setzen, die gegen den Prinzen
eingenommen waren. Für uns gilt das Zeugniß eines Unbefangenen,
der ohne Leidenschaft urtheilt, mehr, als die Aussage Vieler, deren
Feder vom Interesse geleitet wird, und wir beugen unsere Einsicht
nicht vor der Stimme der Leidenschaft. Für uns gilt das Urtheil
eines Schriftstellers und Zeitgenossen, wie Salazar de Mendoza war,
höher, als die Behauptungen serviler Chronisten. Er sagt nämlich:
„Die Schriftsteller unserer Zeit hören nie auf, derlei zu berichten,
die Einen in dieser Weise, die Andern in jener, und Alle mit Verschiedenheit, und als wären sie durch die erste beste Mittheilung oder
Nachricht geblendet, so schamlos und verwegen sie auch klingt, wenn
sie nur nach ihrem Geschmacke ist." So lautet das Urtheil eines
Zeitgenossen über Don Carlos! Selbst aber zugegeben, daß jene
Thatsachen in Wahrheit begründet wären, läßt sich daraus etwa der
Beweis führen, als wäre der Prinz nicht recht bei Sinnen gewesen,
oder als hätte er ein tobsüchtiges und nicht zu bändigendes Naturell
gehabt? Vergessen wir doch nicht, wie Andere seiner Familie gewesen! König Carlos II., der so beschränkten Geistes und so wenig
vorstellte, dessen Schwachsinn so weit ging, daß er sich für beherzt
hielt, zeigte bei einem gewissen Anlasse, wo er sich in seiner Würde
verletzt glaubte, daß auch er in seiner Aufwallung zum Dolche griff.
Als er nämlich das Escurial bewohnte, verabschiedeten sich bei ihm

der Herzog von Medinaceli und der Graf von Talava, und da er sie fragte, wohin sie denn sich begeben wollten, so erwiederten sie, daß sie in das Hotel des indischen Patriarchen zu einem Concerte geladen wären. Da gab der König ihnen den Befehl, der Einladung nicht Folge zu geben, ohne daß sie davon dem Prälaten Kunde geben sollten, denn der König wollte, daß der Patriarch sie vergebens erwarten solle. Ein Edelmann im Ordensgewande von Santjago, der den Befehl des Königs mit angehört, trat an ein Fenster des Palastes, das der Wohnung des Patriarchen gegenüber lag, und wußte durch Zeichen von dem, was vorgegangen, Kunde zu geben. König Carlos gewahrte es, und trotzdem er schwächlich von Körper und so einfältigen Geistes war, zog er seinen Dolch und wollte den Edelmann durchbohren. Nur auf die Bitten von Medinaceli und Talava stand er davon ab, doch durfte der Ritter nicht mehr den Palast betreten. Wenn Carlos II. in solche Aufregung gerieth, wo er seiner Würde zu nahe getreten glaubte, so kann man Aehnliches von Seiten des Prinzen für möglich halten, ohne daß man ihn deßhalb für tobsüchtig zu halten hätte. [1]

So trat denn der Herzog seine Reise nach Flandern an zu nicht geringer Besorgniß des Prinzen, der bereits ahnte, mit welcher Strenge Alba gegen den flandrischen Adel auftreten würde. Ein andrer Umstand kam noch hinzu, der den Prinzen in großer Aufregung hielt. Kaiser Maximilian wünschte nämlich nichts sehnlicher, als die Vermählung seiner Tochter Anna von Oesterreich mit seinem Neffen Don Carlos, den er auf das Innigste liebte, und dieser bot alles Mögliche auf, um seine Vermählung zu beschleunigen, denn dadurch hoffte er unabhängiger zu werden und der Macht seines Vaters sich zu entziehen, dessen Abneigung, wenn nicht Haß, er so bitter empfinden mußte. Philipp schob aber die Hochzeit immer weiter hinaus, unter

---

[1] In der Madrider Nationalbibliothek befindet sich ein Manuskript, das den Titel führt: Décima sexta Parte De las Misceláneas Y Papeles Barios curiosos Y Manusciptas de Don Juan Antonio de Valencia Ydiaquez. Auf Folio 34 beginnt ein Tagebuch dessen, was sich zu Madrid vom 23. Januar 1677 an, wo Seine Hoheit Don Juan von Oesterreich auf den Ruf des Königs seinen Einzug hielt, bis zum 15. Juli 1678 ereignete. Die oben erwähnte Anekdote begab sich am 16. Oktober 1677 und wird ausführlich da erzählt. Es heißt dort: „als der König beide Herren fragte, wohin sie gingen,“ und sie ihm entgegneten: „nach dem Hotel des Patriarchen, der sie zu einem Concerte geladen,“ rief ihnen der König zu: „ihr sollt doch nicht hingehn,“ und als sie bemerkten: „wir wollen ihm die Meldung machen, damit er nicht auf uns warte,“ entgegnete der König: „das will ich auch nicht, lasset ihn nur warten, er soll angeführt werden“ u. s. w.

dem Vorwande, daß er seinen Sohn noch für zu jung halte, sich zu vermählen. So erzählte man sich mindestens im Publikum, während der König ganz andere Gründe dafür hatte, die er für sich hielt. Der Hauptgrund war, daß er die Absichten des Prinzen fürchtete, der alsdann offen als Protektor der Aufrührer auftreten und die katholische Religion in allen Landen der spanischen Monarchie gefährden möchte. Don Carlos war nicht wenig gereizt ob dieser Zögerungen, um so mehr, als sein Oheim mit seinen eigenen Wünschen sympathisirte und ihm die Sache dringend an's Herz legte, und da dem Prinzen zugleich nichts mehr am Herzen lag, als den Flamändern beizustehen, die auf ihn alle ihre Hoffnungen gesetzt hatten, so faßte er den Entschluß, Spanien zu verlassen, ohne die Einwilligung seines Vaters zu erbitten. Es fehlten ihm aber die Geldmittel zu seinem Unternehmen, und so wandte er sich in dieser Verlegenheit an die spanischen Granden, indem er sie ersuchte, ihm für eine gewisse Angelegenheit ihren Beistand zu leisten. Alle, an die er sich gewandt, erklärten sich gern dazu bereit, nur daß Einige den Vorbehalt stellten, daß es keine Sache beträfe, die seinem Vater entgegen wäre. Der Admiral von Castilien besorgte, daß etwas Schlimmes zum Grunde liege, und um dem Könige einen Beweis seiner Anhänglichkeit zu liefern, beeilte er sich, demselben das Schreiben des Prinzen mit dem Wunsche zuzusenden, daß er sich über die wirklichen Absichten von Don Carlos vergewissere.

Nicht blos hatte der König durch das Schreiben des Admirals Kunde davon erhalten, sondern er war schon durch Don Juan von Oesterreich, den Sieger von Lepanto, davon in Kenntniß gesetzt worden, obwohl dieser die einzige Person seiner Familie war, welcher Don Carlos das Geheimste anvertraute, was er in seinem Herzen verschloß. Philipp faßte den Entschluß, einen Rath abzuhalten, wozu er Männer von Wissenschaft und Erfahrung einberief, damit diese ihr Gutachten über das abgeben, was in diesem Falle zu thun wäre. Philipp war bei der Berathung zugegen, bei welcher seine Absicht eigentlich nicht dahin ging, auf die Einkerkerung seines Sohnes einen Antrag zu stellen, sondern es war ihm vorläufig blos darum zu thun, von den Mitgliedern des Rathes triftige Gründe zu vernehmen, durch welche er vor den Augen der Welt das Aergerniß beschönigen könnte, daß der Thronfolger der spanischen Königreiche in den Kerker wandern müßte. [1])

---

[1]) Antonio Perez äußert sich nämlich in seinen Briefen gelegentlich also: „von dem Umstande, daß die Könige an den Berathungen der Staatsangelegen-

Luis Cabrera de Cordoba, welcher bei dem Rathe auch zugegen war,
theilt blos das Gutachten des navarresischen Rechtsgelehrten Doktor
Martin de Azpilcueta mit. In diesem Documente wird die Besorgniß
laut, daß die Flamänder demjenigen, den sie aus freien Stücken als
Souverain annehmen würden, Bedingungen gegen die katholische Religion stellen würden. Doktor Azpilcueta sagt nämlich: „Und um so
eher würde dies der Fall sein, als Seine Hoheit nicht an den Tag
gelegt, daß er so folgsam, besonnen, umsichtig und kriegstüchtig wäre,
wie es Noth thue, sondern daß er vielmehr den leidenschaftlichen
Wunsch bekundet, in Allem frei zu sein und zu gebieten, und um
dies zu erreichen; könnte er, falls er herrschte, etwas einräumen, was
er nicht gewähren würde, wenn er weise und tapfer wäre. Und darum
müsse Seine Majestät zu meiden suchen, solche Nachtheile, Gefahren,
Kosten, wie Kränkungen Gottes, Widerspenstigkeiten, gleichwie die Be-
unruhigung ihrer Monarchie und den Anlaß zu entfernen suchen, daß
die Ketzer freien Aufschwung nähmen." [1] Das ist das Wesentlichste
des Gutachtens des Doktor Azpilcueta, das andererseits auch zur
Bestätigung dessen dient, was wir bereits zu Gunsten des Prinzen
vorgebracht. Das ganze Vergehen des Prinzen läuft darauf hinaus,
daß er den Flamändern Gewissensfreiheit einräumen wollte und dabei
den Wunsch hegte, die Regierung jener Lande zu übernehmen, welche
eben so sehr die katholische Religion, wie die unmenschliche Regierung
Philipp's verabscheuten. Mit einer Leichtfertigkeit, die mehr als Tadel
verdient, behaupten ausländische Schriftsteller, daß die wahre Ursache
der Einkerkerung des Prinzen keine andere gewesen, als daß er eine
Verschwörung gegen das Leben des Königs angezettelt hätte!? Hätte
er es auf das Leben seines Vaters abgesehen gehabt, so wäre ihm
dies nicht schwer gefallen! Wer hätte in einem solchen Falle sich
gegen den Thronerben erklärt und mit den Waffen in der Hand dem
Vatermörder den Gehorsam geweigert? Die Granden Spaniens, die
dem Thronerben Treue geschworen, hätten sich nicht von ihm abgewandt und die Souveraine Europas, die den gründlichsten Haß gegen

---

heiten nicht Theil nehmen, möcht' ich eine Ausnahme durch die Erfahrung machen,
daß der Fürst bei irgend einer großen Angelegenheit und großer Verlegenheit,
worin er sich befindet und Rath einfordert, vielmehr zu dem Ende, daß man seine
Entschließungen billige, als daß man selbst Entschließungen treffe, daß er in einem
solchen Falle an der Berathung Theil nähme, damit der Respekt vor ihm seine
Absichten fördern möge. So machte es der König, als er die Gefangennahme des
Prinzen Don Carlos beschloß!"
   [1] Luis Cabrera de Cordoba. Historia del Rey Felipe II. Libro VII.

Philipp hegten, hätten in einem solchen Falle die Sache schweigend
hingenommen und den Vatermörder äußerlich mindestens als Bruder
begrüßt, und jene, die mit Spanien noch im Kriege lagen, hätten
sich sicherlich beeilt, Frieden mit ihm zu schließen. [1]) Nicht genug
damit, wird von ausländischen Schriftstellern weiter behauptet, daß
das Liebesverhältniß, das der Prinz mit seiner Stiefmutter Isabella
de Valois unterhielt, — eine Liebe, die beide zuletzt mit dem Leben
büßen sollten, — den wahren Grund zur Einkerkerung des Prinzen
geboten hätte. Dabei scheinen jene Autoren ganz übersehen zu haben,
falls Don Carlos wirklich der begünstigte Geliebte der Königin ge=
wesen wäre, wie es zusammen zu reimen, daß der Prinz auf das
Lebhafteste darauf drang, daß seine Vermählung mit seiner Cousine
Anna von Oesterreich raschmöglichst vollzogen werde, für welchen Fall
er vielleicht erst dann nach Spanien zurückgekehrt wäre, wenn bei
Philipp's Tode der Thron erledigt worden wäre! Ist es denkbar,
daß Don Carlos, hätte er wirklich jene Leidenschaft für seine Stief=
mutter empfunden, sich von ihr zu trennen gesucht, die ihm Gegen=
liebe schenkte? Ist es denkbar, daß er sich dann für immer von ihr
zu bannen suchte, was doch der Fall gewesen wäre, wäre es ihm ge=
lungen, die Hindernisse zu bewältigen, die sein Vater ihm entgegen=
stellte? Nur ein einziger spanischer Schriftsteller deutet dunkler=
weise darauf hin, daß in der Liebschaft des Prinzen mit der Königin
der Anlaß zu seiner Verhaftung gelegen. Manuel de Faria und
Souza in dem Epitome de las historias portuguesas [2]) erwähnt
der Sprößlinge Philipp's II. und nennt auch Don Carlos: „den
sein Vater, — gleichwie der Kaiser Constantinus mit seinem Sohne
Crispus verfuhr, — aus triftigen Gründen in einem Zimmer seines
Palastes gefangen hielt, wo er in jungen Jahren starb!" Erwägt
man aber den Vergleich, den jener Schriftsteller zog, so fällt wahrlich
kein Verschulden auf den Prinzen, im Gegentheil müßte man sein
Verdienst und seine Unschuld dann zum Himmel heben. Aus der
Geschichte wissen wir, daß Crispus von seiner Stiefmutter Fausta

---

[1]) Bedürfte es noch stärkere Beweise dafür, daß Alles auf Erdichtung be=
ruhte, was man dem Prinzen schuldgegeben, so möge die Thatsache dafür sprechen,
daß Philipp in seinem Berichte an die ihm befreundeten Monarchen, wie an die
Granden und Städte seines Reiches ausdrücklich am Ende seiner Briefe bemerken
ließ, wie grundlos das Gerücht wäre, als hätte der Prinz Mordabsichten wider
ihn gehabt!

[2]) Epitome de las historias portuguesas, por Manuel de Faria y Souza. —
En Madrid, pro Francisco Martinez, 1628.

angeschuldigt wurde, daß er sie verführen wolle, blutschänderischen
Umgang mit ihr zu pflegen, und darauf hin ließ Kaiser Constantinus
seinen Sohn einkerkern und bald darauf hinrichten. Nur zu spät
wurde seine Unschuld offenbar, denn Fausta hatte aus Rache dafür,
daß Crispus ihren Verführungskünsten widerstanden und das Ehebett
des Kaisers nicht beflecken wollte, Alles das erfunden, was ihm zum
Verderben gereichen mußte. Wäre Don Carlos ganz aus ähnlichen
Gründen seiner Freiheit beraubt worden, so hätte er ja sein Leid der
Königin Jsabella de Valois allein zu verdanken gehabt!? Einer
solchen Annahme aber können wir im Entferntesten nicht Glauben
schenken, so lange nicht ganz andere Beweise uns vorliegen, denn die
Ehre einer Frau steht hier mit auf dem Spiele!

Von dem Augenblick an, wo Philipp II. dessen gewiß war, daß
hochgestellte Doktoren sich dafür erklärten, daß er den Prinzen gefangen nehmen dürfe, sobald die Dinge auf den Punkt gediehen, den
er fürchtete, hielt er ein wachsames Auge auf Don Carlos. Der
Prinz war unablässig damit bemüht, das Feuer der Zwietracht in
Flandern zu unterhalten, wenn nicht gar zu schüren, und zu dem
Ende richtete er Schreiben an die vornehmsten Adeligen der Nieder-
lande, worin er ihnen erklärte, persönlich herüberzukommen, um sie
vor dem Zorne des Herzogs von Alba zu erretten, wobei er ihnen
Bericht über Alles erstattete, was gegen sie im Werke war. Aller-
dings mochte der Prinz von Oranien in den Briefen des Don Carlos
Anlaß genug gefunden haben, um sich dessen zu rühmen, daß aus
Philipp's Munde kein einziges Wort über die inneren Unruhen der
Niederlande falle, ohne daß es blitzschnell zu seinen Ohren gelange.
Selbst Margarethe von Parma beschwerte sich zu wiederholten Malen
darüber, daß ihre nach Spanien gerichteten Briefe insgeheim von
einem Freunde der Ketzer übersetzt und abschriftlich den Führern des
Aufstandes in Flandern in die Hände gespielt würden. [1)

Herzog Alba begann seine Verwaltung damit, daß er die Grafen
Egmont und Horn ihrer Freiheit beraubte, Männer, die ihr blindes
Vertrauen auf die der spanischen Krone geleisteten Dienste mit dem
Leben bezahlen mußten, als hätten Politiker bei dringenden Nothwendigkeiten je ein Gedächtniß oder Erkenntlichkeit. Der Prinz von Oranien, ein Mann, der durch seinen Scharfblick berühmt war, wußte
dem Sturme zuvorzukommen, denn er merkte, welche Wetterwolken

---

[1) Fabiano Estrada. — Guerras de Flandes.

den Himmel zu verdunkeln begonnen. Er handelte wie ein kluger Mann und suchte sich in sicherem Hafen zu bergen, aber nicht, ohne Egmont gewarnt zu haben, dem er schrieb: „Die Milde des Königs, die Ihr so preiset, wird Euch vernichten, und wie mir mein Herz weissaget, werdet Ihr die Brücke sein, über welche hinweg die Spanier nach Flandern ziehen." [1]

Es läßt sich denken, daß Don Carlos in Aufregung darüber gerieth, daß die Dinge in Flandern eine Wendung nahmen, wie sie seinen Wünschen sehr zuwider war! Er hatte Kunde davon, daß die beiden Grafen im Kerker schmachteten; der Marquis von Bergnes war eines plötzlichen, sehr verdächtigen Todes gestorben, und wir wissen, daß derselbe zu den Edelleuten zählte, welche die Regentin der Niederlande nach Spanien gesandt hatte, und überdies war Baron von Montigny in's Schloß von Segovia als Gefangener geführt worden, weil er mehrmals mit dem Prinzen insgeheim Unterredungen gepflogen. [2] Alles dieses war zu den Ohren des Prinzen gedrungen, und so faßte er den Entschluß, nach den Niederlanden zu eilen, um durch seine Gegenwart den Uebeln und unmenschlichen Hinrichtungen vorzubeugen, die Herzog Alba im Sinne hatte.

Der Kammerherr Garci-Alvarez Osorio war von Sevilla, wohin er im Auftrage des Don Carlos gegangen, um demselben hinreichendes Geld für die Reisekosten zu verschaffen, zurückgekommen. Von den sechshunderttausend Thalern, die der Prinz bedurfte, konnte er nur hundertfünfzigtausend baar verschaffen; das Uebrige sollte ihm in Wechseln nachgeschickt werden, sobald er abreise. Don Carlos sprach mit seinem Oheim Don Juan von Oesterreich über seine Absichten und weiteren Pläne, und äußerte zugleich die Erwartung, daß derselbe im Verein mit ihm nach Flandern ziehen werde, wie er es ihm früher vorgeschlagen hatte. Don Juan gab wiederum sein Wort darauf, hatte aber nichts Eiligeres zu thun, als sofort seinen Neffen zu denunciren. [3] Der König gerieth darob in die größte Aufregung

---

[1] Ibidem.

[2] Die flandrischen Stände sandten, nachdem ihr Aufstand schon offen erklärt, Commissarien ab, welche dem Könige Mittel zur Ausgleichung vorschlagen und ihn darum angehen sollten. Insgeheim unterhandelten sie aber mit dem Prinzen Don Carlos, daß er mit Erlaubniß seines Vaters oder ohne dieselbe nach den flandrischen Staaten komme, die entschlossen, ihn in seiner Regierung aufrecht zu erhalten. Die Unterhandlung wurde entdeckt, Herr von Montigny wurde gefangen genommen. Diego de Colmenares. — Historia de la insigne ciudad de Segovia. — Segovia, por Diego Diez, 1637.

[3] Don Juan von Oesterreich floh vom Hofe in Begleitung mehrer Adeligen, weil er sich am maltesischen Kriege betheiligen wollte. Philipp II. gebot ihm,

und sah ein, daß die Stunde geschlagen, wo man sich des Prinzen versichern müßte, bevor derselbe nur eine Ahnung davon haben könnte, daß es auf seine Freiheit und seine sonstigen Bestrebungen abgesehen wäre.

Es war in der Nacht des achtzehnten Januar 1568, wo Don Carlos seine Freiheit verlor. Der Prinz lag in tiefem Schlummer, als in sein Schlafzimmer traten der König, der Herzog von Feria, Ruy Gomez de Silva, Don Antonio de Toledo, Prior des Ordens von San Juan de Jerusalem, Luis Quijada und zwölf Gardisten. Beim Anblick seines Vaters rief Carlos aus: „Wollen Eure Majestät mir das Leben nehmen?" Philipp soll darauf erwiedert haben, daß er ihn nur einsperren wolle, weil er von Sinnen wäre, denn der Prinz rief: „Ich bin nicht verrückt, wohl aber in Verzweiflung!" [1] Man nahm alle seine Waffen und Papiere weg, von denen wahrscheinlicher Weise manche insgeheim von dem Prior Don Antonio verbrannt worden, da sie nur das Verschulden des unglücklichen Prinzen hätten mehren können. Zunächst übertrug der König seine Bewachung dem Herzog von Feria, bald aber dem Ruy Gomez de Silva, mit der Weisung, daß Carlos mit Niemanden anders sprechen dürfe, als den Personen seiner Dienerschaft. Großes Aufsehen mußte das Ereigniß innerhalb Spaniens hervorrufen, wenn gleich das Urtheil darüber ein sehr verschiedenes war. Die Einen hielten dafür, daß König Philipp sich unverantwortlich streng gegen seinen Sohn benommen, Andere meinten gar, daß die Könige auf ihre Nachfolger eifersüchtig wären, und daß deren Genie und Hochherzigkeit ihr Mißfallen errege, während es auch Leute gab, welche die Vorsicht des Königs nicht tadeln mochten. [2]

Wir müssen uns Glück dazu wünschen, daß uns ein Document vorliegt, das am klarsten die Motive des Prinzen für seine Reise nach Flandern darlegt. Wir finden dieselben nämlich in einem Schreiben des Nuntius Rossano an den Kardinal Alexandri von Madrid vom zweiten März 1568. Es heißt darin: „Da der Prinz

---

nach Madrid zurückzukehren, und verzieh ihm, da er seine Reue sah: „Und bald wußte Don Juan des Königs Verdruß darüber ganz zu beseitigen, indem er Allen zuvorkam und ihm die Absichten seines Sohnes Carlos enthüllte." Fabiano Estrada. De Bello Belgico. Dec. I. Lib. VII.

[1] Antonio de Herrera. — Historia general del mundo del tiempo del Sr. Rey don Felipe el segundo, desde el año de MDLIX hasta su muerte. — Madrid 1601 y 1612.

[2] Luis Cabrera de Córdoba. — Historia del rey don Felipe II. Lib. VII.

der Ansicht war, daß er in vielen Dingen nicht so behandelt wurde, wie er wünschen mochte, so hatte er großen Haß gegen den König wie gegen Jene gefaßt, von denen er vermuthete, daß sie bei Seiner Majestät in hoher Gunst ständen. Der König war andererseits sehr verletzt über das Reden und Benehmen des Prinzen, welcher fast wie ein Verzweifelter entschlossen war, sich aus dem Reiche seines Vaters zu entfernen, und seine Gedanken Manchen offenbart hatte, wie dem Don Juan von Oesterreich, dem Marquis von Pescara, dem Herzog von Medina de Rio Seco und Andern . . . Da der König in Erfahrung gebracht, was der Prinz für Gedanken hege, was er geäußert, wie in verschiedenen Briefen geschrieben, worüber ich mich später aus- lassen werde, daß der Zeitpunkt seiner Abreise nahe bevorstehe und daß er das ausführen wolle, was er insgeheim beabsichtige, so erwog der König sehr, was da zu thun, und ließ dem Prinzen Vorstellungen machen und entschloß sich endlich, ihn gefangen zu nehmen, wenn er sein Vorhaben nicht aufgebe. Da der König am Ende sah, wie alle Ueberredungen, ihn von seinem Beginnen abzubringen, vergebens waren, daß der Prinz bereits eine Summe Geldes in Besitz hatte und in Don Juan drang, sich zur Abreise fertig zu machen und sein Wort zu lösen, daß er ihn begleiten wolle, so meinte der König, es wäre am ziemlichsten und klügsten, den Prinzen in seinem Palaste gefangen zu halten und so geschah es denn auch... Beim Weg- nehmen aller seiner Papiere, fanden sich viele schon versiegelte Briefe, die nach seiner Abreise erst hätten versandt werden sollen: einen Brief für den König, seinen Vater, einen andern an Seine Heiligkeit und den Kaiser, kurz Briefe an alle katholischen Souveraine, wie an die Fürsten Italiens, zugleich Sendschreiben an die Königreiche und Staaten Seiner Majestät, an alle Granden Spaniens, an die Räthe und Kanzleien und die Gemeinderäthe der Hauptstädte.

„Das an den König gerichtete Schreiben ließ sich ausführlich über die vielen Kränkungen aus, die Seine Majestät ihm angeblich seit einigen Jahren angethan, und er erklärte, er verlasse das Königs- reich, weil er solche Beleidigungen nicht länger ertragen könne. Das Schreiben an die Granden, Räthe und Gemeinderäthe enthielt das- selbe und mahnte sie zugleich daran, daß sie ihm als Erbprinzen einen Eid geleistet, dessen sie nicht entbunden wären, und daß sie ihm ihre Meinung zu erkennen geben möchten. Zugleich machte er Ver- sprechungen Denen, die ihm treu bleiben würden; den Granden ver- sprach er Begünstigung und Huld und ihnen die Steuern abzutreten,

die der König in seinen Staaten abgeschafft; den Gemeinderäthen dagegen versprach er Aufhebung der Lasten, die ihnen auferlegt worden,
mit einem Worte, einem Jeden bot er das an, was seines Dafürhaltens demselben am angenehmsten sein möchte Den obenerwähnten
Fürsten berichtet er, wie er sich gewungen sehe, diesen Entschluß zu
fassen, mit der Bitte, denselben für Recht zu finden, und so beab-
sichtigte er durch freundliche Worte und mancherlei Anerbietungen,
sich Freunde zu verschaffen. Das ist die Summe dessen, was ich
über die Briefe habe erfahren können."

„Auch habe ich eine Liste gesehen, auf welcher der Prinz eigenhändig seine Freunde und Feinde namentlich verzeichnet hatte. Unter
den Feinden findet sich in erster Stelle sein Vater aufgeführt, dann
Ruy Gomez de Silva und dessen Gattin, der Herzog von Alba, der
Präsident und einige andere. Unter seinen Freunden nannte er vor-
zugsweise die Königin, der er das Prädikat: „Die Liebreichste" gab,
dann seinen allertheuersten Oheim Don Juan von Oestereich, Don
Luis Quijada und, irre ich mich nicht, Don Pedro Fajardo, der
sich zu Rom befindet, und andere, deren Namen mir nicht bekannt
sind... Auch erfährt man nunmehr, daß der Prinz häufig Aeußerungen fallen ließ, welche beunruhigen mußten. Wenn er z. B. sich
mit Jemanden über die aragonische Krone unterhielt, so sagte er, es
wäre ein großes Unrecht, daß man den Männern jenes Königreichs
nicht Ehrenämter übertrage! Von den Herren, die einen Titel führten,
pflegte er zu sagen, daß sie nicht den gebührenden Platz einnähmen,
noch daß man auf sie die erforderliche Rücksicht nähme. Er beschwerte
sich über die Ungerechtigkeiten, die das Volk zu erdulden hätte, wie
über andere ähnliche Dinge." [1] — So lautet der Bericht des Nuntius
Rossano an den Kardinal Alezandri. Aus den Vorkehrungen, die der
Prinz getroffen, um die Welt mit den Ursachen seiner Abreise bekannt zu machen und sich zu rechtfertigen, aus seinem Verfahren,
den Granden des Königreichs gegenüber, wie aus Allem, was er in
dieser Beziehung vorbereitet hatte, dürfen wir mit Recht folgern, daß
er nichts weniger als irrsinnig war. Seine Maßregeln wie Aeußerungen zeugen nur für politische Umsicht, — von Wahnwitz ist hier
keine Spur zu finden! Jene freilich, welche Alles nach dem Erfolge
beurtheilen, werden geneigt sein, das Beginnen von Don Carlos für

---

[1] Das italienische Original dieses Schreibens lag dem Verfasser in Abschrift vor, und das Obige ist eine wortgetreue Uebersetzung des Berichtes.

Aberwitz zu halten, indem sie sich vornehmlich darauf stützen, daß er seine Pläne leichtfertig offenbart hätte und also ein rasches Ende fand! Ging auch sein Unternehmen zu Grunde, bevor es in's Leben getreten, so spricht dies keineswegs wider das politische Geschick des Prinzen. Man bedenke doch, daß sein Unternehmen nur dadurch scheiterte, daß er seinem Oheim Don Juan allzusehr vertraute, der ihm Versprechungen gemacht, die sich als trügerisch erwiesen, und daß der Prinz nimmer ahnen konnte, daß sein Oheim an ihm zum Verräther werden würde. Was vermag nicht Treubruch und Verrath? Davor sind die stärksten Wälle nicht sicher, und Männer, die nur mit ihrem Leben ihre Freiheit Preis geben, mußten Ketten tragen, die nur Verrath geschmiedet. Don Juan von Oesterreich war ein großer Feldherr seiner Zeit und diesen Ruhm wollen wir nicht antasten, doch ist es fraglich, ob sein Charakter so rein dasteht, wie es für seinen Ruf wünschenswerth wäre, indem er seinen Neffen verrieth. Wenn er sein Ritterwort gebrochen, so wollen Manche es damit beschönigen, daß er das spanische Reich vor einem Bürgerkriege bewahren wollte. Möglich, daß dies Mitbestimmungsgrund für ihn war, dem Könige die Pläne seines Sohnes zu enthüllen, doch bleibt sein doppelzüngiges Benehmen dem Prinzen gegenüber unverantwortlich. Selbst zugegeben, daß die Flucht von Don Carlos, wäre sie gelungen, Nachtheile für Philipp hätte hervorrufen können, so sind diese doch für den unbefangenen Beurtheiler nicht so ernster Natur, daß sie in's Gewicht fallen, vergleicht man sie mit dem Eindruck, den die Gefangennahme des Prinzen in Spanien wie im Auslande hervorrufen mußte. Welches Aufsehen mußte dieses Ereigniß nicht hervorrufen, das den Haß gegen Philipp nur noch lebhafter anfachen mußte, und zugleich stand zu befürchten, daß die Anhänger des Prinzen mit Waffengewalt dafür Rache zu nehmen suchen würden. Mußte nicht Philipp II. selbst befürchten, daß die Mißvergnügten und Freunde von Don Carlos es wagen würden, die Pforten seines Kerkers zu sprengen? Luis Cabrera de Córdoba erzählt uns, daß ein ungewöhnlicher Volksauflauf entstand und daß der König selbst auf den Gedanken kam, als gälte der Lärm dem Prinzen, den man aus seiner Haft befreien wolle!?[1] Gilt dies uns nicht als Beweis, daß der Prinz keineswegs unpopulär war? Im Gegentheil hatten die Unterbrückten alle ihre Hoffnung auf ihn gesetzt, denn in seiner klaren Einsicht, in seinem Edelsinn und seinen

---

[1] Luis Cabrera de Córdoba. — Vida del rey Felipe II.

Tugenden meinten Alle, die zu leiden hatten, das Mittel für ihre Uebel zu finden, nur nicht die Höflinge und Inquisitoren.

Philipp stattete den Städten und Granden Spaniens, dem Pabste, dem Kaiser wie den andern Souverainen Europas Bericht über die Verhaftung seines Sohnes ab. Kaiser Maximilian aber nahm die Nachricht des Königs sehr übel auf und erklärte den Entschluß des Königs für eine Schamlosigkeit, mit dem Hinzufügen, daß es nur das Werk seiner schlechten Rathgeber wäre, die erklärte Feinde seines zukünftigen Schwiegersohnes wären.[1] Zugleich drang der Kaiser darauf, daß der Prinz seine Freiheit wieder erhalte, und dann erließ er den Befehl, daß seine beiden Söhne Rudolph und Ernst, die sich auf die Einladung Philipp's hin am spanischen Hofe gerade befanden, unverweilt nach Deutschland zurückkehren sollten. Philipp wußte aber die Sache schlau einzuleiten, denn er gab vor, den Prinzen als untüchtig zur Thronfolge erklären zu lassen, so daß die beiden österreichischen Prinzen seine Erben werden würden, sobald die Unfähigkeit des Prinzen erwiesen wäre und der Pabst die Völker und Herren von Castilien ihres Eides der Treue gegen Don Carlos entbunden hätte.

Um dem Prinzen den Prozeß zu machen, setzte der König eine Commission ein, welche aus dem Generalinquisitor Kardinal Espinosa bestand, — woher die falsche Notiz stammt, daß die Inquisitoren über Carlos richten sollten —, ferner aus Ruy Gomez de Silva und dem Licenciaten Birbiesca, sämmtlich Feinde des angeschuldigten Prinzen. Zu einem Urtheilsspruche kam es nicht, denn die Procedur fand durch den Tod des Prinzen ihr Ende. Die Akten des Prozesses wurden in einer grünen Kiste verschlossen und auf Befehl des Königs durch Don Cristoval de Mora in das Archiv von Simancas niedergelegt. Was aber in den Augen seines Vaters, wie für die Höflinge und Inquisitoren das größte Vergehen des Prinzen war, ist bisher von uns noch nicht berührt worden. Wir meinen nämlich, daß der Prinz den protestantischen Lehren huldigte! Nicht blos in Spanien, sondern auch im Auslande lief das Gerücht nicht allein zu Lebzeiten des Prinzen, sondern selbst lang nach seinem Tode, daß er den Reformideen zugethan gewesen, und diese Meinung findet sich durch Manches bestätigt, was der angebliche Verbrecher wirklich gethan. Als nämlich der grausame Herzog von Alba die beiden flamändischen

[1] Antonio de Herrera. — Historia general del mundo &c.

Grafen gefangen nahm, da fiel ihm unter den Papieren Egmont's
ein Brief in die Hände, den Don Carlos eigenhändig geschrieben
hatte. Der Prinz verpflichtete sich darin, den Niederlanden, sobald
er die Regierung dieser Staaten übernähme, gegen den Willen seines
Vaters und Königs die Gewissensfreiheit zu gewähren. Wer auferzogen
worden mit den Grundsätzen des Hasses und der Vertilgung Derer,
welche die Kirchenreform predigten, konnte religiöse Duldung nicht
zweckdienlich für das Königreich erachten, und der Sohn Philipp's
hätte sicherlich nicht den Ketzern seine Hand geboten, wenn nicht ihre
Doktrinen bereits in seinem Innern Wurzel geschlagen hätten. Eins
von beiden. Carlos war entweder Katholik oder Protestant. Als Katholik hätte er die Feinde des Papstes tödtlich verabscheuen müssen,
denn Philipp's Blut rollte dann in seinen Adern. War er aber
Protestant, so mußte sein Bestreben, die Reformirten nicht unterbrückt
zu sehen, und seine Neigung für Jene, die den neuen Lehren zugethan, bei dem Jünglinge offen hervortreten, der es für ehrenhaft hielt,
nicht Verstellung zu kennen, und der für die Masse aller Zeiten an
dem Fehler litt, weder in religiösen noch politischen Dingen den
Heuchler zu spielen. Carlos versprach den Flamändern Gewissensfreiheit, und wollte sich als Führer an die Spitze der Aufrührer stellen,
die sich gegen seinen Vater und die Inquisitoren aufgelehnt, welche
unter dem Schutze des Heeres eines Alba auch in den Niederlanden
Scheiterhaufen errichten wollten, um Alle den Flammen zu überantworten, die mit Wort und Schrift für die Reform in den Niederlanden kämpften. Als Philipp II. Carlos einkerkern ließ, richtete er
mehrere Briefe an einige europäische Souveraine, um denselben Rechenschaft zu geben von dem Entschlusse, seinen Sohn gefangen zu halten.
In dem Schreiben, das er an die Königin von Portugal richtete
(nicht an die Kaiserin, wie Cabrera irrthümlich erzählt), und zwar
vom 21. Januar 1568, liest man Folgendes: „Die Angelegenheiten
des Prinzen sind so vorgerückt und zu dem Extrem gediehen, daß ich
nicht umhin konnte, eine Veränderung mit seiner Person vorzunehmen
und ihn zu verhaften und einzuschließen, auf daß ich die Pflicht erfülle
die ich gegen Gott als christlicher Fürst habe, wie gegen die Königreiche und Staaten, die es Gott gefallen, meiner Sorge anzuvertrauen.
Schließlich habe ich Gott das Opfer meines eigenen Fleisches und
Bluts darbringen wollen und seinen Dienst, wie das allgemeine Wohl
und Beste, andern menschlichen Rücksichten vorziehen wollen." [1] Wenn

---

[1] Luis Cabrera de Córdoba. — Obra citada.

Philipp erklärt, daß er bei der Gefangennahme des Don Carlos Gott
das Opfer seines eigenen Fleisches und Bluts darbringen und seinen
Dienst „andern Rücksichten vorgezogen," so ist der Schluß nur be-
rechtigt, daß religiöse Dinge bei der Angelegenheit des Prinzen im
Spiele waren und daß sein Geschick aus seiner Hinneigung für die
Doctrinen der Protestanten hauptsächlich geflossen.

Allein der Verdacht, daß Don Carlos den neuen Lehren zugethan, fand Bekräftigung durch die Kunde, daß der Prinz in seiner
Gefangenschaft sich auf das Hartnäckigste weigerte, zu beichten und
das heilige Abendmahl zu nehmen. Da alle Vorstellungen der Edelleute, die sich in der Umgebung des Prinzen befanden, nichts fruchteten, so mußte am Ende, wohl auf Befehl des Königs, Doktor Hernan
Suarez de Toledo, welcher beim Prinzen in hoher Gunst stand, an
denselben ein Schreiben richten, das Drohungen enthielt. Das Schreiben
trägt das Datum vom 18. März 1568 und der Prinz wird daran
erinnert: „daß seine Sache so gefährlich stände und daß sie sich der-
gestalt verschlimmert, daß der Schreiber, der so sehr die Besserung
seiner Angelegenheit wünsche, das Schlimmste fürchte, was nur eintreten könnte und sich denken ließe." Es heißt in dem Schreiben
weiter wörtlich: „Eure Hoheit haben etwas so Schlimmes angefangen,
nämlich, nicht beichten zu wollen, und was kann daraus entstehen,
das nicht der schlimmsten Art wäre, wie es ist und Eure Hoheit recht
wohl begreift! Möge Eure Hoheit wohl erwägen, was Alle thun und
sagen werden, sobald man vernimmt, daß Sie nicht beichten, und es
wird dazu kommen, daß man andere schreckliche Dinge offenbart, dermaßen, daß sie der Inquisition starken Anlaß geben, zu erforschen,
ob Sie ein Christ sind oder nicht." [1]) Unzweifelhaft geht aus den
Worten des Doktor Suarez de Toledo hervor, daß auch er den Prinzen
für einen Anhänger der Ideen der Reformation hielt. Was hätte er
sonst mit dem Ausdruck meinen wollen: „schreckliche Dinge, deren
Untersuchung sonst der Inquisition anheim fallen möchte?" Erwägen
wir nun, welche Hinneigung Don Carlos den flandrischen Protestanten
schenkte, wie er den Versuch gemacht, Spanien zu verlassen, um an
die Spitze der Aufständischen sich zu stellen, die von der neuen Lehre
nicht ablassen wollten, und nehmen wir hinzu, daß der Prinz schließlich
nicht einmal das Abendmahl mehr nach katholischem Brauche nehmen
wollte, so wird es Niemanden mehr Wunder nehmen, wenn damals

---

[1]) Madrider Nationalbibliothek (Manuskript).

schon sich die Meinung festsetzte, daß der Prinz den Lehren der Reformation zugethan wäre. Es gibt aber noch schlagendere Beweise dafür. Der Nuntius Rossano richtete am 24. Januar 1568 ein Schreiben an Kardinal Alexandri, worin er über die Gefangennehmung des Prinzen Bericht erstattete und zugleich die Ursachen mittheilte, denen man bei Hofe das so große Aufsehen machende Ereigniß zuschrieb. In dem Schreiben führte der Nuntius die Worte an, welche der Kardinal Espinosa, als Präsident von Castilien, ihm desfalls äußerte, und die wortgetreu also lauten: „auch wünscht der Kardinal, daß ich erführe, wie die Veranlassung, die seine Majestät dazu bestimmt, dieses vorzunehmen, allein darin bestanden, daß Seine Majestät möglichst rasch mehr Rücksicht nehmen wollte auf den Dienst Gottes, auf die Erhaltung der Religion und seiner Königreiche und Unterthanen, als auf sein eignes Fleisch und Blut, und daß er für den eben genannten Dienst seinen einzigen Sohn gleichsam als Opfer darbringen wollte, weil er nicht anders verfahren konnte, wollte er nicht zu undankbar für die Wohlthaten sein, die unser Herrgott ihm fortwährend anthut. Das ist die Summe dessen, was der Präsident mir gesagt, und als ich ihm darauf bemerkte, daß es mir wunderlich vorkäme, was man sich allenthalben erzähle, als hätte der Prinz einen Mordanschlag gegen seinen Vater beabsichtigt, da erwiederte er: „Das wäre das Geringste, dann wäre keine andere Gefahr als für die Person des Königs gewesen, — wovor man sich gewahrt, und ganz andere Mittel dafür angewandt hätte, — allein es wäre schlimmer, wenn es etwas Schlimmeres geben könnte, als das, was Seine Majestät in den zwei darauf folgenden Jahren auf jede Weise wieder gut zu machen gesucht hätte!" [1]) Aus den Worten des Präsidenten erhellt sonnenklar, daß der unglückliche Don Carlos sich vom katholischen

---

[1]) „Vole ancora che io sappia che la causa per la quale s'è mossa di fare quest' effetto, è solo l' haver sua Maestà voluto più presto haver riguardo al servitio di Dio, alla conservatione della Religione et delli Regni et vasalli sui, che alla carne et sangue suo proprio, et che ha voluto quasi sacrificare per il predetto servitio l' unico suo figliolo perche no poteva far altro, se non voleva esser troppo ingrato delli benefitij che Nostro signore Dio li fa di continuo.... Questo mi ha detto in somma il Presidente, et dicendogli io, che mi par strana cosa quello che si và dicendo tutto, cioè che questo giovane havesse pensato etiam coutra la persona del Re suo Padre rispose che questo saria il manco perche se non fosse stato altro pericolo che della persona, si saria guardata et rimediato altramente; ma che ci era peggio si peggio puo essere al che sua Maestà ha cercato per ogni via di rimediare due anni continui." (Nach einem handschriftlichen Documente.)

Glauben abgewandt. Sah man es als eine Gefahr für die Aufrecht=
haltung des Glaubens an, wenn man den Prinzen nicht seiner Frei=
heit beraubt hätte, hielt man die Vergehen des Prinzen für weit
schlimmer, als hätte er die Hand gegen das Leben seines Vaters und
Königs gezückt: — was konnte es da anders sein, als sein Verkehr mit
den Flamändern und sein Abfall von der katholischen Lehre? [1]

Bald nach seiner Verhaftung wurde der Prinz wieder von dem
hartnäckigen Wechselfieber befallen, an dem er früher schon gelitten,
und das durch seine häufigen Anfälle ihn sehr schwächte. Hierzu kam
noch seine geistige Aufregung ob seines Mißgeschicks, und so konnte
es nicht fehlen, daß seine Gesundheit sehr erschüttert wurde. Jene
Geschichtschreiber, die für Philipp Parthei ergriffen, erzählen uns,
daß der Prinz nüchtern viel Schneewasser zu trinken pflegte und daß
die Kissen seines Bettes von Schnee durchnäßt waren, und aus diesem Um=
stande wollen neuere Schriftsteller den Schluß ziehen, daß, wer solche Ver=
kehrtheiten gegen seine Gesundheit zu thun pflegte, sicherlich den Ver=
stand verloren haben mußte. Ein solches Urtheil beweist aber nur,
daß jene Schriftsteller von der Medizin des sechszehnten Jahrhunderts
keine Ahnung haben. Nicolas Monarde, ein berühmter Arzt aus
Sevilla, schrieb 1574 ein Buch, in welchem der Gebrauch des Schnees
empfohlen wurde. Es heißt nämlich darin, daß Personen von chole=
rischem und feurigem Temperamente kalt trinken und zwar durch Schnee
kalt gemachten Trunk anwenden sollen und ebenso die Kranken, die an
hitzigem Fieber und Entzündungen litten. [2] Aehnliche Ansichten finden
sich in andern Schriften spanischer Aerzte, am Ende des sechszehnten
und Anfangs des siebenzehnten Jahrhunderts. [3] Was soll man

---

[1] Welcher Meinung Schiller in seinem Drama gefolgt, ist allbekannt. Wir
wollen hier nur auf das Urtheil verweisen, das sich in der Geschichte der Revolu-
tion von 1688 findet, die Sir James Mackintosh herausgegeben. Der englische
Rechtsgelehrte Maynard äußerte sich nämlich im Hause der Gemeinen über die
Verfolgungen, welche die Protestanten erlitten, und spielte auf das Schicksal des
Don Carlos an, indem er sagte: "Es gibt heut zu Tage keinen einzigen katholischen König in Europa, der nicht den Wunsch hegte, den letzten Protestanten zu
vernichten, ohne selbst seiner eigenen Familie zu schonen, gleichwie der wackere
Prinz Don Carlos vom grausamen Herrn des grausamen Alba barbarisch der
Inquisition überliefert worden, und zwar nicht, wie die Papisten behaupten, weil
er Liebe gegen die Königin gehegt, sondern wegen seiner Hinneigung zur Kirchenreform, wie ich es beweisen kann!"

[2] Libro que trata de la nieve y de sus propriedades y del modo que
se ha de tener en el bever enfriado con ella.... hecho por el doctor
Monardes, médico de Sevilla. En Sevilla, en casa de Alonso Escrivano 1574.

[3] Pedro Garcia Carrero verbreitete sich ebenfalls über die Anwendung des
Schneewassers bei Fiebern, und zwar in seinen: Disputationibus medicis....
hoc est de febribus. — Alcalá por Juan Gracian, 1612. — Burdeos, 1628.

nunmehr von der Meinung neuerer Schriftsteller halten, die dafür,
daß Carlos bei seinen Fieberanfällen Schneewasser anzuwenden pflegte,
keine andere Erklärung wußten, als daß er widersinniges Zeug getrie=
ben und seines Verstandes nicht mächtig gewesen?! Selbst zugegeben,
daß der Prinz dies Mittel übermäßig angewandt hätte, und dies seiner
Gesundheit nicht förderlich gewesen wäre, so bedürfte es ganz anderer
Belege, um den Prinzen für irrsinnig zu erklären. Beiläufig bemerkt,
war es übrigens im sechszehnten Jahrhundert in vornehmen Häusern
Sitte, zur Milderung der Sommerhitze sowohl, wie als Heilmittel
für manche Uebel die Kissen der Betten durch Schnee zu netzen.
Ein anderer spanischer Arzt, ein Zeitgenosse des Prinzen, sagt nämlich
in einer Abhandlung über die Anwendung des Schnees, daß dessen
Gebrauch nicht allein als Getränk allgemein geworden, sondern auch
für die Betttücher im Brauche wäre, besonders bei Personen, die bei
großer Hitze an zu starkem Schweiße litten.[1] Als hätten die Ge=
schichtschreiber, die im Solde Philipp's standen, jedweden Vorwand
aufgegriffen, um auf den Prinzen einen Stein zu werfen, so fanden sie
in dem Gebrauche des Schnees, Seitens des kranken Prinzen, schon
Grund genug, um ihn für aberwitzig auszuschreien, und die neueren
Schriftsteller lassen sich auf solche Abgeschmacktheiten hin dazu fort=
reißen, diese Verleumdungen zu wiederholen, obgleich die ausgezeich=
netsten Aerzte Spaniens den Gebrauch des Schnees bei Fiebern
empfehlen und anwandten. Das Leiden des Prinzen besserte sich
trotz der angewandten Mittel nicht, im Gegentheil verschlimmerte sich
das Uebel sehr, was vielleicht nur aus anfänglicher Vernachlässigung
entstanden; denn es steht fest, daß die Cur erst spät begonnen wurde.
Der König bildete sich nämlich ein, daß sein Sohn nicht so krank
wäre, wie es den Anschein hatte, und daß es fast nur Verstellung
wäre, damit er wieder seine Freiheit erhalte, wie der Nuntius Rossano
uns berichtet,[2] oder was uns wahrscheinlicher deucht, legte er der
Sache keine Bedeutung bei, insofern er eine größere Gefahr darin
erblickte, wenn sein unglücklicher Sohn am Leben erhalten bliebe.
Mehr als gewagt wäre es, so etwas von einem Vater behaupten zu

[1] Tractado de la nieve y del uso della... compuesto por Francisco
Franco, médico del serenissimo rey de Portugal, y cathedrático de Prima
en el collegio mayor de Sancta Maria de Jesus y Universidad de Sevilla. —
Sevilla por Alonso de la Barrera año de 1569.

[2] „Credo que da principio (Felipe II.) non credesse veramente il
male; ma pensasse che fosse finto per esser largato e liberato dalla pri=
gione." Carta de Rossano.

wollen, der nicht Philipp hieße. Bedenken wir aber, welche Gesinnung
diesen Monarchen erfüllte, und welchen Haß er gegen den Prinzen
hegte, der den innern Frieden seiner Staaten und selbst den katholischen Glauben bedrohte, so ist diese Angabe keine vermessene.

Die Krankheit des Prinzen verschlimmerte sich, und da erst fand
sich der König bewogen, den ersten Leibarzt Santiago de Olivares zum
Prinzen zu senden. Dieser Arzt begab sich allein in das Krankenzimmer, untersuchte den Zustand des Kranken und konsultirte dann
mit den andern Doktoren in einem Nebenzimmer. Manche Personen
glauben heute noch, Don Carlos hätte seinen Tod einer mysteriösen
Purganz zu verdanken, die ihm Doktor Olivares auf Befehl Philipp's
gereicht hätte, und sie stützen sich darauf, daß Don Lorenzo Vander-
Hamen, in seiner Lebensbeschreibung des Königs, in Betreff der Behandlung des Prinzen sagte: „Olivares gab ihm eine Purganz, die
aber schlechten Erfolg hatte, aber nicht ohne daß ihm der Befehl und
die Erlaubniß dazu gegeben worden wäre; das Uebel schien gleich
tödtlich zu sein." [1] Dieser Schriftsteller schrieb nur ab, was Andere
vor ihm gesagt, wobei er nur einige Worte hinzufügte, damit man
ihn nicht eines Plagiats beschuldige. Er erzählt nur, was Cabrera
berichtet, daß man dem Prinzen ein Abführungsmittel eingegeben, das
keinen Erfolg gehabt, weil das Uebel tödtlich war. [2] Unseres Erachtens liegt nicht das entfernteste Anzeichen vor, das uns berechtigen
könnte, Philipp die Schuld aufzubürden, als hätte er Carlos vergiften
lassen. Aus der Aeußerung aber, daß die Purganz nicht ohne Befehl noch Erlaubniß dem Prinzen eingegeben worden, zieht Llorente [3]
den gewagten Schluß, daß Philipp wirklich seinen Tod dadurch hätte
herbeiführen lassen, daß er ihm einen Gifttrank eingeben ließ, der
jedenfalls das bösartige Fieber, das die Kräfte des Prinzen schon so
sehr untergraben, nur hätte verschlimmern können. Die Annahme
von Llorente beruht auf einem Mißverständnisse seinerseits. Was
Doktor Olivares auf Befehl dem Prinzen verschrieben, bezieht sich
nur darauf, daß die übrigen Aerzte ihre Zustimmung dazu ertheilt,
insofern Doktor Olivares der einzige Arzt war, dem man gestattete,
den Prinzen zu besuchen, und die Erlaubniß zur Anwendung der ver-
schriebenen Heilmittel mußte erst ausdrücklich von Philipp ertheilt

[1] Don Lorenzo Vander-Hamen. Historia de Felipe II.
[2] Luis Cabrera de Córdoba. Historia de Felipe II.
[3] Don Juan Antonio Llorente. Historia critica de la inquisicion de
España.

17*

werden, nachdem dieselben von allen Aerzten gut geheißen worden; damit fällt die Annahme von Llorente ganz zusammen.

Es war am 24. Juli 1568 um die vierte Morgenstunde, daß Don Carlos zu einem besseren Leben abberufen wurde. Man erzählt, daß er vor seinem Hinscheiden Beichte ablegte, jedoch ohne das heilige Abendmahl zu nehmen, da er fortwährend an Erbrechen litt. So erzählte man sich bei Hofe, doch ist es wahrscheinlicher, daß der Prinz bis zu seinem letzten Lebensaugenblicke der protestantischen Lehre treu geblieben. Philipp und seine Räthe mochten es für zweckmäßig finden, das Gerücht aussprengen zu lassen, als hätte Don Carlos vor seinem Tode große Beweise seiner Rechtgläubigkeit gegeben und selbst das Sakrament der Buße empfangen. Dieser Glaubensakt konnte ja im Stillen erfolgen, was bei dem Abendmahl nicht der Fall gewesen wäre, denn dann hätte es vieler Zeugen bedurft, die nach damaligem Brauch mit brennenden Fackeln den Leib des Herrn an das Kranken= lager des sterbenden Prinzen hätten bringen müssen. [1]) Man erzählte sich weiter, daß der Prinz Allen verziehen, die sich zu seinem Schaden verschworen: seinem Vater, der ihn der Freiheit beraubte, weiter Ruy Gomez de Silva, dem Kardinal Espinosa, dem Doktor Velasco und Allen, die mit perfidem Rathe seinen Vater dazu vermocht, den Erb= prinzen der Monarchie zu strenger Haft zu verdammen. Philipp wollte nicht gestatten, daß die Königin Isabella und die Prinzessin Doña Juana dem Prinzen während seiner Krankheit und nicht ein= mal in seiner Sterbestunde einen Besuch abstatteten, so sehr befürch= tete er, daß die Klagen seines Sohnes nach Außen drängen. Was will man mehr? Den Prinzen wollte er nicht einmal in den letzten Lebensaugenblicken mehr sehen. Gewissensbisse mochten ihn quälen, daß er den frühen Tod seines Erstgeborenen verschuldet, und so wagte er nicht, ihm in's Gesicht zu sehen. Er ließ nämlich durch den Beichtvater Fray Diego de Chaves seinem Sohne zu Wissen thun, wie bedenklich die Zusammenkunft des Vaters und Sohnes sein könnte, da dieser zum Sterben so gut vorbereitet wäre, und so be= gnügte er sich damit, ihm von einer Thüre aus hinter ein paar Höf= lingen seinen Segen zuzuwerfen, eine Posse, die geschickt genug war, daß sie in manchen Augen, als aus dem Herzen kommend, gelten konnte. Die unbefangene Kritik wird dies aber besser zu würdigen

---

[1]) Nuntius Rossano berichtete nämlich nach Rom, daß der Prinz gebeichtet, nicht aber das Abendmahl genommen, weil er in seinen letzten Lebensaugenblicken sich beständig erbrochen.

wissen und der Meinung huldigen, daß Philipp aus Furcht und aus Abscheu vor seinem Werke seinen Sohn gemieden.

Allerdings beschuldigen die Schriftsteller des Auslandes Philipp II., daß er den Tod seines Sohnes verschuldet hätte, und daß er ihn hätte hinrichten lassen, doch über die Art und Weise, wie er zum Tode gebracht worden, stimmen sie untereinander nicht überein. Die Einen geben vor, Don Carlos wäre an Gift gestorben, Andere behaupten gar, es wären ihm im Bade die Adern geöffnet worden und wieder Andere wollen wissen, er wäre enthauptet worden. Die spanischen Schriftsteller suchen aber Philipp von diesem Flecken rein zu waschen und erklären, der unglückliche Prinz wäre einzig und allein durch seine Ausschweifungen und verkehrte Lebensweise so früh weggerafft worden. Eine Ausnahme davon macht allein Antonio Perez, welcher in seinen Relaciones sich über Fray Diego de Chaves ausläßt, der zugleich Beichtvater des Königs gewesen und dem Prinzen in der Stunde seines tragischen Endes beigestanden. Er sagt nämlich wörtlich: „Der Beichtvater fand sich durch den Fürsten Ruy Gomez beleidigt, da derselbe, zur Zeit er Beichtiger des Prinzen Don Carlos gewesen, ihm insgeheim die Kehle geschnürt hatte, weil er (— der Beichtvater —) die Hinrichtung des Fürsten hartnäckig gutgeheißen, eine Thatsache, die für jene Geschichte wohl erwähnenswerth, weil man daraus erkennt „wie weit das Gewissen" jenes Theologen gewesen! Wie jener Prinz den Tod erlitten, gehört nicht hierher. Ich habe es für meine Denkblätter aufbewahrt, wo es sich um ähnliche Hinrichtungen handelt; dort wird man mich darüber hören!" Diesen Memoiren wurde aber nicht die Ehre zu Theil gedruckt zu werden, doch geht aus den erwähnten Worten klar hervor, daß Antonio Perez sich davon überzeugt hielt, daß Carlos eines gewaltsamen Todes gestorben. Noch eine andere Aeußerung von Perez weist darauf hin. In einem Schreiben an einen gewissen Edelmann spricht nämlich Perez sich dahin aus, daß, wolle man sich dessen vergewissern, ob Jemand ein guter Politiker wäre, so brauche man nur über manche zweifelhafte Punkte jener Zeit Fragen an ihn zu stellen. Unter Anderm möge man nur fragen: „Ob sie auch den Ursprung der Gefangennahme des Prinzen Don Carlos kännten, worüber man so Verschiedenartiges erzähle, ob sie auch die Zeugen, die Räthe, die verschiedenen Gutachten eines Jeden und ob sie das Urtheil des Königs und die „Vollstreckung" des Ganzen kännten! Weiter solle man sie fragen, was sie von andern Hinrichtungsgeschichten wüßten,

und ob sie deren Anlaß kännten!"[1] Wären diese Andeutungen von einem
Feinde Philipp's II. ausgegangen, so könnten sie ohne weitere Beweise
verdächtig erscheinen. Aber abgesehen davon, daß Antonio Perez durch
seine vertraute Stellung im Palaste alle Geheimnisse des Monarchen
gründlich kannte, liegt uns selbst ein Zeugniß vor, das aus der Feder
eines Zeitgenossen und Lobredners Philipp's II. geflossen, der gelegentlich seinem Unwillen darüber Luft machte, daß man im Auslande so Mancherlei gegen seinen Gebieter sprach und geschrieben.
Hören wir, was dieser Zeitgenosse darüber äußert: „Dem Könige hat
dieser Neid nur wohl bekommen, denn von seinen Feinden ist ihm
das Heil gekommen, so groß ist das Lob, das sie ihm eingebracht.
Sie sagten nämlich von ihm, was von dem ewigen Vater gesagt
wird, daß er seinem eigenen Sohne nicht verziehen! Sie sagten
von ihm, was über den Patriarchen Abraham beim Opfer Isaaks,
seines einzigen Sohnes, gesagt wird. Ueber alles Menschliche
reicht die Glorie hinaus, die daher ihm erwächst, und es gibt
keinen Ruhm, der damit zu vergleichen, sei es geschehen um der
Religion willen, oder um der Gerechtigkeit und der öffentlichen Wohlfahrt willen. Dieses Ereigniß wird Alles hinter sich lassen, was
man in der Profauengeschichte nur lesen kann." Der Zeitgenosse,
der sich also äußerte, war: Salazar de Mendoza in seiner: „Origen de
las dignidades seglares de Castilla y Leon (Toledo 1618)." Salazar
de Mendoza entschlüpfte hier auch unwillführlich etwas, was er nicht
offen heraus verrathen durfte, denn an einer andern Stelle sagt er
weiter: „Die Wahrheit muß uns aber lieber sein; der Prinz starb an
seiner Krankheit und seine Einsperrung hatte blos den Zweck, seinen
Sinn zu ändern und ihn zu bessern!" Wie lassen sich aber diese
Worte mit dem vereinbaren, was Mendoza zum Preise Philipp's
früher gesagt: „Daß er eine That begangen, die Alles hinter sich
läßt, was in der Weltgeschichte nur zu lesen ist?!" Nur zu nahe liegt
hier der Schluß, daß Mendoza durch seine Vorliebe für den König
sich fortreißen ließ, der Wahrheit die Ehre zu geben, während er
später aus Staatsklugheit die Sache wieder zu verdunkeln suchte.
Philipp konnte es nur darum zu thun sein, kein Licht in dies Dunkel
dringen zu lassen! Wir wissen, wie er bei der Einkerkerung seines
Sohnes, den europäischen Souverainen sowohl, wie den Granden und
Städten Spaniens ausführliche Rechenschaft ablegte über die Gründe,

---

[1] Cartas de Antonio Perez.

die ihn zu einen solchen Entschluß bestimmt. Als aber Don Carlos
zu einem bessern Leben überging, da hatte Philipp kein einziges Wort
über die nächste Veranlassung des Todes seines Sohnes zu verlieren,
Beweis genug, wie er sein Verfahren gegen den Prinzen nicht zu
beschönigen vermochte!

Es läßt sich nicht in Abrede stellen, daß der größte Theil der
spanischen Historiker über den Tod des Don Carlos keinen Glauben
verdient, weil sie entweder so geschrieben, wie der Hof zur Zeit es
wollte, oder Rücksichten ähnlicher Art ihr Urtheil eingegeben. Selbst
wenn sie der Welt die Wahrheit hätten offenbaren wollen, hatten sie
etwa in dieser Zeit der Unterdrückung Freiheit genug, um über die
Dinge so zu urtheilen, wie sie in der That gewesen, und mußten sie
nicht vielmehr die Dinge so darstellen, wie die Könige sie ihren Unterthanen vorstellen wollten? Freilich darf der Geschichtschreiber bei
zweifelhaften Dingen nicht leichtfertig urtheilen, und es würde an
Aberwitz grenzen, wenn er ein Urtheil wagen wollte über Dinge, die
in einem solchen Labyrinthe liegen, daß ein Ausweg kaum zu finden
ist; so zweifelhaft scheint uns hier der Weg, der uns zum Lichte der
Wahrheit führt. Bei alledem bleibt uns ein Punkt gewiß, der unsere
Annahme bestätigen muß, daß der Prinz einen gewaltsamen Tod
erlitten. Wir wissen einmal, daß der Marquis von Bergnes am
Hofe gestorben, unter dem Verdachte, daß er vergiftet worden, wir
wissen ferner, daß Baron Montigny insgeheim im Schlosse von
Segovia enthauptet worden, wie daß die Grafen Egmont und Horn
auf dem Marktplatz von Brüssel mit ihrem Leben dafür büßen mußten,
daß sie in geheimen Unterhandlungen mit Don Carlos gestanden.
Und wenn man dies weiß, so wird man es für glaublich halten, daß
Philipp, um die Strafe gegen Jene, die er für Verbrecher hielt, wie
die Rache gegen Jene, die ihn gekränkt, vollständig zu machen, beschlossen, daß sein Erstgeborener auch mit dem Tode dafür büßen
müsse! Selbst Doktor Hernan Suarez de Toledo war nahe daran,
sein Leben zu verlieren, — gerade als man dem Prinzen sein Leben
nahm, wie ein älterer Geschichtschreiber uns berichtet, [1]) nur weil

---

[1]) In den Anmerkungen zur Historia de Talavera von Don Francisco
Soto, M. S., welche sich in der Bibliothek des Erzbisthums von Toledo befindet,
liest man Kapitel 19 S. 488 wie folgt: „Doktor Hernan Suarez de Toledo war
Erzieher des Prinzen Don Carlos, von dem er sehr begünstigt wurde, und diese
Gunst hätte ihm selbst das Leben kosten können, „„als man dem Prinzen das
Leben nahm,"" hätte sich unter dessen Papieren nicht ein Brief vorgefunden, der
ihn vor dem Verderben errettete!"

er Don Carlos so viel zu verdanken hatte, hätte Philipp nicht unter
den Papieren seines Sohnes einen Brief gefunden, worin der Doktor
ihn ermahnte und die Gründe dafür darlegte, den Befehlen seines
Vaters gehorsam zu sein. [1])

Wie wir bewiesen zu haben glauben, war Don Carlos den protestantischen Lehren zugethan, und so ist es wahrscheinlich, daß Philipp
das Todesurtheil vollstrecken ließ, das er gegen den Prinzen bei dem
Auto-da-fé von Valladolid selbst fällte, als er dem Lutheraner Don
Carlos de Seso die Worte zurief: „Wäre mein Sohn so schlecht wie
ihr, so würde ich selbst die Reiser zusammentragen, die ihn verbrennen
sollen!“ Wenn der Prinz nicht öffentlich für seine Lehren büßen
mußte, wie der König ihm androhte, so darf man dem Gedanken
Raum geben, daß Philipp, der sich für den besten Katholiken Spaniens
hielt, nicht in die Oeffentlichkeit bringen lassen wollte, daß sein eigner
Sohn der Ketzerei anheimgefallen. Was hätten Alle, die dem Pontifex treu geblieben, dazu gesagt, welchen Jubel hätten nicht die Feinde
Philipp's, die Protestanten, darob empfunden?

Einen andern Punkt haben wir noch zu berühren, der bisher
nicht berührt worden. Wir wissen, daß bei der Behandlung des
Prinzen im Kerker nichts ohne Zustimmung Philipp's geschehen durfte,
und wenn es wahr ist, daß der Prinz bei seinem hartnäckigen Fieber-
leiden im Uebermaß Schneewasser anwandte, so fällt die Verantwortung dafür mit auf Philipp, denn er ließ geschehen, daß die Palast-
diener seinem Sohne so viel Schnee, wie er wollte, brachten. Wir
wissen, daß der Prinz bei seiner Einsperrung von Edelleuten umgeben
war, die von seinem geringsten Thun und Lassen Rechenschaft ablegen
mußten, und wenn es wahr wäre, daß Don Carlos durch übermäßigen

---

[1]) In demselben Werke findet sich eine Abschrift des Briefes von Suarez an
den Prinzen, der sehr lang ist und gerade nicht elegant geschrieben. Der wesentliche Inhalt läßt sich also fassen: Doktor Suarez gibt dem Prinzen zu bedenken,
welche gewichtige Gründe vorlägen, daß er seinem Ruin nicht entgegengehe! Er
hält ihm das Beispiel des Icarus aus der Fabel vor, der dem Rathe seines Vaters
Dandalus nicht hätte folgen wollen und zur Sonne hinaufflog, was er mit dem
Leben büßen mußte. Er erinnerte ihn an einen alten Vers, der also lautet:

„Es proverbio señalado,	„Ein trefflich Sprichwort ist's,
dó Salomon nos corrige,	Das Salomo uns lehrt:
que quien los padres aflige	Wer seinen Vater kränkt,
será mal aventurado.“	Dem wird es schlimm ergeh'n.“

Er empfiehlt dem Prinzen, darin seinem Vater zu folgen, daß er handle, wie derselbe
seinen Vater Carl V. ehrte, und spricht mit lebhaften Worten sein Bedauern darüber aus, daß er erfahre, wie er mit den Vertretern der Flamänder Umgang
gepflogen. Das Schreiben trägt keinen Datum, aus dem Inhalt aber läßt sich
schließen, daß es Ende December 1567 geschrieben worden.

Gebrauch von Schnee seine Jugendkraft untergraben hätte, so läßt sich nicht bestreiten, daß Philipp dies geschehen ließ. Selbst zugegeben, daß Philipp den Tod seines Sohnes nicht durch Dolch noch Gift verschuldet hätte, so hat er doch die Verantwortung für seinen Tod zu tragen. Wir wissen, wie heftig das Fieber den Prinzen plagte, und nur zu natürlich war es, daß er die Fieberhitze im Sommer durch Schnee zu lindern suchte, wie es damals Brauch war. Philipp ließ dies unbekümmert geschehen, denn er hatte für Wichtigeres zu sorgen! Er ließ nämlich dem Prinzen alle Bücher der profanen Geschichte wegnehmen, an denen er Ergötzen und Trost für seine Leiden fand, und nicht ohne Grund, denn er hatte zu befürchten, daß Don Carlos darin politische Ideen und Vorbilder fände, die ihn mit Gedanken des Ehrgeizes oder der Freiheit erfüllen mochten. An deren Statt aber ließ er dem Prinzen ascetische Schriften zukommen, die ihm bei seiner Erbitterung wider seinen Vater, der ihm so viel Leid angethan, Geduld im Unglücke und Demuth und Ergebung bei ungerechter Unterdrückung lehren sollten. Bedenkt man, daß König Philipp das Thun und Treiben seines Sohnes mit der größten Aufmerksamkeit verfolgte, und daß er selbst im Geringsten Gründe zum Verdacht zu finden vermeinte: „Wie läßt sich da erklären, daß er von der Krankheit des Don Carlos nichts gewußt, daß er geschehen ließ, daß sein Sohn Mittel brauchen durfte, die die Aerzte nicht verschrieben, und daß er den Prinzen Schnee innerlich und äußerlich nach Belieben nehmen ließ, dessen Gesundheit längst erschüttert war? Muß man nicht hier die Absicht wittern? Allerdings mochte schlaue Berechnung ihn abmahnen, Don Carlos gerade nicht hinmorden zu lassen, das zu großes Aergerniß Adel wie Volk geboten haben würde. Sein Gewissen war aber weit genug, wozu noch die Sophistik seiner Gewissensräthe kam, daß er geschehen ließ, daß der Prinz in der Absicht, seine Leiden zu mildern, sich selbst dem Tode überliefere! Dann konnte Philipp öffentlich sagen: „Meinen Sohn, den habe ich nicht getödtet," während sein Herz ihm doch zugerufen: „Du hast seinen Tod verschuldet!"

Wenn die Schmeichelei der Tyrannei dienen will, dann beschwört sie die Verläumdung herauf! Ferne liegt ihr dann, mit Freimuth die Gründe anzugeben, welche jene Strafen rechtfertigten, obwohl sie weiß, daß die Erinnerung an die großen Opfer bei'm Volke fortlebt. Gerade diese Erinnerung möchte sie vernichten, damit man nicht mehr mit Entrüstung der Hinrichtung von Personen gedenke, die dem als

Opfer gefallen, was Tyrannen das „öffentliche Wohl" zu nennen pflegen, was die Geschichte aber blos als das persönliche Interesse der Unterdrücker bezeichnet. Wohl wissen die niederträchtigen Schmeichler, daß die Blutflecken auf dem Purpurmantel derer, die aus persönlichem Ehrgeiz Menschen hingeschlachtet, Zeugniß dafür ablegen, daß ihr jämmerlicher Ruhm nur durch geheime Verbrechen erlangt und erhalten worden. Die Schmeichelei weiß, daß die Tyrannei gerade darin sich am sichersten fühlen muß, wenn ihre Schandthaten geheim gehalten bleiben, und daß gerade dadurch, daß man sie zu beschönigen sucht, bei den ungerecht Unterdrückten der Wunsch nach Rache geweckt wird. Darum schweigt sie, ist sie auch sonst bereit, immer den Mund zu öffnen, gilt es, ein Volk zu berücken, das für die Knechtschaft geboren. So will es auch die Tyrannei! Sie will nicht, daß ihre politischen Verbrechen öffentliche Vertheidigung finden, sondern sie will nur die Schmach der Opfer, die im Dunkel der Nacht oder im stillen Kerker durch gedungene Hände ihren Tod gefunden, und darum sucht die Schmeichelei solche Thaten der Tyrannen nicht vor der Welt zu rechtfertigen. Nur durch die Entehrung und die öffentliche Schmähung der Verfolgten sucht sie den Verdacht derer zu beseitigen, welche jene für abscheuwerth halten, die jene blutigen Thaten geboten und die deren Vollstreckern schmählichen Lohn dafür gezahlt. Die Politik der Tyrannei weiß für ihre Zwecke Alles zu benutzen, um ihre Opfer in ihre Schlingen zu ziehen. Ahnungslos fallen sie ihrem Verderben anheim und Schmach und Ruin ist ihr Theil! Rasch bereit ist dann die Schmeichelei zur Hand, um die Todten oder Gefallenen, nach ihrem Sturze noch, mit Schmach zu bedecken, und sie sucht gerade aus den Listen, deren Opfer jene geworden, noch Spott und Hohn für die Unglücklichen zu schöpfen. Die Unschuld muß durch ihren Tod das Vergehen sühnen, daß sie der Tyrannei ein Dorn im Auge, und ihr Name selbst muß in der Geschichte darunter leiden, weil sie den Haß des Tyrannen wider sich aufgereizt. So erging es Don Carlos! Gerade die Mittel, durch welche er dem sicheren Tode überliefert worden, mußten den Geschichtschreibern Philipp's, die nur um die Gunst des Hofes buhlten, die Waffen bieten, um seine Ehre zu beschimpfen und sein Andenken zu schmähen. Wir wissen, wie es sich mit dem übermäßigen Gebrauche von Schneewasser verhält, woraus man die lächerlichsten Folgerungen zog, ohne daß man nur dessen gedachte, daß die erfahrensten Aerzte Spaniens damals es selbst bei Fiebern empfohlen. Ganz abgesehen von den lutherischen Neigungen des Prinzen Don Carlos, darf man behaupten, daß er um zweier Punkte willen seinem Vater und den Inquisitoren verhaßt war: „Der Prinz wollte wirklich das Beste der Unterthanen, und er war Feind aller politischen Heuchelei, in welcher gerade Jene Meister waren, die bei Hofe die ersten Stellen einnahmen. Das Unglück des Prinzen war seine Jugend! Als Jüngling von dreiundzwanzig Jahren kannte er natürlich nicht die Listen und Schlechtigkeiten der Menschen, und doch nahm er den Kampf auf mit einem Könige, der eben so grausam wie verschlagen war, und mit Politikern, die im Verbrechen grau geworden. Ein Monarch, gefürchtet wegen seiner unnachsichtlichen Rache und rücksichtslosen Strenge, verschwor sich mit seinen Günstlingen, die seinem Winke gehorchten, um den Prinzen danieder zu halten, der von der Welt nichts Anderes wußte, als daß in Flandern seine Unterthanen der grausamsten Thrannei unterworfen wären, und daß sie auf ihn als Thronerben ihre einzige Hoffnung setzten" War es da ein Wunder, daß Don Carlos, verfolgt von dem blinden Hasse seines Vaters, bei dem Argwohn, den die Günstlinge des Königs wider ihn hegten, unterging in Folge der Denunciation und Falschheit eines seiner Verwandten, und also das Opfer seines Bestrebens wurde, den Uebermuth der Inquisitoren in Flandern zu demüthigen und das grausame Verfahren seines Vaters wieder gut zu machen?

Zu einer Epoche, wo die Helden Spaniens als Sieger in fremden Landen dastanden, wo sie am Fuße des Capitols sowohl, wie auf den Fluren Italiens, Frankreichs und Flanderns siegreich waren, und nicht genug damit, auch auf den Meeren ihre Flagge stolz flattern ließen, und gar in der glühenden Wüste Afrikas, wie im fernen Amerika sich Lorbeeren errangen, dienten sie allerdings dem Kriegsruhme Spaniens, nützten aber nichts der politischen Freiheit! Da erhob Don Carlos, der Erbe der Krone, allein seine Stimme für die Unterdrückten! Den ausgezeichneten Feldherren, die Spanien besaß, galt es gleich, ob sie Aufrührer darnieder hielten oder gegen die Feinde Spaniens zu Felde zogen. Unter ihnen ist Keiner zu finden, der mit seinem Worte für die Freiheit und Wohlfahrt der Nation in die Schranken trat. Wie stolze Löwen kämpften sie wider die Gegner ihres Königs, und duldeten wie sanfte Lämmer die Unterdrückungen der Souveräne aus dem Hause Oesterreich. Wie gesagt, einem Jüngling von dreiundzwanzig Jahren, dem Enkel Karl's V., blieb es vorbehalten, für das Wohl Spaniens aufzutreten, und ihm bleibt der Ruhm, etwas Edles gewollt zu haben, das vor der historischen Gerechtigkeit groß dasteht. Denn die Geschichte hat seinem Beginnen verdiente Würdigung zu Theil werden lassen! Philipp II. sah endlich selbst ein, wie verblendet er gewesen, aber erst, nachdem seine Heere in den hartnäckigen flandrischen Kämpfen vernichtet worden. Die Holländer wußten ihre Freiheit zu vertheidigen und gründeten eine Republik, ohne daß Philipp etwas dawider vermochte. Und erst nachdem der König von Spanien seine Schätze und die Blüthe seines Heeres verloren, und sein Ruf darunter gelitten, daß es ihm nicht glücken wollte, die Flamänder zu bezwingen, da mußte er sich am Abende seines Lebens gerade zu dem entschließen, was Don Carlos gewollt, um jene bürgerlichen Wirren zu beschwichtigen. Philipp II. suchte nämlich die Herrschaft über Flandern auf ein Mitglied seiner Familie zu übertragen, da er die Herrschaft ja nicht für sich mehr zu halten vermochte. Aber seine grausame Politik und die Art und Weise, wie seine Truppen gehaust, hatten dermaßen die Niederländer erbittert, daß sie im Kampfe vielmehr Rache für die Seitens der Spanier ihnen angethanen Unbilden suchten, als die Freiheit sich zu erkämpfen. Bemerken wir wohl: als dreiundzwanzigjähriger Jüngling, ohne die politische Erfahrung zu besitzen, die man seinem Vater andichtet, erkannte Don Carlos das Mittel, wie dem Aufstande der Flamänder ein Ende zu machen wäre! Er wollte nämlich, daß ein Mitglied des Hauses Oesterreich mit dem Titel eines Souveräns die Niederlande regiere, nicht aber Statthalter, die nur der Grausamkeit Philipp's zum Werkzeuge dienten. Und als er starb, sahen die Flamänder, daß sie nur mit dem Schwerte ihre Freiheiten zurückerobern könnten. So kam es denn, daß Philipp, der seinen eigenen Sohn mit Schimpf und Schande verfolgte und dessen gutes und edles Streben daniederhielt, dadurch selbst das Andenken seines Sohnes verherrlichte, daß er, gerade wie der Unglückliche es begehrt, einen Souverän aus dem Hause Oesterreichs zur Regierung Flanderns berief und nach den größten Opfern schimpflich die Herrschaft Spaniens über jene reichen Lande preisgeben mußte. Freilich gewährte Philipp den Flamändern nicht die volle Freiheit, die sie verlangten und bedurften, doch erhielten sie einen selbstständigen Fürsten aus seiner Familie, so daß mindestens die Herrschaft Flanderns seiner Familie gesichert blieb.

Die Zeit ist der furchtbare Rächer für die Kränkungen und Unthaten der Tyrannei, und für einen Tyrannen gibt es wohl keine härtere Strafe, als sich gezwungen zu sehen, zur schwachen Erhaltung seiner alten Macht gerade das zu thun, wovor er früher die größte

Abneigung und Abscheu hegte. Den Tyrannen stehen freilich ihre Mittel zu Gebote, um Jene zu vernichten, die die Freiheit ihres Vaterlandes wollen und seinen Leiden ein Ziel setzen, aber für die Völker ist die Zeit die späte Rächerin und sie weiß die Tyrannei zu strafen; dafür liefert uns das Schicksal des Don Carlos den glänzendsten Beweis! Alle Heuchelei und Heimlichkeit hat nicht vermocht, die Wahrheit über das Geschick des Prinzen auf die Dauer zu verhüllen. Als Philipp über die Verhaftung seines Sohnes, den Souveränen Europas, den Granden und Städten Spaniens Bericht abstattete, da gab er sein Wort darauf, ihnen die mächtigen Beweggründe zu eröffnen, die ihn dazu gezwungen. Später gereute ihn aber dies Versprechen, und so hielt er es für angemessener, die Gründe zu seiner Strafe mit dem Schweigen des Grabes zu bedecken. Jene, welche mit allen Waffen der Menschenkenntniß die Völker zu unterdrücken suchen, um ihre Herrschaft wider alle inneren wie äußeren Feinde aufrecht zu halten, täuschen sich gewaltig, wenn sie wähnen, daß die Völker ihre politischen Verbrechen so leicht vergessen, wie sie selbst dieselben geflissentlich der Vergessenheit zu übergeben vermeinen! —

Sechstes Buch.

Die politische Freiheit eines Volkes ist dann am meisten ge-fährdet, wenn es einem Tyrannen gelingt, seinem Stolze zu schmeicheln. Wenn ein Volk im Kriegsruhm sein größtes Glück sieht und sich darin berauscht, so geht es seiner Freiheit leicht verlustig, wo es sich dann Alles gefallen läßt, ohne irgend Widerstand zu leisten. Von seinen innern Zuständen hält es die Augen abgewendet, denn es hat andere Sorgen, die die Geister gefangen halten. Eine gewonnene Schlacht, oder die Erstürmung einer Veste gilt ihm ja mehr, als aller Verlust seiner innern Güter! Die Geschichte lehrt uns, wie die Eitelkeit der Völker durch jeden Sieg zunimmt, und wie durch das Waffenglück die Anhänglichkeit an den Herrscher wächst. Diese Er-fahrung mußten Despoten sich immer zu Nutze zu machen, denn wir wissen, wie grade in den Momenten, wo das Volk voll Jubel über errungene Siege ist, am leichtesten seine Ketten geschmiedet werden, und ohne es nur zu merken, ist seine Freiheit dahin!

Das Alterthum weiß uns nur eine einzige Ausnahme davon vorzuführen. Sparta allein war glücklich genug, inmitten seines Ruhmes seine Freiheit zu bewahren, und zwar nur, weil in dieser Republik, der Pflanzstätte männlicher Tugend, die Liebe für bürger-liche Freiheit den Stolz des Waffenruhms weit überragte. Wie anders war es zu Rom! Die alte Tugend ging verloren, sobald Rom nach siegreichen Schlachten die Herrschaft über ferne Länder errungen, und die Liebe zur Freiheit mußte dem Ruhmdurste den Platz räumen. Das Volk wurde allgemach williger und gewöhnte sich daran, seinen Nacken unter das Joch der Triumphatoren zu beugen, und dafür, daß es die Freiheit im Innern Preis gab, hielt es sich schadlos, indem es den Ruhm des römischen Namens auch für sich mit in Anspruch nahm, und die natürliche Folge davon war, daß die bürgerliche Freiheit immermehr gering geschätzt wurde. So konnte ein Sulla sich als Diktator aufwerfen, so Cäsar die Allgewalt an sich reißen, und gelang es auch Brutus, Rom auf kurze Zeit wieder frei zu machen, so trug es bald seine Fesseln wieder, da es Augustus gelang, die Masse wieder zu blenden und der Eitelkeit des Volkes durch seine Siege zu schmeicheln. Leider müssen wir bekennen, daß Spanien viele Jahrhunderte lang an demselben Uebel krankte. Unser Stolz wuchs mit jedwedem Siege, den unsere Heere davon trugen, und während die Spanier dem siegreichen Herrscher zujauchzten, war es ihm ein Leichtes, das ihnen aufgezwungene Joch immer mehr zu erschweren. Die Erinnerung an unsern alten Kriegsruhm hat sich in den Geistern bei uns so festgesetzt, daß, gilt es heute die Thaten Philipp's II. zu würdigen, man bei uns größeres Gewicht auf die Schlachten von San Quentin und Lepanto legt, als darauf, daß unter Philipp die ärgste Tyrannei geherrscht und Spaniens Untergang herbeigeführt wurde. Das Urtheil der Welt wird selten durch die Wahrheit bestimmt, sondern vielmehr durch das, was der Eitelkeit der Massen schmeichelt, und dies weiß der Despotismus zu benutzen, um seine schlimmen Absichten zu verhüllen. Erst nach langer Zeit zertheilen sich die Nebel, die das wahre Bild einer Zeit wie ein Trug- gewebe umschleiern, und es bedarf erst der ernstesten Forschung, um der Wahrheit zum Siege zu verhelfen. Bis heute noch werden die Thaten Philipp's II. nicht nach Gebühr gewürdigt, und es gibt noch Schriftsteller, die diesem Ungeheuer an Grausamkeit und menschen- verachtender Politik den Titel eines Vaters des Vaterlandes beizulegen sich nicht entblöden, eines Namens, mit dem Rom einstens seinen Trajan beehrte, um die Großherzigkeit des Kaisers zu lohnen, der nur für das Beste seiner Völker gewirkt! Als Trajan seine Regierung antrat, hielt er seinen Einzug in Rom, und wie uns Plinius der Jüngere erzählt, gab es dazumal in Rom keinen Vater, der den Tod seines Sohnes zu beweinen hatte, keinen Bruder, der seinen Bruder zu betrauern, keine Gattin, die ihren Gatten zu bejammern gehabt hätte! Auch Philipp hielt bei seinem Regierungsantritt seinen Einzug in Spanien, doch seine Willkommfeier war eine Andere! Die Freudenfeuer waren die Scheiterhaufen, auf welchen die unglücklichen Protestanten auf Geheiß des neuen Monarchen für ihre Meinungen büßen mußten. Wir wissen wohl, was die höfischen Schmeichler zu seiner Rechtfertigung vorgebracht und wir erinnern blos daran, wie sie die Ketzerverfolgungen damit zu beschönigen suchten, daß er damit blos die Erhaltung der religiösen Einheit bezweckte und daß er durch so manche geheime Hinrichtungen von Männern, die seiner Politik sich entgegenstellten, blos die innere Sicherheit seines Landes begründen wollte. Wer solchen Ansichten huldigen mag, der kann die schmählichsten Frevel der Tyrannei auch rechtfertigen! Wer in den Grausamkeiten Philipp's II. Seelengröße und lobenswerthen Eifer für das Wohl seines Landes noch zu erkennen vermag, der muß auch von Nero sagen, daß derselbe über sein Jahrhundert emporragte, und die Zeit verstand, in der er lebte, der muß einräumen, daß Nero bei seiner Vernichtungswuth wider die Christen einzig und allein im Auge gehabt, die religiöse Einheit seiner Staaten zu erhalten, und daß das Hinmorden des römischen Adels nur zur Aufrechthaltung seiner Herrschaft Jenen gegenüber diente, welche die Freiheit der Republik anstrebten. Mit einem Worte, gleich wie die Geschichtschreiber Philipp's II. seine Unthaten zu entschuldigen suchen, lassen sich die Verbrechen eines Nero und Dioclecian, dieser Geißeln der Menschheit, auch preisen!

Die Größe eines Staatsmannes beruht nicht darauf, daß er zu grausamen Gewaltthaten schreitet, um damit die Hindernisse zu beseitigen, die sich dem Glücke eines Volkes entgegenstellen, denn bei Menschen von geringer Einsicht findet sich ja auch, daß sie ihre Gewalt gegen Wehrlose leicht mißbrauchen, sondern die Größe eines Politikers liegt vielmehr darin, daß er durch Mittel, die nicht den Anschein der Tyrannei haben, das Ziel seines Ehrgeizes zu erreichen weiß. Die Politik eines Nero, Dioclecian und eines Philipp, die durch die unmenschlichsten Strafen die Sicherheit ihrer Herrschaft zu begründen suchten, ist unseres Dafürhaltens eine so thörichte, wie unverantwortliche gewesen. Sie schützten allerdings vor, als wollten sie ihr Vaterland vor innern Feinden retten. Was ihnen aber das Heilmittel schien, schlug grade zum größten Verderben für ihr Land aus, wobei ihnen freilich nichts daran lag, ob das Land dem Ruin entgegengehe, dachten sie doch damit nur ihre Macht zu behaupten. Bei alledem bleibt die Befürchtung bei solchen Gewalthabern immer wach, daß Rächer der Freiheit und des Gesetzes aus dem Volke erstehen, und um sich davor zu wahren, suchen sie sich mit einem Nimbus zu umgeben, in dessen Glanze sie sich sicherer wähnen. Sie pflegen nämlich alle ihre Handlungen mit einem künstlichen Apparate von Größe zu umhüllen, der auf die unwissende Masse meist so zu wirken pflegt, daß sie in blindem Enthusiasmus das Wohl des Landes leicht Preis giebt dem, der durch Aeußerlichkeiten zu blenden wußte. Wenn die Masse dann ihm zujubelt, weil sie wähnt, daß es dem Gewalthaber gelungen, das wieder gut zu machen, was der Wechsel der Zeit herbeigeführt, so wird die Selbstbefriedigung des Despoten aber bald dadurch gestört, daß er immer zu besorgen hat, daß die Freunde derer, die Kränkungen erlitten, das Gebäude seines Truges erschüttern und niederstürzen. Diese Besorgniß ist ein Grund mit dafür, daß die Tyrannei sich gern in den Mantel der politischen Heuchelei zu hüllen sucht, und selbst eine Schmeichelei zu strafen weiß, wenn diese durch ihre Uebertreibung für die Existenz der Tyrannei spricht. Philipp lieferte einen bemerkenswerthen Beleg dafür! Ein Prediger wagte eines Tages vor ihm die Worte fallen zu lassen: „daß die Könige absolute Gewalt über die Person und das Vermögen ihrer Unterthanen besäßen"! War auch diese Behauptung im Grunde nach dem Herzenswunsche Philipp's, und mußte sie auch seinem Stolze schmeicheln, so fand sie doch keine günstige Aufnahme beim Könige, denn dieser hielt sie wegen ihres Eindrucks auf die Masse für bedenklich, die er immer zu blenden suchte. Auf sein Geheiß mußte nämlich derselbe Kanzelredner öffentlich seine Worte zurücknehmen und die Erklärung abgeben: „daß den Königen nur so viel Gewalt über ihre Unterthanen zuständе, als ihnen das göttliche und menschliche Recht einräume, und nicht das, was ihr freier und unumschränkter Wille gebiete." [1]) Wie gewöhnlich fiel das Volk wieder in die Schlinge, und

---

[1]) Antonio Perez schreibt in seinen Relaciones: „Als ich mich zu Madrid aufhielt, wurde von der Inquisition eine Aeußerung verdammt, die irgend ein Prediger in der San Hieronymokirche zu Madrid vor dem katholischen Könige hielt. Nämlich: „daß die Könige absolute Gewalt über die Personen ihrer Unterthanen, wie über ihre Güter hätten!" Er wurde, außer zu andern besondern Strafen, auch dazu verurtheilt, daß er öffentlichen Widerruf thue, und zwar an demselben Orte, mit allen Ceremonien eines gerichtlichen Verdammungsurtheils. Er mußte von der Kanzel herab widerrufen: „Denn, meine Herren" — so mußte er von einem Papiere es ablesen — „die Könige haben nicht mehr Gewalt über

man verfehlte nicht den König zu rühmen, der nicht dulden wollte, daß man ihn für einen absoluten Herrscher erkläre, der mithin kein Despot sei!?

Es läßt sich freilich nicht in Abrede stellen, daß selbst Männer von Geist und mannichfachem Verdienste sich von der Verschlagenheit Philipp's täuschen ließen, der nicht allein bemüht war, seine Zeitgenossen zu täuschen, sondern auch die Nachwelt zu seinen Gunsten zu stimmen bedacht war.[1] Wir wissen genug von Philipp, um unser Urtheil über ihn dahin auszusprechen, daß er die Grausamkeit eines Nero mit der Verstellung eines Tiberius vereinte, und darum hielt er es für angemessen, mit Worten vor dem Volke Unterdrückung zu verdammen, während er in seinen Thaten selbst Unterdrücker war! Er war von Naturell sowohl, wie durch seine trügerische Politik ein Tyrann, und doch verschmähte er die Huldigungen, welche servile Schmeichler der Gewalt darzubringen pflegen. Aehnlich benahm sich Kaiser Tiberius! Er verfolgte Alle, die für Rom die Freiheit zurücksehnten; er war in seinen Thaten „Tyrann", doch „Feind" der Tyrannei im Worte. Mit Schlauheit wußte er seinen Haß zu verhüllen, wie seinen Rachedurst zu verheimlichen und vor aller Welt suchte er seinen Abscheu über jene kund zu geben, die seiner Herrschaft schmeichelten. Einstens wurde ein römischer Ritter vor ihm eines Majestätsverbrechens angeklagt. Sein Verbrechen bestand nämlich darin, daß er das Silber einer kaiserlichen Statue zu eignen Zwecken verwandt und sich ein Tafelgefäß daraus anfertigen ließ. Tiberius erklärte sich im Senate dawider, daß der Angeschuldigte irgend zur Verantwortung gezogen werde, und trug darauf an, daß man denselben von aller Schuld freispreche. Da wollte ein Senator der heucheleivollen Tyrannei des Kaisers schmeicheln, und trat der Ansicht des Kaisers offen entgegen, indem er Nachdruck darauf legte, wie ungeheuerlich das Vergehen wäre und wie es furchtbar geahndet werden müsse, insofern der Ritter damit die Republik selbst beleidigt hätte. Allein Tiberius fand kein Gefallen an dem Auftreten des servilen Dieners, es sei denn, daß derselbe nur so gesprochen, damit der Kaiser vor aller Welt seine Milde kund gäbe, und so forderte

---

ihre Unterthanen, als ihnen das göttliche und menschliche Recht gestattet, und diese Macht steht ihnen nicht zu Kraft ihres freien unumschränkten Willens!!"

[1] Der Priester Don Jaime Balmes hat in seinem Buche: „El protestantismo comparado con el catolicismo" Philipp gerade um dessentwillen gepriesen und daraus zu folgern gesucht, wie wenig Philipp den Despotismus liebte!

er noch einmal die Senatoren auf, den Angeklagten frei zu entlassen und ihn von aller Schuld und Strafe freizusprechen. [1]

Wie ähnlich sind nicht beide Fälle? Tiberius und Philipp geben sich gegenseitig nichts nach, galt es der Unterdrückung ihrer Unterthanen; mehr aber noch gleichen sie sich in ihrem Racheburste und ihrer Verstellungskunst. Mit perfider Schlauheit wußten sie die Masse zu täuschen, und ihr Bestreben ging selbst dahin, die Meister der politischen Wissenschaft und die Kenner des menschlichen Herzens selbst zu blenden. Allerdings werden solche, die blos nach dem Scheine urtheilen, in dem Abscheu, den Tiberius und Philipp ob der Tyrannei an den Tag legten, einen Beweis erblicken wollen, wie geneigt beide Herrscher gewesen, das Gesetz zu achten und gerecht zu regieren. Wer wird aber sich durch den Schein hier blenden lassen? Wenn Philipp aus Staatsraison vermeinte, die spanischen Protestanten mit Feuer und Schwert vernichten zu müssen, so ist dies nur ein Beweis für seine politische Beschränktheit, denn die Nachtheile, die er dadurch auf Spanien herabbeschwor, werden heute noch empfunden. Wie läßt sich je das Verfahren eines Königs beschönigen, oder gar preisen, der, um sein Volk vor bedauerlichem Verderben zu retten, sich solcher Mittel bediente, die auf dasselbe weit größere und furchtbarere Uebel herabziehen mußten!

Es fehlte Spanien im sechszehnten Jahrhundert nicht an Männern, die in allen Zweigen der Wissenschaften erfahren waren. Aus Scheu vor der Inquisition hüteten sie sich aber wohl, Gedanken laut werden zu lassen, die von der Art und Weise, wie die Theologen jener Zeit wissenschaftliche Dinge auffaßten, verschieden gewesen wären. „Er ist so gelehrt, daß er in Gefahr steht, Lutheraner zu werden!" Das pflegte man dazumal von einem Gelehrten zu sagen, der sich der Wissenschaften befliß. In den spanischen Schulen wurde blos die scholastische Philosophie gelehrt, schon darum, weil die Protestanten dieselbe gering schätzten. Wer nur Argumente gegen Aristoteles und

---

[1] Post auditi Cyrenenses, et, accusante Anchario Prisco, Caesius Cordus repetundarum damnatur. L. Ennium, equitem Romanum, majestatis postulatum, quod effigiem Principis promiscuum ad usum argenti vertisset, recipi Caesar inter reos vetuit; palam aspernante Atejo Capitone, quasi per libertatem: Non enim debere eripi patribus vim statuendi, neque tantum maleficium impune habendum: sane lentus in suo dolore esset, reipublicae injurias ne largiretur. Intellexit haec Tiberius ut erant magis, quam ut dicebantur: perstititque intercedere. Capito insignior infamia fuit, quod humani divinique juris sciens egregium publicum et bonas domi artes deshonestavisset. — C. Cornelii Taciti, Annalium, Liber Tertius.

deſſen Dialektik, wie gegen den Mißbrauch der Scholaſtik vorbrachte, wurde von den Inquiſitoren als Ketzer betrachtet. Wer in der Geometrie mehr zu lehren wagte als Euclid, ſetzte ſich dem aus, daß ein Cenſor der Inquiſition ſich erbreiſtete, ſelbſt mathematiſche Wahrheiten in Abrede zu ſtellen und einen Schriftſteller, der einen neuen Lehrſatz gefunden, ſelbſt der Zauberei anzuklagen. Das Schlimmſte war aber, wenn Jemand durch Studium Kenntniß der orientaliſchen Sprachen erworben, denn dann wurde er von der Inquiſition mit dem Ehrentitel eines Juden, Mauren, oder Schismatikers belegt, und er hatte die Strafe dafür zu gewärtigen. Ein Gelehrter, den das Unglück traf, mehr zu wiſſen, als die Theologen der Inquiſition, war dadurch ſchon deren Verfolgungen bloßgeſtellt. Fand er bei Cicero gelegentlich eine Stelle, die durch Fehler eines Abſchreibers oder Druckers unklar geworden, ſo durfte er ſie nicht einmal verbeſſern, denn dann ſchon konnte er bei Inquiſitoren und Geiſtlichen verdächtig werden, inſofern ſie ihn dann für einen Zweifler in Glaubensdingen hielten, und leicht den Schluß zogen, daß er Bibeltexte ebenſo zu verbeſſern ſuchen würde, wie die Schriften eines heidniſchen Schriftſtellers. War aber ein Gelehrter kühn genug, gegen die Commentatoren des Ariſtoteles aufzutreten, ſo erweckte er den ärgſten Argwohn bei den Theologen, die ihn ſofort für fähig hielten, auch über die Erklärer der heiligen Schrift Gloſſen zu machen. [1] Wollte ein Gelehrter einmal, um ſich vor Verdächtigungen ſicher zu ſtellen, den Richtern der Inquiſition ſeine Arbeiten widmen, ſo würdigten ſie den Schriftſteller nicht einmal einer Antwort, geſchweige, daß ſie ihm für ſeine Widmung dankbar geweſen wären!!

Hernan Nuñez, bekannter unter dem Namen: „der griechiſche Comentator", widmete eine berichtigte Ausgabe der Werke von Seneca dem General-Inquiſitor Kardinal Tabera, von dem er aber keine

---

[1] In einem Briefe des Gelehrten Nuñez an Geronimo de Zurita von Valencia, 17. September 1566, heißt es: „Wenn ich nicht Ihre Billigung fände, ſo würde ich daran verzweifeln, hier meine Studien vorwärts zu bringen, da ich in dieſer Stadt Niemanden finde, dem ich eine gute Verbeſſerung oder Erklärung mittheilen könnte. Nicht etwa, weil es nicht in dieſer Stadt Gelehrte gäbe, ſondern ſie ſind vielmehr den verſchiedenartigſten Studien ergeben, und das Schlimmſte iſt, daß ſie nicht wünſchen, daß ſich irgend Jemand jenen humanen Wiſſenſchaften hingebe wegen der Gefahren, die angeblich darin lägen; denn, ſo wie ein Humaniſt eine Stelle Cicero's verbeſſert, wird er auch einen Paſſus der heiligen Schrift verbeſſern, und wenn er von den Commentatoren des Ariſtoteles Uebel ſpricht, wird er ein Gleiches von den Lehren der Kirche thun. Solche und ähnliche Abgeſchmacktheiten machen mich ſo verwirrt, daß ſie mir oft die Luſt benehmen, weiter vorzugehen!"

Antwort erhielt und nicht die geringste Anerkennung für seine Mühe wie den dem Kardinal erwiesenen Achtungsbeweis davon trug; ein Benehmen, das Seitens eines Attila etwa nicht befremdet hätte. [1]) Die Theologen haßten einmal die Wissenschaft, und so veranlaßten sie die Inquisition, nicht blos Schriftsteller von verdächtiger Lehre, wie Savonarola [2]) und Erasmus, in den Bann zu thun, sondern sie schleuderten auch ihr Anathem gegen eine Masse griechischer und römischer Schriftsteller, wie gegen die Schriftsteller des Mittelalters. Sie untersagten [3]) die spanischen Uebersetzungen der allgemeinen Weltgeschichte von Justinus, der einen Auszug aus Trogus Pompeyus verfaßt [4]); sie verboten die spanische Uebersetzung der jüdischen Alterthümer von Flavius Josephus, wie des Buches von Polidorus Virgilius: „über die Erfinder der Dinge,“ und selbst verboten sie eine Uebersetzung der Novellen von Bocaccio! [5]) So erging es unter der Herrschaft Philipp's, wenngleich gerade die Kriege, die Spanien zu führen hatte, Männer genug in's Ausland führten, die sich viele Kenntnisse angeeignet und in manchen Wissenschaften sich mit Glück versucht. Allerdings bewegte sich die Philosophie blos in spitzfindigen Disputationen; die Medicin wollte sich Anfangs davon frei halten, fiel aber am Ende gerade in das, was sie zu fürchten hatte und die mathematischen Wissenschaften waren in den größten Verfall gerathen. Nur einen einzigen Philosophen hat Spanien im sechszehnten Jahrhundert aufzuweisen, der dieses Namens würdig gewesen wäre. Dies war nämlich Juan Luis Vives, ein Denker, der es für das Klügste hielt, sein Vaterland zu verlassen, um es nie wieder zu sehen, wollte er sich nicht der Gefahr bloß stellen, auch als Ketzer verdammt zu

---

[1]) Fernan Nuñez. Annotationes in Senecae philosophi opera. — Venetiis 1536. In einer andern Schrift, nämlich in Observationes in Pomponium Melam: Salamanticae 1543 beschwert sich Nuñez ebenfalls über den Kardinal.

[2]) Las obras que se hallan romançadas del excelente doctor fray Hieronymo Savonarola de Ferrara. Anvers, por Martin Nucio, sin año de impresion. (Die Inquisition verbot indessen nur die Erklärung des Pater Noster.)

[3]) El Enchiridion ó manual del caballero christiano, de Erasmo (Anvers, por Martin Nucio, 1555.)

[4]) Justino, clarissimo abreviador de la historia general del famoso y excellente historiador Trogo Pompeyo. Alcala, por Juan Brocar, 1540. (Ein Hauptmann, Namens Bustamante, war der Uebersetzer.)

[5]) Diese Novellen erschienen zu Toledo 1524, schon in einer zweiten Ausgabe. Es scheint aber, daß der Inquisition entgangen, daß zu Sevilla 1528 eine Uebersetzung der Schrift von Bocaccio „über die berühmten Frauen“ erschienen, denn die Uebersetzung wurde nicht verboten, obgleich das Buch die Geschichte von der „Päbstin Johanna“ als eine Thatsache anführt.

werden. Sein Werk über die Ursachen des Verfalls der Künste und Wissenschaften ließ in dem Verfasser einen solchen Scharfsinn erkennen, daß die spanischen Fanatiker ihn dadurch schon als gottlos und Ketzer verschrieen. Einige spanische Aerzte jener Zeit erforschten das Wesen der Krankheiten unbefangenen Sinnes und leisteten selbst durch anatomische Entdeckungen der Menschheit wesentliche Dienste. Nichtsdestoweniger wollte die Theologie selbst in der Medicin herrschen, was ihr denn auch am Ende gelang. Was war die „Geschichte" zu jener Zeit? Sie beschränkte sich darauf, eine nackte Erzählung des Geschehenen zu liefern, wobei sie aber nur geringe Kritik bewährte, Nur hier und da gab es Schriftsteller, die an Eleganz und Rhetorik den Meistern Griechenlands und Roms nachzueifern suchten. Hurtado de Mendoza und Mariana wetteiferten an manchen Stellen in Diktion mit den Historikern Roms; der Erstere ist mit Salust und Tacitus zu vergleichen, der Zweite mit Titus Livius. Wie wäre es aber möglich, daß Geschichtschreiber in einem Jahrhundert der scheußlichsten Tyrannei mit Feuer für die Freiheit schreiben konnten? Wie hätten sie die Schliche und Ränke der Tyrannei aufdecken dürfen, mit der Kritik, deren die Geschichtschreibung bedarf? Um die Poesie ist es ein eigen Ding! Selbst zur Zeit. wo die Inquisitoren in Spanien allgewaltig waren, sang sie frohe Lieder, während die Wissenschaften nur Klageworte vernehmen ließen. Die Poesie, die einstens den Heldentod eines Cato am Strande von Utica feierte, hatte auch Hymnen für Cäsar, als er die Herrschaft Roms an sich riß! Poeten hatten Worte des Preises für eine Lucretia, aber auch eine Messalina fand poetische Bewunderer. Mit der politischen Freiheit nimmt die Poesie es auch nicht allzugenau: Wenn die Freiheit die Welt beherrscht, so weiß die Poesie freilich ihre Vorzüge zu besingen. Aber auch, wenn die Tyrannei unter dem Scheine, das öffentliche Wohl zu fördern, die Welt zu bedrücken sucht, gewinnt ihr die Poesie noch Schönheiten ab. Mit der Moralität verhält es sich ebenso. Die Poesie preist die Tugend, aber auch das Laster findet Gnade in ihren Augen, wenn die Tugend entwichen!

Ein Jahrhundert war unter dem Drucke Philipp's und seiner Nachfolger dahingeschwunden und die natürliche Folge war, daß die Wissenschaften in Spanien nur das Alltäglichste und mitunter Widersinnigste boten. In jener unglücklichen Zeit trug einzig und allein die Theologie den Preis davon, denn alle Schriften, die den Menschen zu denken lehren, wurden entweder gering geschätzt oder flößten gar

Argwohn ein, insofern man darin ketzerische Ansichten witterte. [1]
Ueber wissenschaftliche Dinge veröffentlichte man nur wenig, denn die
wirklichen Gelehrten hatten keine Lust, sich den Verfolgungen der In=
quisition bloßzustellen, um im Kerker dafür zu büßen, daß sie ihrem
Vaterlande eine neue Lehre oder Wahrheit verkündet, oder gar
Schmach und den Flammentod als Lohn dafür zu empfangen. So
nahm denn die Unwissenheit den Thron der Wissenschaft ein, und zur
ewigen Schmach des spanischen Geistes erschienen damals die abge=
schmacktesten Abhandlungen über Philosophie, Mathematik, Natur=
geschichte und andere Zweige der Wissenschaften, Schriften, die nur
das spanische Volk verdummen konnten. Spanien hat keinen Newton,
keinen Leibnitz, keinen Descartes aufzuweisen! Dafür aber veröffent=
lichten spanische Theologen Schriften, in denen man sich auf das
Lebhafteste darum stritt, ob Gespenster auch Gefühl hätten, [2] und
worin man allen Ernstes versicherte, Martin Luther wäre von einem
Dämon gezeugt worden, der auf die Erde gekommen, um mit einer
Buhldirne den großen Reformator zu zeugen. [3] Mit solchen lächer=
lichen Abgeschmacktheiten beschäftigten sich die müßigen Geister, denn
die ächte Wissenschaft durfte sich nicht blicken lassen, und ein Ver=
gehen war's, seine Vernunft zu gebrauchen. Ueber die Lehren des
Euclides brachte es die Mathematik nicht hinaus, und erlaubte man
sich von denselben abzuweichen, so sah man sich entweder gezwungen
Schweigen darüber zu beobachten, oder die Leistungen konnten nur als
Frucht irriger Auffassungen erscheinen, wie sie bei der allgemeinen
Unterdrückung und Unwissenheit nur möglich waren. In der be=
dauerlichsten Weise verfälschte sich das Urtheil über Recht und Unrecht!
Die ascetischen Schriftsteller jenes Jahrhunderts fuhren mit einer
wahren Wuth gegen jedes Gefühl der Freiheit und Vaterlandsliebe
los, und sie wagten die unsterblichen Vorbilder des alten Griechenland
und Rom selbst mit ihrem Geifer zu bespritzen. Die spanischen

---

[1] „Ist es auch wahr, daß in Spanien über alle liberalen Künste und Wissen=
schaften gelesen und gelehrt wird, und es auch vollendete Doktoren darüber gibt,
so ist das Hauptsächlichste, worauf der Spanier sich legt und sein Augenmerk
richtet, die Lehre der heiligen Theologie, ihrer Canones und Gesetze, da für deren
Kenntniß es in der großen Monarchie zahllose Preise gibt, aber keinen für die
sonstigen Wissenschaften und Künste, die nicht so begünstigt noch beachtet werden,
wie zu den alten Zeiten, wo Fürsten und Maecenate ihre Gunst vertheilten."
Libro de las cinco Excelencias del Español que despueblan à España para
su mayor potencia y dilatacion. Pamplona 1629.
[2] El Ente dilucidado.
[3] Martin Antonio del Rio. Disquisitionum magicarum.

Autoren hatten ja kein anderes Ziel vor Augen, als die Masse zur
Knechtschaft heranzubilden, und so suchte man die Thaten derer, die
für die Freiheit ihres Vaterlandes sich bemühten, hassenswerth und
lächerlich erscheinen zu lassen. Als Thoren stellte man die Männer
hin, die das Staatswohl höher stellten, als ihren Ehrgeiz, und das
allgemeine Beste ihrer persönlichen Sicherheit und Erhöhung vorzogen.
Ging nicht einer der bekanntesten ascetischen Schriftsteller Spaniens
unter Philipp II. so weit, die Helden des griechischen und römischen
Alterthums: „Tugendaffen" zu schelten? [1]) Fray Luis de Granada
sprach nämlich seine Geringschätzung der größten Helden des Alterthums aus, wenn er sie auch nicht namentlich bezeichnete, und erlaubte
sich unter anderm zu sagen: „Alle jene philosophischen Tugenden verdienen kaum als Schatten der unsrigen zu gelten. Vielmehr däucht
es mir, daß gerade so wie die Affen Mancherlei treiben, wodurch sie
das Thun der Menschen nachahmen, ebenso alle diese Tugenden der
Philosophen als Affenwesen bezeichnet werden können." Freilich dachten
Männer von weltlichem Stande damals anders, denn, waren sie auch
der lateinischen Sprache unkundig, so wurden die Uebertragungen der
Biographieen von Plutarch doch gelesen und bewundert. Uebrigens
stand der eben erwähnte Klosterbruder nicht einmal auf dem Standpunkte der spanischen Philosophen seines Zeitalters, denn er äußerte
sich über die einfachsten Dinge in so widersinniger Weise, daß man
die Gewißheit gewinnt, wie sehr er hinter den Kenntnissen seiner Zeit
zurückgeblieben. Die Theologen beherrschten ja alle Gebiete, und so
wie sie der Tugend und Vaterlandsliebe spotteten, verhöhnten sie auch
die Würde der menschlichen Vernunft und kämpften jedweden Aufschwung der Freiheit nieder. Kann es da noch Wunder nehmen, daß
der Grundsatz galt, man müsse nicht das Wohl seines Nächsten,
sondern bloß den eignen Nutzen im Auge haben!" Bei solcher Gesinnung war es nur zu natürlich, daß man für große Thaten kein
Verständniß hatte, und Herzensgüte für Narrheit galt. Und nicht
genug damit, vermaßen sich die Theologen Spaniens, auch den Willen
Gottes zu deuten. „Allerdings," so wagten sie zu verkünden, „wandte
Christus keine Strenge an und wollte nicht, daß die Seinigen also
gegen die Ketzer verführen. Allerdings sagte das menschgewordene
Wort: „Wißt Ihr denn nicht, daß Ihr meine Söhne seid, und daß
ich nicht gekommen, um zu tödten, sondern um Allen das Leben zu

---

[1]) Introduccion al simbolo de la Fé. (Salamanca, 1582 parte II.)

bringen?" Gab er auch diese Versicherung, so geschah dies nur, um uns zu täuschen, denn ich, der da weiß, was Gott denkt, kann Euch versichern, daß sein Wille kein anderer ist, als daß man die Ketzer zu Tode verfolge, und daß die heilige Inquisition Allen ohne irgendwelche Rücksicht das Leben nehme!" [1])

Eine solche Sprache wagten die Theologen in Spanien zu führen, verkündete Gott uns auch, daß er nicht Mensch geworden, um den Tod uns zu bringen, sondern das Leben! Man war vermessen genug, dies als Täuschung zu erklären, und die Vernichtung der Ketzer als Gotteswunsch zu bezeichnen. Nur um den Protestantismus in Spanien auszurotten und möglichst zu verhindern, daß die Ketzer-lehren in Spanien Eingang fänden, bedurfte Philipp II. seines Heeres von Mönchen, deren Zahl immer anwuchs, da er sowohl wie seine nächsten Nachfolger in ihnen ihre beste Stütze zu finden wähnten. Was auch manche katholische Denker dawider vorbringen mochten, hatte keinen Erfolg, und Philipp ließ überall Kapellen und Kirchen aufführen, die aber bald jämmerlich verfielen, so schlecht waren sie ge-baut, und so wenig Geldmittel hatte man, um die Ausbesserung vor-zunehmen. [2]) Geistliche erhielten die Weihe, die keine Pfründen noch hinreichendes Vermögen hatten, und dann die Straßen als Bettler

---

[1]) Es thut noth, daß man sofort den Ketzer und Abtrünnigen verbrenne, wie in Spanien üblich ist, denn da unsere Kirche eine Tochter des Sendboten Santjago ist, erbte sie von ihrem Vater, Jene zu verbrennen, die nicht Christus noch seine Doktrinen annehmen. Und obwohl der Herr nicht jene Strenge an-wandte, noch wollte, daß die Seinigen sie brauchen und er ihnen sagte: „Wißt Ihr denn nicht, daß Ihr meine Söhne seid, und daß ich nicht gekommen, um zu tödten, sondern um Allen das Leben zu geben?" ist es dessenungeachtet sein Wille, daß man den Gotteslästerer, den Ketzer und Abtrünnigen aus der Kirche und dieser Welt entferne. — Tomo I de la conveniencia de las dos monarquias catolicas, la de la Iglesia Romana y la del Imperio Español. — Autor el Maestro fray Juan de la Puente. — Madrid 1612.

[2]) „Nicht selten pflegt Ursache dieses Mangels an Ehrerbietung der unbe-sonnene Eifer Derer zu sein, die eine windige Frömmigkeit heuchelnd aus Lehm zu bauen suchen, wenn sie nicht Kalk noch Stein haben. Und so kömmt es denn, daß es so viele Kirchen und Kirchlein gibt, so viele Einsiedeleien, Kapellchen, Altäre und andere Andachtsorte ohne Plan, die, so ihnen kein anderes Funda-ment zu Grunde liegt, als die Eitelkeit Dessen, der sie errichtete, noch ein Kapital, das sie unterhalten könnte, sie bald in Verfall gerathen und zu Ruinen und Trümmern werden. Und wenn dann ein Mann von Urtheil sie darauf auf-merksam macht, so fahren sie gleich mit dem Bemerken wider ihn los, daß, wer so etwas vorbringt, ein Lutheraner und Ketzer wäre, weil er den Dienst Gottes und seiner heiligen Tempel störe, als wäre es nicht ein eben so großes Ver-schulden, leichtfertig etwas aufzubauen, was Andere zu zerstören haben, als das zu vernichten, was Andere aufgeführt." Bartolomé de Albornoz. — Arte de los Contratos. — Valencia 1573.

durchstreiften.[1]) Die religiösen Korporationen kauften und erwarben unbewegliche Güter, die von Abgaben befreit blieben, so daß deren ganze Last auf die Güter der Weltlichen fallen mußte, die immer geringer wurden. Auch die Bevölkerung in Städten und Flecken nahm dadurch bedeutend ab, daß so Viele sich aus dem Weltleben zurückzogen und in den Klöstern vielmehr ein sicheres Auskommen und Sicherung der Zukunft suchten, als religiöse Befriedigung.[2]) Das Klostergelübde war ein bequemes Mittel, ruhig ein glückliches Leben zu führen.[3]) Die dürftigen Ackerbauer, die bereits durch die königlichen Steuern erdrückt wurden, mußten ihnen Almosen um Gotteswillen geben, und wer es nicht aus frommem Antriebe that, der fand sich aus Furcht vor Denunciationen schon dazu bereit.[4]) So mußte

---

[1]) „Da viele Andere in gleicher Weise die Weihe erhielten, ohne genügendes Vermögen oder Beneficien zu besitzen, so folgt daraus, daß es in Spanien so viele Bettelmönche gibt. In Spanien macht man sich aus Standesrücksichten, nur wegen der weltlichen Vortheile, zum Klosterbruder und Geistlichen." Discursos politicos, autor el licenciado Pedro Fernandez Navarrete. En Barcelona, año de 1621, por Sebastian de Cormellas.

[2]) Viele Kaplaneien werden jetzt gegründet, und die geistlichen Verbrüderungen, Klöster, Collegien und Väter der Gesellschaft Jesu kaufen die Liegenschaften auf und erwerben sie durch Testamente und sonstige Vermächtnisse, wobei dieselben der königlichen Jurisdiction entzogen werden. Und wenn dafür keine Abhülfe kommt, so wird der größte Theil der liegenden Güter, Häuser, Ländereien und Erbschaften geistliches Besitzthum, und die Steuern hören dann auf, gleichwie der Verkauf von derlei Eigenthum, und die Unterthanen Eurer Majestät haben dann dafür zu zahlen, weil sie den Ausfall decken müssen." Discursos y apuntamientos de don Mateo de Lison y Biedma, Señor del lugar de Algarinejo, veynticuatro de la ciudad de Granada y su Procurador de Cortes en las que se celebraron el año pasado de 1621.

In den fünfzig Jahren, seitdem viele Leute aus Spanien nach Indien und anderen Gegenden gezogen, haben sich die Mönche und Geistlichen so übermäßig vermehrt, daß die Bevölkerung fast um sieben Zehntel abgenommen und, und das ist noch mäßig gerechnet. Burgos zählte gegen siebentausend und mehr Einwohner und heute zählt es kaum neunhundert. Soria ebenso und gleichfalls die anderen großen Städte. Die kleinen Orte sind ganz entvölkert und die mittleren Orte gehen dem auch entgegen. Socorro que el estado eclesiástico de España podia hazer al Rey N. S. con provecho mayor suyo y del Reyno. Su autor Fr. Angel Manrique (Monje de San Bernardo). Salamanca 1624.

[3]) „Die Männerklöster wollen wir nicht berühren, denn wirklich wird in denselben viel für Gott gethan, allein auch an diese wagt sich mindestens die Meinung des Volkes heran, und es gibt Leute, die da sagen, daß das Klostergelübde ein Mittel zum Leben geworden, und daß manche in ein Kloster treten wie in ein sonstiges Amt. Das ist freilich ohne Grund, allein bei solchen Dingen ist schon das Gerede, wenn auch noch so wenig begründet, schädlicher als sonst die Wahrheit, und bedarf nicht weniger der Widerlegung." Fray Angel Manrique, obra ya citada.

[4]) „Durch die Vervielfältigung so vieler Klöster fällt der Arbeit der Ackerbauer die Last für so vielerlei Ansprüche zu, und sie müssen ihr dürftiges Getreide für sie ergeben, wobei sie häufig weit mehr aus Ehrgefühl als aus Frommsinn Das

denn der Staat seinem Verderben entgegengehen, und so verschworen sich durch die Ungeschicklichkeit und den Mangel an Einsicht derer, die das Heft in Händen hatten, Uebel ohne Ende gegen die großherzige spanische Nation. Was diese Uebel noch steigern mußte,· war der Einfluß, den die Geistlichen auf die Reichen übten, die keine direkten Erben hatten. Sie mußten der Eitelkeit der Besitzenden zu schmeicheln und ihnen begreiflich zu machen, welche Ehre ihnen daraus erwachsen würde, wenn sie nach ihrem Tode mit ihrem Vermögen Kaplaneyen, Collegien, Klöster und ähnliche Fundationen stifteten. Nur zu Viele schenkten der Ueberredung der Geistlichen und Mönche Gehör, und so wurden ihren Familien ansehnliche Capitalien entzogen, wodurch dem Dünkel von Menschen geschmeichelt ward, die ihren Namen verewigen wollten mittelst Werke der Barmherzigkeit nach ihrem Tode, mochten sie auch Zeitlebens sich nicht durch Liebeswerke hervorthun. [1]) So konnte es denn nicht anders kommen, als daß viele Verwandte reicher Leute sich gezwungen sahen, Söhne und Töchter dem Klosterleben zu widmen, während der Name des reichen Mitgliedes ihrer Familie in Inschriften von Kapellen, Collegien und andern geistlichen Gebäuden als der eines edeln Gründers von Werken der Barmherzigkeit oder solcher, die zur Verherrlichung des Cultus dienten, gepriesen wurde. [2])

---

leisten, was sie in wenigen Tagen zum Unterhalt ihrer Familien selbst wieder zu erbetteln haben." Conservacion de monarquias, por el licenciado Pedro Fernandez Navarrete. En Madrid en la imprenta real, año de 1626.

[1]) „Gott will, daß der Mensch dessen sich entäußere, was er besitzt, damit der Arme in der Gegenwart Beistand finde, und daß also Derjenige, der da gibt, von dem Seinen verschenkt; der da aber es für ähnliche Werke nach seinem Leben hinterläßt, gibt von dem, was nicht sein ist, sondern Jenen gehört, die noch am Leben sind. Darunter meine ich: Fundationen von Collegien, Spitälern, Klöstern, Pfründen, Kaplaneien, Ausstattung von Waisen und ähnlichen Dingen... Ist es nicht zum Lachen, daß wir die Lebenden sterben lassen, um Jenen zu helfen, die noch geboren werden müssen? Gott, der sie ohne mich in's Leben zu rufen weiß: hat er sie nicht auch zu unterhalten? Es heißt so viel, als wolle Jeder sich zum Rathgeber Gottes machen, der uns nicht die künftigen Armen empfahl, sondern Jene, die jetzt leben! Von diesen nur hat der Reiche seiner Zeit Rechenschaft zu leisten, denn, wenn Gott andere Menschen in die Welt ruft, wird er auch Reiche schaffen, die sie unterhalten. Und gleichwie die Reichen, die dann leben, nicht gezwungen sind, ihm Rechenschaft zu geben für die Armen von heute, so sind die Reichen der Gegenwart nicht gezwungen, ihm Rechenschaft zu leisten für die Armen der Zukunft. Das ist nicht meine Lehre, sondern die desselben Gottes, der da sagte: „Verkaufet das, was Ihr besitzet und gebt Almosen." Er sagte nicht: „Gründet ein Fideicommiß, noch kauft Güter dafür auf, sondern begebet Euch Dessen, was Ihr besitzt, und erwerbt Euch Schätze im Himmel!" Arte de los contratos, compuesto por Bartolomé de Albornoz estudiante de Talavera. En Valencia, en casa de Pedro de Huete. Año de 1573.

[2]) Nur der älteste Sohn, der im Majorate folgt, verheirathet sich jetzt und die Andern treten in ein Kloster oder werden Geistliche, und die Töchter oder

Nicht genug, daß die reichen und übermächtigen Geistlichen die Fluren zum Ruin des Arbeiters veröden ließen und sich durch fremdes Gut zu bereichern wußten, suchten sie noch auf alle erdenkliche Weise mit dem Getreide zu wuchern, das sie ohne Mühe und ohne Gefährdung ihres Vermögens sich verschafft, und so vertheuerten sie die Bodenprodukte, die ihnen als Almosen dargebracht wurden. [1]) Vergebens ließen die Ackerbauer ihre Klagen laut werden, denn die Geistlichen waren so voller Zuversicht im Besitze ihrer Macht, daß sie sich nicht einmal darum kümmerten, wenn das Volk sie für die Veranlassung des allgemeinen Verfalls der Monarchie verantwortlich machte. Sie spotteten der Ohnmacht der Unterdrückten! So mußte der Ruin Spaniens immer weiter schreiten, dem Niemand entschlossen entgegenzutreten wagte. Unwissenheit und Verwirrung herrschte vor, und vor dem Dünkel der Unwissenheit mußte die Einsicht verstummen. Als Lohn für ihre Studien ward den Gelehrten nur Schmach und Schimpf zu Theil, und sie waren der Gefahr bloßgestellt, der Ketzerei bezüchtigt zu werden, während die Unschuld in Fesseln schmachtete. Die Ungerechtigkeit saß auf dem Throne, und nicht einmal durften die Geknechteten in der Stille heimlich ihr Leiden beweinen, die selbst jene mit empfinden mußten, die dazu beigetragen, die Fesseln für das Volk zu schmieden. Wenn ein Volk so tief gesunken, daß das Laster als Tugend gilt, und die Wahrheit gebannt, wenn ein Volk knieend

---

Schwestern werden Nonnen. Und Jene, welche der Bräune, bösartigen Fiebern oder Brustentzündungen entronnen, werden von ihrem eigenen Vater selbst getödtet, indem er sie Mönche und Nonnen werden läßt, weil er sie nicht in die angemessene Lage versetzen kann, da das Majorat das ganze Gut aufzehrt." **Carta que escribe á V. M. don Gaspar de Criales y Arce, arçobispo de Rijoles, conde de la ciudad de Bova, señor de Castellaje &c. y de su Consejo. — Rijoles. En el arçobispal palacio. Por Jacobo Mattei de Meçina, MDCXLVI.**

[1]) „Vor Gott kann ein solcher Grund nicht gelten, wenn ein Geistlicher „Jesus Christus" wider „Jesus Christus" zu benutzen sucht, wenn er ein Geistlicher sein will, ohne Geistlicher zu sein, sondern vielmehr Einer, der mit Brod Handel treibt. Man sehe auf Jesus Christus, unsern Heiland, den seine Schüler, als sie noch blind und ungläubig zu Emaus waren, blos daran erkannten, wie er das Brod vertheilte, nicht aber darin, daß er es aufbewahrte. Der wahrhafte Keller und die Scheune des Bischofs und Geistlichen ist der Magen des Armen; dort ist das Brod aufzubewahren, nicht aber auf unfruchtbaren Getreideböden." **Bartolomé de Albornoz. — Arte de los Contratos.**

„Wenn jene Einnehmer die Zehnten und Früchte für die Geistlichkeit einsammeln, so verbergen sie dieselben und scheunen sie auf, um sie zurückzuhalten, und so sind sie gerade der Anlaß zur Vertheuerung." **Veriloquium en reglas de estado segun derecho divino, natural, canónico y civil y leyes de Castilla.... Compuesto por el doctor Tomás Cerdan de Tallada. — Valencia 1604.**

und gebeugten Hauptes den Befehlen des Allgewaltigen lauscht, der nur Schrecken, nicht aber Verehrung erweckt: — wie kann man da noch Werth legen auf die Tapferkeit seiner Heere, was nützet dann die Erweiterung seiner fremden Besitzungen und die Macht seiner Flotten? Unter solcher Herrschaft müssen selbst die glänzendsten Eigenschaften eines Volkes verloren gehen, gleichwie die Schätze des Landes zerstieben. So kam es denn, daß Spanien seine Errungenschaften in der Ferne eine nach der andern einbüßte und daß es zum Gespötte seiner Feinde wurde, die Rache nahmen für das, was sie früher gelitten. Mit einem Worte, die ungeschickte und einsichtslose Politik Philipp's vernichtete den Ruhm und die Macht seines Volks, das durch seine Tapferkeit, seine Reichthümer und seine großen Eigenschaften sich einen Namen in der Geschichte gesichert. Wir wissen, wie so dies gekommen! Philipp war nur von der Furcht beherrscht, daß die Reformlehren in Spanien tiefe Wurzeln schlagen möchten, und so bebte er nicht vor den furchtbarsten Mitteln zurück, um die Uebel fern zu halten, die er für den innern Frieden seiner Staaten besorgte. Und da er die Bahn der religiösen Toleranz verließ, so wußte er kein Mittel ausfindig zu machen, das zum Frommen des Landes gedient hätte. Philipp vor Allem fällt die Schuld zu, den Ruin Spaniens herbeigeführt zu haben! Seine Furcht vor den Protestanten machte allein den Clerus so mächtig, und so trägt er die Schuld davon, daß die Mönche und Jesuiten sich in Spanien dermaßen vermehrten, daß, mochten auch einige seiner Nachfolger, auf die allgemeinen Klagen hin, den Nachtheilen vorbeugen wollen, die durch jene demselben Zwecke dienende Männer hervorgerufen worden, sie davon abstehen mußten und den Gedanken aufgeben. Die spanischen Jesuiten wagten in ihren Schriften den Satz zu vertreten, daß das Volk einen Souverain, der die katholische Religion verlasse und über die weltlichen Güter der Kirche verfüge, als der Krone verlustig erklären dürfe, und daß ein solcher Souverain selbst sein Leben verwirkt hätte. Der Jesuit Juan de Mariana schrieb eine Abhandlung, in welcher er sich an Fürsten und Unterthanen wandte und die Frage aufwarf, ob es den Unterthanen erlaubt wäre, einem Tyrannen des Leben zu nehmen! [1]) Mariana schildert darin mit leiden-

---

[1]) Joannis Marianae Hispani, é societate Jesu. De rege et regis institutione Libri III ad Philipum Tertium Hispaniae Regem catholicum. Año 1599. — Toleti apud Petrum Rodericum.

schaftlichen Farben das Ende Heinrich's III. von Frankreich, der bekanntlich durch einen Mönch seinen Tod fand, indem derselbe ihm mit einem vergifteten Dolche einen Stich in den Unterleib versetzte.

„Es war ein gräuliches Schauspiel, das nicht der Vergessenheit anheimfallen darf," ruft Mariana aus. „Da König Heinrich," so fährt er fort, „keinen Nachfolger in seiner Familie fand, so dachte er dem Prinzen von Bearn, Heinrich von Bourbon, die Krone zu hinterlassen, doch dieser war schon seit einigen Jahren von den calvinistischen Ideen angesteckt und als solcher vom Papste excommunicirt und des Rechtes auf die Thronfolge verlustig erklärt worden. Als diese Absicht bekannt wurde, da entschlossen sich viele Große, mit Waffengewalt Religion und Vaterland zu vertheidigen; der vornehmste von ihnen war der Herzog von Guise. Heinrich wollte die Pläne der Großen vereiteln und berief den Herzog von Guise nach Paris, um ihn im königlichen Palaste hinterlistig ermorden zu lassen. Das Volk hatte aber von dieser schändlichen Absicht schon Kunde erhalten und empörte sich gegen den König, der sich heimlich aus Paris flüchtete und sich stellte, als wolle er mit Ueberlegung und reiflicher Prüfung darüber zu Rathe gehen, was bei Ernennung eines würdigen Nachfolgers am zweckdienlichsten wäre. Viele Adlige und Ritter hielten eine Versammlung in einem Nachbardorfe, und dort fand der Herzog von Guise nebst seinem Bruder, dem Kardinal, seinen Tod in demselben königlichen Schlosse. Nach diesem Morde gab der König vor, als wäre ein Majestätsverbrechen begangen worden, womit er seine Feinde zu vernichten gedachte, damit auf dieselben der Flecken des Verbrechens zurückfiele. Unter den Bestraften befand sich auch der Kardinal von Bourbon, der, trotz seines hohen Alters, Erbansprüche auf die französische Krone besaß. Ueber diese Vorfälle geriethen die Gemüther in Aufregung und viele Städte erhoben sich wider Heinrich, unter andern die Stadt Paris. Als die Wuth des Volks etwas beschwichtigt war, da beschloß Heinrich, die Stadt zu belagern, allein durch die Kühnheit eines Jünglings gewannen die Dinge einen weit angenehmeren Ausblick, obwohl sie sich bisher traurig genug angelassen. Ein junger Mann, Namens Clement, der aus einem Dorfe der Sorbonne gebürtig war, hatte in einem Collegium des Predigerordens Theologie studirt, und von seinen Lehrern auch erfahren, daß es verstattet wäre, einen Tyrannen zu tödten, und so faßte er den Entschluß, dem Könige Heinrich das Leben zu nehmen. So schützte er denn vor, in seinen

Händen Briefe zu besitzen, welche die wichtigsten Geheimnisse der Anhänger Heinrich's zu Paris enthielten und begab sich am einund-
dreißigsten Juli 1589 nach dem Lager des Königs. Hier wurde er
ohne irgend ein Hinderniß aufgenommen, wie Jemand, der dem
Könige Staatsangelegenheiten zu enthüllen hätte, und er wurde angewiesen, Tags darauf vor dem Souverain zu erscheinen.... An diesem
Tage, als am Feste des heiligen Peter, nachdem er (nämlich der
Königsmörder) Messe gelesen, wurde er in das königliche Gemach
eingelassen, gerade als Heinrich vom Bette aufstand und noch nicht
angekleidet war. Alsbald überreichte er dem Könige ein paar Briefe
und nahm die Miene an, als wolle er noch andere Briefe heraus-
ziehen. Mit der größten Seelenruhe und ohne das mindeste Zagen
stieß er dann dem Könige einen spitzigen Dolch in den Leib, der durch
gewisse Kräuter vergiftet war... Welche Selbstzuversicht, welch'
denkwürdige That! [1]) In dem Momente, wo der König sich getroffen fühlte, rief er in dem heftigsten Schmerze aus: „Treuloser
Vatermörder!" und seinen Dolch aus der Wunde ziehend, stieß er
er ihn dem Clement in den Leib, der fast sterbend hinsank. Auf das
Wehegeschrei Heinrich's stürzten die Höflinge herbei und ließen wuth-
entbrannt ihren Zorn an dem Mönche aus, der in seinem Blute ge-
badet den letzten Seufzer aushauchen wollte. Allein inmitten seiner
Qualen sprach Clement nichts, im Gegentheil war er heitern Gesichts
und selbst fröhlich, als wäre er stolz auf seine That. So starb der
Unglückliche in einem Alter von 24 Jahren, ein Jüngling von ein-
fältigem Sinne, von durchaus keinem starken Körper, dabei aber von
größter Seelenstärke."

Mariana war nichts weniger als ein Demokrat, der auf Königs-
mord sinnt. Er schildert den Clement uns als einen Jüngling, der
auf die Rettung seiner Seele bedacht war, der Messe las, bevor er
den Dolch zückte, um Gottes Hilfe für sein Beginnen zu erflehen, und
wir finden keineswegs, daß Mariana Abscheu ob der That empfunden
oder durch seine Darstellung hätte erwecken wollen. Sein Buch hat
blos den Zweck, den König zu belehren und ihm zu verkünden, daß,
wer vom katholischen Glauben abgefallen, nicht mehr zu leben verdiene.
Es sollte eine Einschüchterung für den König sein, wenn nicht gar
das Volk mit solchen Ideen vertraut machen! Aus den eigenen

---

[1]) Insignem animi confidentiam, facinus memorabile!

Worten Mariana's geht dies übrigens noch stärker hervor, indem er ausruft: „Wenn der König das Gemeinwesen bedrückt, das Vermögen Aller der Plünderung preisgibt, Gesetze und die allerheiligste Religion verachtet, — wenn sein Stolz, sein Uebermuth und seine Gottlosigkeit es wagen, Gott selbst zu kränken, dann darf man ihn nicht dulden!" Solche Worte bedürfen sicherlich keines Commentares! Ein König, der als Haupt der Ketzer gilt, wird von Mariana in die Acht erklärt. Solchen Doktrinen huldigten die spanischen Jesuiten, die damit Lehren in die Welt schleuderten, die auf die Masse den gefährlichsten Eindruck hätten machen können, denn das Volk war dazumal noch nicht gebildet genug, um selbst das Rechte zu finden, und ließ sich nur zu leicht fanatisiren. Wenn spanische Jesuiten solche Grundsätze zu verkünden wagten, so mochten sie damit auch die Absicht verbinden, ihr Ansehen und ihre Macht um so fester zu begründen. Wie sie den Geist des Volks sich unterwürfig zu machen wußten, wollten sie selbst den Souverän einschüchtern und durchblicken lassen, was ihm drohe, wenn er sich erkühnen sollte, den weltlichen Besitz der Geistlichen anzutasten. Wir wissen übrigens, wie die Mitglieder der Gesellschaft Jesu sich der Gewissen zu bemeistern wußten, und welchen Einfluß ihre Lehren auf die Masse übten. Als Seelengröße galt in ihren Augen die schmählichste Selbsterniedrigung; niederträchtige Heuchelei fand Beschönigung, galt es doch angeblich dem Dienste Gottes, und Liebe zur Freiheit und Vaterlandsliebe wurde von ihnen als Auflehnung gegen Gott und Menschen dargestellt. So kam es denn so weit, daß unter dem Deckmantel der Heuchelei das Laster triumphirte, daß Tugend und Wissenschaft immermehr verloren gingen, und der Sinn für Recht und Unrecht ganz verkehrt wurde. Höchst bemerkenswerth ist es, daß ein ausgezeichneter Mann, der große Theologe Melchior Cano, fast hundert Jahre früher in einem Schreiben an Fray Juan de Regla, den Beichtvater Carl's V. (vom 25. September 1557), über die Jesuiten sich ausließ und ihre Wirksamkeit in fast prophetischer Weise voraussagte. Er sagte nämlich wörtlich: „Eine der Ursachen, die mich bestimmen, unzufrieden zu sein mit diesen Teatinervätern (den Jesuiten), liegt darin, daß sie, anstatt die jungen Edelleute, deren Erziehung sie in die Hände nehmen, zu Löwen heranzubilden, aus denselben Feiglinge machen... Und wenn der Sultan nach Spanien Couriere geschickt hätte, um Spanien allen Nerv zu nehmen und aus unseren Soldaten Weiber zu machen, aus unseren Rittern Handelsleute, so hätte er zu seinem Zwecke keine besseren schicken können ... Ich sehe, wie die Uebel sich berghoch aufthürmen, und sehe sonnenklar die Vernichtung der Religion, wie der Christenheit, der Verfassung, wie der Macht unserer Königreiche, und nicht vermag ich zu verhehlen, wie ich das Feuer aufflammen sehe, das die Welt in Asche legen und verwüsten wird. Ich bin aber gleich Cassandra, der man auch niemals Glauben schenkte, als bis Troja unrettbar zu Grunde gegangen!"

Wie bald sollte die Vorhersagung Melchor Cano's in Erfüllung gehen! Er durchschaute früh genug, welche Folgen die Politik der Gesellschaft Jesu für Spanien haben mußte, denn kaum hatte das System Philipp's II., das seine Nachfolger unwandelbar fortführten, ein Jahrhundert in Spanien vorgewaltet, so war Alles in Erfüllung gegangen, was Cano geahnt: Wissenschaft und Tugend war kaum mehr zu finden und der alte Muth der Spanier selbst gebrochen.

Nur aus Furcht vor den Protestanten warf sich Philipp den Jesuiten in die Arme und rief auf seine Staaten das Schrecklichste herab, weil er nicht mit Milde gegen die Lutherischgesinnten auftreten wollte. Er rief die entschiedensten Feinde der Protestanten zu seiner Hülfe herbei, mit denen er allerdings die Protestanten daniederwarf, aber ganz andere Uebel damit heraufbeschwor. Die Sieger hielten sich für unentbehrlich, und stolz auf ihren Sieg wie bauend auf die königliche Erkenntlichkeit, wurden sie allgewaltig und die Henker ihres Vaterlandes. Philipp II. folgte nur dem Vorbilde anderer Tyrannen! Despoten geben vor, als wollten sie Rächer des Gesetzes sein, wenn sie Jene strafen, die sie als Frevler ansehen. Allein gerade das Gesetz, für das die Tyrannei eintreten will, wird durch die Art und Weise verletzt, mit welcher sie ihre blutigen Strafen vollzieht, und gerade durch diese grausame Ahndung wird Schlimmeres auf den Staat herabbeschworen. Die Bestrafung ist dann keine Strafe mehr, sondern gilt als Rache; die Wege und Mittel, die man anwandte, haben keine Abhülfe gebracht, sondern haben blos schauderhaftes Verderben im Gefolge, die grausam verfolgte Unschuld steht dann nicht schmachbedeckt da, sondern glänzt im Glorienscheine.

Für die Tyrannei eines Philipp gab es aber noch bei seinen Lebzeiten eine andere Strafe. Er wurde am Ende selbst von Denen tyrannisirt, die ihm beigestanden, seine Gewalt um jeden Preis zu erhöhen. Jene, die ihm die Mittel geboten, Spanien in Knechtschaft zu halten, wurden selbst auch Unterdrücker des Volkes, und zwar nicht, um die Gewaltherrschaft ihres Gebieters noch zu erweitern, sondern um selbst dem Wohlleben zu fröhnen und sich selbst huldigen zu lassen. Die Diener der Tyrannei bieten Alles auf, um dieser zum Siege über das Volk zu verhelfen, aber nur um bald sich selbst zu Herren aufzuwerfen. Und wenn dann der Herrscher sie in ihre Schranken zurückzuweisen wagt, dann wissen sie durch ihren Reichthum und den Einfluß, den sie auf das Volk gewonnen, dem Souverän entgegenzutreten, dem sie beigestanden, die Rechte des Volkes niederzutreten, und sie suchen das zu behaupten, was sie sich durch ihre Theilnahme an der Unterdrückung des Volkes errungen.

Die Nachfolger Philipp's II. lagen in solchen Fesseln, daß sie den Leiden Spaniens selbst nicht hätten abhelfen können, wäre es möglich gewesen, daß Fürsten, die in solchen Grundsätzen aufgezogen worden, den Wunsch hätten hegen können, den Leiden ihrer Unterthanen ein Ziel zu setzen und das Verderben abzuwenden, das Spanien bedrohte. Die inneren Zustände des Landes verschlimmerten sich von Tag zu Tag, und die Sittenlosigkeit der Geistlichen nahm in unerhörtem Grade zu. Kaum war es gelungen, die Protestanten durch die Schrecken der Inquisition darnieder zu halten, kaum zwei Jahre nach dem schauerlichen Auto-da-fé von Sevilla, nämlich im Jahre 1563, fingen Geistliche dieser Stadt an, ihren Lüsten in einer Weise zu fröhnen, daß die Inquisition am Ende ihr Auge darob nicht verschließen konnte. Sie mißbrauchten nämlich den Beichtstuhl, um Mädchen und Frauen sich gefügig zu machen, und was Ueberredung nicht vermochte, das bewirkten Drohungen und Zwang. Jungfrauen und Frauen vom höchsten Adel fielen in ihre Netze, denn die Furcht vor falscher Angeberei war so groß, und die Erinnerung an die letzten Auto-da-fé's so grauenvoll, daß selten ein Weib stark genug war, Widerstand zu leisten und ihre Tugend zu bewahren. Mit einem Worte, es war so weit gekommen, daß Geistliche allen göttlichen und menschlichen Gesetzen zum Hohne das Sakrament der Buße gottvergessen entweihten. Das schmähliche Treiben Derer, die äußerlich ein heiliges Leben erheuchelten, wurde nur zu spät der Inquisition denunzirt, worauf diese den Befehl erließ, daß alle Frauen und Jungfrauen, die von ihren Beichtvätern verführt worden, dieselben bei'm Glaubensgericht anzugeben hätten, wo nicht, so verfielen sie der Excommunication. Es war ausdrücklich bestimmt, daß binnen dreißig Tagen die Denunziationen erfolgen müßten. Es liefen aber eine solche Masse von Anschuldigungen ein, daß die Inquisition die Frist um dreißig Tage und noch weiter hinausschieben mußte, denn zwei Sekretäre genügten nicht, um alle Denunziationen niederzuschreiben. Man mag sich denken, welches Aufsehen und Aergerniß entstand, als die Sache zu Sevilla ruchbar wurde. Der Argwohn bemächtigte sich eines Jeden, und Väter und Gatten waren voller Sorge, denn die Frauen und Jungfrauen pflegten ganz verhüllt sich nach der Inquisition zu begeben, damit sie Niemand auf dem Wege erkennen könne. Die Inquisitoren sahen nur zu gut ein, welche Gefahr für sie selbst daraus entstehen könnte, wenn diese Schandthaten in die Oeffentlichkeit träten, und unter dem Vorwande, als würden aus der Verfolgung dieser Denunziationen wider so viele Geistliche für die Väter und Gatten der Betroffenen nur nachtheilige Folgen entspringen und die Frauen selbst vor der Beichte Furcht empfinden, ließen sie die Sache ganz fallen, und die Mönche und Geistlichen gingen frei aus, während die Märtyrer der Gedanken-freiheit nach wie vor in den Flammen ihr angebliches Verbrechen büßen mußten![1])

Wie konnte es da anders kommen, als daß der Verfall der Sitten täglich tiefer sank! Jene Geistlichen, die sich ein so schmähliches Benehmen hatten zu Schulden kommen lassen, ließen sich in ihrem Treiben nicht einschüchtern, als sie dessen versichert waren, daß es blos bei der Drohung geblieben und sie nichts weiter zu befahren hatten. Sie fuhren auf dem betretenen Wege fort und es wurde schlimmer denn je. Es gab Männer unter ihnen, die ihr wollüstiges Treiben noch für gottgefällig darzustellen wußten und darauf hin einen Orden, wenn nicht gar eine Sekte zu bilden sich vermaßen. Wäre es nicht eine Thatsache, was wir hier noch mitzutheilen haben, so würde man es für die verwegenste Erfindung ansehen müssen! Es gab Heiligsein-wollende, die da vorgaben, sie hätten mit Geistern mündlichen Verkehr und ihre Lehre bestand im Wesentlichen darin, daß man, um die Gunst

---

[1] „Por otra parte era de reir ver á los padres de confesion, clérigos y frailes, andar tristes, mustios y cabecicaidos por la mala conciencia que tenian, esperando cada hora y momento cuando el familiar de la Inquisicion les habia de echar la mano. Muchos de ellos se pensaban que habia de venir sobre ellos una gran persecucion, y aun mayor de la que los Luteranos padecian en aquel tiempo. Pero todo su temor no fué mas que viento y humo que pasó. Porque los inquisidores viendo con la esperiencia el gran daño que á toda la Iglesia Romana resultaria; pues que los ecle-siásticos serian menos preciados y monstrados con el dedo, y el Sacramento de la Confesion seria no tan preciado ni estimado como antes, no quisieron ir mas adelante en el negocio; mas interponiendo su autoridad, pusieron perpétuo silencio en todo lo pasado, como si nunca hubiera acontecido, y asi ningun confesor fué castigado, ni aun aquellos cuyas bellaquerias sufi-cientemente se habian probado." -- Velera. Tratado de los Papas.

des Himmels zu erlangen und der Seligkeit theilhaft zu werden, seine
Gedanken zu Gott erheben müsse, den Leib aber seinen sinnlichen
Trieben und Neigungen ganz hingeben. [1]) Daß solche Lehren Anklang
fanden und zwar Anhänger jedes Standes, kann nicht befremden, denn
die Wollust war die Göttin, der man einen Altar baute. Bald wurde
die Inquisition von diesem lästerlichen Treiben unterrichtet, das unter
der Larve der Gottseligkeit sich verhüllte, und es wurden Viele eingekerkert, die sich an diesen Schändlichkeiten betheiligt hatten. Die Verbrecher kamen aber milder weg, als die Unglücklichen, die der protestantischen Lehre anhingen und dabei ein untadelhaftes Leben führten.
Die Strafe bestand blos darin, daß die Schuldigen bei einem öffentlichen Auto-da-fé ihr Verschulden bekennen und abschwören mußten.
Ueberdies wurden sie zum Verlust ihrer Güter und zur Einsperrung
auf längere oder kürzere Zeit in ein Kloster verurtheilt, wo sie ein
besseres Beispiel vor sich hätten. Vergleicht man damit die Gräuel,
die die Protestanten zu erdulden hatten, so läßt sich nicht verkennen,
daß die Inquisition gegen die Illuminaten mit ungewöhnlicher Milde
verfuhr! Das waren die Früchte der Saaten, welche die Politik Philipp's
ausgestreut, und die von seinen Nachfolgern eifrigst gepflegt wurden.
Wir kommen auf den Punkt zurück, den wir früher schon berührt
haben. Die Lobredner Philipp's können nicht genug hervorheben, welches
Verdienst sich Philipp dadurch um Spanien erworben, daß es von Bürgerkriegen aus religiösen Ursachen verschont geblieben! Wir fragen aber, kann
der gräulichste Bürgerkrieg Schlimmeres im Gefolge haben, als die
Uebel waren, welche der Friede und die Grabesstille Spaniens im
Geleite hatte? Wir fragen: Was hat Spanien der Schauderpolitik
Philipp's zu verdanken, und vor welchen Nachtheilen hat er unser
Vaterland zu bewahren gewußt? Wir schließen nicht unser Auge vor
den bedauerlichen Folgen von Bürgerwirren, die aus religiösen Ursachen
entspringen, und haben Mitgefühl für die Opfer dieser beklagenswerthen
Ereignisse. Wir wissen aber auch, daß solche inneren Kämpfe nicht

---

[1]) Ortiz de Zuñiga sagt in den Anales de Sevilla: „Zu jener Zeit, nämlich
im Jahre 1627, war zu Sevilla eine geheime Saat des Truges entdeckt worden,
die schon so tiefe Wurzeln geschlagen, daß sie zu den gefährlichsten Ketzereien hätte
ausschlagen können: Es waren nämlich die Illuminaten, Männer und Frauen,
die unter dem Scheine der Tugend sich vielen Lastern ergaben. Die Hauptpersonen
darunter waren: der Magister und Priester Juan de Villalpando und: Catalina
de Jesus, eine Carmeliterin;... Diese und viele andere Genossen und Schüler
wurden von dem heiligen Glaubensgerichte gefaßt und mußten in einem besondern
Auto Buße thun."

auf die Dauer die Kraft einer Nation erschöpfen, und daß, sind sie einmal zu Ende, die Thatkraft des Volkes bald zu ersetzen weiß, was die inneren Fehden mit sich gebracht. Allerdings blieb Spanien äußerlich von solchen Bürgerkriegen verschont, und doch hatte der Friede, den Philipp's Gewaltherrschaft erzwungen, alle Uebel heraufbeschworen, die ein Bürgerkrieg aus religiösen Gründen nur haben kann. Ein Bruder trat feindlich gegen seinen Bruder auf, der Vater gegen seinen Sohn, der Sohn gegen seinen Vater! Nur waren die Waffen anderer Art; man kämpfte nicht mit Schwert und Lanze, sondern durch geheime Angebereien, darob die Menschlichkeit vor Scham ihr Antlitz verhüllt. Sollen wir hier noch einmal vorführen, was im Verlaufe unserer Geschichten sich enthüllt? Gesinnung und Tugend gingen verloren, Flor und Wohlfahrt schwanden hin und die ächte Wissenschaft fand keine Stätte mehr, wo die Gegner der Gedankenfreiheit ihren Triumph feierten. Wie nach einem Unwetter die Flur wieder frisch erglänzt unter dem Sonnenstrahle, so blühen, nach dem Sturme der Bürgerwirren, alle Güter des Volkes wieder auf! Nicht so aber verhält es sich, wenn ein Volk an dem Grabesfrieden krankt, wie Philipp ihn wollte und seinen Nachfolgern zur Richtschnur hinterließ. Dann kömmt die Zeit, wo das Volk gerade politische Stürme herbeisehnt, denn nur von der Entfesselung aller Elemente erwartet es dann sein Heil. Es unterliegt keinem Zweifel mehr: gerade dadurch, daß Philipp in seinem Fanatismus und seiner argwohnvollen Politik Spanien vor religiösen Kämpfen zu wahren meinte, rief er gerade das hervor, was er vermeiden wollte. Um die religiöse Einheit aufrecht zu erhalten, standen ihm menschlichere Mittel zu Gebote, die eher zum Ziele hätten führen können. Hätte er sich blos darauf beschränkt, Jene, die in Glaubensdingen der Kirche untreu geworden, des Landes zu verweisen, oder blos sich mit den Strafen begnügt, welche die Inquisition wider die Illuminaten für angemessen gefunden, so würde Philipp viel eher zum Ziele gelangt sein. Wende man doch nicht ein, daß Philipp blos die bestehenden Gesetze in Anwendung zog, und daß das Glaubensgericht auch in anderen Ländern seine Gewalt übte. Jene Gesetze waren so unmenschlich, wie die Richter, die sie anwandten, und die Geschichte weiß den rechten Namen für jene Unbilden zu finden. War es etwa anders zur römischen Kaiserzeit, wo die „Lex de laesa Majestate" so viele Opfer kostete? Welche Namen geben wir den Richtern, die das Gesetz zu interpretiren hatten, und wie charakterisirt die Geschichte jene Kaiser, welche das Gesetz in Anwendung ziehen ließen,

um ihre Rache zu befriedigen? Wer einen Philipp II. als Schild-
halter des Gesetzes zu preisen wagt, dem steht es nicht mehr zu, einen
Domitian und andere römische Kaiser der Grausamkeit zu zeihen, die
alle Anhänger des Christenthums mit blutiger Consequenz auszurotten
suchten; denn diese Kaiser folgten ja nur dem Beispiele, das ihnen
der scheußliche Sohn der stolzen Agripina gegeben. Ein ächter Staatsmann dagegen, der das Beste seiner Unterthanen will, der hält sich
fern von solchem despotischen Gebahren und zieht die Milde vor.
Davon liefert uns Kaiser Julian, mit dem Beinamen der Apostat, ein
hellleuchtendes Beispiel. Bevor er den Thron bestieg, hatte er Muße
genug gefunden, die Geschichte Griechenlands und Roms gründlich
kennen zu lernen und die Lehren der Philosophen des Alterthums sich
anzueignen. Er war der Stoa zugethan, welche ihm Todesverachtung
und Ausdauer im Mißgeschick gelehrt, und er hegte die Meinung, daß
die heidnische Religion allein vermöge, ihre Bekenner mit Muth und
Tapferkeit zu erfüllen. Hinwiederum war Julian der Meinung, daß
gerade die christliche Religion dazu beigetragen, den Kampfesmuth
niederzuhalten, und daß gerade die Ergebung in das Unglück, welche von
den Aposteln und ersten Kirchenvätern gelehrt wurde, nicht dazu angethan wäre, Helden heranzubilden, da er darin nur eine Herab-
würdigung der Menschenwürde und die Quelle des Ruins des Kaiser-
reichs erblickte. Kaum hatte Julian das Kaiserdiadem um seine
Schläfe gewunden, so fiel er vom Christenthum ab, doch war er weit
entfernt davon, das blutige Beispiel seiner Vorgänger nachzuahmen
und die Christen bitter zu verfolgen. Er bediente sich anderer Mittel
ihnen gegenüber und war gewissermaßen tolerant gegen sie, was besser
zum Ziele führte. Statt mit Feuer und Schwert gegen sie zu wüthen,
suchte er sie durch Geschenke und Auszeichnungen aller Art zum Abfall
von ihrer Religion zu bewegen, und weiter hatten die Christen nichts
zu erdulden, als daß Jene, die mit Wort und That für ihren Glauben
einstanden, für unfähig erklärt wurden, ein Staatsamt zu verwalten
oder ein Commando im Heere zu führen. Diese Verfahrungsweise
that der Kirche vielen Schaden, und Viele, die vor den Martern und Grau-
samkeiten nicht erbebt wären, wurden durch die Großmuth des Herrschers
bewogen, seinem Vorbilde zu folgen und den griechischen Göttern wieder
zu opfern. [1] Hätte die Herrschaft Julian's eine längere Dauer gehabt, und wären seine Nachfolger in den Wegen seiner Duldsamkeit

---

[1] San Gregorio Nacianzeno. — Epistola 17.

gewandelt, so hätte sicherlich die christliche Religion im Kaiserreiche nicht die Ausbreitung gefunden, die wir heute bewundern.

Wie anders war das Benehmen Philipp's! In England verfolgte er zuerst die Ketzer auf das Blutigste, was aber gerade das Gegentheil dessen zur Folge hatte, was er bezweckte. Denn kaum fühlten sich die Engländer von dem Joche frei, das der Gemahl der Maria Tudor ihnen aufgezwungen, so stürzte das künstliche Gebäude der Unduldsamkeit zusammen. Konnte Philipp auch sein Auge nicht vor den Mißerfolgen seiner Politik in England verschließen, so wurde er durch diese Erfahrung aber keineswegs ein Anderer! Die Geschichte weiß heute Philipp's Politik zu würdigen, und stellt seinen Namen an die Seite derer, die mit allen Waffen der Selbstsucht und Unmenschlichkeit ihren Willen zum Gesetz erheben wollten. Neben einem Nero und den anderen Imperatoren, welche Gedankenfreiheit auf das Unmenschlichste verfolgten, findet er seinen Platz. Was unter Philipp aus der Gesinnung und Tugend der Spanier geworden, was aus Wissenschaft und Kunst, haben wir genugsam dargethan, und die Geschichte seiner nächsten Nachfolger zeigt uns klar, welche Folgen sein übermüthiger Despotismus für Spanien gehabt. Wähnte Philipp auch nur der Ketzerei durch seine Maßregeln Einhalt zu thun, so war die Folge, daß selbst die Unschuldigsten mit unterdrückt wurden und Spanien in Schulden verfiel, wie sie nie zuvor gewesen. Nur bei Jenen findet Philipp Preis und Dank, denen die Freiheit des Gedankens verhaßt ist. Auch Nero fand nach seinem Tode einen Senat, der schmachvoll genug, um ihn noch viele Jahre lang als Muster eines Regenten zu segnen und zu preisen. Ebenso fehlte es nicht an Kaisern, wie der einfältige Vitellius, der grausame Domitian und andere, welche die Politik jenes Ungeheuers auf dem Throne sich zum Muster nahmen; denn das schlimmste Beispiel ist dem Despoten Recht, gilt es nur, das Volk zu unterdrücken.

Allerdings haben Despoten eine Ahnung davon, daß sie das Andenken ihrer Unthaten nicht aus der Geschichte wegwischen können, und diese Ahnung mag sie mitveranlassen, Prachtbauten zu unternehmen, die das Staunen der Nachwelt erregen, als könnten sie damit die Stimme der Wahrheit und Gerechtigkeit zum Schweigen bringen, und als gäbe der allgemeine Ruin nicht Zeugniß wider sie ab. Gleichwie Philipp II. das Escurial erbauen ließ, führte Nero einen Palast auf, der die allgemeinste Bewunderung fand, denn in ihm fand sich vereint, was nur die Kunst seiner Zeit ersinnen konnte, und an Kostbarkeit suchte er seines Gleichen.

Philipp war voll Argwohn und Verstellung und dabei grausamen Naturells. Als Politiker zeigte er keine Voraussicht und als Gesetzgeber machte er sich um sein Vaterland nicht verdient. Allerdings wollte er auch als Gesetzgeber gelten, doch verstand er nicht Gesetze zu geben, wie Spanien ihrer bedurfte. Er beschränkte sich darauf, eine ungeschickte Sammlung aller Gesetze zu veranstalten, die von seinen Vorgängern herrührten, und gleichviel, ob sie gut, mittelmäßig oder schlecht, fanden sie Aufnahme. Mit welcher Leichtfertigkeit diese neue Gesetzsammlung herausgegeben wurde, mag der Umstand darthun, daß ohne irgend welchen Grund gewisse alte Gesetze wegfielen, während andere bestehen blieben. Seine Räthe tragen nicht allein die Verantwortung dafür, denn, bei seinem angebornen Argwohne, traute er Niemanden und wollte Alles selbst prüfen. Ziehen wir das Facit seiner Herrschaft, so haben wir nur zu sagen, daß sein Despotismus die angestammten Tugenden seines Vaterlandes daniedertrat und dessen materielle Wohlfahrt vernichtete. Schmach und Schande, Armuth und Ruin waren die Frucht seiner Herrschaft. Selbst zugegeben, daß Philipp die besten Absichten gehabt hätte und in dem Wahne gestanden, durch die Verfolgung der Gewissensfreiheit sein Volk glücklich zu machen und den Frieden Spaniens auf die Dauer zu sichern, so hat er gerade das Gegentheil damit erreicht. Das ganze Land empfand mit, was die Protestanten zu erbulden hatten, denn der grauenvollste Despotismus hielt Spanien gefesselt, und jeder freie Aufschwung war gelähmt. Wenn die servilen Lobpreiser seiner Herrschaft sein Regierungssystem durch die Rücksicht auf Staatsnothwendigkeiten beschönigen, wenn nicht gar zu rechtfertigen suchten, so glauben wir sattsam die Nichtigkeit solcher Scheingründe dargethan zu haben. Der Ruhmeskranz, den die Geschichtschreiber ihm gewunden, die im Solde des Hofes standen oder die Gunst seiner Nachfolger nicht verscherzen wollten, ist längst schon verwelkt, denn die Geschichte sitzt zu Gerichte und weiß Flittergold von ächtem Metall zu sondern. Möglich, daß wir für unser Theil dazu beigetragen, einen Herrscher richtig zu würdigen, der auf die Geschicke Spaniens so jammervoll gewirkt. Am Grabe eines gewöhnlichen Verbrechers, der sein Vergehen gegen die Menschheit gesühnt, können wir Mitgefühl empfinden und ihm eine Thräne weihen! Wo wir aber einen Despoten vor uns haben, dessen politische Verbrechen die Menschheit mit Schauder erfüllen, und dabei von Ver-

ächtern der Wahrheit noch als ein nachahmungswürdiges Muster gepriesen wird, — einen Despoten, der Adel der Gesinnung nur zu verfolgen wußte, der dadurch, daß er der Gedankenfreiheit Fesseln anlegte, der
Vernunft Hohn sprach und die Menschenwürde verletzte, der Unwissenheit und Laster auf den Thron setzte und die alte Tapferkeit
seiner Völker in zwecklosen Feldzügen verschwendete, — einen Despoten,
dessen Hände von unschuldig vergossenem Blute nie gereinigt werden
können, — vor dessen Grabe läßt sich nicht Mitleid, nicht Ehrfurcht
empfinden. Als gerechte Rache für die Unterdrückung der Gedankenfreiheit, als gerechte Vergeltung dafür, daß er die Tugend zur Schmach
verdammen und die Unschuld leiden ließ, als gerechte Strafe dafür,
daß er die Menschenwürde mißachtet und gekränkt — dafür überliefert
die Geschichte das Andenken seiner politischen Verbrechen der Nachwelt
zu ewigem Abscheu!

Anhang,

worin die von der Inquisition verbotenen Bücher aufgeführt werden, zugleich über manche bemerkenswerthe Protestanten berichtet wird.

I.

Wir halten es für angemessen, die Satyre von Torres Naharro, die wir in der Einleitung (Seite 5 bis 7) in deutscher Nachbildung mitgetheilt, im Originale hier folgen zu lassen. Es wird daraus erhellen, daß der spanische Text noch stärkere Dinge enthält, die wir wiederzugeben Anstand nehmen mußten. Die Satyre lautet:

Como quien no dice nada,
me pedis que cosa es Roma:
por Dios segun es tornada
que en pensar tan gran jornada,
sudor de muerte me toma.

Mas de dos
la abrán visto como nos
de reposo y de tropel;
pero ansi me ayude Dios
que sabreis mas della vos
viendola en este papel.

Cortesanos,
varones sabios ancianos,
la difinen me paresce
como en versos castellanos:
Roma que roe sus manos
cualquier que en ella envejece.

Lo segundo,
es otro nuevo profundo
castillo de la malicia;
y aun la llaman, como fundo,
otros cabeza del mundo,
yo cabeza de immundicia.

Quien la vió
comun tierra la llamó
de los otros y de mi;
mas meyor la llamo yo,
que communis patria no,
mas comun padrasto si.

Y es al menos,
hinche-pobres, vazia-llenos,
perdicion de tiempo y años,
hospital de los agenos,
carnicera de los buenos,
esclava de los tacaños.

Sus amores
roban los dias mejores
à los varones robustos:
es rejalgar de señores,
ss cueva de pecadores
do se amotinan los justos.

. . . .﮳

Es lugar
dó se estudia en dessear
que muera el tercio y el cuarto:
una escuela de peccar
dó quien bive sin matar
paresce que haze harto.

Es deson
que en lugar de la razon
es intruso el apetito:
mentir es ganar perdon,
bien hazer es traicion,
ya el robar es pan bendito.

Vereis vos
cielo y tierra, todos dos
rebolverse cada dia:
los diablos somos nos,
el oro siempre su Dios,
la plata sancta maria.

Y en verdad
ques una gran vanidad
dó nos perdemos à furia,
purgatorio de bondad,
infierno de caridad,
parayso de luxuria.

Desiguales
son sus bienes y sus males
florecidos en discordia;
pues los pecados mortales
son tenidos principales
obras de misericordia.

Es en fin
nuestra Roma un gran jardin
de muchas frutas poblado:
son las flores de jazmin
blasfemar por un quatrin,
renegar por un cornado.

Una esgrima
dó ningun tiro lastima
que lo sientan sus conciencias:
hazen de Dios tal estima,
que les passan por encima
à mil cuentos de indulgencias.

Quien me entiende
verà ques Roma por ende,
si no fuere puro necio,
una costumbre de allende·
un mercado dó se vende
lo que nunca tuvo precio.

Nunca queda
de dar bueltas su gran rueda;
mas siempre van à manojos
à quien suele, la moneda,
y à los truhanes la seda,
y à los buenos los piojos.

Mui de lleno
tienen la ciencia por heno,
y el injenio por pajar,
y otro mal suyo y no ageno,
quel hombre quiera ser bueno
no lo tienen de dexar.

Y en plazer
quando ossase preceder,
yo diria algun secreto:
basta que en Roma à mi ver
no queda mal por hazer
ni bien que venga en efecto.

Y es gran soma,
para quien trabajo toma,
de venir á conoscella:
dizen que los locos doma;
digo yo quel bien de Roma
es oilla y nunca vella.

Yo he hablado,
segun he visto y palpado:
yo la culpo à dos partidos:
quien otra cosa ha hallado,
quando me diere un ganado,
le darè dos mil perdidos.

Y el provar
que no se deve alargar,
tampoco se quede en calma:
digo que Roma es lugar,
dó para el cuerpo ganar,
haveis de perder el alma.

. . . .

Tal se canta.
Fama tiene que me espanta;
pero consejoos à vos
que busquemos gracia tanta.
Pues a Roma llaman Sancta,
que Sanctos nos haga Dios.

II.

Waren Juan und Alfonso de Valdes Brüder?

Wir haben im Verlaufe unserer Geschichte zweier Männer erwähnt, die im ersten Drittel des sechszehnten Jahrhunderts lebten, und die beide den Namen Valdes trugen; der Eine, Juan de Valdes, war Sekretär des Vicekönigs von Neapel, der Andere Alfonso de Valdes, Sekretär des Großkanzlers Carl's V. Daß Beide, bei gleichem Namen, auch denselben religiösen Meinungen huldigten und Zeitgenossen waren, läßt mit Grund vermuthen, daß sie in Verwandtschaftsbeziehungen zu einander gestanden. Diese Annahme wird durch Manches bestätigt. Juan Gines de Sepulveda, ein Chronist Carls V., der dabei für religiöse Duldung sich aussprach, wie wir aus seiner Schrift El Demócrates ersehen, war mit Alfonso de Valdes befreundet, mit welchem er in brieflichem Verkehr stand. Sepulveda gab 1557 eine Sammlung lateinischer Briefe heraus, die an spanische und ausländische Gelehrte gerichtet waren, und worin sich auch Briefe an Alfonso de Valdes befanden. [1] Sepulveda schrieb ihm unter Anderm am 7. September 1531: Quod meas nugas videre cupis, de quibus Narcissum nostrum nescio quid tibi narrasse scribis libellum fratri tuo ad te mittendum, dedi eumque tibi diligenter commendarem nisi erraret, ut poeta ille ait, qui commendandum se putat esse suis. Rogas porró, ut ipsum fratrem tuum, si ad me venerit non secus ac te ipsum recipiam. An ego possum aliter cum recipere, quem cum video, sive stet, sive incedat, sive taceat, sive loquatur, quidquid denique agat vel non agat teipsum videre puto? Et quod est non minore admiratione dignum, nón solum facie, sed etiam doctrina, ingenio, moribus, studiis, te usque adeó refert, ut tuispe, non frater tuus esse etiam atque etiam videatur."

Hieraus erhellt, daß Alfonso de Valdes einen Bruder hatte, der ihm an Gelehrsamkeit gleich stand und zugleich seine religiösen

---

[1] Jo Genesii Sepulvedae Cordubensis artium et sacrae theologiae doctoris, historici Caesarei Epistolarum libri septem. — Salmanticae Ann. MDLVII

Meinungen theilte. Daß es noch einen Valdes zu jener Zeit gegeben
hätte, dafür finden sich keine Beweise vor. Juan Valdes, der Sekretär
des Vicekönigs von Neapel gewesen, war bekanntlich ein Mann von
ausgezeichneten Eigenschaften, und Sepulveda, wie wir eben gesehen,
nennt ihn einen bewundernswürdigen Mann, der nicht nur durch
seine Züge, sondern auch durch seine Gelehrsamkeit und Genie, in
Sitten und Studien seinem Bruder Alfonso gleich komme.

Was man sonst von anderen Schriftstellern seiner Zeit über
Juan de Valdes hört, stimmt ganz damit überein. Doktor Juan
Perez de Pineda sagt in seinem Vorwort an den christlichen Leser,
das er dem Commentar von Juan de Valdes zur Epistel des heiligen
Paulus an die Römer vorausschickt (Venecia 1556): „Daß Juan
ein Vornehmer und reicher Edelmann gewesen, und daß er ein gelehrter Mann geworden, und in dem Rufe gestanden!" Santiago
Bonfadio, Geschichtschreiber von Genf und italienischer Protestant,
sagt in einem Briefe an einen Sinnesgenossen, nämlich an Pedro
Carnesechi: „Herr Valdes gehörte zu den seltenen Männern Europas.
In That und Wort, wie in allen seinen Entschlüssen war er ein
vollkommener Mann!" [1] Celius S. Curion sagt in seiner Vorrede
zu seiner französischen Uebersetzung eines Werks von Juan de Valdes
1566: „Ciento y diez cosideraciones divinas" unter anderm: „Jean
de Valdes fut espagnol de nation, yssu de noble et ancienne
race et eslevé en estat honorable.... Combien qu'il estoit si
benign, et avoit une telle charité, qu'il se rendoit debiteur du
talent qu'il avoit receu, envers toute personne, tant fut elle
abjette et de petite et basse condition, et se faisoit toute chose
à tous pour le gaigner tous à Christ."

Aus den Briefen von Sepulveda geht hervor, daß er bereits im
Jahre 1531 Juan de Valdes kannte, indem er in diesem Jahre ein
Schreiben an ihn richtete, und Sepulveda ist uns ein gültiger Ge-
währsmann, der allein schon ausreicht, um die Verwandtschaft beider
Männer unzweifelhaft zu machen. Wie aus einem Briefe von Pedro
Martir de Angleria an die Marquis de los Velez und Mondejar
hervorgeht, war der Vater von Alfonso, Fernando de Valdes, Stadt-
richter von Cuenca. [2] Ob Alfonso zu Cuenca geboren wurde, läßt

---

[1] Lettere volgari di diversi nobilisimi Uomini; in Vinegia 1554.
[2] Los treinta y ocho libros de las Epistolas latinas de Pedro Martir
de Angleria fueron impresos en Alcala de Henares por Miguel de Eguia
el año de 1530.

sich nicht behaupten. Aus einer handschriftlichen Geschichte der Stadt Cuenca, die sich in der Bibliothek des Gelehrten Don Pascual de Gayangos befindet, entnehmen wir, daß kein Beweis dafür vorliegt, daß Juan Valdes aus Cuenca gebürtig war, obwohl er selbst in den ihm zugeschriebenen Gesprächen über die Ursprünge der spanischen Sprache sich als einen Landsmann von Diego de Valera ausgibt.

———

Hat eine Cornelia Bororquia existirt?

Im Jahre 1812 erschien zu Madrid ein Büchlein unter dem Titel Cornelia Bororquia (2. Ausgabe), welches bereits früher zu Bayonne erschienen war. Der Verfasser hob hervor, daß Cornelia Bororquia auch Protestantin gewesen und Philipp Limborch wie andere Schriftsteller thun ihrer Erwähnung, insofern sie auch ein Opfer der Inquisition geworden. Dagegen behauptet Don Juan Antonio Llorente in seinen Anales de la Inquisicion (Tomo I, Madrid, 1812), wie in seiner kritischen Geschichte der Inquisition, daß eine Frau dieses Namens nie gelebt und daß der Verfasser ihrer fabelhaften Lebensbeschreibung aus dem Schicksal zweier Frauen, welche 1559 zu Sevilla in den Flammen ihr Leben endeten, ihre Lebensgeschichte zusammengestellt, indem er aus dem Namen Beider „Cornel und Bohorques" einen Namen Cornelia Bororquia geschaffen hätte. Im Texte von Philipp Limborch, den Llorente nicht angeführt, heißt es nämlich: „Primus actus Hispali celebratus fuit VIII. calend. Octobr., in eoque ante alios quasi in triumphum ex Triana arce eductus Joannes Pontius Legionensis Roderici Pontii Bailelenii Comitis filius, isque pro haeretico lutherano pertinaci (sub hoc enim elogio ducebatur) combustus est. Huic ut vitae sic et mortis socius additus Joannes Consalvus concionator; quem secutae sunt Isabella Vaenia, Maria Viroesia, Cornelia et Bohorquia plenum inde misericordiae inde invidiae spectaculum ex eo autae quod Bohorquia caeteris aetate minor (vix enim vigesimum annum attigerat) mortem subiit. [1] Limborch gab den spanischen Namen der Familien: Virues Cornel und

———

[1] Philippi à Limborch. S. S Theologiae inter Remonstrantes professoris Historia Inquisitionis &c. Amster. 1692.

Bohorques blos lateinische Endungen und gab denselben den Vornamen Maria. Diese Namen führten drei protestantische Damen, die
zu Sevilla im Jahre 1559 den Feuertod erlitten, nämlich: Doña
Maria Birues, Doña Maria Cornel und Doña Maria
Bohorques. Limborch hat den Vornamen Maria bei den zwei
Letzteren zufällig ausgelassen und dies mag dazu beigetragen haben,
den Verfasser des Schriftchens „Cornelia Bororquia" in die Irre zu
führen.

<hr />

III.

Spanische Bücher, die von der Inquisition im sechszehnten Jahrhundert verboten worden, nach dem Verbotsverzeichnisse des Kardinals
Don Gaspar de Quiroga, Erzbischof von Toledo und General-Inquisitor (Madrid 1583).

A.

Ayuntamientos doze de los apostoles.

Alberto Pio, Conde Carpense, contra Erasmo.

Apologia en defensa de la doctrina del padre fray Hierónymo Savonarolas.

Aquilana, comedia.

Arte amandi, de Ovidio, en romance ò en otra lengua
vulgar solamente.

Arte de bien morir, sin nombre de autor.

Artes de confessar: una compuesta por un religioso de
la órden de sant Benito: y otra por un religioso de sant Hierónymo.

Aviso breve para rescebir la comunion à menudo, traduzido
de toscano por el maestro Bernardino.

Aviso y reglas christianas del maestro Avila, sobre el verso
de David, Audi filia &c., impreso antes del año de 1574.

Auto de la Resurrection de Christo, sin nombre de autor.

Auto hecho nuevamente por Gil Vicente, sobre los muy
altos y muy dulces amores de Amadis de Gaula con la prin-
cesa Oriana, hija del rey Lisuarte.

B.

Baltasar Diaz, glosa Retrayda está &c.

Bartolomé de Torres Naharro, su Propaladia: no siendo de las corregidas é impresas el año 1573 à esta parte.

Belial, procurador de Lucifer, contra Moysen, procurador de Jesu Christo.

Breve y compendiosa instruction de la religion christiana: con otro libro intitulado de la libertad christiana, impreso ó de mano.

C.

Cancionero general: no estando quitadas del las obras de burlas.

Carta embiada à nuestro Augustisimo señor Principe don Phelippe, Rey de España: sin nombre de autor ni impressor.

Catherina de Génova.

Catechismo, compuesto por el doctor Juan Perez, aunque falsamente dize que fué visto por los inquisidores de España.

Catechismo de don fray Bartolomé Carrança de Miranda, Arçobispo de Toledo.

Cathólica impugnacion del herético libelo que en el año passado de 1480 fué divulgado en la ciudad de Sevilla por el licenciado Fr. Hernando de Talavera, Prior que fué de Nuestra Señora de Prado.

Cavalleria celestial (por otro nombre Pié de la Rosa fragante) 1.ª y 2.ª parte.

Christiados de Hierónimo Vida.

Chrónica de Juan Carrion y todas sus obras.

Circe de Juan Bautista del Gelo.

Coloquio de Damas.

Combite gracioso de las gracias del Sancto Sacramento.

Comedia llamada Aquilana, hecha por Bartholomé de Torres Naharro, no siendo de las enmendadas, corregidas è impresas del año 1573 à esta parte.

Comedia llamada Jacinta.

Comedia llamada Josefina.

Comedia ó acaecimiento llamada Orfea dirigida al muy illustre y assi mngnifico señor don Pedro de Arellano, conde de Aguilar.

Comedia la Sancta, impressa en Venecia.

Comedia llamada Tesorina, hecha nuevamente por Jayme de Huete.

Comedia llamada Tidea, compuesta por Francisco de las Natas.

Comedias, tragedias, farsas, ó autos donde se reprende y dize mal de las personas que frecuentan los Sacramentos ó templos, ó se haze injuria à alguna órden ó estado aprovado por la yglesia.

Comentario breve, ó declaracion compendiosa sobre la epistola de Sant Pablo à los Romanos: compuesto por Juan Valdesio.

Comentario ó declaracion familiar y compendiosa sobre la primera epistola de Sant Pablo apóstol a los Corinthios, muy útil para todos los amadores de la piedad christiana: compuesto por Juan V. V. pio y sincero theólogo.

Comentario en romance sobre la epistola primera de Sant Pablo ad Corinthios: traducida de griego en romance: sin autor.

Comentarios de don fray Bartolomé Carrança de Miranda, Arçobispo de Toledo, sobre el cathecismo christiano: divididos en cuatro partes.

Constantino, doctor de Sevilla: todas sus obras.

Confession del pecador del mesmo doctor Constantino, ó sin nombre de autor.

Consuelo de la vejez.

Consuelo y oratorio espiritual de obras muy devotas y contemplativas para exercitarse el buen christiano: sin nombre de autor.

Contemplaciones del Idiota en romance ó en otra lengua vulgar solamente.

Cruz de Christo: compuesto por un frayle de la Orden de los Menores, impresso en Medina por Guillermo Millis.

Cruz de Christo sin nombre de autor.

Cruz del Christiano.

Custodia, farsa.

D.

Despertador del alma.

Diálogo de doctrina christiana: compuesto nuevamente por un cierto religioso: sin nombre del autor.

Diálogo de Mercurio y Caronte.

Diálogo donde hablan Lactancio y un Arcediano sobre lo que aconteció en Roma en el año de 1527.

Diálogos christianos contra la Secta Mahomética y pertinacia de los Judios: en romance ó en otra lengua vulgar solamente.

Diálogos de la union del alma con Dios.

Dionysio Richel, cartuxano, de los quatro postrimeros tranzes: traduzido por un religioso de la órden de la Cartuxa, en romance ó en otra lengua vulgar solamente.

Discurso de la muerte de la Reyna de Navarra.

Discursos de Machiavelo.

E.

Egloga nuevamente trobada por Juan del Enzina, en la qual se introduzen dos enamorados, llamados Plàzido y Victoriano.

Erasmo, todas sus obras en romance.

Espejo de perfection: llamado por otro nombre theologia mystica, de Henrico Herpio.

Espejo de la vida humana sin nombre de autor.

Espejo de bien vivir: sin nombre de autor.

Exámen de ingenios: compuesto por el doctor Juan Huarte de Sant Juan, no se emendando y corrigiendo.

Exercitatorio de la vida spiritual: sin nombre de autor.

Exposicion del Pater noster de Savonarolas.

Exposicion sobre los cantares de Salomon en octava rima, ó en prosa, en romance ó en otra lengua vulgar solamente.

Exemplario de la Sancta fé catholica: sin nombre de autor.

Exposicion muy devota del psalmo De profundis, y anotaciones en materia de la oracion sobre el evangelio de la Cananea. Compuesto por un religioso de la órden de Sancto Domingo: impresso en Sevilla por Martin de Montesdoca: impresor de libros.

F.

Farsa de dos enamorados.

Farsa llamada Custodia.

Farsa llamada Josefina.

Fasciculus Myrrae.

Flor de virtudes.

Flores Romanas.

Flos sanctorum: impresso en Zaragoça año de 1556.

G.

Gamaliel.

Garci Sanchez de Badajoz, las lectiones de Job, aplicadas
à amor prophano.

Génesis Alphonsi.

Glosa nuevamente hecha por Balthasar Diaz, con el romance que dize „Retrayda está la Infanta.“

H.

Harpa de David.

Fr. Hernando de Talavera de la órden de Sant Hierónymo,
un su libro intitulado Cathólica impugnacion &c., como se contiene arriba en la letra C.

Hierónymo Vida, Christiados.

Fr. Hierónymo Roman, de la órden de Sant Augustin, su
historia de la misma órden y los libros de Repúblicas, no se
enmendando y corrigiendo.

Historia de los Sanctos Padres del testamento viejo, compuesta por Fr. Domingo Baltanas.

Historia Pontifical compuesta por el doctor Gonçalo de
Illescas, impressa antes del año de 1573.

Horas en romance todas quedando las de latin, salvo
aquellas que espresamente están prohibidas.

J.

Jacinta, comedia.

Jarava Maestro: los psalmos Penintenciales, Canticum graduum, y lamentaciones.

Imágen del Antichristo: traduzido de Toscano en Romance
por Alonso de Peña-Fuerte.

Institucion de la religion christiana: impresa en Witem-
berga.

Instituciones de Taulero.

Jorge de Montemajor: sus obras tocantes à devocion y
religion.

Josefina: comedia.

Josefo de las Antigüedades Judáicas, en romance ó en
otra lengua vulgar solamente.

Itinerario de la oracion.

Juan del Enzina, Egloga de Plácido y Victoriano.

Juan Perez, doctor, un su cathecismo y psalmos, traduzidos y sumarios de doctrina christiana.

Jubilco de plenissima remision de peccados, concedido antiguamente. En el fin del qual dize: „Dado en la corte celestial del parayso desde el origen del mundo con privilegio eterno, firmado y sellado con la sangre del unigenito hijo de Dios Jesu Christo, nuestro único y verdadero Redemptor y Señor.“

Justino, historiador, en romance, ó en otro lengua vulgar solamente.

L.

Lamentaciones de Pedro.

La Sancta, comedia impresa en Venecia.

Lazarillo de Tormes, 1.ª y 2.ª parte, no siendo de los corregidos é impressos del año de 1573 á esta parte.

Leche de la Fe.

Lectiones de Job de Garci Sanchez de Badajoz aplicadas á amor prophano.

Libro de la verdad de la fe: hecho por el maestro fray Juan Suarez.

Libro de suertes.

Libro en el qual se prohibe que ninguno dé cousejo à otro que no se case ni sea sacerdote, ni entre en religion, ni se arcte à consejo de nadie: sino que siga en ello su propria inclinacion.

Libro intitulado Declaracion ó Confession de Fe, hecha por ciertos fieles españoles que, huyendo los abusos de la yglesia Romana y la crueldad de la Inquisicion de España, hizieron à la yglesia de los fieles para ser en ella recebidos por hermanos en Christo.

Libro que comiença: „En este tratadillo se tratan cinco cosas substanciales.“

Libro intitulado el Recogimiento de las figuras comunes de la sagrada Scriptura.

Libro que se intitula Tratado en que se contienen las gracias é indulgencias concedidas à los que devotamente son acostumbrados à oyr missa.

Libro intitulado: Orden de Naciones segun el uso hebreo, como abaxo en la letra O. se contiene.

Libro llamado del Asno: de fray Anselmo Turmeda.

Fray Luys de Granada de la orden de Santo Domingo, de la oracion y meditacion y devocion y Guia de peccadores en tres partes: impresso en qualquier tiempo y lugar antes del año de 1561.

Lucero de la vida Christiana.

M.

Manipulus curatorum.

Manual de doctrina Christiana: el qual esta impresso en principio de unas horas de Nuestra Señora, en romance impressas en Medina del Canto año de 1556, ó de otro cualquiera impression.

Manual para la eterna salvacion, sin autor.

Manual de diversas oraciones y espirituales exercicios, sacados por la mayor parte del libro llamado, Guia de pecadores que compuso Fray Luys de Granada.

Medicina del anima assi para sanos como para enfermos: traducida de latin en romance.

Memoria de nuestra redempcion que trata de los mysterios de la missa: sin nombre de autor.

Mucio Justinopolitano, su selva odorifera, en romance ó en otra cualquier lengua vulgar solamente.

N.

Novelas de Juan Boccacio.

O.

Obra espiritual de don Juan del Bene Veronés.

Obra impressa en Valladolid por maestro Nicolás Tierry, año de 1528.

Obra muy provechosa, cómo se alcança la gracia divina: compuesta por Hieronimo Sirino.

Obras de burlas y materias profanas sobre lugares de la sagrada escriptura, donde quiera que se hallen.

Obras del Christiano, compuestas por don Francisco de Borja, duque de Gandia, en romance ó en otra lengua vulgar solamente.

Obras que se escribieron contra la Dieta imperial celebrada por su Magestad en Ratisbona, año de 1541, assi en verso como en prosa.

Oracion de las angeles por si pequeña.

Oracion de la emparedada.

Oracion de la emperatriz.

Osacion del conde.

Oracion del Justo Juez, quanto dize despues del mundo redemido.

Oracion de Sant Christoval por si pequeña.

Oracion de Sant Cypriano por si pequeña.

Oracion de Sant Leon Papa.

Oracion del Testamento de Jesu Christo.

Oracion de Sancta Marina por si pequeña.

Oracion de Sant Pedro.

Oratorio y consuelo espiritual sin nombre de autor.

Orden de Oraciones segun el uso hebreo en lengua hebráica y vulgar española, traduzido por el doctor Isac, hijo de don Sem Job, caballero en Venecia.

Orfea, comedia.

Ovidio de arte amandi en romance ó en otra lengua vulgar solamente.

P.

Paradoxas ó sentencias fuera del comun parecer, traducidas de Italiano en Castellano.

Pedro Ramos Veromanduo, todas sus obras.

Peregrinacion de Hierusalem compuesta por don Pedro de Urrea.

Peregrino y Ginebra.

Perla preciosa.

Pié de la rosa fragante, ó por otro nombre Cavalleria Celestial.

Polydoro Virgilio, de los inventores de las cosas en romance ó en otra lengua vulgar solamente.

Predicas de fray Bernardino Ochino ó Onichino.

Preguntas del Emperador al Infante Epitus.

Preparatio mortis: hecha por fray Francisco de Evia.

Propaladia de Bartolomé de Torres Naharro, no siendo de las corregidas é impressas del año de 1573 à esta parte.

Proverbios de Salomon y espejo de peccadores.

Psalmos de David en romance, con sus sumarios traducidos por el doctor Juan Perez.

Psalmos penitenciales y el Canticum graduum y las lamentaciones romanceadas por el maestro Jarava.

Psalmos de Roffense.

Psalterio de Raynerio.

R.

Recogimiento de las figuras comunes de la Sagrada Escriptura.

Resurrection de Celestina.

Retraymiento del alma: sin nombre de autor.

Revelaciones de Sant Pablo.

Romances sacados al pié de la letra del Evangelio. El 1.º la resurrection de Lázaro. El 2.º el juyzio de Salomon sobre las dos mujeres que pedian el niño. El 3.º del hijo pródigo. Y un romance de la Natividad de Ntro. Señor Jesu Christo, que todos se contienen en un librillo.

Romance que comiença „con rabia está el Rey David "

Rosa fragante assi el pié como las hojas, que son dos cuerpos.

Rosario de Ntra. Sra. teniendo sumarios ó rúbricas vanas, supersticiosas ó temerarias.

S.

Sacramental de Clemente Sanchez de Vercial.

Selva Odorifera de Mucio Iustinopolitano, en romance ó en otra lengua vulgar solamente.

Serafin de Fermo en lengua vulgar solamente.

Summa Cayetana, en romance ó otra lengua vulgar solamente.

Summa y compendio de todas las historias ó chrónicas del mundo, traducida por el bachiller Tamara.

Summario de doctrina Christiana, compuesto por el doctor Juan Perez.

T.

Theologia mystica, por otro nombre Espejo de perfection de Henrico Herpio.

Tesorina, comedia.

Tesoro de los Angeles.

Testamento de Nuestro Señor, que es un librillo apocryfo sin verdad ni fundamento.

Tidea, comedia.

Tratado de la vida de Jesu Christo con los misterios del Rosario, en metro.

Tratado utilisimo del beneficio de Jesu Christo.

Tratado de los estados eclesiásticos y seculares, escripto de mano é impresso: autor Diego de Saa.

Tratado llamado Excelencia de la fe: sin nombre de autor.

Tratados en que se aprueban y favorecen los desafios.

Triumphos de Petrarcha, impresos Valladolid año de 1541.

V.

Vergel de Nuestra Señora.

Via spiritus.

Vida de Nuestra Señora, en prosa y en verso, que es un libro apócrypho.

Vida de Sancta Catalina de Fiesco ó de Génova, natural de Genova.

Vida del Emperador Cárlos quinto, compuesta por Alonso de Ulloa: no siendo corregida y emendada.

Violeta del ánimo.

Vitas patrum, en romance ó en otra lengua vulgar solamente.

IV.

Kurze Notizen über einige spanische Protestanten des achtzehnten und neunzehnten Jahrhunderts.

Don Juan Antonio Pellicer y Saforcada sagt in seinem Werke Ensayo de una biblioteca de Traductores (Madrid 1778) unter anderm: Don Sebastian be la Enzina, Geistlicher der anglikanischen Kirche und Prediger zu Amsterdam de la congregacion de los tratantes en España, veröffentlichte 1708 zu Amsterdam: „El nuevo testamento de Nuestro Señor Jesu Christo, Nuevamente sacado à luz, corregido y revisto por don Sebastian de la Enzina, Ministro de la Iglesia Anglicana y Predicador à la Illustre Congregacion de los Honorables Señores tratantes en España. Luc. 2—10. Hé aqui os doy nuevas de gran gozo que será à todo el pueblo." — En Amsterdam. Impresso por Jacobo Borstio Librero CIƆIƆCCVIII (1708) en 8°. Obwohl es in diesem Titel heißt, daß diese spanische Testamentübersetzung verbessert worden wäre, stimmt sie wörtlich mit der Ausgabe zusammen, welche Cypriano Valera im Jahre 1596 veranstaltet hatte und deren Vorwort sogar auszugs- weise sich wieder findet.

In dem Verbotsverzeichnisse der Inquisition vom Jahre 1747 liest man: „Don Felix Antonio de Alvarado, der sich als aus Sevilla gebürtig ausgibt und sich einen Priester der anglikanischen Kirche nennt und Kaplan der ehrwürdigen englischen Handelsleute dieses Königreichs, gab ein Buch unter dem Titel heraus: „Dialogos ingleses y españoles con un methodo facil de aprehender una y otra lengua, impresso en Londres año de 1719," das verboten wird. Zugleich wurde eine aus seiner Feder geflossene Uebersetzung der englischen Lithurgie und so weiter verboten. Ungeachtet dieses Verbotes, das im Oktober 1709 erfolgte, erschien im Jahre 1715 eine neue spanische Ausgabe dieser Lithurgie sammt den Aenderungen, die König Georg eingeführt hatte. Auch diese Ausgabe wurde von der Inquisition verpönt, und ebenso die Abhandlung De la consagracion y ordi- nacion de los Obispos, Presbyteros y Diáconos.

Don Jose Maria Blanco (White) wurde am 11. Juli 1775 zu Sevilla geboren und in der Pfarrkirche von Santa-Cruz getauft.

Sein Vater, Don Guillermo White, war ein geborner Irländer, seine Mutter dagegen aus Sevilla. Die Eltern wollten Anfangs ihren Sohn dem Kaufmannsstande widmen, wozu derselbe aber durchaus keine Neigung zeigte, da er eine literarische Laufbahn sich als Lebensziel setzte. Seine Eltern fügten sich seinen Wünschen und ließen ihn das Santo-Tomas-Kollegium besuchen, wo er den gelehrten Studien oblag. Bald machte er solche Fortschritte, daß er die Bewunderung Aller erregte und die Universität Sevilla beziehen konnte, wo er der theologischen und philosophischen Wissenschaften sich befliß. Schon im Jahre 1792 erlangte er den Grad eines Magisters der freien Künste, und nicht wollen wir unerwähnt lassen, daß er während seiner Universitätsstudien mit mehreren Dichtern seiner Zeit in innigem Verkehre stand. Nach Beendigung seiner Universitätsstudien trat er in den geistlichen Stand und erhielt im Jahre 1800 die Priesterweihe. Als Hauptlehrer trat er dann in das Kollegium von Santa Maria de Jesus ein, wo er bereits nach wenigen Monden mit den größten Achtungsbeweisen zum Rektor erwählt wurde. Hier gründete er, im Verein mit seinen Freunden, zwei Akademien: die eine galt der musikalischen Ausbildung, die andere sollte die Ausbildung in den schönen Wissenschaften fördern. Für diese Akademie schrieb Blanco seine ausgezeichnetsten Werke, nämlich: „eine Abhandlung über das Schöne," „eine Dichtung über die Freuden der Einbildungskraft" und „eine Ode an den Messias!" Bei seinen literarischen Arbeiten vernachlässigte er seine theologischen Studien nicht, und es gelang ihm, auf der Universität von Osuna unter allgemeiner Anerkennung den Grad eines Licenciaten der Theologie zu erlangen, da er sich um höhere geistliche Würden bewerben wollte. Er trachtete nämlich nach dem Kanonikat der Kirche von Cadix, das mit einer Professur der Theologie verbunden, war aber mit seiner Bewerbung nicht glücklich. Er ließ sich nicht dadurch einschüchtern und nach glänzender Vertheidigung seiner Thesen wurde ihm die Professur an der königlichen Kapelle von San Fernando zu Sevilla zu Theil. Während er diese Funktionen versah, bewährte er auf der Kanzel sein Rednertalent und manche seiner Predigten wurden durch den Druck weithin verbreitet. Sein Ruf drang an den Hof und der Friedensfürst, der damalige Minister des Königs Carl IV., wollte ihn kennen lernen. Er berief ihn an den Hof, um ihm die Leitung des eben erst gegründeten pestalozzischen Kollegiums zu übertragen. Nicht lange erfreute sich Blanco dieser Stellung, denn nach den Ereignissen vom 2. Mai 1808 zog er sich in seine Heimath zurück, wo er sich wieder literarischen Studien hingab und sich an der Zeitschrift El Semanario Patriótico betheiligte. Später wanderte er nach Cadix und von dort begab er sich nach England, das sein zweites Vaterland werden sollte. Zu London gab er zunächst die Zeitschrift El Español en Inglaterra heraus, welche 1812 von dem Cortes zu Cadix verboten wurde. Noch eine andere Zeitschrift veröffentlichte er für das spanische Amerika unter dem Titel: Las Variedades.

Zu London war es, wo Blanco zur reformirten Religion übertrat, worauf er mehrere Schriften über biblische und religiöse Gegenstände herausgab, nämlich: Preparatory observations on the study of religion by a Clergyman. — 1817. London.

Second travels of an irish gentleman in search of religion. — Dublin 1833.

The laco of antireligious lively reconsidered. Dublin 1834.

Observations on heresy and orthodoxy. — 1839.

Außer diesen Schriften in englischer Sprache schrieb Blanco ein spanisches Werk: „sobre el comercio de negros" (über den Sklaven= handel), das die afrikanische Gesellschaft zu London drucken ließ. Auf den Ruf seiner Gelehrsamkeit und wissenschaftlichen Leistungen er= nannte ihn die Universität Oxford zu ihrem Mitgliede und nahm ihn in magistrorum album per diploma auf, eine Auszeichnung, die bisher keinem Ausländer zu Theil geworden. Der anglikanische Erzbischof von Dublin berief Blanco darauf zu sich, um demselben einen bedeutenden Posten in seiner Umgebung zu verleihen. Bald aber traten Zerwürfnisse ein, die Blanco bestimmten, Dublin zu verlassen und sich nach Liverpool zu begeben, wo er sein Domizil aufschlug.

Hier widmete er sich wieder theologischen Studien, die sein ganzes Leben ausgefüllt, doch sollte er seines Lebens nicht lange mehr froh werden, denn seine Gesundheit war so erschüttert, daß er ganz ge= lähmt wurde. Seine Geisteskraft war aber keineswegs gebrochen und seine Studien waren der Trost seiner Leiden. Seine jugendliche Vor= liebe für die Poesie gab ihm mitunter noch die Feder in die Hand, und manches schöne Gedicht von ihm lebt heute noch fort. Ein hohes Alter erreichte er nicht, denn er starb schon am 20. Mai 1841 und fand seine Ruhestätte in der Kapelle der Renshaw=Street zu Liverpool. Im Jahre 1845 erschien bei Chapman in London: The life of the Reverend Joseph Blanco White written by himself with portions of his correspondence.

Don Juan Calderon, welcher zu London als Lehrer der spanischen Literatur lebte, wurde im Jahre 1791 zu Villafranka in der Mancha geboren. In einem Kloster erhielt er seine Erziehung, zeigte aber schon früh eine freiere Gedankenrichtung. Er zog mit gegen die Franzosen zu Felde, nach deren Vertreibung er zum Priester geweiht wurde und zugleich das Lehramt der Philosophie übernahm. Als im Jahre 1820 die Constitution von Cadix wiederum proklamirt wurde, da erließ die Regierung den Befehl, daß alle Professoren der Philosophie über diese Verfassung Vorlesungen halten sollten. Calderon that dies mit solchem Eifer, daß er bald als Liberaler verschrieen wurde, und die Folge davon war, daß er bei dem Wechsel des Regierungssystems bald darauf der Gegenstand der Verfolgungen wurde. Als im Jahre 1823 die spanische Freiheit wieder zu Grabe getragen wurde, floh Calderon nach Bayonne, wo er ein Asyl fand. Hier trat er zum Protestantismus über, ohne gerade der protestantischen Lehre in allen Punkten zugethan zu sein; das Evangelium war seine einzige Richtschnur. Im Jahre 1829 begab er sich nach London, wo er in einem Tempel, der ihm Sonntags von einem anglikanischen Geistlichen eingeräumt war, Predigten an jene Spanier hielt, die wegen ihrer protestantischen Ueberzeugungen ihr Vaterland verlassen hatten. Aber selbst zu London fürchteten die Spanier noch verfolgt zu werden, und so fand Calderon nur wenige Zuhörer. Nach der Julirevolution von 1830 zogen fast sämmtliche spanische Liberalen nach Frankreich, wohin sich auch Calderon begab. Bald erhielten die Meisten wieder die Erlaubniß, nach Spanien zurückzukehren, nur nicht Calderon, der für seinen Abfall büßen mußte. Erst während der Regentschaft Espartero's durfte er den spanischen Boden wieder betreten, wo er dann drei Jahre sich in Madrid aufhalten durfte, ohne irgend beunruhigt zu werden. Später aber mußte er wieder sein Vaterland meiden, wo er sich dann nach London begab. Hier gab er eine Zeitschrift unter dem Titel El Catolicismo neto (der reine Katholicismus) heraus, worin er die protestantischen Lehren zu vertheidigen suchte. Sein Styl ist klar und correkt.

———

Don Jose Muñoz de Sotomayor war auch der protestantischen Lehre zugethan und verfaßte mehrere Schriften, woraus wir hervorheben: Perspectiva real del Cristianismo práctico, ó sistema del Cristianismo de los mundanos en la clase alta y mediana de este pais, parangonado y contrapuesto al verdadero Cristianismo,

por Guillermo Wilherforce, Esq. Miembro del Parlamento bri-
tánico. Traducido del inglés al español, por el Rev. José Munoz
de Sotomayor, Pbro. de la Iglesia Anglicana, Dr. en Teologia
y socio de varias Academias de Europa. Londres 1827.

Don Lorenzo Lucena war zu Aguilar de la Frontera im Jahre
1806 geboren. Er wurde im Kollegium San Pelagio von Cordova
erzogen und bekleidete später in demselben Kollegium acht Jahre lang
die Professur der Theologie. Als es ihm im Jahre 1835 nicht gelang, eine Stellung in seiner Heimath zu erlangen, da reichte er beim
Bischof von Cordova als Protektor des Kollegiums seine Demission
ein, die aber nicht angenommen wurde. Er empfand für seine Base
eine leidenschaftliche Liebe, und so faßte er den Entschluß, Spanien
den Rücken zu kehren. Um seinen Plan zu verbergen, ließ er sich
einen Paß nach Madrid geben, worauf er in einer stürmischen Januar-
nacht mit seiner Geliebten die Flucht ergriff. Er kam glücklich zu
Gibraltar an, wo er sich mit seiner Base trauen ließ. Von dort
begab er sich nach London, wo ihm die Bibelgesellschaft die Revision
und Berichtigung der spanischen Bibelübersetzung von Torres Amat
anvertraute. Als Anerkennung für seine Leistungen wurde ihm die
Stelle als Geistlicher der kleinen protestantischen Gemeinde zu Gibraltar
übertragen, welches Amt er bis zum 4. October 1849 versah. Später
begab er sich nach London zurück, wo er für die spanische Mission
thätig war und zugleich am theologischen Kollegium von Birkenhead
wirkte. Lucena hat mehrere religiöse Abhandlungen geschrieben und
herausgegeben. Unter Anderm: El buen Centurion, Marta y Maria
und Los dos fogosos discipulos. Diese Abhandlungen sind Uebertragungen aus den Betrachtungen von Hall. —